财政与税收

（第2版）

肖文圣 编著

东南大学出版社
·南京·

内容提要

本书共分为两篇十五章。财政篇介绍财政及基本理论和财政制度,分析了财政、财政收支、国债和国家预算等理论以及财政政策、财政现象;税收篇介绍税收理论,然后重点介绍了我国税收实务,阐述我国现行税收制度中各个税种的基本要素以及应纳税额的计算、税收征管的基本内容。

本书可以作为高等院校国际经济与贸易以及管理类等非财政学专业的本(专)科学生教材,也可以作为广大经贸、财会从业人员的学习参考书。

图书在版编目(CIP)数据

财政与税收/肖文圣编著. —2版. —南京:东南大学出版社,2014.7(2019.7重印)

ISBN 978-7-5641-5041-9

Ⅰ.①财… Ⅱ.①肖… Ⅲ.①财政-中国②税收管理-中国 Ⅳ.①F812

中国版本图书馆 CIP 数据核字(2014)第 137951 号

财政与税收

出版发行:	东南大学出版社
社　址:	南京市四牌楼 2 号　邮编:210096
出 版 人:	江建中
网　址:	http://www.seupress.com
经　销:	全国各地新华书店
印　刷:	兴化印刷有限责任公司
开　本:	787mm×1092mm　1/16
印　张:	22
字　数:	530 千字
版　次:	2014 年 7 月第 2 版
印　次:	2019 年 7 月第 2 次印刷
书　号:	ISBN 978-7-5641-5041-9
定　价:	58.00 元

本社图书若有印装质量问题,请直接与营销部联系。电话:025-83791830

第二版说明

1. 完善与创新。新版内容在如下几个方面做出了完善和创新：提供大量热点讨论资料，便于教师课堂发挥与引导；定量分析与定性分析相结合，便于教师根据学生特点对教学内容的取舍；课后大量习题附有答案，便于学生自学和教师课堂挑选；税收实务更新了最新的税收政策。

由于财政与我们生活紧密联系，社会热点问题和热点现象都体现了政府的财政活动的规范与合理性，为此在保留了"财政实践"、"财政专题"、"税收筹划"等专题内容特色外，增加了大量社会热点的讨论和课后习题中的案例分析，便于教师课堂发挥和引导；在第一版的基础上尽量增加西方经济学常用的图解证明方法，以满足对西方经济学方法的巩固和对财政的理论解释，比如增加了垄断造成市场失灵的机理分析，公共支出梯度渐进理论的图解，补贴的超额负担，政府对垄断产品的定价和税收效应及超额负担等，以求定性和定量分析相结合，便于教师根据学生特点对教学内容的取舍。同时对第一版的数据尽量进行更新，以求与时俱进。为了便于师生互动，每章都精选大量练习题，教师可以由问题引入，通过题目讲解，来解决深奥的财政理论的讲授，把枯燥的理论授课转变为解决问题的生动教学，在课堂上调动学生的积极性。书后还配备了答案，便于学生自学。

2. 教材内容。上篇为财政篇：第一章是财政概论，首先安排了财政的几个相关概念，以求解释财政的财政活动、财政现象和财政意义，奠定理解财政产生和发展的基础，并对财政的产生方面进行了马克思主义和西方财政学比较，其次安排了政府与市场活动范围的划分和财政职能内容；第二章则安排了财政支出理论，从财政支出的分类、规模、结构、支出质量以及购买性支出和转移性支出等方面阐述财政支出的必要性、财政支出规模控制及财政支出对经济的影响；第三章是财政收入理论，安排了财政收入的分类、影响收入规模的因素、结构优化、收入原则、收入质量等内容，以及政府收费问题和国有资产收益等；第四章内容安排了国债及国债原理；第五章是关于国家预算，重点阐述我国预算编制程序；第六章则是安排了财政平衡和财政政策，加强了财政平衡理解内容的编排，以及财政政策的三要素及其与货币配合和配合方式的内容。下篇是税收篇：第七章阐述税收及其原理；第八至十四章分别阐述了增值税、消费税、营业税、关税、企业所得税、个人所得税和其他税种的税收实务,围绕税收要素如纳税人、征税对象和应纳税额的计算等方面展开税收实务内容,特别是"营改增",注意了增值税与营业税的变化;第十五章是税收征管,简单介绍我国税收征管的基本法规、条例。

3. 此次参考了大量前辈的相关财政研究内容和教材内容,完善和创新成一本能够让多数人满意的教材,深知一个人的能力有限,能够再版仍然是"站在巨人的肩膀上"取得的成绩。特别感谢徐潇、孙纯杰两位编辑对第二版进行了大量实例、数据以及计算的考证,费了不少心血,在此感谢。由于作者水平有限,错误与疏漏在所难免,欢迎广大读者指出不足,以求改正,弥补编写过程中的缺憾!

肖文圣
2014 年 3 月于南京

前　言

当今世界经济政治格局呈现新变化,世界多极化、经济全球化深入发展。同时,国际金融危机影响深远,世界经济增速减缓,全球需求结构出现明显变化,围绕市场、资源等竞争更加激烈。从国内看,人均国民收入稳步增加,经济结构转型加快,市场需求潜力巨大,资金供给充裕。同时,必须清醒看到,经济增长的资源环境约束强化,投资和消费关系失衡,收入分配差距较大,这些都深刻影响到每个公民。在这样的大背景下,人们对"财政"一词并不陌生了,财政现象与财政问题无处不在、无时不在,我国财政及财政制度正进行着深刻改革。

财政学属于一门应用经济学,笔者通过多年"财政与税收"课程的教学实践,深刻体会到现行的相关教材,有的理论性过强,有的太通俗浅显,不能适应应用型大学要求。编写具有实用性、适合国际经济与贸易专业的教材,成为我多年的心愿。经过长期准备与积淀,采取循序渐进的方式,首先编写讲义,然后在授课中不断完善,包括对各种概念的准确把握与表述,吸收最新理论成果以及内容顺序的编排等,最终得以出版。

关于财政学原理和体系安排主要依据我国财政学界主流思想和研究成果,针对我国财政现象、财政活动进行分析与概括总结,但同时吸收西方财政理论的合理成分,以求反映课程的应用性、实用性,激发学生的学习兴趣,降低课程学习的枯燥性。因此,本教材编写过程中力求达到上述目的。在理论推理部分做出了取舍,增加了"财政实践"、"财政专题"、"税收筹划"等专题内容。同时,为了便于师生互动,在每章都选编了部分练习题,一方面教师可以由问题引入,也可以通过题目讲解,来解决深奥的财政理论讲授,把枯燥的理论授课转变为解决问题的生动教学;另一方面,也便于学生确定学习目的,增强学习兴趣。

本教材内容安排如下:上篇为财政篇,第一章是财政概论,首先安排了财政的几个相关概念,以求解释财政的财政活动、财政现象和财政意义,并对财政的产生方面进行了马克思主义和西方财政学比较,其次安排了政府与市场作用范围和财政职能内容;第二章安排了财政支出理论,从财政支出的分类、规模、结构、支出质量以及购买性支出和转移性支出等方面阐述财政支出的必要性、财政支出规模控制及财政支出对经济的影响;第三章是财政收入理论,安排了财政收入分类、影响收入规模的因素、结构优化、收入原则、收入质量等内容,以及政府收费问题和国有资产收益等;第四章内容安排国债及国债管理;第五章是关于国家预算,重点阐述我国预算编制程序;第六章则是安排了财政平衡和财政政策。下篇为税收篇,

第七章阐述税收及其原理,第八至十四章分别阐述了增值税、消费税、营业税、关税、企业所得税、个人所得税和其他税种的税收实务,围绕税收要素展开纳税人、征税对象和应纳税额的计算等方面阐述税收实务内容;第十五章是税收征管,简单介绍我国税收征管的基本法规、条例。

编写教材的过程中,深深感受到编写工作的艰辛,也感受到个人的水平有限,但为了教学和培养应用型学生的目标,还是努力进行了尝试。在财政学浩瀚的知识信息中,参考了大量前辈和学者的研究成果,在此向他们表示衷心感谢;由于编写的过程较长,有的引用出处被忽略了,深表歉意。此教材能够出版,是"站在巨人的肩膀上"取得的成功。编写过程中,由于我国经济统计数据公布相对滞后,以及统计口径发生变化,教材中的一些数据难以更新也是一个遗憾。

此书能够出版,得到周敏倩教授的指导,她在百忙中对初稿提出不少修改意见,再次深表感谢,也感谢东南大学出版社。

由于作者水平有限,错误与疏漏在所难免,欢迎广大读者指出不足,以求改正。

肖文圣

2011.5

目 录

财政与税收之财政篇

- 第一章 财政及其职能 ……………………………………………………… (3)
  - 1.1 财政及其相关概念 ………………………………………………… (3)
  - 1.2 财政的产生与发展 ………………………………………………… (14)
  - 1.3 财政学的研究内容 ………………………………………………… (16)
  - 1.4 财政理论及其变迁 ………………………………………………… (17)
  - 1.5 财政职能 …………………………………………………………… (21)
- 第二章 财政支出 …………………………………………………………… (33)
  - 2.1 财政支出分类 ……………………………………………………… (33)
  - 2.2 财政支出规模与结构 ……………………………………………… (40)
  - 2.3 财政支出原则 ……………………………………………………… (47)
  - 2.4 购买性支出与转移性支出 ………………………………………… (49)
- 第三章 财政收入 …………………………………………………………… (68)
  - 3.1 财政收入分类 ……………………………………………………… (68)
  - 3.2 财政收入结构与规模 ……………………………………………… (73)
  - 3.3 财政收入原则 ……………………………………………………… (77)
  - 3.4 政府收费 …………………………………………………………… (78)
  - 3.5 国有资产收入 ……………………………………………………… (83)
- 第四章 国债及其原理 ……………………………………………………… (94)
  - 4.1 国债概述 …………………………………………………………… (94)
  - 4.2 国债结构与国债规模 ……………………………………………… (98)
  - 4.3 国债的发行与偿还 ………………………………………………… (100)
  - 4.4 国债市场 …………………………………………………………… (103)
  - 4.5 我国发行的国债 …………………………………………………… (105)
- 第五章 国家预算 …………………………………………………………… (111)
  - 5.1 国家预算 …………………………………………………………… (111)
  - 5.2 国家预算管理 ……………………………………………………… (117)
  - 5.3 预算外资金 ………………………………………………………… (120)
  - 5.4 国家预算管理体制 ………………………………………………… (123)

第六章　财政平衡与财政政策　(132)
6.1　财政平衡　(132)
6.2　财政政策的选择与应用　(138)

财政与税收之税收篇

第七章　税收及其原理　(151)
7.1　税收概述　(151)
7.2　税收制度和税收分类　(156)
7.3　税收原则和税收结构　(163)
7.4　税收负担与税负转嫁　(169)

第八章　增值税　(175)
8.1　增值税概述　(175)
8.2　增值税征税范围和纳税义务人　(177)
8.3　增值税税率和征收率　(180)
8.4　增值税的计税依据与应纳税额的计算　(180)
8.5　进口货物征税与出口货物退(免)税　(187)
8.6　增值税的征收管理　(191)

第九章　消费税　(201)
9.1　消费税概述　(201)
9.2　消费税的征税项目、纳税人、税率　(203)
9.3　消费税计税依据、应纳税额的计算方法　(207)
9.4　消费税的计算　(209)
9.5　消费税的减免税和出口退税　(215)
9.6　消费税的征收管理　(216)

第十章　营业税　(224)
10.1　营业税概述　(224)
10.2　营业税的纳税人与征税范围　(226)
10.3　营业税应纳税额的计算　(228)
10.4　营业税的征收管理　(232)

第十一章　关税　(241)
11.1　关税概述　(241)
11.2　关税的征税对象、纳税人和关税税则　(246)
11.3　关税完税价格和应纳税额的计算　(248)
11.4　税收优惠　(251)
11.5　关税的征收管理　(251)
11.6　关税税额计算案例　(252)

第十二章 企业所得税 (259)
- 12.1 企业所得税概述 (259)
- 12.2 企业所得税纳税义务人和征税对象 (260)
- 12.3 应纳税所得额的计算 (262)
- 12.4 资产的税务处理 (266)
- 12.5 应纳税额的计算 (268)
- 12.6 税收优惠 (272)
- 12.7 企业所得税的征收管理 (273)

第十三章 个人所得税 (282)
- 13.1 个人所得税概述 (282)
- 13.2 个人所得税的纳税人和征收范围 (284)
- 13.3 个人所得税的税率与所得税额的计算 (286)
- 13.4 个人所得税征收管理 (296)
- 13.5 个人所得税税额计算案例 (299)

第十四章 我国其他税制 (308)
- 14.1 资源税 (308)
- 14.2 土地增值税 (309)
- 14.3 房产税 (313)
- 14.4 契税 (315)
- 14.5 车船税 (316)
- 14.6 城镇土地使用税 (318)
- 14.7 城市维护建设税与教育费附加 (320)
- 14.8 印花税 (321)

第十五章 税收管理 (327)
- 15.1 我国税收管理体制 (327)
- 15.2 税收征收管理 (328)
- 15.3 税务行政管理 (334)
- 15.4 税收征管案例 (336)

练习题参考答案 (338)

参考文献 (341)

财政与税收之财政篇

第一章　财政及其职能

学习目的：通过本章的学习，能够对财政有一定的认识，以及体会到学习财政学这门课程的重要性，掌握财政学的一些基本概念和财政职能的含义与内容，了解财政的产生和发展以及中西方财政思想与理论的发展，熟悉市场与政府的分工。

1.1　财政及其相关概念

一、公共需要

1. 公共需要的定义

公共需要(public needs)是指满足社会公众公共利益的需要，诸如维护社会公共秩序、防治自然灾害、环境保护、国民经济稳定运行、国防建设等。这种需要不是个别需要的加总，也不能分割来满足个体，而是社会公众的共同利益所在，具有不可分割性。

2. 公共需要的特点

(1) 公共需要是全社会的共同需要。它反映全体社会成员的共同利益，社会愈发展，生产力愈发展，这种共同成分愈充分，共同利益愈明显。

(2) 公共需要具有整体不可分割性。它是社会公众在生产、生活和工作中的共同需要，无法分割。公共需要不是普通意义上的人人有份的个人需要，也不是简单的个人需要的机械加总或混合，而是每一个社会成员可以无差别地共同享用，一个或一些社会成员享用并不排斥其他社会成员对公共需要的享用。

(3) 与私人需要相比，公共需要不以人们的地位和收入为界限。它与私人需要不同，私人需要是以地位和收入为界限，不同收入水平有不同需要，富人和穷人的私人需要明显不同，而公共需要则不分富人和穷人，比如在享受国防、环境卫生、交通秩序管理、防洪水利等利益方面是完全平等的，同时也是机会均等的。

(4) 公共需要是一种有效需求，是社会总需求的一部分，它等同于政府需求。社会总需求包括政府需求和私人需求，它们各代表着一定的社会购买力。公共需要作为政府需求，是一种现实的购买力，代表着一定的货币流量和货币存量。

(5) 社会公众在享受公共需要时也要付出代价，但遵循的不是市场等价交换原则。社会公众在享受公共需要时的付出与其所得不对称，付出的代价为全体纳税人负担。

(6) 满足公共需要的物质手段只能来自社会成员的剩余部分。如果剩余产品表现为价值形态，就只能是对剩余价值(M)部分的抽取。

3. 公共需要包含的范围

作为公共需要，有一定的范围。确定一种需要是否归属公共需要，可以从以下三方面判别：一看要符合公众共同利益；二看私人不能满足(或私人不愿提供)；三是根据其社会利益的目标,看是否应该由国家提供或垄断。

一般来说,公共需要具体可以划分为如下三类:一类是国家机器运转的需要,包括政府、军队、司法等,是国家实现政治职能的需要,是与国家的概念同步产生和存在的最古老的也是最基本的社会公共需要。二类是教育、科学、文化、卫生、社会保障、环境治理等方面的需要,是社会再生产方面人的再生产的前提条件和必要条件。三类是农业、工业、高新技术产业及其能源、交通等基础产业和基础设施的需要,是社会再生产方面物质再生产的前提条件与必要条件。

公共需要也是历史发展的事物,决定着公共需要范围的物质力量首先是生产力发展水平,其次由社会生产关系状况和社会制度所决定。生产力发展水平,决定社会公共需要,实质上是剩余劳动生产率水平决定社会公共需要。因为公共需要的满足是建立在私人需要满足的基础之上,只有当社会满足了私人劳动者的衣食住行之外,还能提供剩余劳动之时,才谈得上社会公共需要。社会生产关系则是该社会的生产资料所有制、分配制度、劳动制度,这些制度决定着社会公共需要在多大程度上得以满足。在从原始社会末期到资本主义的不同社会制度的进步过程中,社会公共需要是随着生产力的发展而不断扩大其范围。如果不顾生产力发展水平而盲目扩大公共需要的范围,则将阻碍生产力发展。

公共需要是一个相对概念,因为根据上面提供的有关划分公共需要的标准,公共需要并不是绝对不变的。虽然有些需要一般可以归类为公共需要,但只要民间可以办,又愿意办,而且也并不妨碍社会公共利益,就可由市场去解决。即使是建设铁路、公共交通,也可由民间去建设。虽然有些需要一直由民间举办,但只要民间办不了,民间不愿办,而社会又特别需要,就可由政府来举办。例如,农业需要通常是由民间举办的,如果大片沙漠的改造、垦荒种植民间办不了,则政府应该集中纳税人的财政收入来举办。再有,当经济发展进入现代高速发展阶段,物质财富增长的主要动力主要来自科学技术,人们对社会生活福利的评价不再以物质财富的数量增长为标准,而是逐步重视质量的提高,于是发展科学教育、提供高质量的生活福利条件、保护生态环境,越来越构成公共需要的主要内容。总之,公共需要随生产力发展而不断扩大其范围。

二、公共产品

1. 公共产品的定义

西方国家通常把经济部门分为私人部门和公共部门,其中私人部门向社会提供私人产品,公共部门向社会提供公共产品。公共产品(public goods)亦称"公共财货"、"公共物品",是西方经济学用语。

公共产品是指具有消费上的非竞争性或者受益上的非排他性的产品或服务,是满足公共需要的产品或服务,如国防、公安司法等方面所具有的财物和劳务,以及义务教育、公共福利事业等。其特点是一些人对某一产品的消费不会影响另一些人对它的消费,具有非竞争性;或者,某些人对某一产品的消费,不会排斥另一些人对它的消费,具有非排他性。

2. 公共产品的划分标准

一是非竞争性(non-rivalry)。非竞争性是指由于消费上的不可分割性,某个人消费或使用某些产品,并不对其他人同时消费或使用这种产品构成任何影响,也就是消费引起的社会边际成本为零。通俗地说,是一部分人对某一产品的消费不会影响另一些人对该产品的消费,一些人从这一产品中受益不会影响其他人从这一产品中受益,受益对象之间不存在利益冲突。非竞争性有两方面含义：一是边际成本为零。这里所述的边际成本是指增加一个消费者给供给者带来的边际成本，例如增加一个电视观众并不会导致发射成本的增加。二是边际拥挤成本为零。每个消费者的消费都不影响其他消费者的消费数量和质量，如国防、外交、立法、司法和政府的公安、环保、工商行政管理以及从事行政管理的各部门所提供的公共产品都是属于这一类，不会因该时期增加或减少了消费而变化。

二是非排他性(non-excludability)。所谓非排他性是指技术上不可行，无法阻止他人对某项产品的消费或使用，或者说要阻止其他人对某产品消费或使用所耗费的成本无限大。产品在消费过程中所产生的利益不能为某个人或某些人所独占，要将一些人排斥在消费过程之外，不让他们享受这一产品的利益是不可能的，这样其他人不需付费就可以对某件产品进行消费。例如，消除空气中的污染是一项能为人们带来好处的服务，它使所有人能够生活在新鲜的空气中，要让某些人不能享受到新鲜空气的好处是不可能的。

因此，由于公共产品的非竞争性和非排他性，私人或市场不能或不愿提供，为了保证最优化的公共产品的供应量，就只能由政府来组织和供应。

3. 公共产品的分类

公共产品可分为纯公共产品和准公共产品（或混合产品），它既包括物质产品，也包括非物质产品，如公共服务、无形产品和精神产品。表1-1是关于社会产品的分类。

表1-1 社会产品的分类

	排他性	非排他性
竞争性	私人产品：（1）排他成本较低；（2）主要由私人企业生产；（3）通过市场分配；（4）从销售收入中获得所需资金。如：苹果、鞋子、书本等	混合产品：（1）产品是集体消费的，但会变得拥挤；（2）由私人企业生产，或直接由公共部门提供；（3）由市场分配，或直接由预算分配；（4）从销售收入中获得所需经费，如征收服务费，或者从税收收入中拨款。如：运输系统、保健服务、卫生防疫等
非竞争性	混合产品：（1）具有外部性的私人产品；（2）主要由私人企业生产；（3）通过补贴和征税，主要由私人市场分配；（4）通过销售收入获得所需经费。如：剧院、公园、有线电视等	纯公共产品：（1）很高的排他成本；（2）直接由政府生产，或由私人企业根据政府合同生产；（3）通过预算分配；（4）从强制性税收中拨款。如：国防、外交等

公共产品与私人产品的区别主要是消费该产品的不同特征，并不是指产品的所有制性质。私人产品同时具备消费上的竞争性和受益上的排他性特征，而公共产品具有效用的不可分割性、受益上的非排他性、取得方式的非竞争性以及提供目的的非盈利性等特征。

(1) 纯公共产品。萨缪尔森这样定义纯公共产品：每个人消费这种产品，不会导致他人对该产品消费的减少。一般说来，公共产品（此处指纯公共产品）是指那些满足整个社会共同需要的产品。严格地讲，它是在消费过程中同时具有非竞争性和非排他性的产品，是任何一个人对该产品的消费都不会减少别人对它进行同样消费的物品或劳务。

纯公共产品具有非分割性，即它的消费是在保持其完整性的前提下，由众多的消费者共同享用的，如交通警察给人们带来的安全利益是不可分割的。不可分割性决定了公共产品的非竞争性、非排他性。纯公共产品不仅包括物质产品，同时还包括各种公共服务。所以，有时把公共产品与劳务联系在一起来看,除可供公共消费的物质产品外,政府为市场提供的服务(包括政府的行政和事业方面的服务)也是公共产品。这就是说,广义的公共产品既包括物质方面的公共产品,又包括精神方面的公共产品。

(2) 准公共产品。准公共产品亦称为"混合产品",这类产品通常显著具备上述两个特性中的一个,而另一个则表现为不充分。第一类,具有非排他性和不充分的非竞争性的公共产品。例如,教育产品就属于这一类。教育产品是具有非排他性的,因为对于处于同一教室的学生来说,甲在接受教育的同时,并不会排斥乙听课。就是说,甲在消费教育产品时并不排斥乙的消费,也不排斥乙获得利益。但是,教育产品在非竞争性上表现不充分,因为在一个班级内,随着学生人数的增加,校方需要的课桌椅也相应增加;随着学生人数的增加,老师批改作业和课外辅导的负担加重,成本增加,故增加边际人数的教育成本并不为零;若学校的在校生超过某一限度,学校还必须进一步增加班级数和教师编制,成本会进一步增加,因而具有一定程度的消费竞争性。由于这类产品具有一定程度的消费竞争性,因而称为准公共产品。

另一类是显著具有非竞争性特征,但非排他性不充分的准公共产品。例如,公共道路和公共桥梁就是属于这种类型。受特定的路面宽度限制,甲车在使用道路的特定路段时,就排斥其他车辆同时占有这一路段,否则会产生拥挤现象。因此,公路的非排他性是不充分的。但是,公共道路又具有非竞争性。它表现为:一是公共道路的车辆通过速度并不决定某人的出价,一旦发生堵塞,无论出价高低,都会被堵塞在那里;二是当道路未达到设计的车流量时,增加一定量的车辆行驶的道路边际成本为零,但若达到或超过设计能力,变得非常拥挤时,需要成倍投入资金拓宽,它无法以单辆汽车来计算边际成本。正因为这类公共产品具有非竞争性和不充分的非排他性,因此也称为准公共产品。

纯公共产品的范围是比较狭小的,但准公共产品的范围较宽。总的说来,纯公共产品主要指政权建设、基础教育、科学研究和环境保护等行政服务;准公共产品主要包括高等教育和职业教育、文化卫生、基础设施等社会公益事业。

教育、文化、广播、电视、医院、应用科学研究、体育、公路、农林技术推广等事业单位,其向社会提供的产品属于准公共产品。此外,实行企业核算的自来水、供电、邮政、市政建设、铁路、港口、码头、城市公共交通等,属于准公共产品的范围。

与上述公共产品相对应的私人产品,也可以分成两类,即纯私人产品和俱乐部产品。纯私人产品是指那些同时具备排他性和竞争性特征的产品,包括大多数私人产品。此外,还有一类称为俱乐部产品,即达到"拥挤点"之前,增加消费的边际成本(MC)为零的产品。它可以在某一范围内由私人出资,并在此范围内的所有个人都可以获得利益的产品,如消费合作社等。

4. 公共产品的生产和供给方式

公共产品生产和供给的方式有三种:

(1) 公共生产,公共提供。这种提供方式是指由公共部门生产出公共产品,然后由公共部门向社会提供。所谓公共提供,首先是指这些公共产品是由公共部门供给的,其次它是一种以不收费的方式来提供公共产品的。政府的纯公共产品,特别是行政部门,主要采用公共生产和公共提供方式来供给公共劳务或服务。

(2) 私人生产,公共提供。这种提供方式是指公共产品并不一定都要由公共部门生产,有时可由政府购入私人产品,然后向市场提供。例如,国家可以将制片商已经拍好的电视片购买过来,在电视台播放;甚至武器和军事装备也由私人部门生产,然后由政府采购,如美国就是这样。

(3) 公共生产,混合提供。这种提供方式是指公共生产,政府和市场共同提供,政府和市场共同承担成本。一般来说,公共产品应当由公共部门来提供,然而有些准公共产品,尤其是在性质上接近于私人产品的准公共产品在向社会提供的过程中,为了平衡获益者与非获益者的负担,提高资源的使用效益,政府往往也采取类似于市场产品的供应方式,即按某种价格标准向消费者收费供应。这样,消费者必须通过付款才能获得消费权。例如,对于医疗产品既可以采取政府供给方式,也可以采取政府供给、个人付费方式。此外,自来水、电、煤气等,也都可以采取收费方式来供给。但是,由于混合供给方式包含了政府的政策因素,它与市场供给的私人产品在性质和管理上是有很大区别的。

在上述三种公共产品生产方式中,前两种采用的是公共提供方式,第三种采用的是混合提供方式,这两者的区别就在于由谁来付款。公共产品无论是采用公共生产、公共提供,还是采用私人生产、公共提供方式,其结果是生产公共产品的费用完全由政府负担,亦即财政拨款。公共产品若是采用混合提供的方式,则其生产成本将由政府和受益的企业或个人共同分担。

为了更好地提供公共产品,需要考虑供给效率和生产效率这两个问题。关于供给效率问题,首先要能够正确解决需求表达难题,其次要解决资源配置难题,最后通过完善民主、科学的财政决策体制解决供给效率问题。这个财政决策体制包括决策者选拔制度、行政官员晋升制度、决策信息收集传达制度、效率评估制度、政府收入和支出制度以及审计监督制度等。关于生产效率问题,解决的基本途径是完善公共部门的组织制度和激励约束制度,确保公共部门的行为不偏离政府意图。

5. 公共需要与公共产品

公共需要在观念形态上是一种欲望、理念;在价值形态上是政府需求,是政府购买力,是财政资金,是总需求的一部分。而公共产品是为公共服务的产品或服务,是有特定用途的产品。公共产品在经济上的意义是总供给的一部分,体现为被政府需求所购买的那部分社会产品,是公共需要的使用价值形态。一种产品产出之前或刚刚产出而没有买主之前,它的身份并没有打上公共产品或私人产品的烙印,它的身份是中性的,可以成为私人产品,也可以成为公共产品,只有当它被公共需求所购买之时,它的身份才被确定为公共产品。例如,一座花园,被政府购买,成为公园,即成为公共产品;被私人购买,成为私家花园,即成私人产品。又如,当一条道路被政府购买,提供社会使用,便是公共产品;如果它被一个企业购买,作为营利的工具,向行人收费,则又变成私人产品了。

公共需要可以转化为公共产品。作为公共需要的价值形态的公共需求以两种形式分配出去:一种是购买性支出,从而直接转化为公共产品。另一种为转移性支出。这部分支出在其形成结果上,可以有两种,一种是用来购买公共产品,例如,中央政府给予地方政府的补贴,一般还是主要用于购买性支出;另一种虽然为了公共需要的目的而支出,但其最终结果归个人使用,例如,对企业补贴的支出,用于社会保障救助穷人的支出,最终形成私人产品。所以,政府需求从根本上说,是为了满足社会公共需要,但从最终结果上看,公共需求却转化为公共产品与私人产品两类产品。当然,政府需求的绝大部分都转化为公共产品。

三、市场失灵

1. 资源最优配置和帕累托效率

西方经济学认为,在市场机制的作用下,如果居民和企业作为市场主体分别实现了效用最大化和利润最大化,并且在此基础上,产品市场和生产要素市场既不存在过剩,也不存在短缺,而整个经济的价格体系恰好使所有的商品供求都相等时,经济就处于一般均衡状态或瓦尔拉斯均衡状态,此时称市场实现了资源最优配置。

资源最优配置条件被称为帕累托条件(生产与消费组合最优),即任意两种产品的边际转换率(MRT—marginal rate of transformation)与它们在消费中的边际替代率(MRS—marginal rate of substitution)相等。即它要求经济必须生产反映消费者偏好的产品组合,或者说,经济在生产可能曲线上的某一点生产的产品,反映了消费者的偏好,它已不可能在不影响消费者偏好满足的情况下改变其产品组合。

在既定成本条件下,生产者产出价值最大化的条件就是生产可能曲线与最高的等收入线相切的点,在这一点上,生产可能曲线(production possibility curve)的斜率 MRT_{xy}(也就是两种产品的边际成本之比 MC_x/MC_y)等于"等收入线"的斜率(两种商品价格之比 P_x/P_y)。如果我们已经知道消费者效用最大化的条件:$P_x/P_y = MRS_{xy}$。那么,就可以得到生产者产出价值最大化的条件:$MRT_{xy} = MC_x/MC_y = P_x/P_y = MRS_{xy}$。简单地说,资源最优配置条件就是:$MRT_{xy} = MRS_{xy} = P_x/P_y$。即生产者产出价值最大化的条件是由生产者产出最大化的条件和消费者效用最大化的条件共同构成的,如图1-1所示。

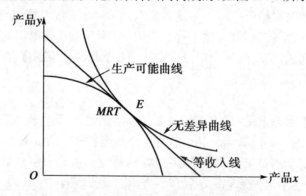

图1-1 帕累托条件的几何图示

资源实现最优配置也可表述为:当一种资源的任何重新分配,已经不可能使任何一个人的境况变好,也不使一个人的境况变坏,即不存在"帕累托改进",这时的状态被称作经济效率(economic efficiency)。所以,帕累托最优状态是不存在帕累托改进的资源配置状态。满足帕累托最优状态的经济被称为帕累托效率(Pareto efficiency),而不满足帕累托最优状态就是缺乏经济效率的。

2. 市场失灵

市场机制在很多场合不能实现资源最优配置,就会出现所谓的"市场失灵"。市场失灵(market failure)就是指由于市场机制不能充分地发挥作用,而导致的资源配置缺乏效率或资源配置失当的现象。

导致市场失灵的原因主要有以下几个方面:市场势力(market power),主要指市场垄断和自然垄断等;市场残缺(non-existence of market),主要指公共产品、外部性、信息不对称等导致的市场残缺;市场功能不足(market imperfections),主要包括分配不公平、经济波动、优质品和劣质品等。

(1) 垄断与市场失灵。一般来说,单一产品具有规模报酬递增的特点,当单一企业生产所有产品的总成本小于多个企业分别生产这些产品的成本之和时,就称这个企业的多产品具有成本部分可加性。如果一个行业在所有产量上,企业的成本是部分可加的,那么该行业就是自然垄断(natural monopoly)行业,如铁路、通信等。如果一个行业通过企业并购获得规模经济,那么这个行业容易形成行业垄断。

只有在完全竞争市场上,企业的生产成本从长期来看才是最低的,市场机制才能实现资源的最优配置。竞争是市场经济中的动力机制。竞争是有条件的,一般来说竞争是在同一市场中的同类产品或可替代产品之间展开的。但一方面,由于分工的发展使产品之间的差异不断拉大,资本规模扩大和交易成本的增加,阻碍了资本的自由转移和自由竞争;另一方面,由于技术进步、市场扩大、企业为获得规模效应而进行的兼并等使得市场垄断出现,减弱了竞争的程度,使竞争的作用下降。当企业获利依赖于垄断地位时,竞争与技术进步就会受到抑制。在现实生活中,完全竞争市场只是一种理论假设,大部分产品都是处于不完全竞争市场。在这些不完全竞争市场上,生产者不再是完全的价格接受者,生产者生产的产量不是最大的产量,市场价格也不是最低的价格。垄断企业的产量就会低于社会的最优产量,而它所定的价格却会高于市场均衡价格,使消费者的剩余减少而使生产者的剩余增加,社会福利受到损害。垄断限制竞争,操纵价格,打破市场均衡,引起市场效率缺失。效率缺失的机理如图1-2所示。

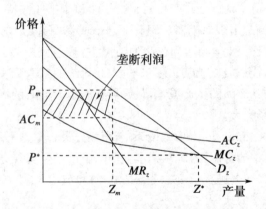

图1-2 自然垄断造成的市场失灵示意图

图1-2中,横轴是自然垄断商品Z的产量,纵轴是商品Z的价格,AC_z、MC_z、MR_z和D_z分别是企业生产Z的平均成本、边际成本、边际收益和市场需求,P_m、Z_m分别是垄断企业向市场提供的商品价格和产量,P^*、Z^*分别是完全竞争市场下商品价格$P=MC_z$的市场价格和供给量,AC_m是垄断企业供给量与平均成本相等时对应的价格。垄断企业获得图中阴影部分的垄断利润,但供给量Z_m相比Z^*是无效率的产量。

(2) 外部性与市场失灵。外部性(externality)是指一个经济主体的行为对他人产生的利益或成本影响。也就是说,某人承担了成本,但是没有获得对应的利益;或某人获得利益,却没有为此付出代价。外部性可以分为正外部性与负外部性两种。根据经济活动的主体是生产者还是消费者,外部性可以分为生产的外部性和消费者的外部性,如表1-2所示。

表 1-2 生产与消费的外部性

生产/消费	生　产	消　费
正外部性	养蜂人在苹果园附近养蜂,给苹果园主人带来的外部性 一企业在某地办厂,给附近居民带来的地价上涨的好处	消费者偏好的改变,增加了对某种产品的购买,给相关企业带来的好处 居住在富贵人家花园边上的人可以免费欣赏美景
负外部性	河流上游的工厂排放的污水影响到下游的养鱼 淮河流域大量工厂污染曾一度导致蚌埠地区居民购买矿泉水做饭	消费者偏好的改变,减少了对某种产品的购买,给相关企业带来的损失 某人欣赏音乐,声音过大,给正在休息的人带来的损失

负外部性是指某一经济主体在生产和消费活动的过程中,对其他经济主体造成的损害。负外部性实际上是生产和消费过程中的成本外部化,但生产或消费单位为追求更多利润或利差,会放任负外部性的产生与蔓延。如化工厂,它的内在动因是利润,为了利润,对企业来讲最好是让工厂排出的废水不加处理而进入下水道、河流、江湖等,这样就可减少治污成本,增加企业利润,但给环境保护、其他企业的生产和居民的生活带来危害,而社会若要治理,就会增加负担。对于产生正外部性的生产者来说,生产者缺乏生产积极性,产出水平就会低于社会最优产出水平。即使是在完全竞争条件下,由于存在外部性的影响,整个经济的资源配置也不可能达到帕累托最优状态。而在外部不经济情况下,往往出现产品供给过多,超过了帕累托最优所要求的产量水平。

(3) 公共产品与市场失灵。公共产品的非竞争性和非排他性特点决定了在绝大多数的公共产品消费中,必然经常出现"免费搭车(free rider)"和"公共地的悲剧"现象。完全由市场决定的公共产品的生产量是不足的,在这种情况下,政府就应该设法增加公共产品的供给。公共产品的需求曲线一般低于其实际水平,因此无法加总消费者的需求曲线,消费者支付的数量将无法弥补公共产品的生产成本,最终导致的是市场产量将低于最优产量,即公共产品供给不足,造成市场失灵。

(4) 信息不对称(asymmetric information)与市场失灵。信息不对称引起风险和不确定性。信息不对称是现实中的常态,很难从根本上消除。市场要实现充分竞争,就必须有充分信息,信息不对称会带来逆向选择(adverse selection)和道德风险(moral hazard)等问题,它们的存在会引起经济效率的缺失。

(5) 收入分配不公与市场失灵。市场机制遵循的是资本与效率的原则,资本与效率中存在着"马太效应",即强者愈强,弱者愈弱。从市场机制自身作用看,资本拥有的越多在竞争中就越有利,效率提高的可能性也越大,使收入与财富向资本与效率集中,这是属于正常的经济现象。另一方面,资本家对其雇员的剥夺,使一些人更趋于贫困,造成了收入与财富分配差距的进一步拉大,这种拉大又会由于影响到消费水平而使市场相对缩小,进而影响到生产,制约社会经济资源的充分利用,使社会经济资源不能实现最大效用。

(6) 宏观经济运行不稳定与市场失灵。宏观经济的不稳定,是指宏观经济总量失衡。不稳定的宏观经济一般通过物价剧烈波动、就业率变化和经济增长率变化等表现出来。

市场经济的运行结果,总是会出现周期性波动,即经济会出现过热,经济也会出现衰退,甚至萧条。经济危机问题不是市场本身所能有效解决的。更为重要的是,人们对经济的周期性波动缺少充分的认识,比如人们不知道经济衰退到底什么时候会到来等等。经济发展的这个内在性导致市场失灵,是市场经济的一个常态。

(7) 优质品和劣质品。"劣币驱逐良币"的现象是指在市场经济运行中,假冒伪劣商品充斥市场,劣质品严重扰乱了正常质量商品的运行(即良品的经营与流通),扭曲了商品价格的正常运行机制,并使良品的市场占有率下降,最终也表现出劣品将良品驱逐出市场。由于偏好不合理,会导致劣品驱逐良品,影响到市场机制的正常运行。

四、财政活动

财政活动,也称财政运行,是国家或政府为执行其政府职能而进行的财政收支运动及其管理的全过程,是整个国民经济运行的一部分。

财政活动首先表现为财政支出。理论上,凡是政府职能需要做的,就需要财政支出来完成。财政支出与各级政府的职能与事权相统一,也与特定社会经济条件下的难点、重点、热点问题紧密相关。

其次表现为财政收入。财政收入反映个人和企业必须向政府缴纳的各种税收和费用。

最后还表现为财政管理、财政政策和财政协调等财政监督。通过财政监督影响整个国民经济运行,影响企业、个人和家庭的决策。

财政活动是国家政治和政治活动的综合反映,是市场经济下公共经济活动的主要方面和政府调控经济的主要手段,贯穿现代社会经济生活之中,从而人人都能够感受到财政与自己密切相关。

五、财政

1. 财政一词的由来

"财政"一词在中文词汇中的应用只有 100 多年的历史,由日本传入中国。但与财政有关的词语却是悠久的,比如我国很早就有"国用"、"国计"、"度支"、"理财"、"治粟内史"、"大农令"、"大司农"等关于财政活动的官方用语;和财政有关的英文词语有:public finance,treasury,business finance,等等。我国《辞海》对财政则这样解释:"财政谓理财之政,即国家或公共团体以维持其生存发达之目的,而获得收入、支出经费之经济行为也。"

2. 财政的说文解字

财政是什么?按中文意思,"财政"一词中的"财",通常被定义为钱和物资的总称,市场经济下,"财"表现为资金;中文的"政"则是"管理众人之事"。财政是以政府为主体运用"财"并通过"政策"、"方法"来实现"政事"的一种管理活动。"政"是有管理、有目的的经济活动,是建立在经济基础上的上层建筑。所以,这种有管理的经济活动必须满足以下条件:一是要有法律规范,并符合管理的一般原则;二是要求政府能够全面安排国计民生,实现国家的对内、对外职能,特别是其经济职能,以达到其政治、经济目的。

3. "财政"的英文"Finance"的解释

Finance 一词,源于拉丁语 Finic,其原意是指支出的期限,后指公共收入,再后则演进为"公众财政"或"公共财政"(public finance),即"公众的收入和支出的方法、筹集、典守和管理"。

在现代市场经济中,西方国家往往将"财政"或"公共财政"称之为"政府经济"。也就是说,政府所应生产和提供的只是公共产品。这里所称的政府,既包括中央政府即国家,也包括地方政府,于是就有了中央财政或国家财政,以及地方财政的称谓。相应地,国家财政又可称为国家经济,如果从整体经济出发,其运行总公式就可写成:宏观经济(整体经济)=政府经济+市场经济。这也说明了研究财政为什么要从研究宏观经济入手。

4. 财政是以国家(或政府)为主体的经济(或分配)活动、经济行为或经济现象

财政是国家为了实现其职能的需要,以国家为主体对一部分社会产品进行分配和再分配的活动,它是国家配置资源的重要方式和调控社会经济运行的重要手段。

(1) 以国家为主体的分配关系是财政本质。作为适应国家的物质需要,从社会再生产总体的分配环节中分化独立出来的国家财政,不论是奴隶制、封建制、资本主义国家的财政,还是社会主义国家的财政,也不论是与自然经济相适应的家计财政模式,还是与市场经济相适应的公共财政模式,乃至与计划经济相适应的高度集中统一的计划财政模式,其分配的基本内容都是围绕实现国家职能来进行的。这种分配和再分配,必然代表统治阶级根本利益,体现有利于统治阶级根本利益的分配关系。

作为国家的经济行为,财政分配的现象集中表现为收入筹集和支出安排。通过这种现象我们可以发现,不管财政收支的形式、数量、比例及时空有何不同,在进行财政分配时,总要在国家参与分配的其他各方之间发生一定的分配关系。财政分配形成的物质利益关系,即财政分配关系是财政分配要解决的最根本和最核心的问题。

(2) 财政是国家政府配置资源的重要方式。财政作为国家的一种经济行为,自产生国家以来,就具有了政府配置资源的功能。不论是奴隶制、封建制、资本主义还是社会主义国家,都需要政府配置资源来满足政府履行职能,满足公共需要的物品和劳务,进而保证资源配置的优化。

实际上,财政对社会产品的分配和再分配的进程与结果,就形成了资源配置。在市场经济条件下,为保证社会经济的正常运行,政府必须承担有效配置社会资源的任务,作为政府经济体现的财政分配,成为市场对资源配置起基础性作用的条件下实现社会资源有效配置的重要方式。

(3) 财政是国家政府调控社会经济运行的重要经济手段。财政作为国家经济职能的组成部分,是国家政府管理经济的一种手段。一般来说,财政在任何社会、任何国家都是一种宏观调控的经济杠杆,尽管在不同社会形态下的不同国家中,财政调控的深度、广度和力度各不相同,但其共同点是:调控的主体是国家政府;调控的对象是社会经济运行过程;调控的目的是实现社会总需求与总供给的平衡,促进国民经济和社会的协调发展。

财政作为国家的宏观调控手段,最明显的还是资本主义社会进入垄断时期以后,经济危机表明了单纯的市场调节不能实现资源的合理配置,要保证社会经济的正常运行,国家必须对社会经济活动进行宏观调控,弥补市场不足,纠正市场缺陷,维护市场秩序,保证市场机制正常发挥作用,保证社会总供给与总需求的相对平衡,促进社会经济的协调发展。

5. 财政的定义

财政是政府以实现优化资源配置、公平分配及经济稳定和发展等目标,集中一部分国民收入用于履行政府职能和满足公共需要的收支活动及其管理的经济活动、经济行为或经济现象。简言之,财政是政府的收支及其管理(邓子基语)。实践中,财政表现为政府的一系列收支活动或政府的理财活动。

财政的含义:财政本质是一种分配关系,是以国家为主体的分配关系;财政主体是政府,而不可能是其他主体,因为满足公共需要、提供公共产品是其他主体不愿或也不能做的;财政的客体是社会总产品中的剩余产品(主要指国民收入),是政府集中一部分国民收入进

行再分配;财政的目的是满足社会公共需要,通过满足公共需要实现政府管理职能;财政的手段是通过配置资源、分配收入、稳定经济增长所进行的公共经济活动、经济管理和提供公共产品。

六、公共财政

1. 公共财政

我国财政部官方网站对公共财政做出如下定义:公共财政是指在市场经济条件下,主要为满足社会公共需要而进行的政府收支活动模式或财政运行机制模式,是国家以社会和经济管理者的身份参与社会分配,并将收入用于政府的公共活动支出,为社会提供公共产品和公共服务,以充分保证国家机器正常运转,保障国家安全,维护社会秩序,实现经济社会的协调发展。

公共财政的核心是满足社会公共需要,其涵盖的范围主要有:行政管理、国防、外交、治安、立法、司法、监察等国家安全事项和政权建设;教育、科技、农业、文化、体育、公共卫生、社会保障、救灾救济、扶贫等公共事业发展;水利、交通、能源、市政建设、环保、生态等公益性基础设施建设;对经济运行进行必要的宏观调控等。

公共财政的市场经济内涵:公共财政在制度上是效率型财政,在体制上是分权型财政,在政策体系上是服务型财政,在管理上是民主与法治的财政。

公共财政是与市场经济相适应的政府为纳税人提供公共产品的法治财政。在市场经济条件下,相对市场机制而言,政府的职能是弥补市场的缺陷,满足社会公共需要,财政则是实现政府职能的物质基础。正是因为市场经济条件下财政存在和发展的主要依据在于满足社会公共需要,市场经济条件下的财政则被称为"公共财政"。

所以,公共财政是在市场经济条件下国家提供公共产品或服务的分配,以满足社会公共需要的政府收支模式或财政运行机制模式,它是与市场经济相适应的一种财政类型,是市场经济国家通行的财政体制和财政制度。

2. 公共财政的基本特性

(1) 公共性。即公共财政着眼于满足社会公共需要。公共财政的职能范围是以满足社会公共需要为口径界定的,凡不属于或不能纳入社会公共需要领域的事项,财政就不去介入;凡属于或可以纳入社会公共需要领域的事项,财政就必须涉足。

(2) 非盈利性。在市场经济条件下,政府作为社会管理者,其行动的动机不是、也不能是取得相应的报酬或盈利,而只能是追求公共利益,其职责只能是通过满足社会公共需要的活动,为市场的有序运转提供必要的制度保证和物质基础。虽然有时提供公共物品或服务的活动也会附带产生数额不等的收益,但其基本出发点或归宿仍然是满足社会公共需要,而不是盈利。表现在财政收支上,财政收入的取得,要建立在为满足社会公共需要而筹集资金的基础上;财政支出的安排,要始终以满足社会公共需要为宗旨。

(3) 法制性。即收支行为规范化。公共财政以满足社会公共需要为基本出发点,与全体社会成员的切身利益直接挂钩。不仅财政收入要来自于社会成员的缴纳,财政支出要用于向社会成员提供公共产品的事项,而且财政收支出现差额带来的成本和效益,最终仍要由社会成员负担。社会成员对于公共财政的运行有强烈的监督意识,要求和决定着政府财政收支行为的规范化,即以法制为基础、全部政府收支纳入预算、财税部门总揽政府收支。

(4) 公平性。公共财政是为满足社会公共需要,以政府为主体进行的分配活动,是与市场经济相适应的财政制度安排。公共财政的公平性,是指财政政策一视同仁,无差别地对待所有的企业和居民,为社会成员和市场主体提供平等的财政条件,而不能针对不同的社会集团、阶层、个人以及不同的经济成分,制定不同的财税法律和制度。

(5) 民主性。公共财政的本质是民主财政,是以人民为主体进行的公共决策活动,在规范的市场经济体制下,私人商品和服务的买卖主要依赖于市场的自愿分散决策,而在消费上具有非排他性、非竞争性的公共产品则要求有更强大、更复杂的政府决策。对私人物品的偏好可以通过市场价格机制来表现,而对公共产品的偏好则难以在市场上表现出来,它依赖于政府的集体决策来提供。

公共财政的根本性质是公共性,其立足点是市场经济,产生的原因是弥补市场失灵,主要活动对象是提供公共产品,目的是满足公共需要。

公共财政是按国家(政府)提供公共产品的决策方式来划分的类型,与此相应的是"家计财政"和"计划财政"。

1.2 财政的产生与发展

一、财政的产生

1. 财政随着国家的产生而产生

财政不是从来就有的,它是人类社会发展到一定历史阶段的产物,是随着国家的产生而产生的一个历史的经济范畴。原始社会末期,发生了社会分工,出现了商品生产,出现了剩余产品,这样就为国家财政的产生提供了可能,处理原始公社内部事务的氏族组织逐步地演变为国家。在整个社会产品分配中,就分化独立出一种由国家直接参与的社会产品的分配,就是财政分配。奴隶制国家的出现,为奴隶制国家财政的产生提供了必然性。

生产力的发展,剩余产品的出现,是财政产生的物质基础,成为财政产生的经济条件;私有制、阶级和国家的出现是财政产生的政治条件。财政是随着国家的产生而产生和演变的。

(1) 剩余产品的出现为财政的产生奠定了物质条件。社会发展的历史告诉我们,自从有了人类社会,便有了社会生产,同时也有了生产与消费之间的中介环节——分配。在漫长的原始社会,生产力十分低下,生产工具落后,生产资料公有。人们为了生存,只能联合起来同大自然搏斗,并主要从自然界获取生存物品,平均分配,以维持最低限度的生活需要。这时没有剩余产品,没有私有财产和私有观念,没有阶级,没有国家,也没有国家财政。

人类与自然界进行长期艰苦斗争的进程中,发明并改进了生产工具,提高了生产力水平,逐步摆脱了依靠大自然恩赐维持生存的状况,饲养、种植业逐步发展,社会劳动分工和交换相继出现并不断扩大,劳动生产率逐步提高,劳动者创造的物质财富除了维持自身生活需要外还有了剩余。剩余产品出现后,人们能够把一部分劳动用于生产资料的生产,使生产工具得到改进,为进一步发展生产力、生产更多的剩余产品创造了条件,同时为一部分人占有剩余产品形成私有财产、为产生私有制提供了物质基础。正如恩格斯指出的:"劳动产品超出维持劳动的费用而形成的剩余,以及社会生产基金和后备基金从这种剩余中的形成和积累,过去和现在都是一切社会的、政治的和智力的继续发展的基础。"

(2) 国家的产生是财政产生的直接前提条件。在奴隶社会,奴隶主阶级不仅占用生产资料,而且也占有奴隶本身。奴隶主无偿占有奴隶所创造的全部剩余产品,奴隶主只是为了使奴隶继续为他们劳动,才用极少的生活资料来维持奴隶的生命。这种极端残酷的压榨和剥削,使奴隶和奴隶主之间的阶级矛盾和阶级对立十分尖锐。

奴隶主阶级为了维护本阶级的利益,镇压奴隶反抗,保持对奴隶阶级的经济剥削,必须建立强有力的政治统治,这就需要有一系列的暴力组织,如军队、警察、法院、监狱等,以及为统治阶级利益服务的专职人员,组成一个权力机关,一个暴力统治的机器,这就是国家。马克思主义者认为,国家是阶级矛盾客观上达到不能调和的地方、时候和程度时产生的。国家是阶级统治的机关,是一个阶级压迫另一个阶级的机器,是建立一种"秩序",来使这种压迫合法化、固定化,使阶级冲突得到缓和。国家的产生也是社会进步的表现,它既是进行阶级统治的手段,又是管理社会公共事务、服务于社会的机关。

国家产生后,为维持其存在和履行其职能,就需要消费一定的物质资料。但是国家机构的军政人员是不从事物质资料生产的,所需要的物质资料依靠国家的政治权力来取得。这样,在分配领域里就出现了一种新情况,表现在生产领域内部,除了奴隶主占有一部分产品外,奴隶主占统治地位的国家还要依靠政治权力,强制地无偿占有一部分社会产品。于是,与国家权力有内在联系的财政分配就从社会再生产统一、单纯的分配环节中分化出来,成为一个特殊的分配范畴。所以,最早的国家财政形态是适应国家的物质需要,伴随着国家的产生而产生的。因为国家的出现,才使财政具备了分配主体,财政分配才有了必要的依据,财政分配才能从社会产品分配中分化独立成为一种与政治权力有内在联系的特殊分配。

财政虽然是伴随着国家产生的,国家是财政产生的前提,但是财政产生与国家产生的经济条件是一致的,财政与国家是在同一历史阶段、同样经济条件下同时产生的。财政与国家并存,没有国家的产生就不可能产生以国家为主体的财政分配。同样,如果没有财政筹集必要的财力,保证国家履行职能的物质需要,国家也难已存在和发展。正如列宁指出的那样,任何社会制度,只有在一定的财政支持下才会产生。任何国家政府的社会政治经济活动,消耗一定的物质资料,都离不开财政支持,财政对社会资源配置,体现着国家在经济上的存在,是国家存在和发展的物质保证。

以上是马克思主义关于财政产生的观点,即运用历史分析的方法来揭示财政的起源,认为它是一个历史范畴,随国家的产生而产生。

2. 现代西方财政学关于财政存在的观点

现代西方财政学运用逻辑分析方法解释财政的产生和存在,通过经济现象分析,他们认为财政的产生是市场失灵的结果,其分析思路是:市场无效运行→市场失灵→政府干预→财政产生。

二、财政的发展

财政随着国家的发展而发展。从国家发展进程看,人类历史已经历过奴隶制、封建制、资本主义和社会主义社会,以及与之相适应的国家制度。随着社会制度的变革,国家类型的更替,国家的发展完善,国家财政也相应地发展,并逐步完善。

所以,随着社会和国家形态的演进,即奴隶制国家、封建制国家、资本主义国家、社会主义国家,财政相应地经历了不同发展阶段:奴隶制国家财政→封建制国家财政→资本主义国家财政→社会主义国家财政。根据满足公共需要程度(或决策方式)的不同,财政发展模式可划分为:原始公共分配制度的财政萌芽、家计财政制度(奴隶社会王室财政与国家财政的合一)、国家财政制度(封建社会皇室财政与国家财政的分离)和公共财政制度。

科学的财政观

所谓财政观,就是人们对财政的根本观点、根本看法,实际上就是对财政本质的基本理解。而要形成一个科学的财政观,就必须对财政的本质有一个深刻的认识。财政的本质是财政基础理论的核心问题,也是整个财政理论的最重要战略制高点。财政的本质不仅直接决定了财政观的形成,而且直观地反映着财政境界的高低。

财政观的争论实际上就是财政本质观的交锋。20世纪中国财政学界兴起的"国家财政"与"公共财政"的争论,实际上是一场极其滑稽的理论混战。滑稽的要害在于,争论"国家财政"与"公共财政"的双方居然没有首先争论"财政是什么"?如果连"财政是什么"都弄不清楚,又谈何弄清楚"什么是国家财政"与"什么是公共财政"。"国家财政"与"公共财政"区别的要害恰恰就是财政观(财政本质)的不同。"国家财政"究其本质来说应该代表"国家理财观和国家分配论",而"公共财政"究其本质来说应该代表"公共理财观和公共经济论"。两者明明是两种不同财政观的本质之争,但是令人惋惜的是本应该十分精彩的财政本质交锋并没有出现,关键的原因就是"公共财政论者"缺乏必要的财政境界,连他们自己都认为"公共财政论"实质上并非关于财政本质的理论,而仅是关于财政类型的理论。

从世界财政学的发展趋势看,公共经济学或公共部门经济学已经成为引领财政观变革的新主流。传统财政学,无论是中国的国家理财观(国家分配论),还是西方的公共理财观(公共分配论),对财政的理解都有局限性,它们都从政府收支管理出发,一个强调国家的主导作用,另一个强调公众的主导作用,两种财政观的境界都不如公共经济观(公共经济论)开阔高远。国家理财观和公共理财观都没有跳出政府收支的圈圈,整个财政理论体系的重点就是处理收支矛盾,他们善于算财政的账,不善于算经济的账。而公共经济观则是一种全新的财政观,它跳出政府收支看财政,视财政为公共经济(公共部门经济),辩证地把财政放在整个国民经济全局之中,注重公共经济与私人经济的联系,既重视公共部门的资源配置,也重视整个经济的资源配置,其出发点和归宿点都是提高整个经济的资源配置。公共经济观不仅善于算财政的账,而且善于算经济的账、社会的账和政治的账,比较有战略眼光,其财政观的境界明显高出国家理财观和公共理财观。从中国财政学今后的发展方向看,走公共经济学之路是一个必然的选择,不仅有助于形成更加科学的财政观,而且可以大大提升中国学者财政观的境界。

——《财政学》,张馨主编,陈工、雷根强副主编,科学出版社,2006年5月第1版

1.3 财政学的研究内容

财政学是研究以国家为主体的财政分配关系的形成和发展规律的学科。它主要研究国家如何从社会生产成果中分得一定份额,并用以实现国家职能的需要,包括财政资金的取得、使用、管理及由此而反映的经济关系。

财政学经历了朴素财政思想和财政学的萌芽阶段(奴隶社会—封建社会)、与政治经济

学的分离和财政学的创立阶段(自由资本主义—垄断资本主义)、现代财政学的产生和公共经济学的崛起阶段(国家垄断资本主义—)三个阶段。

20世纪60年代,我国在反思苏联"货币关系体系说"的基础上初步建立"国家分配论"。20世纪90年代中后期,我国在建立社会主义市场经济的过程中提出"公共财政论"。

1. 财政学的研究对象

财政学的研究是以政府的收支活动及其对资源配置与收入分配的影响为对象,即通过描述财政分配活动,分析财政政策与制度的建立、运行情况,从而找出财政的分配规律。从财政现象入手,探索本质,揭示支配这些现象的规律。

2. 财政学主要研究内容

(1) 财政分配活动及其发展规律。
(2) 财政与经济的关系,它是财政学的一条根本研究主线。
(3) 财政制度。
(4) 财政政策。研究财政政策的目标、手段、传导机制、效果以及同其他政策手段的配合等。

3. 财政学研究的视角

从经济学角度对财政问题进行研究,是财政学的基本视角;从政治学角度对财政问题进行研究,是财政学的重要视角。而财政学的研究视角,绝不仅仅限于经济学和政治学。政府作为现代社会的管理者,其活动还涉及各种各样的社会问题,而财政则是其处理社会问题的最重要手段之一,所以社会学也是研究财政问题的重要方面之一。此外,由于财政现象是国民经济的综合反映,因而财政学研究还必须从哲学、伦理学、心理学、法学、教育学等视角进行,才能综合分析财政现象,才能透视财政现象的真谛。

随着时代和环境的变化,要求人们从更广泛的范围、更深的层次上研究政府的经济活动。研究方法的进步,更推动了财政学基础上的公共经济学的诞生。为了沿袭历史上财政学的发展,人们往往把财政学叫做旧公共经济学,而把扩大了的财政学叫做公共经济学。

1.4 财政理论及其变迁

一、西方财政理论变迁

西方国家理财思想及财政理论,派别繁多,观点迥异,但纵观其变化,同西方经济理论一样,是伴随着资本主义制度的产生与发展而不断演进的。

德国的官府学派最早地研究国家财政问题,自1892年巴斯塔布尔(Bastable,C.F.)出版《公共财政学》以来,百余年间西方财政学有了很大的发展,但在其理论基础问题上则始终存在分歧。

1. 重商主义财政理论

重商主义是资产阶级最初的经济学说,出现于15世纪初,流行于16～17世纪,大约盛行300年,反映了这个时期商业资本的利益和要求,它对资本主义生产方式进行了最初的理论考察。其经济理论的基本思想只局限于流通领域,保护主义关税、现代税收制度和国债制度是这一时期的主要财政理念。

重商主义的基本经济理论假设是"货币是国家财富的唯一形态",对外贸易是增加货币的源泉,政府活动的目的应是如何发展对外贸易以增加财富。重商主义的税收理论基本上是国家干预经济与保护关税理论、税收利益交换论、主体税种理论及税收负担理论。

早期重商主义者都把货币看成是财富的唯一形态,虽然在如何增加货币财富的问题上持有不同的看法和主张,但是早期重商主义者主张绝对地多卖少买,严禁货币输出国外,力求用行政手段控制货币本身运动,以贮藏尽量多的货币,达到积累货币的目的。其主要观点包括:从外国输入商品是有害的,从外国输入本国能够制造的商品害处更大,极力主张实行保护贸易政策,坚决禁止外国工业品、特别是奢侈品输入本国,要求直接利用国家立法和行政措施来保证对每个国家和每笔贸易都实现顺差,绝对禁止金银外流,设法将货币留在本国,不使货币流向国外。

晚期重商主义者则主张允许货币输出国外,只要购买外国商品的货币总额少于出售本国商品所得的货币总额,就可以赚取到更多的货币。为了使对外贸易中进口小于出口,他们主张发展本国制造业,采取保护关税的政策。

2. 古典政治经济学财政理论

古典经济学财政理论盛行了200多年,其主要思想是反对国家干预经济,提倡提高国家税收收入,强调对内加强财政管理,保护、扶持工商业发展,对外实行高关税、限制进口等。这方面理论主要包括亚当·斯密的财政理论、大卫·李嘉图的财政理论、瓦格纳的财政理论和庇古的财政理论。

(1) 亚当·斯密的财政理论。亚当·斯密在其《国民财富的性质和原因的研究》中着重阐述了他的财政思想和政策主张。他认为私人的、自由的经济制度,在市场自发调节下,能保持理想的秩序,每个人在追求最大私利的同时,社会利益也能得以最大限度地实现。

① 关于国家职能,斯密认为,国家的活动属于非生产性活动,不创造物质财富。国家的职能是在保护国家安全、维护社会治安、抵御外来入侵、建设并维持某些公共事业等一些对社会有益而又不可缺少的活动中,充当"守夜人"的作用。

② 关于财政收入问题,他提出了以受益者负担为中心的收入理论,即按享受国家经费开支利益的大小和方向来筹集经费。

③ 关于税收问题,他提出了平等、确定、便利、最少征收费用的赋税原则。

④ 关于公债问题,他提出了"公债有害论",即不主张发行公债。

⑤ 关于财政支出问题,他主张严格限制支出的理论。

(2) 大卫·李嘉图的财政理论。大卫·李嘉图认同斯密关于国家职能、公债、财政收支方面的观点,又提出了自己的赋税理论和财政补贴理论。

① 李嘉图的赋税理论主要体现在赋税总论和赋税论两个方面。在赋税总论方面,他认为任何形式的赋税都来源于利润、地租或其他形式的收入,都会减少资本积累。为了减轻对生产的破坏,他主张尽量减少对最终由资本来承担的赋税的征收,认为最好的财政计划是节约的财政计划,最好的赋税是负担最轻的赋税。在赋税论方面,他研究了包括地租税、利润税、工资税、农产品税、黄金税等当时主要的税种的转嫁、归宿问题及各项赋税政策对国民经济的影响。

② 他反对政府对农产品进行补贴,列出三条反对理由:一是农产品补贴是一种不平等的政策;二是财政补贴实际上是一种干预经济自由运行的手段,它在一定程度上破坏了市场的自然秩序;三是补贴所用经费来源于税收,而增加税收于国于民是有害无益的。

(3) 瓦格纳的财政理论。瓦格纳的财政理论是建立在他的国家职能理论和社会政策思想基础上的。他认为,国家职能不仅仅是维持国内秩序和防御外敌的任务,而且还要为社会的经济、文化、福利的发展服务。他主张扩大国有财产,实行铁路、保险、银行的国有化。

① 瓦格纳的财政理论是以他的社会政策思想为依据的。他认为随着人类社会的发展,国家职能应该不断扩大,财政支出不断增长,并认为财政支出的增长与经济的增长存在着一种函数关系。

② 在财政收入方面,他提出了"社会政策的赋税"的观点。他认为赋税不仅仅是以满足财政需要为目的,还应当增加社会政策的目的。因此,他主张在所得税中采用累进税制,对奢侈品、财产课以重税。他还建立起了自己的赋税原则:财政政策原则、国民经济原则、社会公正原则和税务行政原则。

(4) 庇古的财政理论。庇古对财政理论的研究根源于他的社会福利经济学论。他认为,每个人都在追求个人福利的最大化,而所有个人的福利的总和就是社会的福利,国家的存在就是为了增加社会的福利。他提出国民收入总量越大,社会的经济福利越大;国民收入在个人之间的分配越是均等,社会的经济福利越大。

① 关于财政收入,他提出了税收最小牺牲原则,对所得税实行累进税制,对穷人实施低税或免税政策,从而达到收入的均等化,增加社会福利。

② 关于财政支出,他主张对某些社会有益的产业予以补贴,增加失业人员、贫困家庭补助的社会福利支出,缩小收入差距,以及利用财政支出的变化,促进资源优化配置和充分就业等。

3. 凯恩斯主义财政理论

进入20世纪,西方国家发生了多次经济衰退,尤其是1929—1933年的经济大危机,席卷了整个资本主义世界,许多经济学者意识到古典经济学家所宣扬的自由市场经济理论不能适应实际情况。1936年,凯恩斯出版了他的《就业、利息与货币通论》,提出了国家干预经济生活的理论。凯恩斯主义的财政理论主要有:

(1) 通过税率和税收,调整有效需求,稳定经济;

(2) 通过举办公共工程、扩军备战、投资于非生产部门等来改变政府购买水平;

(3) 建立社会福利保障制度来改变转移支付水平,通过改变社会福利费用支出水平影响总需求水平;

(4) 举借公债,弥补财政赤字,并通过公债来调节经济运行。

4. 新古典经济学财政理论

20世纪的滞涨危机,动摇了凯恩斯的国家干预理论经济学的主流地位,货币主义、供给学派、理性预期学派相继诞生,它们的共同点有:① 以萨伊定律为理论基础,认为通过市场供求作用的自动调节,能够达到充分就业均衡,使资源得到充分利用,否认生产过剩经济危机和凯恩斯确认的非自愿失业;② 信赖市场供求的自动调节作用,反对政府干预;③ 坚持传统的健全财政原则,量入为出,节省开支;④ 主张稳定物价,反对通货膨胀。

(1) 货币学派的财政税收理论

① 凯恩斯主义的财政政策是无效的,反对相机抉择的财政政策;

② 改革税制,降低个人所得税的基本税率;

③ 实行"负所得税制",对低收入者实行补助。

(2) 供给学派的财政税收理论

供给学派的代表人物是美国经济学家拉弗,他所提出的拉弗曲线具有很大的实践价值。他认为,高税率不一定取得高收入,高收入不一定是高效率,适度的低税率反而有利于经济的发展。

① 降低税率能刺激供给,促进经济增长和抑制通货膨胀;

② 反对高税率,特别是累进税制的高税率,认为高边际税率会降低人们工作的积极性,高边际税率会阻碍投资,边际税收量不一定按同一方向变化,甚至还可能按相反方向变化;

③ 反对国家干预,主张市场调节;

④ 政策主张:在财政收入方面,主张减税;在财政支出方面,主张削减政府支出,尤其是社会福利支出,加强私人领域的活动,也主张财政平衡。

二、我国财政思想与财政理论变迁

1. 我国古代财政思想

在我国古代财政思想文献数量较多,散见于各政治家典籍的财政思想及理财之道的论说,但众多的中国古代财政思想主要是作为王道哲学中治国平天下的理财执政来论述的,并没有形成科学的理论论述,没有形成中国的财政理论体系,没有形成为一门财政学。下面仅列出部分政治家的观点,以体现我国古代的财政思想。

(1) 国家理财

《周礼》:以九赋敛财贿,以九式均节财用,以九贡致邦国之用。

《论语·颜渊》:"百姓足,君孰与不足?百姓不足,君孰与足?"

《大学》:"财聚则民散,财散则民聚。"

《古今图书集成》:"所谓财者,谷与货而已,谷所以资民食,货所以资民用,有食有用,则民有以为生养之具,而聚居托处以相安矣。洪范八政,以食与货为首者,此也。"

王安石:"因天下之力,以生天下之财,取天下之财,以供天下之费。""善理财者,不加赋而国用足。"

(2) 取民有度

《国语·齐语》中,管仲提出了"相地而衰征,则民不移"的财政政策,主张按土地好坏征收差额赋税,不要征收同等的赋税,以鼓励农民的生产积极性,防止农民相率逃亡。其确定税率的原则就是"相地而征":按照土地的地势、地质、肥瘠程度确定九等赋,根据各地所盛产物品确定向天子进贡的物产。

《尚书·禹贡》提出五服制度:五百里甸服,五百里侯服,五百里绥服,五百里要服,五百里荒服。

《韩非子·六反》:"论其税赋以均贫富",同时,韩非还认为轻税会使人民因财多而奢侈,奢侈的结果使人民不努力工作,最终家境贫穷。因此,轻税和轻刑同样有害。

(3) 生财

《大学》记载的生财之道:"生之者众,食之者寡,为之者疾,用之者舒",包含了精兵简政、增产节约、调动人民生产积极性和预算管理的财政原则。《大学章句》将这段话解释为:"国无游民,则生者众矣;朝无幸位,则食之者寡矣;不夺农时,则为之疾矣;量入为出,则用之舒矣。"

《韩非子·解老》:"田荒则府仓虚,府仓虚则国贫。"

《商君书·垦令》:"重关市之赋,则农恶商,商有疑惰之心。农恶商,商疑惰,则草必垦矣。"

《上仁宗皇帝言事书》(王安石):"因天下之力以生天下之财,取天下之财以供天下之费。"

(4) 用之有止

《周易》之"节"卦:"节以制度,不伤财,不害民。"

《管子·权修》:"故取于民有度,用之有止,国虽小必安;取于民无度,用之不止,国虽大必危。"

《荀子·天论篇》中提出"王者富民":"强本而节用,则天不能贫""本荒而用侈,则天不能使之富"。

傅玄的《傅子·平赋役》提出:统治者要息欲,"俭而有节,所趣公也"。

2. 我国现代财政实践与财政理论

清朝后期,国家财政成为外国资本主义的附庸。西方列强的入侵以及由于战争的需要,辛亥革命胜利后,财政活动规范有了进展,税制结构逐步适应现代资本主义发展要求,使得财政学得到传播和发展。当代经过新民主主义时期财政(1924—1949年)、社会主义初期财政(1949—1978年)、计划经济与市场经济相结合的社会主义财政(1978—1994年)、市场经济条件下的社会主义财政的财政实践,逐步建立了我国现代财政理论。

现在我国财政界在对财政概念的理解方面,有如下共同认识:

(1) 认识到财政是以政府为主体的经济活动、经济管理及其所体现的社会关系。它既借鉴了西方财政理论界定财政是政府公共经济活动的主张,又突出了政府为主体所体现的包括分配关系在内的社会经济关系的表述。

(2) 认识到市场经济下财政存在的必要性,应该是市场失灵、政府失灵及其相互补充所决定的。

(3) 我国市场经济下财政的特征,主要是政府的主体性、公共产品性、利益机制性、公平效率性,做到与市场经济的理论相衔接。

(4) 市场经济下财政的职能归纳为资源配置、收入分配、经济稳定和发展三大职能,与正常运转的公共需要、合理配置资源、公平收入分配、稳定经济四大功能之间没有实质性区别。

1.5 财政职能

财政经济学家不仅分析政府现实收支活动的影响,而且分析这些活动应该怎样进行,政府如何在财政活动中发挥作用,对这个问题的看法受人们对个人与国家间关系的思想观念所影响。在这方面,有两个政治哲学派别:一是政府有机论(organic view of government),其认为社会是一个自然的有机体,每个人都是这个有机体中的一部分,个人只有在有助于社会目标实现时才有价值,而这些目标是由政府决定的;二是政府机械论(mechanistic view of government),其认为政府不是社会的一个有机组成部分,是个人为了促进个人目标的实现而人为创立的东西。

一、政府、市场与财政的关系

1. 两部门经济系统

在两部门经济(pure market economy)系统中假设经济中只存在企业与家庭两个部门,

其经济运行模式如图1-3。整个国民经济活动形成了两个循环流,一是产品和劳务的流量,二是收入或货币流量,并且这两种流量相等,即产品劳务流量等于收入流量。这种经济运行依靠市场机制,即供给机制、价格机制和竞争机制共同发挥作用,实现市场优化配置资源。但是由于市场失灵的存在,需要政府干预两部门经济中市场失灵的领域,弥补市场优化配置资源的不足,实现整个国民经济的经济效率。

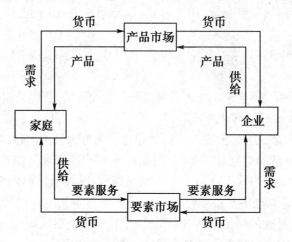

图1-3 两部门经济运行模式

2. 三部门经济系统

三部门经济(也称混合经济)系统是在两部门经济的基础上考虑政府的作用。在三部门经济中,政府通过征税和政府支出的手段干预经济(如图1-4),这就是政府为了执行其政府职能进行的财政活动。当按照"宏观经济＝政府经济＋市场经济",考虑现代市场经济时,这里必然会发生两种经济运行的冲突,影响经济效率。

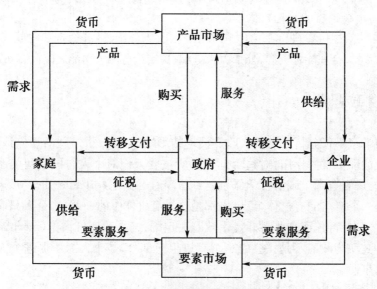

图1-4 三部门经济运行模式

在这种混合经济(mixed economy)中,市场失灵是市场自身不能解决的,但是政府经济中也存在政府失效。公共选择理论认为,政府活动的结果未必能校正市场失灵,政府活动本身也许就有问题,甚至造成更大的资源浪费,并认为造成政府活动失效的主要原因包括政府决策的无效率、政府机构运转的无效率和政府干预的无效率。

政府失效(government failure)是指政府的活动或干预措施缺乏效率,或者说政府做出了降低经济效率的决策或不能实施改善经济效率的决策。政府失效的一般表现是:一是政府干预未达到预期的目标;二是虽然达到了干预的目标,但成本太高,造成资源浪费;三是未达到干预目标或虽实现了干预目标,但同时又产生了未预料到的副作用等。造成政府失效的因素有政府决策失误、寻租行为、政府提供信息不及时甚至失真、政府职能的"越位"和"缺位"等。

3. 政府和市场的作用范围

"政府应做的,就是财政要干的",这并不是说政府可以为所欲为。政府应做什么,政府可能做什么,除了取决于政府的性质和生产力水平外,还受政府与市场作用范围的制约。实际上,确定了政府应该干什么,就等于划清了政府与市场的作用范围。

政府必须向社会提供个人或私人企业不愿或不可能提供的公共服务;必须承担起保护自然资源的责任;必须向社会提供诸如公共教育等费用上个人或私人企业所承受不了,而社会效益往往大于个人利益的公共服务;必须提供或者帮助提供那些市场正常运行所必不可少的公共服务,如食物和药品等商品的质量管理;必须对那些与公共利益密切相关,并具有垄断性的企业加以适当的调节,以确保公众利益不受侵犯;必须负责生产那些私人企业不能生产的或不能以同等效率生产的公共产品,如邮政;必须将核武器与原子弹等有关国家安全的产品生产置于自己的控制之下;必须运用税收减免、优惠贷款与补贴等直接或间接的经济手段,来促进那些社会需要的新企业的成长与发展;应当承担起社会保障、制定最低工资法,以及消除企业间竞争过度等职能,保证每个公民最低限度的生活标准,使他们免除经济生活中那些不合理的或不必要的风险;必须采取反垄断法等措施,以限制社会经济权力在个人手中的集中和产业的垄断;必须从人道主义立场出发,为社会提供医疗保健方面的服务;必须运用主观的财政与货币政策来保证国民经济的充分就业;应该积极发展与其他国家的经济关系;应该采取各种手段和措施对付来自他国的武力威胁与军事侵略;必须建立全国安全网,以防范国家经济风险和外来金融冲击等等。图1-5总结了政府活动范围,为我们理解政府活动范围和内容提供参考。

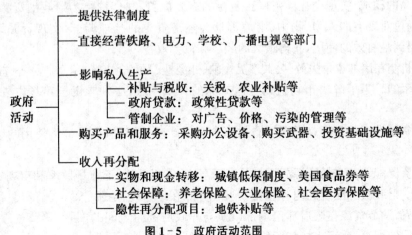

图1-5 政府活动范围

摘自《财政与税收》,段治平主编,北京交通大学出版社,2008.2

为科学划分政府与市场的关系,政府与市场的基本分工应该坚持如下基本原则:在活动内容方面,市场主要提供私人产品和服务,满足个别需要;政府主要提供公共产品和服务,满足公共需要。在作用范围方面,市场机制调节应该在政府失效领域;政府活动应该在市场失灵领域。在作用层次方面,市场机制主要在微观层面;政府活动主要在宏观经济层面。在公平与效率目标方面,市场致力于效率;政府致力于社会公平。

二、财政职能

财政职能(financial functions)是指财政在社会经济活动中所具有的职责和功能,也就是说,财政通过做什么和如何做来实现其职能,它是财政本质与经济运行规律在财政活动中的客观体现。

如果说财政本质概括了所有财政活动形式的共性,那么对财政职能的正确理解将有利于财政运行机制的正确构筑。西方财政学对财政的认识是:以"私"本位为出发点,执行小政府、大市场指导思想,坚持私人财产权不可侵犯的原则。而我国关于财政的认识是:以"公"本位为出发点,执行大政府、小市场的指导思想,坚持国有资产神圣不可侵犯的原则。所以我国财政职能与西方财政职能将有所不同。

1959年穆斯格雷夫出版的经典名著《财政理论》(*The Theory of Public Finance*),以财政职能为中心线索横贯全书,近乎完美地构建了一个统一协调的财政理论框架。在此书中,他创造性地将政府职能概括为资源配置、收入分配和稳定经济三大职能,即西方"公共财政论"认为财政职能主要包括配置(allocation)职能、分配(distribution)职能和稳定(stability)职能。

萨缪尔森关于财政职能的观点是:财政职能应该致力于矫正市场失灵,以提高效率;规划利用税收和支出向特殊群体进行收入再分配,以促进公平;依靠税收、支出和货币量进行调控,以支持宏观经济的稳定发展,包括减少失业,降低通货膨胀,促进经济增长。他不仅阐述了政府调控经济的必要性,而且还揭示了政府干预经济的主要目标和基本职能所在。所以,他认为财政职能在社会资源的配置中起补充和配角作用,所要解决的只能是市场不能解决,或者市场不能令人满意解决的事项,主要包括:提供公共产品,纠正外部效应,维持有效竞争。

按照现代西方财政理论观点,财政具有资源配置、收入分配和经济稳定三大职能。

1. 财政资源配置职能

政府通过各种手段以合理确定社会总资源中私人产品与公共产品之划分,以及合理选择公共产品的构成,实现全社会范围内资源的有效配置,我们称之为财政的资源配置职能。简单说,通过对现有的人力、物力、财力等社会经济资源的合理调配,实现资源结构的合理化,使其得到最有效的使用,获得最大的经济和社会效益。

市场机制在诸如竞争失效、公共产品短缺、外溢性、不完全市场、信息不灵等方面的资源配置是无效率的。为了解决市场机制在这方面的失效问题,必须求助于市场以外的力量,即政府。

财政资源配置的目标是资源配置效率含义最严谨的解释,也是最常使用的解释"效率"准则。

财政资源配置对市场资源配置起补充、配角的作用,以保证市场效率和市场资源配置的基础作用。财政资源配置的内容包括:调节资源在地区之间的配置,调节资源在产业部门之间的配置,调节资源在政府部门内部以及与非政府部门之间的配置,调节资源在国内、国际市场之间的配置,矫正市场与竞争的不完善,纠正外部效应。

财政资源配置的手段是：确定财政收入占国民收入的合理比例，以保证财政资源配置的顺利实现；优化财政支出结构，正确安排财政支出中的购买性支出和转移性支出、消费性支出和投资性支出的比例，合理安排财政支出的规模和结构；贯彻国家的产业政策，保证重点建设的资金需要；正确处理中央与地方的财政分配关系，提高中央财政在国家财政资金中的比重，以使中央掌握实行宏观调控所必需的财力；通过财政以投资、税收、财政补贴和贴息等手段引导、调节企业投资方向，扶持国家政策性的投资项目；通过税收、公债引导个人的消费方向，调节消费结构；提高财政支出的经济效益，避免资源的浪费。

2. 财政收入分配职能

在市场机制的作用下，由于人们占有（或继承）财产情况的不同以及劳动能力的差别，由市场决定的收入分配状况往往是极不公平的。这不仅有违社会公平法则，而且会导致诸如贫困、富裕阶层中财富的浪费、社会冲突、低收入阶层得不到发展与改善自己处境的机会等不良的社会后果。因此，政府有义务用财政调节手段来解决收入分配不公问题。

收入分配不公可由贫困指数、财富差距倍数、基尼系数等来表示。国际上，基尼系数被普遍采用来衡量一个国家的收入差距（贫富差距）。

基尼系数（Gini coefficient）是表示社会收入分配不平均程度的指数，由意大利统计学家基尼（Corrado Gini，1884—1965）提出，故名之。基尼系数以洛伦茨曲线为计算基础，它的计算方法就是通过测算实际收入分配线（洛伦茨曲线）和绝对平均线（45°线）之间的偏差而得出的。在图1-6中，OI代表累计的收入百分比，OP代表累计的人口百分比，正方形$OIYP$的对角线OY表示收入的绝对平均线，描述实际的收入分配情况的曲线为洛伦茨曲线。若洛伦茨曲线与45°线之间的面积为S_A，45°线以下的全部面积为S_A+S_B，则基尼系数的计算公式为：基尼系数$=\dfrac{S_A}{S_A+S_B}$。

基尼系数的值在[0,1]之间，值越大，分配越不公。国际经验是：基尼系数在0.2以下，表示"绝对平均"；基尼系数在0.2～0.3之间，表示"比较平均"；基尼系数在0.3～0.4之间，表示"较为合理"；基尼系数在0.4～0.5之间，表示"差距较大"；基尼系数在0.5以上，表示"差距相当大"。国际上通常认为，基尼系数为0.4时是警戒线，一旦基尼系数超过0.4，则表明财富已过度集中于少数人手中，社会处于可能发生动乱的危险状态。2009年，我国基尼系数已达0.47，直逼社会容忍"红线"。2010年，我国基尼系数继续升高，超过了0.5。

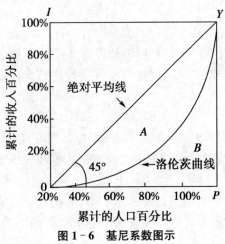

图1-6 基尼系数图示

政府通过各种手段使国民收入和社会财富在初次分配的基础上进行合理再分配,并使之符合社会公民认为的"公平"或"公正"的分配状态,我们称之为财政收入分配职能。合理的收入分配,即正确调节政府与企业、个人之间的分配关系以及中央与地方的分配关系,实现收入公平的分配。

据2006年相关资料显示:中国公民纳税仅次于福利极高的法国,居世界第二,而享受的福利才占税收的8%。政府财政收入中教育、卫生等公共开支的比例,美国为42%,英国为49%,加拿大为52%,而我国仅占8%。

由于人们先天拥有的要素禀赋的分配是不均的,以及人们后天获得的生财能力各不相同,导致市场分配产生两极化,即市场分配不公平。两极分化问题是市场分配自身产生的弊端,完全按照市场方式是无法解决的,于是客观上就要求依靠外部力量,以非市场的方式——财政手段来完成这一任务,这样就产生了政府的收入分配职能。

国民收入是指在一定时期内(通常指一年)一个国家物质生产部门的劳动者新创造的价值的总和。社会总产品扣除在生产中消耗掉的生产资料价值后的剩余部分,即为国民收入。国民收入创造出来之后,通过分配形成流量的收入分配格局和存量的财富分配格局。无论一个国家的经济体制如何,其国民收入分配都必须经过初次分配和若干次再分配等层次,简称国民收入的初次分配与再分配。其中,国民收入初次分配通常是指在直接参与物质生产的各社会集团和社会成员之间进行的分配;而再次分配则是指在国民收入初次分配的基础上所进行的各种分配。

从某种意义上讲,财政收支活动是国民收入分配体系中的一个重要组成部分与重要环节。它既参与国民收入的初次分配活动,又参与国民收入的再分配。

政府的收入分配职能一般是由所得税与转移支付所承担。财政收入分配职能的内容是:通过税收调节企业的利润水平,通过税收调节居民个人收入的水平,以及改善低收入者取得收入的条件和能力。

财政收入分配的手段主要有税收、转移支付、公共支出,但不同手段的特点不一样。

通过税收进行的收入再分配活动,带有一定的强制性,是在全社会范围内所进行的收入的直接调节。但这种调节以收入数量为公平标准,而不管与效率相联系的收入公平与否。

通过转移支付方法进行的收入再分配,是一种直接的方式,它将现金直接补贴给个人,有明确的受益对象和范围,在操作上也有明确的政策选择性,所以对改变社会分配不公程度有更为明显的作用。

而通过公共支出提供公共福利进行的再分配,是一种间接的方式,它减少了个人的选择范围,在受益对象方面有广泛性和普遍性,但很容易降低财政进行再分配活动的质量。

因此,为了达到收入分配公平的目标,对实现手段进行选择是必要的,政府有必要实行政府管制直接干预市场。

3. 财政经济稳定职能

政府通过各种手段影响、调控经济,消除波动,以实现宏观经济稳定的目标,我们称之为财政经济稳定职能。即通过财政活动对生产、消费、储蓄和投资发生影响,以达到经济稳定和增长的目的。

在市场经济中,由于市场机制的自发作用,不可避免地会造成经济的波动,社会总需求与总供给的平衡失调、通货膨胀、失业、经济危机是经常发生的,有时甚至还会出现通货膨胀和经济停滞并存的"滞涨"局面。这就需要政府对市场进行干预和调节,以维持生产、就业和物价的稳定。因此,稳定和增长经济就成为财政的基本职能之一。

经济稳定的目标通常是指充分就业,物价水平稳定,国际收支平衡和经济增长。财政经济稳定职能的内容包括:调节社会总供给与总需求的平衡;通过财政的自动稳定制度,实现稳定目标;处理好经济稳定与经济长期增长。实现财政经济稳定职能有预算、税收、国债、购买性支出、转移性支出等手段。

财政的三大职能即政府的三大经济职能——配置、分配与稳定,它们几乎完美地共同构成了一个相互协调、密切联系的有机整体。但是,在实践中落实或实施这三大职能却可能出现多方面的冲突。三大职能的冲突实质是效率、公平、稳定之间的冲突,是不可兼得的关系,这就需要政府协调,在目标发生冲突时进行规范分析,理性取舍,进行抉择。

随着我国经济发展阶段不同,经济学界曾经界定了我国不同时期的财政职能。在建国初期到改革开放前这一阶段,将我国财政职能界定为分配与监督职能;在经济体制改革开始到1992年这一阶段,将我国财政职能界定为分配、调节和监督职能;在转轨时期即1992年至今这一阶段,将我国财政职能界定为资源配置、收入分配和稳定经济职能,有的还增加了监督、控制、制度供给等职能。

国家分配论与公共财政论的区别与联系

随着新中国成立,我国经济的不断发展,出现新的形势,在财政界曾经出现与当时经济背景相对应的一些财政理论,诸如国家分配论、货币关系论、价值分配论和资金运动论、剩余产品论等。目前,在我国财政基础理论领域,主要是一个我国传统财政理论(主流是国家分配论)与西方财政理论(主要代表为公共财政论)并存的格局。下面简单介绍国家分配论和公共财政论的区别与联系。

(1) 二者区别

① 研究核心与重点:国家分配论揭示和把握财政的一般本质问题,分析了财政活动最深层次的问题,揭示财政活动内在本质联系,是财政的本质问题;而公共财政论通过界定财政活动的范围,揭示市场经济条件下财政的运行过程,是现象论,只涉及资本主义财政的特殊问题。

② 立论基础和经济学基础:国家分配论坚持以马克思主义的国家(政府)观、马克思政治经济学和劳动价值论为指导,也采纳市场经济的一般理论;而公共财政论坚持用社会契约论、西方经济学以及边际效用(价值)论来解释财政现象和财政活动。

③ 对财政的产生与存在的分析:国家分配论运用历史分析的方法来揭示财政的起源,认为它是一个历史范畴,随国家的产生、存在而存在;而公共财政论运用逻辑分析方法解释财政的产生和存在,认为它的存在是市场失灵的结果。

④ 对财政对象的分析:国家分配论认为财政分配的客体是社会产品,主要与"生产"环节相联系;而公共财政论认为财政的客体是公共产品,包括有形、无形产品,主要与"消费"环节相联系。

⑤ 对财政目的的分析：国家分配论认为财政目的是满足国家职能的需要，包括社会职能和经济管理；而公共财政论基本上只局限于为市场经济提供私人经济活动不能提供的公共产品。

⑥ 对财政模式的分类：国家分配论认为在社会主义市场经济条件下，应当实行公共财政与国有资产(资本)财政这两种并行的"双重(双元)财政结构"；而公共财政论认为应该实行单纯的公共财政模式。

⑦ 所有制基础不同：国家分配论是把公有制财政作为财政建立的基础；而公共财政论是建立在私有制财政基础之上。

(2) 二者联系

财政定义方面都把财政看作是主体、客体、形式和目的四个要素的统一体：财政主体——国家或政府；财政客体——社会产品和公共产品具有统一性；财政活动形式——货币或价值形式；财政活动目的——都认为公共需要是财政活动的主要目的(之一)。

财政模式方面都认为应当实行"公共财政"。

财政活动内容都认为财政活动由财政收入、财政支出、财政平衡与财政管理等一些基本内容构成。

练习题

一、单项选择题

1. 财政产生于（　）。
   A. 原始社会　　B. 奴隶社会　　C. 封建社会　　D. 资本主义社会

2. （　）有效率的供给通常需要政府行动，而私人物品则可以通过市场有效率地加以分配。
   A. 公共产品　　B. 私人产品　　C. 消费品　　D. 外部性产品

3. （　）是公共产品的第一个特征，即一些人享用公共产品带来的利益而不能排除其他一些人同时从公共产品中获得利益。
   A. 竞争性　　B. 排他性　　C. 非竞争性　　D. 非排他性

4. （　）是一种经济行为或经济现象，这种经济行为和经济现象的主体是国家或政府。
   A. 财政　　B. 国际贸易　　C. 货币政策　　D. 市场

5. （　）是公共产品的第二个特征，即消费者的增加不引起生产成本的增加，即多一个消费者引起的社会边际成本为零，或者说，一定量的公共产品按零边际成本为消费者提供利益或服务。
   A. 竞争性　　B. 排他性　　C. 非竞争性　　D. 非排他性

6. 社会主义市场经济体制下财政的职能包括（　）。
   A. 筹集资金、供给资金、调节经济　　B. 资源配置、调节经济、发展经济
   C. 资源配置、收入再分配、经济稳定　　D. 收入分配、稳定经济、发展经济

7. 收入分配的含义通常指对（　）的分配。
   A. 国民总产值　　B. 国内总产值　　C. 国民收入　　D. 社会个人收入

8. 财政政策、国民经济、社会公正、税务行政的税收原则,是由(　　)提出来的。
   A. 威廉·配第　　　　　　　　　　　B. 亚当·斯密
   C. 鲁道夫·瓦格纳　　　　　　　　　D. 大卫·李嘉图
9. 平等、确实、便利的税收原则,是由(　　)提出来的。
   A. 威廉·配第　　　　　　　　　　　B. 亚当·斯密
   C. 鲁道夫·瓦格纳　　　　　　　　　D. 凯恩斯
10. 财政资源配置方式实际上是一种(　　)。
    A. 政治程序　　　　　　　　　　　　B. 市场过程
    C. 政府和市场共同参与的过程　　　　D. 以上都不对
11. 关于公共产品的说法,正确的是(　　)。
    A. 公共产品的效用具有可分割性
    B. 公共产品与私人产品的区别在于消费该产品的特征不同
    C. 公共产品与私人产品的区别在于产品的所有制性质不同
    D. 公共产品是市场经济条件下特有的产物
12. 公共产品的效率由(　　)组成。
    A. 政府决策效率和市场效率　　　　　B. 资源配置效率和生产效率
    C. 行政效率　　　　　　　　　　　　D. 生产效率
13. 实现公共产品生产效率的基本途径是(　　)。
    A. 完善民主、科学的财政决策体制
    B. 完善公共部门的组织制度和激励约束制度
    C. 完善公共部门的效率评估制度
    D. 改变公共部门的垄断性质
14. 纵观财政诸职能的矛盾与协调,最终可以归结为(　　)的冲突与权衡。
    A. 政府与市场　　　　　　　　　　　B. 物质文明与精神文明
    C. 失业与通货膨胀　　　　　　　　　D. 公平与效率
15. 公共财政收入分配职能的目标是(　　)。
    A. 实现按劳分配　　　　　　　　　　B. 完善收入体制
    C. 实现共同富裕　　　　　　　　　　D. 实现公平分配
16. 市场经济条件下,社会不公平首先来自(　　),即生成要素占有的不公平。
    A. 制度不完善　　　　　　　　　　　B. 市场经济初始条件的不公平
    C. 个人状况的不同　　　　　　　　　D. 家庭状况的不同
17. 征收房产税所执行的财政职能是(　　)。
    A. 资源配置职能　　　　　　　　　　B. 收入分配职能
    C. 经济稳定职能　　　　　　　　　　D. 经济发展职能
18. 合理的财政收入分配是指(　　)。
    A. 国家与企业、个人的分配
    B. 国民收入或社会财富在初次分配基础上的公平、公正的再分配
    C. 企业之间的分配
    D. 企业与职工之间的分配

19. 关于公共需要的特点,叙述正确的是( )。
   A. 公共需要是全体公众私人需要的加总
   B. 公共需要以人的地位和收入为界划分
   C. 公共需要是一种公众的欲望,它不是一种有效需求
   D. 公共需要是一种政府需求
20. 下列社会产品具有典型的非竞争性,弱(无)非排他性的公共产品是( )。
   A. 公共道路　　　B. 高等教育　　　C. new iPad　　　D. 国防

二、多项选择题
1. 财政产生的条件是( )。
   A. 生产力发展　　B. 国家的出现　　C. 剩余产品出现　　D. 阶级的出现
   E. 资本主义生产方式的出现
2. 财政的收入分配职能主要调节( )的分配。
   A. 国民收入与个人收入　　　　B. 企业利润与个人收入
   C. 国家收入与集体收入　　　　D. 国家收入与个人收入
3. 财政的资源配置职能主要是为了取得( )。
   A. 经济效益　　B. 社会效益　　C. 个人收益　　D. 企业效益
4. 市场失灵是和市场效率相对应的,也就是说,市场在资源配置的某些方面是无效或缺乏效率的。造成市场失灵的因素有( )。
   A. 垄断　　　B. 信息不对称　　C. 外部性　　D. 公共产品
   E. 自由竞争
5. 区分或辨别公共产品和私人产品通常应用的两个基本标准是( )。
   A. 排他性和非排他性　　　　B. 竞争性和非竞争性
   C. 私人性和非私人性　　　　D. 垄断性和非垄断性
6. 政府介入和干预市场的手段有( )等。
   A. 行政手段　　　　　　　　B. 组织公共生产
   C. 法律手段　　　　　　　　D. 直接投资
7. 财政的基本特征是( )。
   A. 阶级性与公共性　　　　　B. 强制性
   C. 无直接偿还性　　　　　　D. 收入与支出的对称性
   E. 固定性
8. 财政对资源配置的形式是( )。
   A. 财政直接配置资源
   B. 财政间接配置资源
   C. 财政通过宏观调控实现资源的合理利用和配置
   D. 财政通过微观调控实现资源的合理利用和配置
9. 西方经济学家认为常见的政府失效的原因有( )。
   A. 投票循环　　　　　　　　B. 利益集团与寻租
   C. 官僚体系无效率　　　　　D. 政治家选票极大化
   E. 选民"理性的无知"与"理性的非理性"

10. 财政配置资源的范围包括（　　）。

A. 对社会资源配置的引导性支出

B. 满足政府执行职能需要的支出

C. 介入竞争性产业

D. 政府机关的正常运转和执行社会公共职能的基本需要支出

E. 市场不能有效提供而社会又需要的准公共物品和服务的支出

11. 财政经济稳定职能主要包括（　　）。

A. 扩大社会总需求　　　　　　　B. 扩大社会总供给

C. 实现充分就业　　　　　　　　D. 稳定物价水平

E. 国际收支平衡

12. 社会产品的非竞争性和竞争性的主要区别在于（　　）。

A. 该产品是否需要通过竞争才能消费

B. 边际成本是否为零

C. 消费上是否影响他人消费

D. 消费上是否排斥他人消费

13. 实现财政的资源配置职能的手段有（　　）等。

A. 财政收入与国民收入的比值

B. 优化财政支出结构

C. 中央与地方的财政分配比例

D. 税收和国债

14. 市场经济体制下，由于存在（　　），为了维护国家和人民的利益，要求财政发挥监督管理职能。

A. 利益主体多元化　　　　　　　B. 经济计划的变动性

C. 经济决策的分散性　　　　　　D. 经济活动的自发性

E. 经济管理的复杂性

三、简答题

1. 简述公共产品的特征。

2. 简述公共需要的特点。

3. 简述造成市场失灵的原因。

4. 简述造成政府失效的原因。

5. 简述公共财政的内涵。

6. 简述西方财政思想的演变。

7. 简述财政产生的条件。

8. 简述混合经济中政府与市场的基本分工原则。

9. 简述如何判定一件物品是否为公共产品。

四、论述题

1. 论述公共财政与国家分配论的区别与联系。

2. 论述财政的职能。

3. 谈谈你对财政的认识。

五、思考题

1. 市场与政府有哪些作用范围？
2. 如何构建我国社会主义制度下的公共财政？

六、材料分析题

2013年新浪标题新闻：① 李克强：用壮士断腕的决心推进改革；② 中冶董事长总裁双辞职，疑为国资委业绩考核压力；③ 由于贿赂等不正当竞争案发，葛兰素史克被传退出中国；④ 食药监管总局曝光同仁堂等7个保健品违法广告；⑤ 科技部长称新能源车推广方案获批，或直补车企；⑥ 中国继续加大面板业扶持力度，或再调关税；⑦ 7月南京正式工临时工月薪最大相差近9 000元；⑧ 南京低保标准提高主城6区每月600元；⑨ ××市民下跪挽留"造城市长"背后：至少欠债百亿。

另有新闻报道：① 一名律师要求铁道部12306网站招标信息公开，被以妨碍国家经济安全为由遭拒；② 2012年，长三角核心区16城市GDP总量逼近9万亿元，增速均值10.1%，总量占全国17.3%，甘肃省2011年GDP突破5千亿元，增速创下22年新高；③ "房姐"通过办理多个假户口，置办多套房产，价值十多亿。

根据上面新闻与报道的提示，谈谈你对政府活动范围和财政及其财政职能的理解与认识。

第二章 财政支出

学习目的：通过本章的学习，进一步理解财政与各种财政支出活动，掌握财政支出的分类及其内容、财政支出的作用和规模，理解财政支出不断增长的原因和控制财政支出规模的必要性，熟悉购买性支出与转移性支出和财政补贴的功能，了解税式支出。

财政支出(financial expenditure)是指政府为履行政府职能而进行的财政资金支付。财政支出的不同内容形成不同支出结构，而不同的支出规模和结构对财政运行乃至整个经济运行产生的影响差异较大。所以，在分析财政支出规模和结构对经济运行的影响时，首先要了解财政支出是如何分类的。

2.1 财政支出分类

一、按支出用途分类

在我国财政统计表上与此分类对应的是"财政主要支出项目"，此分类依据是马克思主义经济理论：社会总产品是社会在一定时期内的生产成果，在价值形态上由不变资本(C)、可变资本(V)和剩余价值(M)构成，经初次分配，社会总产品转化为补偿基金、消费基金和积累基金(如图2-1)。财政参与社会总产品的再分配活动：首先，财政支出用于满足社会消费，剩余部分用于扩大再生产的积累(形成净投资)；其次，通过固定资产折旧补偿消费社会总产品的再生产价值，来自M的财政收入有一部分由C转化而来，相应地，财政支出的投资一部分属于补偿生产资料耗费的简单再生产投资。所以，从最终使用看，各类基金都没有被

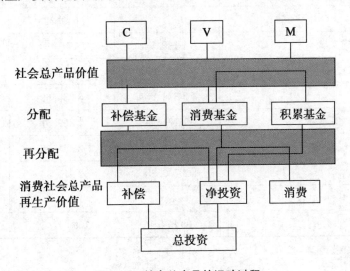

图2-1 社会总产品的运动过程

消耗掉,而有部分转化为其他形式,即社会总产品进入再次分配,在静态上形成了补偿性支出、消费性支出和积累性支出,在动态上形成投资性支出和消费性支出。目前,我国补偿性支出只剩下企业挖潜改造支出一项;消费性支出有文教科学卫生事业费、抚恤和社会福利救济费、行政管理费和国防费等;积累性支出有一般公共服务支出、国家物资储备支出等。

表 2-1 我国国家财政主要支出项目 （单位：亿元）

主要支出项目	2010 年	2011 年	2012 年
一般公共服务	9 337.16	10 987.78	12 700.46
外交	269.22	309.58	333.83
国防	5 333.37	6 027.91	6 691.92
公共安全	5 517.70	6 304.27	7 111.60
教育	12 550.02	16 497.33	21 242.10
科学技术	3 250.18	3 828.02	4 452.63
文化体育与传媒	1 542.70	1 893.36	2 268.35
社会保障和就业	9 130.62	11 109.40	12 585.52
医疗卫生	4 804.18	6 429.51	7 245.11
环境保护	2 441.98	2 640.98	2 963.46
城乡社区事务	5 987.38	7 620.55	9 079.12
农林水事务	8 129.58	9 937.55	11 973.88
交通运输	5 488.47	7 497.80	8 196.16
资源勘探电力信息等事务	3 485.03	4 011.38	4 407.68
商业服务业等事务	1 413.14	1 421.72	1 371.80
金融监管支出	637.04	649.28	459.28
地震灾后恢复重建支出	1 132.54	174.45	103.81
医生气象等事务	1 330.39	1 521.35	1 665.67
住房保障支出	2 376.88	3 820.69	4 479.62
粮油物资储备管理等事务	1 171.96	1 269.57	1 376.29
国债付息支出	1 844.24	2 384.08	2 635.74
其他支出	2 700.38	2 911.24	2 482.38
援助其他地区支出	—	—	126.56
合计	89 874.16	109 247.80	125 952.97

根据《中国统计年鉴》整理

二、按财政功能分类

按财政功能分类的财政支出揭示了国家执行的职能以及职能的侧重点,反映出政府经济管理和社会管理职能。我国2007年以前的统计年鉴财政篇中对应的该分类是国家财政按功能分类的支出,具体支出如表2-2所示;2007年以后的统计口径发生很大变化,则采用新的分类指标"主要支出项目"。

表2-2 国家财政按功能分类的支出 (单位:亿元)

年 份	支出合计	经济建设费	社会文教费	国防费	行政管理费	其他支出
2001	18 902.58	6 472.56	5 213.23	1 442.04	3 512.49	2 262.26
2002	22 053.15	6 673.70	5 924.58	1 707.78	4 101.32	3 645.77
2003	24 649.95	6 912.05	6 469.37	1 907.87	4 691.26	4 669.40
2004	28 486.89	7 933.25	7 490.51	2 200.01	5 521.98	5 341.14
2005	33 930.28	9 316.96	8 953.36	2 474.96	6 512.34	6 672.66
2006	40 422.73	10 734.63	10 846.20	2 979.38	7 571.05	8 291.47

根据《中国统计年鉴》电子版整理

按财政功能分类,财政支出具体分类如下:

1. 经济建设费

经济建设费(economic construction expenditure)是指用于发展和扩大再生产的财政支出。具体包括:基本建设拨款支出,国有企业挖潜改造资金、科学技术三项费用(新产品试制、中间试验、重要科学研究补助费)、简易建筑费支出、地质勘探费、增拨国有企业流动资金(从1983年7月起仅核工业和航空工业的流动资金由中央财政拨付,一般国有企业流动资金改由银行贷款供应)以及工业、交通、商业等部门事业费支出,城市维护费支出,支援农村生产支出,国家物资储备支出等。

2. 社会文教费

社会文教费(social,cultural and educational expenditure)是指社会和文教领域公共需要必须支出的费用,涉及用于发展和补助文化、教育、科学、卫生、出版、通信、广播、文物、体育、地震、海洋、计划生育等方面的经费、研究费和补助费等。

3. 国防费

国防费(national defense expenditure)是用于国防、国防科研、民兵建设和有关方面专项支出的费用。具体包括:人员生活费、活动维持费、装备费。人员生活费主要用于军官、文职干部、士兵和职工的工资、伙食、服装等;活动维持费主要用于部队训练、工程设施建设及维护和日常消耗性支出;装备费主要用于武器装备的科研、试验、采购、维修、运输和储存等。中国国防费的保障范围,既包括现役部队,又包括民兵、预备役部队,并负担了部分退役军官供养和军人子女教育等方面的社会性支出,但中国人民武装警察部队支出在行政管理费列支。目前,国防经费实行的是"统一管理,分级负责,分项经费,归口管理,规定限额,经费包干"的管理办法。

我国的国防费规模与我国积极防御的战略方针是适应的,我国的国防费无论是绝对数额,还是占国内生产总值的比重,与世界主要国家相比都是偏低的。从占GDP的比例看,目前世界主要国家和地区的国防费占GDP的比重大多维持在2.5%至5%之间,而2011年我国国防费开支预算占GDP的比重仅为1.4%左右。我国新增加的国防经费将重点保障好三方面的需求:一是保障军队基本生活;二是保证我军信息化建设推进;三是增加新型军事人才建设投入。

4. 行政管理费

行政管理费(administrative expenses)是用于国家机关、事业单位、公安机关、司法机关、检察机关、驻外机构的各种经费、业务费、干部培训费等费用支出。政府行政管理支出包括基本支出和行政事业性项目支出两大部分。基本支出是行政事业单位为保障机构正常运转、完成日常工作任务而编制的年度基本支出计划,包括人员经费和日常公用经费两部分。公用经费是单位用于日常办公、业务活动方面的经常性开支。行政事业性项目主要包括车辆购置、车辆大修、修缮、网络购置、网络维护及租金、部门专项、跨部门专项。部门专项是单位为完成特定工作任务而发生的一般支出项目。跨部门专项是党委、政府为突出某项临时中心工作,专门下发文件明确需要财政预算资金重点保障的多个部门共同使用的支出项目。

5. 其他支出

其他支出包括国家拨款归民政部门管理社会保证金的抚恤和社会福利救济支出,用于偿还国内外债务本息的支出,用于缓解价格矛盾、稳定人民生活、给予生产者和消费者的政策性价格补贴等支出。

此分类能够揭示国家执行了哪些国家职能以及其侧重于哪些职能,对支出结构的纵向分析,能够揭示该国家职能的变化;对支出结构的横向分析,能够揭示国家职能的差异。在我国应该将预算外支出和社保基金支出以及部门、单位的自有资金支出都纳入政府支出分类,统一支出功能分类,可以集中、直观地反映政府职能活动,使得预算更细化和透明,能提高财政效率,减少政府失效和行政腐败。

随着我国财政职能的转变,从2010年财政部公布的财政支出决算,已经由以前的"财政支出决算"转变为"公共财政支出决算",因此我国的财政统计没有对经济建设费、社会文教费、国防费和行政管理费进行专门统计。

三、按经济性质分类

按财政支出是否与商品和服务相交换为标准,将财政支出分为购买性支出与转移性支出。

购买性支出(purchase of the government)是指政府在市场上购买履行各种职能所需的商品和劳务的支出,包括购买日常行政活动所需的商品和劳务的支出,以及购买用于国家投资所需的商品和劳务的支出,如政府部门的行政管理费用支出。但政府进行购买性支出也必须按市场等价交换的规律进行,遵循市场交易规则。

转移性支出(transfer payment)也称为转移支付,它是政府单方面的无偿支付。狭义的转移性支出是指上级政府的财政收入转作下级政府的收入来源以支付本级支出;广义的转移性支出不仅包括上级政府对下级政府的收入转移,也包括下级政府的收入向上级的转移。

我们常说的转移性支出一般是狭义的,表现为资金单方面由政府向一部分社会成员(企业和居民)无偿地转移,主要包括政府部门用于补贴、债务利息、失业救济金、养老保险等方面的支出,它体现的是政府的非市场性再分配活动。

此分类的经济分析意义:

购买性支出所起的作用是:通过支出使政府掌握的资金与微观经济主体提供的商品和服务相交换,在安排购买性支出时,政府必须遵循等价交换原则,微观经济主体在同政府的购买性支出发生联系时,也要遵循等价交换原则。

在财政支出规模一定的前提下,政府购买性支出所占比重大一些,财政支出活动对生产和就业的直接影响较大,通过财政所配置的资源规模就大,政府执行的资源配置职能较强;如果转移性支出所占比重大一些,财政活动对收入分配的直接影响较大,政府执行收入分配职能较强。

购买性支出对经济的影响:首先是对流通领域的影响,它是现代市场经济条件下各种商品和劳务销售得以实现的一个必要条件。其次是对生产领域的影响,当购买性支出增加时,政府对商品和劳务的需求增长,导致市场价格水平上升、企业生产利润率提高、企业扩大生产、生产资料供给增多、增加就业、社会需求膨胀等因果效应,即直接或间接刺激社会总需求增加,导致社会生产膨胀,形成经济繁荣;反之则相反。还有对分配领域的影响,当财政用于购买性支出总额不变时,只是购买的商品或劳务结构发生变化,整个社会的收入分配状况会因为购买性支出结构变动受到相应影响。

转移性支出对经济的影响:首先关于流通领域,会通过各种途径直接或间接转化为社会的消费支出和企业的投资支出,从而制约社会总需求形成。其次在生产领域,直接影响企业生产,间接影响个人。还有对分配领域的影响,将改变在初次分配中形成的国民收入分配格局,比如,将高收入阶层的一部分收入转移到低收入阶层;对企业的转移支出,导致国民收入在纳税企业和获得补贴企业之间的转移,有利于国民收入分配的合理化。

表2-3 我国财政购买性支出与转移性支出的数额及其所占比重

项目 年份	购买性支出		转移性支出	
	数额(亿元)	比重(%)	数额(亿元)	比重(%)
1981—1985	5 843.6	75.77	1 868.9	24.23
1986—1990	11 023.0	71.50	4 393.5	28.50
1991—1995	22 293.8	78.45	6 124.9	21.55
1996—2000	51 171.4	77.75	14 647.3	22.25
2001—2003	54 940.3	83.18	11 106.1	16.82
2004—2006	89 306.2	86.84	13 537.3	13.16

摘自《财政与税收》,段治平主编,北京交通大学出版社,2008

1994年分税制财政管理体制改革以来,随着中央财力的增强和宏观调控能力的提高,在立足国情条件的基础上,适当借鉴国际经验,逐步建立并完善了中央对地方转移支付制度。目前中央对地方转移支付由财力性转移支付和专项转移支付构成。其中,财力性转移支付主要包括均衡地区间财力差距的一般性转移支付、民族地区转移支付,以及作为国家减收增支政策配套措施的调整工资转移支付、农村税费改革转移支付等。在专项转移支付方面,一是为配合实现中央宏观政策目标,新增了一些专项转移支付项目。如对基础设施建设、天然林保护工程和退耕还林还草工程、社会保障制度建设、贫困地区义务教育工程等经济社会事业发展项目,中央对地方主要是中西部地区实施专项补助。二是改进专项转移支付资金分配办法,加强资金监管。大多数专项转移支付资金都采用客观因素分配,有专门的管理办法,不仅增强了资金分配的规范性与合理性,提高了资金的配置与使用效率,而且有利于从源头上防止腐败。

四、按层级政府职责分类

按层级政府职责分,将财政支出分为中央财政支出和地方财政支出,此分类法反映中央和地方的事权与财权的关系。1994年我国推行分税制改革,对中央和地方政府的事权与财权进行了重大调整。

根据现在中央政府与地方政府事权的划分,中央财政主要承担国家安全、外交和中央国家机关运转所需经费,调整国家经济结构、协调地区发展、实施宏观调控所必需的支出以及由中央直接管理的事业发展支出。具体包括国防费、武警经费,外交、援外支出,中央级行政管理费,中央统管的基本建设投资,中央直属企业的技术改造和新产品试制费,地质勘探费,由中央财政安排的支农支出,由中央负担的国内外债务的还本付息支出,以及中央本级负担的公检法支出和文化、教育、卫生、科学等各项事业费支出。

地方财政主要承担本地区政权机关运转所需支出以及本地区经济、事业发展所需支出。具体包括地方行政管理费,公检法支出,部分武警经费,民兵事业费,地方统筹的基本建设投资,地方企业的技术改造和新产品试制经费,支农支出,城市维护和建设经费,地方文化、教育、卫生等各项事业费,价格补贴支出以及其他支出。

表2-4 我国中央与地方财政支出及其比重

时间	绝对数(亿元)			比重(%)	
	全国	中央	地方	中央	地方
2001	18 902.8	5 768.02	13 134.56	30.5	69.5
2002	22 053.15	6 771.7	15 281.45	30.7	69.3
2003	24 649.95	7 420.1	17 229.85	30.1	69.9
2004	28 486.89	7 894.08	20 592.81	27.7	72.3
2005	33 930.28	8 775.97	25 154.31	25.9	74.1
2006	40 422.73	9 991.4	30 431.33	24.7	75.3
2007	49 781.35	11 442.06	38 339.29	23.0	77.0
2008	62 592.66	13 344.17	49 248.49	21.3	78.7
2009	76 299.93	15 255.79	61 044.14	20	80
2010	89 874.16	15 989.73	73 884.43	17.8	82.2
2011	109 247.79	16 514.11	92 733.68	15.1	84.9
2012	125 952.97	18 764.63	107 188.34	14.9	85.1

根据《中国统计年鉴》整理

五、按财政支出的目的性分类

按照财政支出的目的性可分为预防性支出和创造性支出两类。

预防性支出是指用于维护社会秩序安定和保卫国家安全的支出,主要包括国防、警察、法院、监狱与政府行政部门的支出。创造性支出是指用于改善人民生活,使社会秩序更为稳定、经济更加发展的支出,主要包括经济、文教、卫生和社会福利等项目的支出。

按财政支出的目的性进行分类,有助于对财政支出的去向及在经济生活中的作用进行分析和研究。

六、按社会经济生活内容分类

按社会经济生活内容分类,将财政支出分为投资性支出、社会消费性支出、社会保障支出和财政补贴。

投资性支出是指政府(或其授权单位)以投资者身份进入投资市场所发生的支出,国家生产性投资都具有这一性质。广义的投资性支出还包括国家财政用于非生产性领域的基本建设支出,如行政机关办公楼的兴建、国有医院医疗设备的采买等。

社会消费性支出是指财政用于社会共同消费方面的支出。消费性支出可分为公共消费支出和个人消费支出两部分。凡是购买的商品和劳务是由集体共同享受的,属于公共消费,如机关办公用品、城市公共设施;凡是购买的商品和劳务是由个人单独享受的,属于个人消费,如行政事业单位人员个人的日常生活消费;还有与个人消费直接相关的费用,如住宅修建、房租补贴、取暖补贴、职工医疗费、单位养车费用、住宅电话费用。

社会保障支出主要是指国家财政用于社会保障方面的支出,并包括非财政经费安排的社会保障支出,其内容主要包括社会保险支出、社会救济支出或社会补助支出和社会优抚支出三方面。在我国,财政用于社会保障方面的支出主要是在预算的"抚恤和社会福利救济"类科目下安排。

财政补贴是指在某一确定的经济体制结构下,财政支付给企业和个人的、能够改变现有产品和生产要素相对价格,从而可以改变资源配置结构和需求的无偿支出,具体有物价补贴、企业亏损补贴、专项补贴、财政贴息税收支出等。

七、国际货币基金组织的财政支出分类

国际货币基金组织关于财政支出采取了职能分类法和经济分类法,为各国财政支出编制提供一种参考标准(如表2-5)。经常性支出是指为维护国家机器正常运转、满足社会公共部门的正常开支所需要的财政支出。经常性支出项目主要包括:事业发展和社会保障支出、国家政权建设支出,包括行政管理费,公、检、法支出,外交支出,国防费、对外援助支出、政策性补贴支出、税务等部门的事业费、其他支出、预备费、行政事业单位离退休经费等。

表2-5 国际货币基金组织的财政支出分类

职能分类	经济分类
1. 一般公共服务	1. 经常性支出
2. 国防	(1) 商品和服务支出
3. 教育	① 工资、薪金以及其他有关项目支出
4. 保健	② 商品和服务的其他购买
5. 社会保障和福利	(2) 利息支付

续表

职能分类	经济分类
6. 住房和社区生活设施	(3) 补贴和其他经常性转让
7. 其他社区和社会服务	① 对公共企业
8. 经济服务	② 对下级政府
(1) 农业	③ 对家庭
(2) 采矿业	④ 对其他居民
(3) 制造业	⑤ 国外转让
(4) 电业	2. 资本性支出
(5) 道路	(1) 现存的和新的固定资产的购置
(6) 水输送	(2) 存货购买
(7) 铁路	(3) 土地和无形资产购买
(8) 通信	(4) 资本转让
9. 无法归类的其他支出	3. 净贷款
(1) 公债利息	
(2) 其他	

2.2 财政支出规模与结构

一、财政支出规模

1. 财政支出规模的概念

财政支出规模是指一定财政年度内政府通过安排的财政支出总量,其度量指标分绝对指标和相对指标。

绝对指标就是指财政支出的绝对数额(absolute scale),是衡量一定时期内政府支配资源的多少,满足公共需要能力高低的重要指标,反映着政府对社会经济发展影响力的强弱,较直观地反映财政支出的现状和变化。

相对指标(relative scale)有两层含义:一是指财政支出总额与其他相关经济指标,如国内生产总值(GDP)、个人可支配收入(PDI)等的比值,通过比值及其变化,考察财政支出的增长情况;二是将财政支出加以分类,通过主要支出项目与 GDP 等之间的比值,考察财政支出增长的结构性特点,并从对比中发现支出规律及其产生的影响。

2. 影响财政支出规模的因素

影响财政支出规模的因素从三个方面考虑:在经济因素方面,有经济发展水平、经济体制选择以及政府经济干预政策;在政治因素方面,有政局是否稳定、整体结构的行政效率;在社会因素方面,有人口状态、文化背景、民族和宗教等因素都影响到财政支出的规模。世界各国经验数据显示,各国具有财政支出规模不断增长的趋势,瓦格纳、皮考克和马斯格雷夫对这个趋势都做出了解释。

(1) 瓦格纳的解释。19世纪80年代德国著名经济学家瓦格纳在对欧洲国家和美国、日本等国的资料进行分析后得出这个结论,即当国民收入增长时,财政支出会以更大比例增长。随着人均收入水平的提高,政府支出占国民收入的比重将会提高,并且呈函数关系,这就是财政支出的相对增长。这一思想是瓦格纳提出的,又被后人归纳为瓦格纳法则。

在政治因素方面,随着经济的工业化,市场中的当事人之间关系也愈加复杂,由此引起对商业法律和契约的需要,要求建立司法组织,这样就需要增加政府公共支出。

在经济因素方面,工业发展带来人口居住密集化,由此将产生外部拥挤性等问题,需要增加公共部门进行管理。此外,教育、文化、保健、福利等支出的增长会以超过GDP上升的比率而增长。

① 市场失灵和外部性的存在需要政府的活动增加。瓦格纳认识到,随着经济的工业化,不断扩张的市场与这些市场中的行为主体之间的关系更加复杂化,这需要建立司法体系和管理制度,以规范行为主体的社会经济活动。

② 政府对经济活动的干预以及从事的生产性活动,也会随着经济的工业化而不断扩大。因为随着工业化经济的发展,不完全竞争市场结构更加突出,市场机制不可能完全有效地配置整个社会资源,需要政府对资源进行再配置,实现资源配置的高效率。

③ 城市化以及高居住密度会导致外部性和拥挤现象,这些都需要政府出面进行干预和管制。

④ 最后,教育、娱乐、文化、保健以及福利服务的需求收入弹性较大,要求政府在这些方面增加支出。这就是说,随着人均收入增加,人们对上述服务的需求增加得更快,政府要为此增加支出。

(2) 公共支出梯度渐进理论解释。英国经济学家皮考克(Peacock)和卫斯曼(Wiseman)在20世纪60年代初对英国公共支出的历史数据进行了经验分析,从而提出了"梯度渐进增长理论"(如图2-2)。

图2-2 公共支出梯度渐进增长理论模型解释

这一理论认为,在正常年份公共支出呈现一种渐进的上升趋势,但当社会经历"剧变"(如战争、经济大危机或严重灾害)时,公共支出会急剧上升;当"剧变"期结束之后,公共支出水平会下降,但不会低于原来的水平。他们认为,导致公共支出增长的内在因素是人们"可容忍税收水平"的提高。在正常年份人们可容忍税收水平比较稳定,公共支出不可能有较大幅度的上升,但随着经济的增长,即使税率不变,税收收入也会自动增加,相应的公共支出水平会大大提高,从而使公共支出大幅度的上升。当社会"剧变"时期结束之后,公共支出水平就会下降,但政府会设法维持可容忍税收水平,结果公共支出水平虽有下降,但不会恢复到原来的水平。他们还认为,社会"剧变"会暴露出许多社会问题,使公众认识到有许多社会经济活动应纳入政府的职责范围之内,公共支出的增长也会得到支持。他们把这种现象称为"审视效应"(Inspection Effect)。

在社会"剧变"时期,中央政府会集中较多的财力和较大的财权,即使"剧变"时期结束之后,中央政府仍然会维护其活动范围和支出规模。他们把这种现象称为"集中效应"(Concentration Effect)。

(3) 马斯格雷夫和罗斯托的"财政支出增长的发展模型"理论解释。"财政支出增长的发展模型"把经济发展划分为三个阶段,即初级阶段、中级阶段和成熟阶段。在不同的发展阶段,支出中的三类支出的增长情况各异。

① 经济发展的初期：公共积累支出应占较高的比重。交通、通讯、水利等经济基础设施具有极大的外部经济性，私人部门不愿投资，而这些经济基础设施的建设不仅影响着整个国民经济的健康发展，而且也影响着私人部门生产性投资的效益。因此，政府必须加大经济基础设施的投资力度，创造良好的生产经营和投资环境，加速经济"起飞"。

② 经济发展的中期：私人部门的资本积累较为雄厚，各项经济基础设施建设也已基本完成，财政投资只是私人投资的补充。因此，公共积累支出的增长率会暂时放慢，在社会总积累支出中的比重也会有所下降，但因为人们的精神、文化需求增加，使得消费性支出增加。

③ 经济发展的成熟期：财政投资的增长率有可能回升。因为在这一时期，人均收入水平很高，人们对生活的质量提出更高的要求，需要更新经济基础设施，加大社会基础设施和人力资本投资。

3. 财政支出不断增长的成因分析

国民经济发展到一定水平，客观上要求社会必须提供与之适应的一定比例的资源，用于提供社会公共事务，以满足一定经济发展水平下的社会共同需要。国民经济发展与社会公共事务的需求之间的关系不存在固定的模式，但总的趋势是，国民经济发展水平越高，对社会公共事务的需求量就越大，从而导致财政资源外在比例的提高。

在现实的社会经济生活中，政府财政支出不断增长的原因可从两个方面进行分析：一是财政支出需要方面的原因；二是财政资源供应方面的原因。

（1）财政支出需要方面的因素

① 国防费用：国防费用的增加是各国财政支出增加的重要原因。国防费用的绝对量不断增长是世界各国的共同趋势，军费增加主要是因为现代武器装备的高科技含量越来越高，其价格日趋昂贵，以及各国为争夺与反争夺政治经济利益而竞相扩充军备所致。

② 国家机构：国家机构的膨胀导致行政费用增加，它不仅包括由于政府职能的扩大而需相应增加机构、人员所造成的行政费用支出增长，也包括由于行政机构人浮于事、行政效率低下所造成的行政费用开支增加。

③ 政府公共投资：随着国家社会经济和产业结构的发展，政府对社会政治经济的干预能力逐渐增强。为加快国家社会经济的发展，政府都大力投资于基础产业和公共事业上，从而造成财政支出的急剧增加。

④ 社会福利：政府对社会福利的支出在国家财政支出中的地位日趋重要，在某些国家，社会福利支出已成为最大的一项支出。社会福利支出包括社会保险、社会救济支出和文教医卫方面的支出。提高全民的文化素质和健康水平，提高贫困和残疾公民的生活待遇是政府面临的日益紧迫的任务，因而社会福利的支出也呈上升趋势。

⑤ 人口：人口增长也是财政支出增加的重要原因。随着人口的增加，人们对文化、教育、就业训练、医药卫生、社会福利等方面的需求也不断增加，政府行政管理和社会管理所需的费用也增加较多，这些都会造成财政支出的扩大。

⑥ 通货膨胀：通货膨胀是世界性的普遍现象，各国物价变动的长期趋势都是上升的。由于物价上涨，政府购买商品和劳务的总价格也会上升，政府债务管理费用和还本付息支出增加，从而导致政府财政支出增长。

（2）财政资源供应方面的因素

① 国民收入：政府的财政收入归根到底来自国民收入的分配。随着社会劳动生产率的不断提高，国民收入也会相应增加，政府财政收入的根本来源也就不断扩大，进而为扩大财政支出提供了保证。

② 税收制度：各国政府通过改革现行的税收制度，加强税收征管，使政府税收收入增多，也是刺激财政支出膨胀的因素。

③ 国债发行：资本市场、证券市场的进一步发展，为政府发行国债提供了有利条件。由于国债政策观念的改变，国债作为弥补财政支出不足和调节控制国民经济的有效手段而被各国政府普遍采用，以保证财政支出的需要，这成为助长财政支出增长的主要因素之一。

④ 财政性货币：政府在遇到财政严重亏空的情况时，常把增发纸币作为弥补财政赤字的手段之一。由于增发纸币遇到的舆论反对性可能少于发行公债，且比发行公债容易，又没有还本付息的经济负担，因而增发纸币是政府最方便的筹资手段，它对财政支出的膨胀起着显著的刺激作用。

现阶段影响我国财政支出结构的因素有：政府职能的转化滞后与政府行为的不规范，财政收支矛盾较为突出，预算管理体制不够完善，财政监督力度较为薄弱等。

4. 财政支出的控制

财政支出的增长对国民经济的增长会产生正效应，但过度的财政支出增长则会对国民经济产生负作用，其结果与政府的意愿相反。因此，有必要对财政支出的增加进行适当控制。

（1）过度的政府财政支出会影响其他利益主体的经济选择

其理由有三个方面：一是政府提供过多的社会福利保障会导致公众解除个人的预防动机，不再考虑今后因失业或老弱病残而丧失工作机会或能力时的困难，进而只偏重消费而放弃储蓄，对未来的安排完全依赖于国家的福利保障。过度"输血"功能并未形成"造血"机制。二是过度的财政支出可能会因妨碍市场机制运行而限制消费者的选择。如政府提供的公共商品和服务不一定会受到市场欢迎，而税收却可能抑制本来会购买的商品和劳务。三是政府提供的某些公共商品和服务由于有财政补贴而低价供应，因而可能会使消费者低估政府提供的商品和服务的真实成本，客观上起到鼓励人们过度消费这类公共商品和服务。

（2）产生"挤出效应"作用

所谓"挤出效应"，是指增加某一数量的财政支出会减少相应数量的私人投资，因而社会总需求保持不变，表明财政支出对经济没有调节作用。

"挤出效应"产生的原因有以下几点：一是如果政府财政支出的资金来自纳税人缴纳的税款，那么财政支出的增加与它排挤掉的纳税人的支出是等量的。二是如果政府财政支出的资金来自公债债权人认购的钱款，那么财政支出的增加也会挤掉社会其他利益主体的相应支出额。三是无论政府财政支出的资金是用何种方法筹集的，只要社会货币供应量基本保持不变，那么财政支出的"挤出效应"就会客观存在。

（3）过度的财政支出会导致通货膨胀

伴随政府财政支出的过度增加，就需要通过增发公债和增发纸币方式来抵补因税收等产生的经常收入的不足。如果公债不能由非银行机构、部门和个人全部承购，则不可避免地要由银行承购。而银行承购过多公债可能会形成银行存款多倍扩张，导致货币供应量增加，往往会造成通货膨胀。

(4) 过度的财政支出会影响国际收支的稳定

财政支出的过度增加,会刺激企业借款需求的上升,导致利率上升和外资流入。这会造成对本国货币的需求增加,汇率提高,导致进口容易出口困难,形成国际收支逆差。

5. 控制财政支出规模的思路

(1) 直接控制。直接控制是指财政支出由中央机构直接控制,并自上而下形成一整套管理机构。有效的直接控制至少应具备三个前提条件:

一是中央控制机构能够事前全面、准确、及时掌握有关社会政治经济以及财政支出投入产出效益等全部真实信息;二是由一批高素质、精通各方面财政支出专业知识的专家为各项财政支出做出正确的决策并制订相应的计划;三是各级政府机构和管理人员能不折不扣地执行计划。

但要做到这三点是很难的。同时中央高度集中控制也会带来负作用,造成对中央预算的过度依赖,不能分清责任。因此,一般认为应减少中央集权化,适当分权化,既保证中央政府的宏观调控能力,又能调动地方政府的积极性,使财政支出控制更加有效。

(2) 刺激性控制。刺激性控制是指政府安排某项财政支出时,设置刺激性措施来控制财政的支出。如政府在发展农田水利工程项目时,可通过适当减免税收或给予贴补方式以刺激农民参与兴修水利的热情和投入,提高财政支出的效益。

刺激性控制的使用有一定的局限性,它只能在某项财政支出的成本、效益能较精确核算,并能具有较强刺激程度的条件下才能实行,因此它只能选择性地加以运用。

(3) 协调控制。协调控制就是强调应把中央财政部门和财政支出用款单位之间的相互协调作为制订、执行、控制财政支出计划的政策基础,使中央财政政策在各财政支出用款单位间产生更大的效果。

从理论上讲,协调控制应能起到既克服中央集权控制的内在缺陷,又能避免分权控制弱化中央财政政策实施的作用,但这种协调控制的和谐关系较难形成。因此,协调控制的使用也具有一定的局限性。

(4) 政策控制。政策控制是国家权力机构批准推行的政府财政政策对财政支出的控制。政策控制的目标是实现社会总需求和总供给的平衡。

一般认为,政府在实行紧缩性财政政策、扩张性财政政策和中性财政政策时,不仅规定了财政支出的规模和结构,而且也规定了控制支出的方式。如实行紧缩性财政政策时,就必须减少政府购买性支出和各种转移支出,压缩社会总需求,才能实现控制盈余预算。

6. 控制财政支出规模的主要方法

(1) 预算监管制度。财政预算指的是政府编制,经立法机关审批,反映年度内财政收支状况的计划。它是反映政府经济活动的一面镜子,必须经过立法机关审批才能生效,使得财政支出置于公民监督之下。

预算审批遵循的原则:① 完整性,所有的财政收支都应得到反映,并以收支总额反映出来;② 可靠性,必须详细反映财政收支状况,各项数据准确;③ 公开性,全部财政收支须经立法机关审批,且向社会公布,接受公众监督;④ 年度性,按预算年度编列财政收支。

(2) 零基预算。零基预算(zero base budget)起源于美国,指的是在编制支出预算时,不考虑用款单位以往年度的基数和水平,一律以零为起点对原有和新增的开支进行审核,然后确定当年财政资金的支出数额。其具有可突出当年政府的经济社会政策重点,可以充分发挥预算政策的调控功能,预算收支安排不受以往年度收支的约束的优点,受到现代政府的重视。

(3) 绩效预算。绩效预算是政府部门在明确需要履行的职能和需要消耗资源的基础上确定绩效目标,编制预算,并用量化的指标来衡量其实施过程中取得的效益和完成支出的情况。它把预算资金的分配与政府部门的绩效联系起来,加强投入管理和预算约束,强调结果、责任和效率,提高预算编制的科学性和规范化,提高财政支出的有效性。

(4) 政府采购制度。政府采购是由国家机关、事业单位和团体组织,使用财政性资金采购依法制定的集中采购目录以内的或采购限额标准以内的货物、工程和服务的行为。

政府采购制度最早由英国创建,政府采购方式有招标和非招标采购方式。其中,招标方式有公开招标采购、选择性招标采购和限制性招标采购三种;非招标采购有单一来源采购、竞争性谈判采购和询价采购三种。

政府采购具有财政资金的公共性、资金用途的非盈利性、采购活动的政策性和采购制度的规范性等特点。政府采购一般贯彻公正、公开透明、公平竞争和诚实信用的原则,有利于政府节约财政资金,提高资金使用效益,有利于激励技术进步、促进经济长期增长,有利于强化宏观调控、活跃市场经济,也有利于推进反腐倡廉和保护民族工业。现在政府采购制度已经成为政府调节经济运行的工具,作为财政政策工具之一。完善采购制度有利于推动我国预算管理制度改革,提高财政管理水平。

(5) 国库集中收付制度。国库集中收付制度又称国库单一账户制度,包括国库集中支付制度和国库集中收缴制度,是指由财政部门代表政府设置国库单一账户体系,所有的财政性资金均纳入国库单一账户体系进行收缴、支付和管理的制度。国库集中收付制度中,集中收付的对象主要是财政资金,主管部门集中所属单位收入必须经同级财政部门批准。财政收入通过国库单一账户体系,直接缴入国库;财政支出通过国库单一账户体系,以财政直接支付和财政授权支付的方式,将资金支付到商品和劳务供应者或用款单位,即预算单位使用资金但见不到资金;未使用的资金均保留在国库单一账户,由财政部门代表政府进行管理运作,降低政府筹集成本,为实施宏观调控政策提供可供选择的手段。国库单一账户由五类账户体系构成:一是财政部门在中国人民银行开设的国库存款账户;二是财政部门在商业银行开设的预算外资金财政专账;三是财政部门在商业银行开设的财政零余额账户,用于财政直接支付和清算;四是财政部门在商业银行为预算单位开设的预算单位零余额账户,用于财权授权支付和清算;五是经政府批准或授权财政部门开设的特殊性资金专户。

2005年改革的国库集中收付制度关系着提高政府预算执行的科学性与有效性,改革现行机构设置和管理体制,改进资金管理方式,降低财政资金运行成本,规范资金运行程序,有效防止了对财政资金的挤占、挪用和截留,提高了资金到位速度。

二、财政支出结构

财政支出结构是指财政资金分配的内容组合及其各种支出占总支出的比重,包含两层含义:一是按支出用途或按不同要求对支出内容进行划分;二是表明各种财政支出占总财政支出的比重。

财政支出结构不是一成不变的,不是僵化的,它取决于一个国家所处的经济发展阶段,不同经济发展阶段对财政支出结构具有决定性的作用,使财政支出结构的发展变化带有一定的规律性。因此,政府不能够任意调整财政支出结构。一般情况下,发达国家侧重于收入分配和经济稳定,转移性支出占总支出的比重较大;发展中国家的财政职能侧重于资源优化配置，购买性支出占总支出的比重较大。

不同的财政支出结构反映不同的财政性质与职能侧重点，所以，对财政支出结构的分析体现了国家的财政职能和性质。图2-3为2012年我国公共财政支出结构分析图。

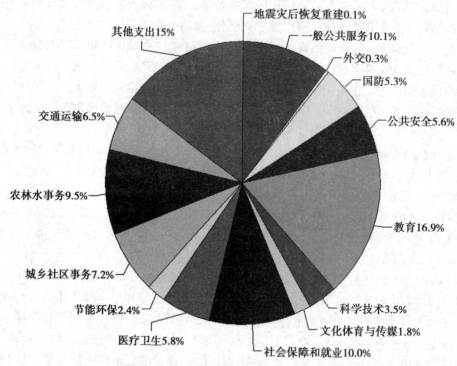

图2-3 2012年我国主要财政支出及占比
根据我国2012年财政决算报告制作

1. 基于政府职能的分析

政府职能的大小及侧重点决定财政支出的结构。市场主导型政府，其财政支出结构偏重行政管理、法律程序、防卫等维持国家机器正常运转的支出，支出规模相对较小；而政府主导型政府，其支出结构偏重于资源和经济事务方面的支出，规模相对较大。

2. 基于经济发展阶段的财政支出结构分析

一国经济在发展的不同阶段，政府影响经济的方式和侧重点也不同，即不同经济发展阶段，政府干预经济的活动内容不同，维持性支出、经济性支出和社会性支出侧重点也不同。

维持性支出是用来保证国家机器正常运转的支出，包括行政管理支出、国防支出、公共秩序和安全支出。经济性支出是用于政府参与生产和投资活动的支出，包括扶持基础产业发展的支出、基础设施建设的投资等。社会性支出是用于提高全民素质和健康水平、消除贫困、提高福利水平等的支出。

3. 基于财政支出结构的经济分析

一般是从两个方面进行分析：一是从宏观的角度，就整体的财政支出决策对社会资源配置的影响进行分析；二是从微观的角度，就某一项目或方案的财政支出决策对社会资源配置的影响进行分析。

在宏观方面，政府制定的财政收支决策实质上是将私人部门的部分资源转移到政府部门，并由政府加以集中使用的决策,因此,它具有一个资源配置的效率问题。社会部分资源既可以由政府部门集中使用,也可以由私人部门自行使用,使用的结果都会产生相应的效益。

如果政府部门占用资源产生的效益大于私人部门使用资源所能达到的效益,即大于社会机会成本,那么这些资源的配置就具有效率,就应当由政府部门替代私人部门来集中使用;若小于社会机会成本,则称为缺乏效率,而应由私人部门自行使用。当政府部门和私人部门使用同样的资源能产生同等的效益时,则称社会资源配置处于最佳状态。因此,政府制定财政收支决策时,需对资源由政府部门使用和由私人部门使用所能达到的效益进行比较而定,以提高资源配置的效率。

在微观方面,由于财政支出项目千差万别,支出效益的表现形式各不相同,因而衡量财政支出效益应尽量采取多种方法。

衡量财政支出效益的方法有成本与效益分析法、最低费用选择法、公共商品服务收费法、目标预定与实施效果比较法、摊销计算法、横向比较法、因素分析法、公众定价法和历史动态比较法等等。不同的方法有各自不同的适用范围,其中成本与效益分析法适用于有直接经济效益的支出项目,如基本建设投资支出;最低费用选择法适用于只有社会效益,产品不能进入市场的支出项目,如国防;公共商品服务收费法适用于既有社会效益又有经济效益,但经济效益难以直接衡量,而产品可以全部或部分进入市场的支出项目,如交通、教育;公共定价法适用于自然垄断行业及政府规定涉及民生又有竞争性行业的支出项目。

2.3 财政支出原则

财政支出作为政府资源分配的重要组成部分,对经济社会生活有着不可低估的作用。我国财政支出规模与结构对经济体制改革前的计划经济和对经济体制改革后的转轨经济都有着重要的支持作用。

由于财政收入能力不足,存在财政支出总量不足的问题,影响财政支出质量,然而更多的是财政支出结构的问题。一国的财政支出原则必然影响一国的财政支出规模和结构,也存在影响财政支出质量的多种因素。

一、财政支出质量

财政的支出既要实现按计划支出的数量和去处,又要实现社会经济目标,如果财政支出实现计划的目标,可以说财政支出有质量。若没有实现支出计划的数量,或没有按照计划分配财政资金的用途,也或者没有达到目标,又或者虽然达到目标,但支出过程中或支出结果产生副作用,可以说财政支出没有质量。

财政支出的质量首先表现为财政支出的财政资金按照预算项目支出。一般来说,当预算的财政支出项目得到科学性、可行性和效益性论证,那么支出就是应该的,而不在支出预算内的就应该不支出。

财政支出的质量其次表现为财政支出资金的足额与稳定供给。经过论证的支出项目是必须执行的,财政资金的足额与稳定供给才有可能实现财政的职能,达到财政支出的目的。

财政支出的质量还表现为财政支出的有效执行与监督。执行与监督不可分割,统一于财政支出中,缺乏监督的执行,一定达不到支出目的,没有执行的监督则失去存在意义,也只有有效执行与监督,才能真正实现财政支出的目的和财政职能。

所以,财政支出质量是指政府的预算支出能够得到足额稳定的资金供给和预算项目得到有效执行与监督,实现财政支出的经济与社会效益。财政支出质量的本质是政府实现财政职能,优化财政支出结构。

二、财政支出原则

1. 效益性原则

由于国家财政的职能主要是用无偿性税收来满足社会公共需要,而且各支出项目在性质上又千差万别,所以,财政支出效益考核的"所费"是有据可查的,而"所得"不仅要分析直接的有形的"所得",而且要考虑间接的无形的"所得",即社会效益。财政支出的目标则是整体社会效益,因而局部的亏损是必要的,是允许的。

效益性原则分为经济节省原则和收支均衡原则。经济节省原则要求政府财政支出应以节约为宗旨,不应浪费经费,应以最小的财政支出取得最大的社会效益。收支均衡原则要求政府财政支出限于财政收入范围内,不能超支,即量入为出原则。还有些支出,如属于公共设施的公路、电信投资以及属于社会公益性的文教、科学、卫生事业费等支出,也是成本费用可以计量而效益不易精确计量,但由这些支出提供的商品或劳务可以按政府定价或收费标准全部或部分地进入市场;可以全部收回成本费用的,则视同投资类支出考核其效益;可以部分收回成本费用的,成本费用扣除回收部分可视为净成本费用,在坚持政府收费标准的前提下,也要求净成本最低化,服务质量最优化。

财政支出的效率与财政的配置资源职能有密切的关系。一般说来,财政配置资源的效率首先应该选择一个可行的效率标准:资源配置效率=F(社会净收益最大化)=社会所得一社会所失。

效率原则的权衡:我国从古至今崇尚"量入为出"原则。按当期预算安排来说,当收入规模既定时,以收定支不失为可行的原则。但不可将"量入为出"绝对化,绝对化就会导致理财思想的扭曲。

首先,"量入为出"的"入"显然是指经常性收入,"量入为出"是排除政府借款的必要性和可能性。所以,我国古代的"量入为出"思想带有浓厚的小农经济色彩,也是自给自足的封闭型经济的反映。

其次,"量入为出"意味着收入规模可以不受国家职能和法律程序的制约,多收是它的主导方面,支出管理属于次要地位,至于提高支出效益的意识更是淡薄了。所以,封建制国家经常是横征暴敛,以满足宫廷和官吏挥霍无度的需要。

2. 社会性原则

社会性原则要求财政支出实现平等、普遍的社会公平目标。即财政支出应成为给所有国民带来普遍利益的支出,而不能只限于国民中特定个人和特定阶层的利益,应对所有的人给予均等利益;并依据受益能力原则,实行同等情况同等待遇、不同情况不同对待的做法,通过适量的转移性支出,缩小社会财富分配不均的差距。

3. 政治性原则

根据政治性原则的精神,政府只对私人或私人团体绝对办不到的事项、私人或私人团体不应该办的事项、私人或私人团体不想办的事项列入财政支出范围,除此之外,政府不应支出。

4. 国民经济性原则

国民经济性原则要求财政支出应能促进国民经济的发展。通过财政支出的增减变化,调节社会供需的平衡,实现充分就业、物价稳定和保持适当的经济增长率的经济稳定发展目标。

5. 公平与效率原则

公平是和分配相联系的概念,按马克思主义观点,生产条件的分配决定生产成果的分配,所以生产资料的占有关系是实现公平分配的根本前提。社会主义的生产资料公有制为每个人提供了劳动的均等机会,也为市场经济条件提供了均等的竞争环境。

效率实质上属于生产范畴,它是以劳动者运用生产工具作用于劳动对象所创造的物质财富为标志的。在现代经济中,效率是以投入、所费与所得之比来计量的,以投入少、产出多、花费低、所得高为高效率,反之为低效率。高效率表现为分配上充分调动劳动者的积极性和主动性,以及社会资源的优化配置。

财政支出实践讨论 1

1. 新闻报道 1:2012 年的社科院调查资料显示,2002 年我国政府采购规模 1 009 亿元,2011 年达到 1.13 万亿元,相当于一个哈萨克斯坦的经济总量;2012 年采购商品价格约 8 成高于市场价,高于市场价 1.5 倍以内的占 70%,3 倍以上的占 1.86%,比如某型号计算机市场均价 2 649 元,但政府采购单价为 98 730 元。

2. 新闻报道 2:澳大利亚财政部公布的 2013 年上半年的财政支出报告涵盖了澳大利亚政客们花销的方方面面,从旅行津贴、办公支出到打印纸和耗材的使用都在其列,总理阿博特总共花费了逾 47 万澳元(约合人民币 255 万元),排名进入澳大利亚政客支出榜的前 15 名。

3. 新闻报道 3:为提高预算管理水平和资金使用效益,财政部在 2012 年首次对全国县级财政支出管理绩效开展综合评价,评价范围涵盖除北京、上海和天津所属的 6 个地级县外的全国 28 个省(区、市)的 1 985 个县(县级市、旗)。评价内容主要包括重点支出保障程度、财政供养人员控制和财政管理水平等三个方面,同时也考虑了各省支出责任划分差异、实际财力差距以及财政供养人员动态控制等情况。此次综合评价将对全国排名前 10 名的省(市)和排名前 200 名的县(旗)进行通报表彰,并给予县级基本财力保障机制奖励。

结合上述网络新闻讨论:(1)如何控制财政支出规模?(2)如何优化财政支出结构?(3)能否通过提高财政支出质量,防止腐败?

2.4 购买性支出与转移性支出

一、购买性支出

购买性支出直接表现政府通过市场购买商品和服务,从而对国民经济产生直接影响,对资源配置、政府效益和企业预算都有较强约束性。一般用于维持国家机器运转和其他行政事业开支,包括投资性支出和消耗性支出。公共部门运用了这部分社会资源,就排除了私人部门运用这部分资源的可能性。在西方国家,购买性政府支出被计入国民生产总值和国民收入之内。

1. 投资性支出(investment expenditure)

投资促进经济增长。投资是经济增长的动力和基础,是促进经济增长的主要因素。增加经济建设支出,刺激投资需求,提高财政支出水平。增加公共产品的供给以及公共产品的完善可间接刺激消费需求和投资需求,从而对经济增长有正效应。投资需求增长的基础是消费需求的增长,消费需求的增长刺激投资增加,从而促进内生经济的增长。

社会需求由消费、投资和出口三部分组成,投资可以直接增加社会总需求,从而刺激经济增长;投资需要建筑材料,需要添置生产设备,投资可以带动钢材、水泥、木材等生产资料或设备生产的增长;投资一部分转化为个人消费和社会消费,从而刺激消费品生产的增长。

投资规模或投资结构不合理、投资效益低下,会引起经济波动和资源浪费,影响经济的正常增长。投资可以刺激需求的增长,同时又可以增加和改善供给。投资过程首先是刺激需求,投产后才增加供给。

目前财政投资在全社会固定资产投资中已不再居主导地位,其比重逐步降低,非政府主体已上升为社会投资的主导力量,其中国有经济投资仍居首要位置,但其相对地位也在下降。因此,政府投资在社会主义市场经济体制中,应对市场投资起间接引导、调节和调控的作用,其作用可以概括为"四两拨千斤"。

从市场经济条件下政府投资的领域看,财政投资的范围主要包括如下几个方面:安全战略性投资,包括造币工业、重要军事工业、战略物资储备系统、战略高新技术产业等的投资,如航空、航天、卫星、核能、超大规模集成电路、信息、生物、新材料、海洋开发等领域;公益性投资,包括文化、教育、科学、卫生、体育、行政、环保、生态等领域的投资;基础性投资,包括农业、交通、运输、通讯、能源、原材料、供水、供电等领域的投资,特别是非国有资本无力或不愿进入的特大型基础建设项目;竞争性投资,包括竞争性支柱产业、命脉产业、规模产业等领域的投资,如金融、保险、国际贸易、钢铁、汽车、石油、化工、电子信息等领域。

1) 基础设施投资(basic construction expenditure)

(1) 基础设施投资性质:基础设施是指关系国民经济整体利益和长远利益的物质基础设施,是处在"上游"的产业部门,包括经济基础设施和社会基础设施。基础设施投资是一种"社会先行资本",它所提供的产品和服务构成其他部门(也包括本部门)必需的投入品和服务,如供电、供水、道路和交通等等。从整个生产过程来看,基础设施为整个生产过程提供"共同生产条件"。

(2) 财政投融资:政府为实现一定的产业政策和其他政策目标,通过国家信用方式筹集资金,由财政部门统一掌握管理,并根据国民经济和社会发展规划,以出资或融资方式,将资金投向急需发展的部门、企业或事业的一种资金融通活动。财政投融资也称"政策性金融"。

财政投融资是政府投入资本金的政策性融资,具有范围有严格限制、目的性很强、计划性与市场机制相结合和预算管理比较灵活的特点,由国家设立的专门机构——政策性金融机构负责统筹管理和经营,即由我国1994年成立的三家政策性银行,中国国家开发银行、中国农业发展银行和中国进出口银行负责管理和经营。

(3) 基础设施投资的财政投融资方式

① 政府筹资建设,免费提供或收取使用费。

② 私人出资,定期收费补偿成本并适当盈利,或地方主管部门筹资、定期收费补偿成本。

③ PPP模式(Public—Private—Partnership,公共私营合作制投融资方式),是指政府与私人组织之间,为了合作建设城市基础设施项目,或是为了提供某种公共物品和服务,以特许权协议为基础,彼此之间形成一种伙伴式的合作关系,并通过签署合同来明确双方的权利

和义务,以确保合作的顺利完成,最终使合作各方达到比预期单独行动更为有利的结果。PPP模式将部分政府责任以特许经营权方式转移给社会主体(企业),政府与社会主体建立起"利益共享、风险共担、全程合作"的共同体关系,政府的财政负担减轻,社会主体的投资风险减小。PPP模式比较适用于公益性较强的废弃物处理或其中的某一环节,如有害废弃物处理和生活垃圾的焚烧处理与填埋处置环节。这种模式需要合理选择合作项目和考虑政府参与的形式、程序、渠道、范围与程度。

④ 政府投资,法人团体经营运作。

⑤ BOT投融资方式(Build—Operate—Transfer,建设—经营—移交投融资方式),就是承建者从政府获取特许权,然后从事项目的融资、建设和经营,并在特许期内享有该项目的所有权和经营权,特许期满后将项目无偿转让给政府。整个过程中的风险由政府和私人机构分担。当特许期限结束时,私人机构按约定将该项目移交给政府部门,转由政府指定部门经营和管理。所以,BOT一词译为"基础设施特许权"更为合适。BOT方式实质上是基础设施投资、建设和经营的一种方式,以政府和私人机构之间达成协议为前提,由政府向私人机构颁布特许权,允许其在一定时期内筹集资金建设某一基础设施并管理和经营该设施及其相应的产品与服务。

⑥ TOT投融资方式(Transfer—Operate—Transfer,移交—经营—移交投融资方式),就是出售现有投产项目在一定期限内的产权,获得资金建设新项目的融资方式。TOT方式是国际上较为流行的一种项目融资方式,通常是指政府部门或国有企业将建设好的项目在一定期限内的产权或经营权,有偿转让给投资人,由其进行运营管理;投资人在约定的期限内通过经营收回全部投资并得到合理的回报;双方合约期满之后,投资人再将该项目交还政府部门或原企业的一种融资方式。

(4) 基础设施投资案例:三峡工程开工以来,通过国外出口信贷及国际银团贷款、企业债券、国内商业银行贷款等多渠道筹资,比原筹资方案减少支出23.5亿元。三峡工程预计总投资不超过1 800亿元,动用国家政策筹资,通过全国电网征收的三峡建设基金和葛洲坝电厂发电收入占工程投资总额的60%。这笔稳定的三峡资金来源,不仅解决了工程建设初期的建设风险与资金需求两者间的矛盾,而且减轻了三峡工程的财务压力。此外,三峡总公司还积极利用国内金融机构贷款,如家开发银行从1994年至2003年每年为三峡工程提供贷款30亿元,总额300亿元,贷款期限15年。三峡工程还使用了部分中短期商业银行贷款和商业承兑汇票,满足中短期资金需要,改善负债结构,降低融资成本。1998年分别与中国建设银行、中国工商银行、交通银行签订了总额为40亿元、30亿元、30亿元的三年期贷款协议等等。

2) 农业投资(agriculture development expenditure)

(1) 农业的基础地位:农业在国家经济发展中处于基础地位。农业为人类提供了最基本的生存资料,为工业提供了最重要和最基本的原材料,农业是国民经济的基础产业;农业发展是工业化、城市化和现代化的前提和基础,农业为工业化提供资本积累的源泉,为工业化提供剩余劳动力,而工业化是城市化和现代化的前提和内容;农业稳定也是经济和社会持续稳定发展的重要因素。

(2) 农业具有特殊性:农业相比于工业面临市场和自然的双重风险,农产品市场是一种典型的发散型蛛网市场,农业的比较利益低。所以,世界各国都尽力对农业进行补贴,增加对农业的财政支出。

(3) 农业投资的范围和重点

① 以立法的形式规定财政对农业的投资规模和环节,使农业的财政投入具有相对稳定性。

② 凡是具有"外部效应"以及牵涉面广、规模巨大的农业投资,应由政府承担。

③ 注重农业科研活动,推动农业技术进步。

④ 财政投资范围应有明确界定,主要投资于以水利为核心的农业基础设施建设、农业科技推广、农村教育和培训等方面。

财政支出实践讨论 2

以下是常见的财政融资不同方式:

1. BT 是英文 Build(建设)和 Transfer(移交)的缩写形式,意即"建设—移交",是政府利用非政府资金来进行基础非经营性设施建设项目的一种融资模式。BT 模式是 BOT 模式的一种变换形式,指一个项目的运作通过项目公司总承包,融资、建设验收合格后移交给业主,业主向投资方支付项目总投资以及合理回报的过程。

2. BTO(Build—Transfer—Operate,建设—移交—运营)是指民营机构为基础设施融资并负责其建设,完工后即将设施所有权(注意实体资产仍由民营机构占有)移交给政府方;随后政府方再授予该民营机构经营该设施的长期合同,使其通过向用户收费,收回投资并获得合理回报。BTO 模式适合于有收费权的新建设施,譬如水厂、污水处理厂等终端处理设施,政府希望在运营期内保持对设施的所有权控制。事实上,国内操作的相当部分名为 BOT 的项目,若严格从合同条件界定,更接近于 BTO 模式,因为其特许协议中规定政府对项目资产和土地使用权等拥有所有权。

3. TOT 方式是国际上较为流行的一种项目融资方式,通常是指政府部门或国有企业将建设好的项目在一定期限内的产权或经营权,有偿转让给投资人,由其进行运营管理;投资人在约定的期限内通过经营收回全部投资并得到合理的回报;双方合约期满之后,投资人再将该项目交还政府部门或原企业的一种融资方式。

4. PPP 模式即 Public—Private—Partnership 的字母缩写,通常译为"公共私营合作制",是指政府与私人组织之间,为了合作建设城市基础设施项目,或是为了提供某种公共产品和服务,以特许权协议为基础,彼此之间形成一种伙伴式的合作关系,并通过签署合同来明确双方的权利和义务,以确保合作的顺利完成,最终使合作各方达到比预期单独行动更为有利的结果。

5. BOOST(Build—Own—Operate—Subsidy—Transfer):建设—拥有—运营—补贴—移交。

6. IOT(Investment—Operate—Transfer):投资—运营—移交。即收购现有的基础设施,然后再根据特许权协议运营,最后移交给公共部门。

假如你有 10 亿元人民币,结合上面财政融资方式,你愿意以什么方式投资于什么基础设施,为什么?

2. 消耗性支出

消耗性支出是政府向企业和个人购买所需的商品和劳务,以维持日常政务活动的支出,是耗尽性支出,它是政府调节社会资源配置的重要手段。

消耗性支出按照具体用途,可以划分为行政管理支出、国防支出、科研支出、教育支出、文化支出、卫生支出。通常把上述支出归结为行政管理支出、国防支出和文教卫支出三部分。表2-6为2000—2008年我国消耗性支出情况。

表2-6 消耗性支出类型及其数额　　　　　　　　　　（单位：亿元）

年　份	文教、科学、卫生支出	国防支出	行政管理费
2000	2 736.88	1 207.54	1 787.58
2001	3 361.02	1 442.04	2 197.52
2002	3 979.08	1 707.78	2 979.42
2003	4 505.51	1 907.87	3 437.68
2004	5 143.65	2 200.01	4 059.91
2005	6 104.18	2 474.96	4 835.43
2006	7 425.98	2 979.38	5 639.05
2007	10 895.32	3 486.16	8 514.24（一般公共服务）
2008	13 896.46	4 178.76	9 795.92（一般公共服务）

根据《中国统计年鉴》整理

我国的行政管理支出主要包括如下三个部分：一是行政经费,包括立法机关、党政机关经费支出,民主党派、人民团体经费支出；二是公检法支出,包括公安、安全、司法、检察、人民武装警察支出；三是外交支出,包括驻外机构经费、国家公务人员出国访问经费、外国代表团招待费、应缴国际组织会费、对外捐赠支出等。影响行政管理支出不断增长的因素有：外在因素包括财政收支水平、经济发展水平、物价指数水平；内在因数包括政府机构膨胀、财政秩序紊乱、预算约束软化、政府部门运作效率低下等。

世界各国科教文卫事业费支出的状况总体是绝对数呈加速上升趋势,特别是其中的科学与教育费增长尤为迅速,相对数也呈上升趋势,且增长稳定。

改革开放后我国的科教文卫事业费支出虽然有了快速的增长,在财政支出中的地位上升到第二,但由于财政收支"两个比重"的下降,科教文卫事业费支出在国民经济中的相对比例还是落后于世界平均水平,科教兴国战略仍然面临经费投入不足的问题。

自1997年起,我国对事业单位实行"核定收支、定额或定项补助、超支不补、结余留用"的新预算管理办法。本着"精简节约,提高效益"的原则,通过精简优化人员、提高效率,改变体制,引入市场机制、加快社会化进程,加强审计监督、提高资金使用效益等措施进行改革。

财政支出实践讨论 3

2010年,教育支出2 547.34亿元,增长28.6%。其中,中央本级支出720.96亿元,对地方转移支付1 826.38亿元。完善农村义务教育经费保障机制,支出731.8亿元,全国1.3亿名农村义务教育阶段学生全部享受免除学杂费和免费教科书政策,中西部地区约1 228万名农村义务教育阶段家庭经济困难寄宿生获得生活费补助。免除2 900多万名城市义务教育阶段学生的学杂费。落实农村义务教育薄弱学校改造计划。全面清理化解农村义务教育债务。将普通高中家庭经济困难学生纳入国家资助政策体系,提高高校国家助学金资助标准。加强职业教育基础能力建设,免除440万名中等职业学校家庭经济困难学生和涉农专业学生学费,继续实施中等职业学校国家助学金政策等,共支出209.09亿元。启动新一轮"985工程"建设,推进"211工程"、高校本科教学质量与教学改革工程等,共支出606.63亿元。加大对地方高校改革发展的支持力度,支出200.67亿元。

科学技术支出1 728.34亿元,增长14.3%。其中,中央本级支出1 661.3亿元,对地方转移支付67.04亿元。实施国家科技重大专项,支出302亿元。支持国家自然科学基金、"973计划"、国家重点实验室建设运行等基础研究,支出244.39亿元。加强前沿技术研究、社会公益研究和重大共性关键技术研究开发等应用研究,支出904.13亿元。实施重点产业调整振兴规划,促进企业技术改造和自主创新,支出200亿元。推动区域科技创新体系建设,促进产学研用有机结合。

文化体育与传媒支出316亿元。其中,中央本级支出150.13亿元,对地方转移支付165.87亿元。加强乡镇综合文化站、农家书屋、农村电影放映等重点文化惠民工程建设,丰富农村文化生活,改善基层公共文化体育设施条件。全国向社会免费开放的公共博物馆、纪念馆达到1 743家。大遗址、重点文物和非物质文化遗产保护工作继续加强。强化新闻媒体传播能力建设,促进深化文化体制改革,推动文化产业发展。

医疗卫生支出1 485.35亿元,增长16.7%。其中,中央本级支出73.56亿元,对地方转移支付1 411.79亿元。新型农村合作医疗参合人数达到8.35亿人,城镇居民基本医疗保险参保人数达到1.95亿人,财政补助标准达到人均120元,中央财政共补助560亿元。支持未参保的关闭破产国有企业退休人员和困难企业职工参加城镇职工基本医疗保险,补助63亿元。进一步提高城乡医疗救助水平,补助94亿元。加强基层医疗卫生服务体系建设,支出225亿元。在60%的政府举办的基层医疗卫生机构实施国家基本药物制度,推进体制机制综合改革。支持向城乡居民免费提供9类基本公共卫生服务,实施重大公共卫生服务项目,共补助295.69亿元。启动公立医院改革试点。

——摘自财政部2011年预算报告

根据以上资料并结合当前我国实际,看看政府在消耗性支出方面有哪些支出可以优化和完善?

二、转移性支出

转移性支出是国家为了实现特定的社会经济职能,而将财政资金进行单方面的无偿的支付,又不取得相应商品和劳务的支出,直接影响社会生产和消费结构,间接影响国民经济。

转移性支付发生在三个方面：政府与居民个人的转移支付、政府对企业补贴和上下级政府间的转移支付。其中，政府间转移支付主要包括上级政府对下级政府的各项补助，下级政府向上级政府的上缴收入，发达地区向不发达地区的补助。狭义的转移性支出主要包括社会保障支出、财政补贴支出、债务利息支出等。

1. 社会保障支出(social security expenditure)

(1) 社会保障的概念。社会保障是指国家和社会依据一定的法律和规定，通过国民收入的再分配，对社会成员的基本生活权利予以保障的一项重大社会政策，其核心内容是社会保险。

社会保障支出是指财政用于社会保障方面的支出。社会保障支出是与社会保障制度联系在一起的，各国的社会保障制度不同，相应的社会保障支出安排也就存在较大差别。但是，在现代社会下的任何社会制度的任何国家，社会保障支出都是社会公共需要的重要组成部分。社会保障制度不同于赈济灾民、救助急难等社会保障措施或政策，但是措施或政策不是系统而规范地实施，便不称其为制度。

所谓社会保障制度，就是由法律规定了的，按照某种确定的规则实施的社会保障政策和措施。现代社会保障制度最早诞生于19世纪的德国，至今只有百余年的历史。现代社会保障制度是市场经济的一个基本制度，被誉为社会的"安全网"、"稳定器"，是人类文明和社会进步的一大"制度发明"，它的意义和作用主要表现在如下几个方面：① 它是确保社会公平，实现收入公平分配的重要手段；② 它是确保社会安定，实现社会稳定的重要工具；③ 它是确保市场效率，实现资源优化配置的必不可少的手段。

世界上各国的社会保障制度类型主要有以下四种：

① 社会保险型：按"风险分担，互助互济"原则，政府提供社会保障计划，受保人和雇主缴纳保险费，受保人发生事故时，只要按规定缴纳了保险费，就可以享受政府提供的保险金。

② 社会救济型：受保人不用缴纳任何费用，受保人享受保障计划的津贴需要经过家庭收入及财产的调查，符合受保资格的才享受政府的津贴。

③ 普遍津贴型：按"人人有份"原则，受保人与雇主不要缴纳保费，当受保人发生事故时，就可获得政府的保障津贴。目前新西兰和加拿大执行这种保障制度。

④ 节俭基金型：政府按照个人账户举办，雇主和员工按照工资的一定比例向雇员的个人账户缴费，形成的资产归政府负责管理，发生事故时，政府从账户中提取资金支付保障津贴，若受保人不幸去世，家属可以继承。现在新加坡和马来西亚等国执行这种保障制度。

(2) 社会保障支出的特征。社会保障支出作为一种经济保障，具有以下几个基本特征：① 覆盖面的社会广泛性。社会保障的实施主体是国家，目的是满足全体社会成员的基本生活需要，因此社会保障的受益范围就是广泛的，保障的辐射角度也是全方位的。② 参与上的强制性。虽然社会保障事业惠及每一位社会成员，但每人对社会保障的需求程度和社会保障对不同个人所产生的边际效用高低却各不一样，甚至有很大差别。这样，在经过付出与收益之间比较权衡之后，一些社会成员可能会宁愿选择不参与社会保障，这显然不利于社会整体利益。因而，此时的强制参与就是必要的，并且应以法律形式加以确定。③ 制度上的立法性。社会保障作为政府的社会政策，在为全体社会成员提供保障的同时，也要求全社会共同承担风险。为了使社会保障具有权威性，正确地调整各阶层、群体以及个人社会保障利益关系，就必须把国家、企业(雇主)、个人(雇员)在社会保障活动中所发生的各种社会关系用法律形式固定下来。④ 受益程度的约束性。社会保障只涉及基本生存方面的风险，它直接带来的不是享受,而只是满足基本生活保障的需要。

(3) 社会保障资金的来源。筹集社会保障资金,既要能满足社会保障的实际需要,更要充分考虑到国民经济的发展水平,考虑到国家、企业和个人的经济负担能力。关于社会保障资金的来源,世界上大多数国家实行由政府、企业和个人共同负担的办法,或者依据具体情况,由这三种来源的不同组合构成:① 政府财政负担,亦即政府在财政预算中安排一部分资金,用于社会保障事业方向的开支,这是社会保障基金中重要的、稳定的来源。② 企业(雇主)缴纳社会保障费是社会保障基金的又一重要来源;劳动者为某一企业提供了劳动力,创造了相当的社会财富,为供职企业也提供了相应的成果,雇用的企业单位有义务为其交纳社会保障费,这些费用可以列入企业经营成本。③ 个人负担一部分社会保障(特别是社会保险)费是必要的。它有助于减少个人收入之间的差距,收入高的多交一些,低的少交一些,发挥了社会保障的调节作用。个人负担一部分,也可以促使人们关心社会保障事业,减轻国家和企业的负担。

(4) 社会保障资金的筹集方式。从理论上说,社会保障资金的筹集方式有完全基金制、现收现付制和部分基金制。① 完全基金制,也叫积累制。它是定期向正在工作的所有的人收取保险费,同时将收取的保险费作为基金进行积累和营运。当投保人达到一定的条件后,从积累基金的本息以及营运收益中,接受定期或一次性支付。② 现收现付制是按财政收支年度平衡的原则,将所有正在工作的人的社会保险费作为资金,全部支付给同一时期里另一部分接受社会保障给付的人。与完全基金制相比,现收现付制不会产生基金贬值。因为它是依据当年收支平衡的原则,将当年的缴费收入全部用于当年的社会保障支出,不保留资金储备,也就不存在基金贬值。③ 部分基金制是指将在职人员缴费分成两部分,其中一部分作为基金进行积累,另一部分用于现期的社会保障支出。我国的养老保险实行的是社会统筹与个人账户相结合的制度,具体地说,就是企业和职工的缴费中1%进入个人账户,用于在职职工的年金基金的积累,其他进行代际转移,用于支付退休职工的年金。

(5) 我国社会保障的内容

① 社会保险(social insurance),是指保障劳动者在失去劳动能力,从而失去工资收入后仍能享有基本的生活保障。它是现代社会保障的核心内容,是一国居民的基本保障。我国社会保险的项目主要有养老保险,失业保险,医疗保险、疾病、生育保险,工伤保险、伤残保险等。

② 社会救助(social relief),是指通过国家财政拨款,保障生活确有困难的贫困者最低限度的生活需要。它的主要特点有:第一,全部费用由政府从财政资金中解决,接受者不需要缴纳任何费用。第二,受保人享受社会救助待遇需要接受一定形式的经济状况调查,国家向符合救助条件的个人或家庭提供救助。我国的社会救助主要包括:对无依无靠的绝对贫困者提供的基本保障,对生活水平低于国家最低标准的家庭和个人的最低生活提供的保障,对因天灾而陷于绝境的家庭和个人提供的最低生活保障。

③ 社会福利(social welfare),是指国家民政部门提供的主要是对盲聋哑和鳏寡孤独的社会成员给予的各种物质帮助,其资金来源大部分是国家预算拨款。

④ 社会优抚(special care and placement),是指对革命军人及其家属提供的社会保障。主要包括对现役军人的安置,对现役军人及其家属的优抚,对烈属和残废军人的抚恤,对军人退役后的生活保障等。

(6) 我国的基本社会保障制度

① 养老保险制度。养老保险(endowment insurance)覆盖范围是职工及个体户的帮工。养

老保险费用筹集采取企业和个人缴费,缴费基数为工资总额,缴费比例为:企业缴纳一般不超过20%(全部纳入统筹基金),个人8%,赤字部分由政府负责弥补。养老运行模式为社会统筹与个人账户相结合,养老金待遇为个人缴费满15年,退休后按月领取基本养老金。养老账户安排如下:按个人缴费工资的8%的数额建立养老账户,个人缴费全入个人账户,企业缴费除去划入个人账户部分外,进入社会统筹基金。目前,个人领取退休金的计算公式为:月退休金=基础养老金[即(参保人员退休时该地区上一年度城镇单位在岗职工月平均工资+本人指数化月平均缴费工资)÷2×缴费年限N×1%]+个人账户养老金(即个人账户储存额÷139)。

这里,指数化月平均缴费工资=参保人员退休时该地区上一年度城镇单位在岗职工月平均工资×本人月平均缴费工资指数;月平均缴费工资指数是指参保人员缴费年限内历年缴费工资指数的算术平均值;缴费工资指数是指参保人员月实际缴费工资与上一年度该地区城镇单位在岗职工月平均工资的比值。

② 失业保险制度。失业保险(unemployment insurance)覆盖范围是要求城镇企事业单位均参加事业保险计划。失业保险费用筹集采取按本单位工资总额的2%比例缴纳,失业保险金的发放按当地最低工资标准高于城市居民最低生活保障标准发放,这样存在地区间差异,同时与个人累计缴费时间有关。失业人员失业前所在单位和本人按照规定累计缴费时间满1年不足5年的,领取失业保险金的期限最长为12个月;累计缴费时间满5年不足10年的,领取失业保险金的期限最长为18个月;累计缴费时间10年以上的,领取失业保险金的期限最长为24个月。重新就业后再次失业的,缴费时间重新计算,领取失业保险金的期限可以与前次失业应领取而尚未领取的失业保险金的期限合并计算,但是最长不得超过24个月。

③ 医疗保险制度。医疗保险(medical insurance)覆盖范围是城镇所有用人单位,对于乡镇企业、城镇个体户是否参与由当地省级政府决定。保险费用筹集采取用人单位和职工共同缴纳方式,其中单位缴纳控制在职工工资总额的6%左右,个人为工资收入的2%,缴费基数是职工本人上一年度月平均工资。医疗保险运行模式也采取社会统筹与个人账户相结合。其中,个人缴纳进入个人账户,单位缴纳的30%进入个人账户,其余用于建立统筹基金。统筹资金的起付标准原则上控制在当地职工平均工资的10%左右;最高支付限额原则上控制在当地职工平均工资的4倍左右;起付标准以上,限额以下的,个人也要支付一定比例。

我国的辅助社会保险有工伤保险(industrial injury insurance)、生育保险(maternity insurance)、社会救济、社会福利和住房公积金(public accumulated housing funds)等。

财政支出实践讨论4

1. 2010年,社会保障和就业支出3 784.99亿元,增长14.8%。其中,中央本级支出428.25亿元,对地方转移支付3 356.74亿元。全国新型农村社会养老保险试点覆盖面达到24%,补助资金120亿元。开展做实企业职工基本养老保险个人账户试点,继续提高企业退休人员基本养老金水平,基本养老金月人均标准达到1 400元,对企业职工基本养老保险基金共补助1 561亿元。提高城乡低保补助标准,支出633.01亿元。提高优抚对象等人员抚恤和生活补助标准,支出215.62亿元。建立孤儿基本生活保障制度。切实保障受灾地区群众的基本生产生活,适当提高因灾农户倒损住房恢复重建中央补助标准,支出137.69亿元。做好国有企业政策性关闭破产相关工作,补助资金71.75亿元。落实更加积极的就业政策,积极推行以工代赈,鼓励企业吸纳下岗失业人员,促进高校毕业生就业,对返乡农民工等实施特别职业培训计划。加大小额担保贷款财政贴息力度,扩大扶持范围。

——摘自财政部2011年预算报告

2. 城镇职工基本养老保险(职保)。缴纳比例:企业缴20%,职工缴8%;账户管理:社会统筹与个人账户相结合;领取条件:企业职工达到法定退休年龄(男性职工60周岁,女性干部55周岁,女性工人50周岁),且个人缴费满15年的,退休后可以按月领取基本养老金;覆盖范围:截至2011年底,全国参保人数2.8亿人。

3. 新型农村社会养老保险(新农保)。实施时间:2009年试点,2020年前实现全覆盖;参保范围:年满16周岁(不含在校学生)、未参加城镇职工基本养老保险的农村居民,可在户籍地自愿参保;缴费方式:新农保基金由个人缴费、集体补助、政府补贴构成;领取条件:年满60周岁、未享受城镇职工基本养老保险待遇的农村有户籍的老年人,可以按月领取养老金;覆盖范围:截至2011年底,全国共计3.58亿人参加新农保。

4. 城镇居民社会养老保险(城居保)。实施时间:2011年7月试点,2012年实现全覆盖;参保范围:年满16周岁(不含在校学生)、不符合职工基本养老保险参保条件的城镇非从业居民,可在户籍地自愿参保;缴费方式:居民缴费、政府补贴;享受待遇:参保居民年满60周岁,可按月领取包括基础养老金和个人账户养老金在内的养老金,已年满60周岁、符合规定条件的城镇居民,不用缴费,可按月领取基础养老金;覆盖范围:截至2011年底,27个省份试点,覆盖面约为60%;覆盖人数:截至2011年底,全国共有235万居民领取城居保养老金。

5. 社科院的《中国养老金发展报告2013》显示,2012年有19个省份城镇职工基本养老保险基金当期"收不抵支";城镇职工基本养老保险个人账户累计记账额(俗称"空账")达到29 543亿元,个人账户缺口扩大了约240亿元。

6. 2012年底,全国城镇基本医疗保险累计结余7 644亿元,一方面是医保基金"钱多到花不出去",而另一方面老百姓看病难、看病贵。

7. 由于不少家庭因灾难性医疗支出而陷入困境,以致出现"锯腿自救""刻章救妻""抢钱救儿"等现象,国务院医改办给出最后时间表:2014年6月底前所有省份要启动大病保险试点工作。像苏州规定"符合条件的被救助对象住院自费医疗费用可享受实时救助,从6 000元至10万元以上共分4个区段(10万元以上不封顶),补偿比例从70%至90%不等"。

结合以上网络新闻,看看你对我国社会养老保险制度有什么看法和建议?

2. 财政补贴

(1) 财政补贴的概念。所谓财政补贴(financial subsidy),是指在某一确定的经济体制结构下,财政支付给企业和居民,能够改变现有产品和生产要素相对价格,从而可以改变资源配置结构和需求结构的无偿支出。在这种分配形式中,财政补贴的主体是国家;补贴的对象是企业和居民;补贴的目的是为了贯彻一定的政策,满足某种特定的需要,实现特定的政治、经济和社会目标;补贴的性质是通过财政资金的无偿补助而进行的一种社会财富的再分配。

(2) 财政补贴的必要性与作用

① 财政补贴的必要性。任何一个国家经济的实际运行,都是由一套稳定的经济制度所规定的运行机制和一套灵活的调节手段体系共同发挥作用的综合结果。从主导方面说,国民经济的正常运行,主要是依赖既定的经济制度及运行机制的有规律的自动作用,它保证了社会经济能够实现自己的主要社会目标。但是,社会经济所要实现的目标是多重的,有些目标可能居于次要位置,但并非无须顾及的,而既定的经济制度及其运行机制即便十分完善,也只能实现一个或几个主要的社会目标,因此,任何经济制度及其运行机制都存在着固有的缺陷。为了克服这些缺陷,亦即为了全面实现社会目标,作为宏观调控主体的政府,有必要运用调节手段体系去纠正既定经济运行机制所产生的不利后果,或部分地修正既定的经济运行机制,如市场失灵,而财政补贴就是可以利用的调节手段之一。从这个意义上说,财政补贴有其存在的必然性,是不能也不应被取消的。

② 财政补贴的作用。财政补贴的作用主要体现在以下两方面:一是纠正不合理的价格结构,有助于价值规律发挥作用。以粮食价格补贴为例,此类补贴是由提高粮食的收购价格引起的,而提高粮食收购价格,是为了纠正价格中的扭曲因素,逐步消除工农产品剪刀差,使农产品价格更接近它的价值。就这个意义来说,粮食价格补贴是对粮食生产必要耗费的一种补贴,毫无疑问,它是符合价值规律的。但是,用补贴来改变相对价格结构,只是使价值规律部分地发挥作用。二是纠正市场缺陷,借以实现国家的社会福利目标。价值规律的最重要作用是优化资源配置,但是,如果让它自发地去起作用,就不可避免地会产生周期性的有时是剧烈的波动。当出现经济波动时,政府给某些生产者以价格补贴,如粮食生产过剩时实行保护价格,以维护生产者的利益和积极性;或者对某些超出社会需要的产品给以补贴,暂时维持生产和工人就业,以利资源从容转移。借助于价值规律优化资源配置,主要着眼于效率,它必然将资源导向经济效益高的部门和经济发达地区,同时会引起国民收入分配在不同收入阶层之间发生较大的差异。在这种情况下,适当运用补贴手段,有利于促进落后地区经济发展和调节 GDP 分配。

财政补贴发挥作用的机理是改变相对价格结构。由于社会经济性质不同,实际存在的作为社会经济运行条件的相对价格结构的状况不同,财政补贴作用的方向是不同的。在计划价格体制下,当相对价格结构扭曲时,价格补贴的基本作用应是纠正价格结构的扭曲,从而弥补计划价格的不足。在自由价格体制下,价格补贴则被用来有目的地改变这种价格结构,克服自由价格的自发性带来的消极作用,以实现自由价格机制所不能实现的社会目标。总之,在运用补贴手段来调节经济运行时,必须与既定的经济制度和经济运行机制相适应。

财政补贴的作用在于通过改变需求结构、改变供给结构,将外部效应内在化和灵活运用财政补贴的限度,能够达到有效地贯彻国家的经济政策,以少量的财政资金带动社会资金,扩充财政资金的经济效应,加大技术改造力度,推动产业升级,消除"挤出效应"以及维护社会经济的稳定发展。

(3) 财政补贴的主要内容。按财政补贴的项目和形式分类,可以分为价格补贴、企业亏损补贴、财政贴息、减免税收等;按财政补贴的环节分类,可以分为生产环节的补贴、流通环节的补贴、分配环节的补贴、消费环节的补贴;按财政补贴的经济性质分类,可以分为生产补贴和生活补贴;按财政补贴的内容分类,可以分为现金补贴和实物补贴。我国在国家预算中,一般是按财政补贴的政策目的进行分类,按照这种分类,财政补贴可分为价格补贴、企业亏损补贴、出口补贴、财政贴息、专项补贴、税式支出等。

① 价格补贴(price subsidy)。它是国家为了稳定市场物价、安定人民生活、发展生产和实现其他政策目标,对某些商品实行购销价格倒挂或持平的价格政策,同时由财政对从事商品生产、供销的企业由此产生的价差损失和亏损给予的补贴。具体包括农副产品价格补贴、农业生产资料价格补贴、日用工业品价格补贴和工矿产品价格补贴,其中农副产品价格补贴是主要的。我国价格补贴在 1985 年以前(包括 1985 年)冲减财政收入,1986 年及以后作为支出项目列在财政支出项目中。

② 企业亏损补贴。它是指国家在企业发生亏损的时候,为了维持企业生存给予的财政补贴。企业亏损有政策性亏损和经营性亏损之分。前者是指企业因为国家某项经济政策的影响而造成的亏损;后者是由于企业自身经营管理不善所致,这与企业的主观努力程度有关。因此,政府只应对政策性亏损进行补贴。在我国,将企业亏损补贴作为预算收入退库处理,冲减财政收入。由于国有企业所占的比重较大,所以企业亏损补贴有一定的特殊性,虽然我国也主要对政策性亏损进行补贴,但实践中因为政策性亏损和经营性亏损难以真正区分,也会出现对部分经营性亏损进行补贴。

③ 出口补贴。它是指国家财政直接或间接给予出口商品生产者或出口商补贴,从而降低出口价格,增强出口产品的竞争力。其主要形式有直接的现金补贴、出口退税、减免出口关税和出口信贷等。由于 WTO 反对政府对外贸出口给予直接的财政补贴(主要是对外贸单位的直接现金补贴),我国在外贸制度改革过程中,逐渐地取消了对出口的直接财政补贴。但 WTO 不反对对出口给予一定的间接支持,所以对外贸出口的补贴主要是间接财政补贴。

④ 财政贴息。它是指国家对使用某些规定用途的银行贷款的企业,就其支付的贷款利息提供的补贴。其实质等于财政代替企业向银行支付利息。财政贴息是国家财政支持有关企业或项目发展的一种方式。在我国,财政贴息用于以下用途的贷款:第一,促进企业联合,发展优质名牌产品;第二,支持沿海城市和重点城市引进先进技术和设备;第三,发展节能机电产品等。财政贴息在我国预算账务中直接列为财政支出。

⑤ 专项补贴(categorical grants)。包括生态效益补助,教育补贴,重要产业支持补贴,房租补贴等。

⑥ 税式支出。税式支出也称税收支出,是指国家财政对于某些纳税人或课税对象给予的减免税。税式支出只减少财政收入,并不列为支出,是一种隐蔽的财政补贴支出。之所以把税式支出也看作财政补贴的一种,是因为一方面对国家来说,税式支出会使国家所掌握的财力减少,这与一般的财政补贴一样;另一方面受益者因减免税使得实际的收入增加,这也与一般财政补贴一致。所以,税式支出是财政补贴的一种,是政府将纳税人的一部分收入无偿转移给补贴领受者。它与其他财政补贴不同,一般财政补贴下纳税人与补贴领受者不一定一致,而税式支出下补贴领受者就是纳税人。

我国统计的财政补贴主要包括价格补贴、企业亏损补贴和财政贴息,原来企业亏损补贴中还包括对外贸企业出口补贴,现在这一块已基本取消。税式支出和间接出口补贴由于比较隐蔽,没有统计在内。同时在预算账务处理中价格补贴和财政贴息列为预算支出,而大部分企业亏损补贴红字冲减预算收入。

财政支出实践讨论 5

商品补贴还是直接收入转移？

商品补贴是许多国家财政制度的重要组成部分,补贴恰似一种负税收,可能产生超额负担。下面以业主自用性住房为例,政府通过个人所得税的特定条款,对业主自用住房进行补贴:

假定对业主自用住房服务的需求是图中的 D_h,供给是在价格 P_h 上的水平线,最初均衡价格为 h_1。现假设,政府为住房生产者提供百分比为 s 的补贴,则住房服务的新价格为 $(1-s)P_h$,相应地供给曲线为 S_h^1,那么补贴使得住房服务的消费量上升到 h_2。

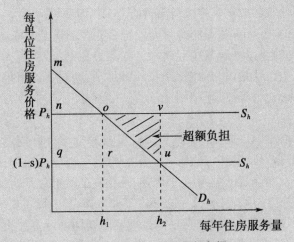

图 2-4 住房补贴的超额负担

在补贴前,消费者剩余为 mno;补贴后,消费者剩余为 mqu,比补贴前增加 $nouq$。但是,政府补贴花费 $nvuq$,这样补贴的成本超过了它带来的好处,存在超额负担 ovu,那么,政府通过大量消费的商品实行补贴,未必是一个有效的方法。如果补贴的目的是增加住房消费,则达到目的了,若补贴是为了使社会福利最大化,商品补贴还是合适的政策吗? 有的人认为:可以直接收入转移,实现用较少的钱就可以使他们达到相同的效用水平。

——摘自哈维·S·罗森著,赵志耘译,财政学(第六版),
中国人民大学出版社,2005

3. 税式支出

(1) 税式支出的性质。税式支出(tax expenditure)是国家为了引导、扶持某些经济活动,刺激投资、消费或者补助某些特殊困难而制定的各种税收优惠措施。其实质是政府以特殊的法律条款规定的、给予特定类型的活动或纳税人以各种税收优惠而形成的收入损失或放弃的收入。税式支出是政府的一种间接性支出,属于财政补贴性支出。

从其发挥的作用看,税式支出分为照顾性税式支出和刺激性税式支出。① 照顾性税式支出,主要是针对纳税人由于客观原因在生产经营上发生临时困难而无力纳税所采取的照顾性措施,其目的在于扶持国家希望发展的亏损或微利企业以及外贸企业,以保持国民经济各部门发展的基本平衡。② 刺激性税式支出,主要是指用来改善资源配置、提高经济效率的特殊减免规定,其目的是为了正确引导产业结构、产品结构、进出口结构以及市场供求,促进纳税人开发新产品、新技术以及安排劳动就业等等。刺激性税式支出,既可以针对特定的纳税人,不论其经营业务的性质如何,都可以依法得到优惠照顾;又可以针对特定的征税对象,从行业产品的性质考虑,不论经营者是什么性质的纳税人,都可以享受优惠待遇。

(2) 税式支出的形式

① 税收豁免(tax exemption),是指在一定时期内,通过对纳税人的某些所得项目或所得来源不予征税,或对某些活动不列入征税范围等,以豁免其税收负担。至于豁免期和豁免税收项目,应视当时的经济环境和政策而定。最常见的税收豁免包括免除关税与货物税和免除所得税。免除关税与货物税,可以使企业降低成本,增强市场竞争能力。免除所得税,一方面可以增加新投资的利润,使企业更快地收回所投资本,减少投资风险,以刺激投资;另一方面可以促进社会政策的顺利实施,以稳定社会正常生活秩序。

② 纳税扣除(tax deduction),是指准许企业把一些合乎规定的特殊支出,以一定的比率或全部从应税所得中扣除,以减轻其税收负担。在累进税制下,纳税人的所得额越高,这种扣除的实际价值就越大。这是因为,在比率扣除条件下,纳税人的所得额越高,其扣除额就越多;就某些纳税人来说,由于在其所得中扣除了一部分数额,使得实际使用税率降低,从而降低了其征税税率。

③ 税收抵免(tax credit),是指允许纳税人从其某种合乎奖励规定的支出中,以一定比率从其应纳税额中扣除,以减轻其税收负担。税收抵免可以分为限额抵免和全额抵免。限额抵免是指税务机关不允许其抵免额超过其应纳税额;全额抵免是指税务机关允许其抵免额超过应纳税额。在西方国家,税收抵免的形式多种多样,其中最主要的两种形式是投资抵免和国外税收抵免。投资抵免是指政府对符合规定的新增固定资产投资,可以从其当年应纳所得税额中,扣除相当于新增投资设备某一比率的税额,以减轻其税负,促进资本形成并增强经济增长的潜力。国外税收抵免常见于国际税收业务中,即纳税人在居住国汇总计算国外的收入所得税时,准予扣除其在国外已纳税款。

④ 优惠税率,是对符合国家规定的企业或征税对象适用较低的税率。其适用的范围可根据实际需要而予以调整。优惠税率,可以是有期限的优惠,也可以是长期优惠。一般说来,长期优惠税率的鼓励程度大于有期限的优惠税率,尤其是那些需要巨额投资且获利较迟的企业,常常可以从长期优惠税率中得到较大的利益。在实践中,优惠税率的表现形式很多,如规定较一般税率为低的税率政策或实行纳税限额政策等。

⑤ 盈亏相抵,是指允许企业以某一年度的亏损,抵消以后年度的盈余,以减少其以后年度的应纳税款;或者冲抵以前年度的盈余,申请退还以前年度已纳的部分税款。一般而言,抵消或冲抵前后年度的盈余,都有一定的时间限制。由于盈亏相抵方式可以使亏损企业按照规定从以前或以后年度的盈余中得到补偿,所以对具有高度冒险性的投资有相当大的刺激效果。当然,盈亏相抵是以企业发生亏损为前提的,并且就其应用范围来说,盈亏相抵通常只能适用于所得税方面。

⑥ 退税,是指国家按规定对纳税人已纳税款的退还,包括多征误征的税款、按规定提取的地方附加及代征手续费等方面的退税。但作为税式支出形式的退税是指优惠退税,是国家鼓励纳税人从事或扩大某种经济活动而给予的税款退还,包括出口退税和再投资退税。出口退税是国家为了鼓励出口而给予的税款退还。再投资退税是为了鼓励投资者将分得的

利润进行再投资,而退还纳税人再投资部分已纳的部分或全部税款。

⑦ 延期纳税(postponed taxation),是指允许纳税人对那些符合规定的税收,延迟缴纳或分期缴纳应负担的税额。延期纳税可适用于各种税的缴纳,其通常应用于税额较大的税收上。延期纳税等于纳税人得到了一笔金额相当于已纳税款的无息贷款,可以在一定程度上帮助纳税人解除财务上的暂时困难。同时,延期纳税对政府来说,负担也比较轻微,只是损失了已纳税款的利息而已。

⑧ 加速折旧(accelerated depreciation),是指在固定资产使用年限的初期多提折旧,后期少提折旧。加速折旧可以在固定资产的使用年限内提前得到补偿。加速折旧是一种特殊的税式支出形式,虽然它可以在固定资产使用年限的初期多提折旧,但折旧累计总额不可能超过资产的可折旧成本,所以,其总折旧额并不会比一般折旧高。由于折旧是一项费用,折旧额越大,企业的应纳税所得越小,税负越轻。所以,对于企业而言,虽然总税负不变,但税负前轻后重也相当于企业得到了一笔无息贷款;对政府而言,损失了一部分收入的"时间价值"。因此,加速折旧同延期纳税一样,都是税式支出的特殊形式。

补贴与反补贴

2006年10月31日,来自俄亥俄州的新页公司向美国商务部提出诉状,指中国政府向多家铜版纸生产公司提供包括税惠、债务豁免、低息贷款等在内的补贴手段,要求对这些公司征收反补贴税。2007年3月30日美国商务部长宣布,将改变维持23年之久的贸易政策,对一直被美国认定为"非市场经济"的中国使用反补贴税贸易惩罚手段,开启美国征收反补贴税第一例。

新页公司2006年曾经派了一个调查小组到中国进行调查和分析,他们的调查主要是收集一些诸如水、电价格之类的基本数据,造纸业的其他方面都大体相似,这些基本数据得出结论是中国同业得到补贴,并且在进行倾销。

国际贸易中,出口商品在生产、运输、买卖的过程中接受的来自政府或同业协会的直接或间接的补助、奖金称为补贴。其中,向国内出口商提供的以支持其扩大出口的补贴称为出口补贴;向国内出口商品生产者提供的以提高其增值性产品的生产和出口能力的补贴,称为国内补贴或生产补贴。

出口补贴和生产补贴可能使得到财政补贴的产品在国际市场上享有不公平的竞争优势。WTO《补贴与反补贴措施协议》规定,一成员的相关产业只有在确实因另一成员的补贴措施而受到损害的情况下,才可以启用反补贴程序。在其他情况下,唯一的补救方式是通过争端解决程序。

反补贴程序一般由国内产业申请后启动。在特殊情况下,若有关补贴、损害及其因果联系的证据很充分,则该政府的有关部门也可能在没有此类申请时启动反补贴程序。在有关补贴、损害及因果联系的证据通过调查最终得到确认后,便可对来自一成员方得到补贴的进口商品开征反补贴税。

WTO也并非一概禁止其成员对本国产业实施补贴。资助由企业直接进行或通过高等教育或研究机构签订合同而进行的研究活动；根据地区发展的整体规划要求资助国内落后地区；对企业根据法律要求对现有设施进行调整，以适应新的环境要求而产生的财政负担等给予资助，这三个方面的补贴是允许的。还有当补贴一般适用于所有产业，而不局限于某一特定产业的、对企业或企业和产业集团的普遍性补贴，如对小型产业的普遍性补贴一般是不可诉的。

练习题

一、单项选择题

1. 下列指标中，( )指标最能切近实际地反映财政活动规模。
   A. 财政收入占 GDP 比重　　　　B. 财政支出占 GDP 比重
   C. 中央收入占 GDP 比重　　　　D. 地方收入占 GDP 比重

2. 使用行政管理支出的机构都是( )。
   A. 物质生产部门　　　　　　　B. 企业
   C. 非物质生产部门　　　　　　D. 工业部门和人民政府

3. 政府财政资金支出后不能得到直接的补偿，它体现了政府的非市场性分配活动。这种支出是( )。
   A. 购买性支出　　　　　　　　B. 转移性支出
   C. 经济建设支出　　　　　　　D. 有偿支出

4. 财政支出必须讲求效益，根本原因是( )。
   A. 具有资源配置职能　　　　　B. 具有经济稳定职能
   C. 具有收入分配职能　　　　　D. 社会经济资源的有限性

5. 政府财政投资的主要投资方向是( )。
   A. 效益好的企业　　　　　　　B. 公有制企业
   C. 社会基础设施　　　　　　　D. 需要扶植的民营企业

6. 当政府购买性支出减少时，产生的结果是( )。
   A. 劳动力的工资提高　　　　　B. 直接减少社会总需求
   C. 形成经济繁荣　　　　　　　D. 价格上升，利润提高

7. 考核基本建设投资支出的效益时，应采用的方法是( )。
   A. 成本效益分析法　　　　　　B. 投入产出分析法
   C. 公共劳务收费法　　　　　　D. 最低费用选择法

8. 对交通、教育等支出项目，在衡量和提高财政支出效益时应采取的方法是( )。
   A. 成本效益分析法　　　　　　B. 投入产出评价法
   C. 最低费用选择法　　　　　　D. 公共劳务收费法

9. 遵循市场效率准则来安排财政支出，优化资源配置，以最小的社会成本取得最大的社会效益，体现了财政支出( )的要求。
   A. 公平分配原则　　B. 效益原则　　C. 稳定原则　　D. 发展原则

10. "政府活动扩张法则"的提出者是( )。
    A. 马斯格雷夫　　B. 瓦格纳　　C. 皮考克　　D. 鲍莫尔

11. 下列哪一项属于公用经费( )。
    A. 工资　　　　　B. 离退休人员费用　C. 福利费　　　　D. 修缮费
12. 不具有互助互济的保险功能,但是带有强制性储蓄功能的社会保障制度类型是( )。
    A. 节俭基金型　　B. 社会救济型　　　C. 普遍津贴型　　D. 社会保险型
13. 相比其他控制财政支出规模的方法,适合于全面控制财政支出项目的方法是( )。
    A. 零基预算　　　　　　　　　　　B. 国库集中收付制度
    C. 预算监督　　　　　　　　　　　D. 政府采购制度
14. 贯彻下列( )财政支出原则容易导致财政支出增加。
    A. 量入为出　　　B. 量出为入　　　　C. 公平原则　　　D. 社会性原则
15. 最能反映执行国家职能和国家职能差异的财政支出分类是( )。
    A. 按支出用途分类　　　　　　　　B. 按功能分类
    C. 按经济性质分类　　　　　　　　D. 按目的性分类

二、多项选择题
1. 财政职能的体现都是更直接地通过( )执行的。
    A. 财政支出　　　B. 财政收入　　　　C. 财政分配　　　D. 国家补偿
2. 有偿性财政支出形式产生的直接原因是( )。
    A. 政府干预经济需要　　　　　　　B. 政府公共支出压力增长
    C. 经济发展水平低下　　　　　　　D. 经济发展的需要
    E. 选票的需要
3. ( )认为,一旦经济达到成熟的阶段,公共支出将从基础设施支出转向不断增加的对教育福利服务的支出,且这方面的支出增长将大大超过其他方面的支出增长,也快于GDP上升速率。
    A. 罗斯托　　　　B. 瓦格纳　　　　　C. 马斯格雷夫　　D. 皮考克
4. 影响财政支出增长的主要因素有( )。
    A. 财政收入的增长　　　　　　　　B. 国家干预经济需要
    C. 经济发展需要　　　　　　　　　D. 社会福利改善
    E. 物价影响
5. 财政的转移性支出通常不包括政府的( )。
    A. 国防行政支出　B. 科学教育支出　　C. 财政补贴支出　D. 债务利息支出
    E. 社会保障支出
6. 影响财政支出结构的主要因素有( )。
    A. 财政收入总量　　　　　　　　　B. 国家的基本需要支出和发展性支出
    C. 国民生产总值　　　　　　　　　D. 经济发展规律
    E. 社会经济制度
7. 影响行政管理支出的变动因素有( )。
    A. 政府承担的公共事务　　　　　　B. 政府机关规模、行政人员数量
    C. 物价变动幅度的影响　　　　　　D. 内部的激励约束机制和外部监督因素
    E. 行政效率

8. 关于购买性支出与转移性支出对经济影响的说法,正确的有( )。
   A. 购买性支出对企业预算约束较强
   B. 购买性支出对政府的效益约束较弱
   C. 转移性支出直接影响社会生产
   D. 转移性支出对政府的效益约束较强
   E. 转移性支出执行收入分配的职能较强

9. 下列支出中,哪些属于投资性支出( )。
   A. 基本建设支出   B. 挖潜改造资金支出
   C. 增拨流动资金   D. 国家储备
   E. 支付债券利息

10. 积累性支出包括( )。
    A. 基本建设支出   B. 企业挖潜改造支出
    C. 国家物资储备支出   D. 生产性支农支出
    E. 流动资金支出

11. 具有财政补贴性质的退税形式有( )。
    A. 多征退税   B. 再投资退税   C. 误征退税   D. 提取代征手续费退税
    E. 出口退税

12. 社会保障制度能够起到( )作用。
    A. 保证市场公平   B. 保证社会稳定
    C. 保证市场效率   D. 实现收入公平分配

13. 财政补贴的作用有( )。
    A. 纠正不合理的价格结构   B. 纠正市场缺陷
    C. 优化资源配置   D. 消除挤出效应

14. 关于政府财政投资标准,下列不属于其标准的是( )。
    A. 资本—劳动力最大化标准   B. 资本—产出比率最大化标准
    C. 稀缺要素标准   D. 投融资标准
    E. 就业创造标准

15. 财政转移性支出具有的特点包括( )。
    A. 无偿性   B. 有偿性   C. 等价性   D. 效益约束性
    E. 非等价性

三、简答题
1. 简述财政支出规模及控制方法。
2. 简述财政支出结构及管理目标。
3. 简述财政支出质量及实现措施。
4. 简述影响财政支出规模的因素。
5. 简述影响财政支出不断增长的因素。
6. 简述控制过度财政支出的必要性。
7. 简述政府采购及其功能。
8. 简述财政补贴的作用。

9. 简述我国养老保险制度。
10. 简述税式支出作用及其种类。

四、材料分析题

1. 试评价下述新浪网材料,并结合下述材料谈谈你对我国政府采购制度的看法和认识。

① 政府采购,本是在规范政府采购行为,控制财政支出,提高财政资金使用效益,促进廉政建设。政府采购是集中批量采购,可以实行招标,降低成本。我国《政府采购法》明确规定,政府采购的价格应低于市场平均价格。可如今的情况,在许多地方却是倒过来,高于市场价,而且不是稍稍高一点,而是普遍翻番,最高的竟高出73倍这一惊人数字。另有网络消息报道,围标、串标等事件时有发生。

② 党政机关配备公务用车应当严格执行以下标准之一:一般公务用车配备排气量1.8升(含)以下、价格18万元以内的轿车,其中机要通信用车配备排气量1.6升(含)以下、价格12万元以内的轿车。配备享受财政补助的自主创新的新能源汽车,以补助后的价格为计价标准;党政机关应配备使用国产汽车。同时,对自主品牌和自主创新的新能源汽车,可以实行政府优先采购。

③ 上海对外贸易学院法学院院长陈晶莹代表建议进一步完善政府购买服务机制,认为目前《政府采购法》在实践中存在几方面问题:目前政府采购购买的服务只限于政府后勤服务,购买服务主体定义不明确;各级政府有关购买服务资金没有单列出来或没有向社会公开,导致购买的随意性;购买服务较为简单,没有专门的购买官;监督体系不完善甚至缺失;一些政府部门在商品价格定位和质量评价方面拥有审批权,容易滋生腐败和寻租。

2. 试评价下述材料,并结合下述材料谈谈你对完善我国社会养老保险制度的看法和认识。

① 清华大学公共管理学院某教授在某电视节目里说:"不是延迟退休年龄,是延迟领取退休金。"她建议65岁领取,发达国家都是这样。接着被问到:50岁退休65岁领取养老金,中间15年怎么办?教授说:"男的去养老院做园林义工,女的给老人洗衣服啊做点编织,多好啊。"

② 有好事网友计算:按照月人均消费支出2 000元计算,退休后你一年的养老金为10.37万元,加上通货膨胀,15年总共所需的养老金额为223万元。也就是说在退休之前,现在30岁的80后要存够223万元才能保障基本生活水平(以上计算未将退休金考虑在内)。

③ 有专家指出:实际上不是双轨制,而是七轨制:有公务员的、事业单位的、企业工人的、城市居民的、农村居民的,然后还有军人的,还有一块是流动人口,主要就是农民工的,等不同养老制度。

第三章 财政收入

学习目的：通过本章的学习，进一步理解财政及其各种财政活动，掌握财政收入的分类及其内容以及财政收入的原则、规模，理解政府收费和国有资产收入，了解财政收入质量。

财政收入（financial revenue）是政府为履行其职能、实施公共政策和提供公共物品与服务需要等而筹集的一切货币资金的总和。它有两层含义：一是指财政活动的过程，即政府取得财政收入的活动，以及借助于这一活动介入国民收入分配的过程；二是指财政活动的结果，即政府为履行职能需要而筹集的一切货币资金总和，财政收入是财政支出的前提。广义的财政收入包括政府的一切进款或收入，狭义的财政收入仅指政府每年"定期"的"预算收入"。

财政分配是收入与支出的统一过程，财政支出是财政收入的目的，财政收入则是财政支出的前提和保证。在一般情况下，收入的数量决定着财政支出的规模，只有收入多，才能支出多。作为财政分配的一个方面，它是国家通过一定的形式和渠道集中起来的货币资金，是实现国家职能的财力保证，也是正确处理物质利益各方面关系的重要方式。财政收入的取得不仅仅是筹集资金的问题，在具体操作过程中，取得多少、采取何种方式，关系到政府各项政策的贯彻落实，涉及各方面的物质利益关系的处理。只有在组织财政收入的过程中正确处理各种物质利益关系，才能达到充分调动各方面的积极性、优化资源配置、协调分配关系的目的。

3.1 财政收入分类

一、按取得收入的形式分类

在我国，按财政收入形式将财政收入分为税收收入、国有资产收益、国债、其他收入（包括各种收费），在西方财政收入分类中还增加货币政策性收入，它包括铸币收入和通货膨胀收入。此分类主要可用于分析财政收入规模的增长变化以及增长变化的趋势。

1. 税收收入

税收收入（tax revenue）是国家凭借政治权力取得的财政收入。由于应用范围广和其无偿性，决定税收天然地成为财政收入的基本形式。我国税收收入主要指目前正在征收的增值税、营业税、消费税、土地增值税、城市维护建设税、资源税、城市土地使用税、印花税、个人所得税、企业所得税、关税、耕地占用税等所获得的财政收入。表3-1反映了我国财政收入的主要项目。

表 3-1　2012 年中央和地方财政主要收入项目　　　　（单位：亿元）

项目	国家财政收入	中央	地方
总计	117 253.52	56 175.23	61 078.29
一、税收收入：	100 614.28	53 295.20	47 319.08
国内增值税	26 415.51	19 678.35	6 737.16
国内消费税	7 875.58	7 875.58	—
进口货物增值税、消费税	14 802.16	14 802.16	—
出口货物退增值税、消费税	−10 428.89	−10 428.89	—
营业税	15 747.64	204.73	15 542.91
企业所得税	19 654.53	12 082.93	7 571.60
个人所得税	5 820.28	3 492.65	2 327.63
资源税	904.37	48.61	855.76
城市维护建设税	3 125.63	190.87	2 934.76
房产税	1 372.49	—	1 372.49
印花税	985.64	294.39	691.25
♯证券交易印花税	303.51	294.39	9.12
城镇土地使用税	1 541.72	—	1 541.72
土地增值税	2 719.06	—	2 719.06
车船税	393.02	—	393.02
船舶吨税	40.98	40.98	—
车辆购置税	2 228.91	2 228.91	—
关税	2 783.93	2 783.93	—
耕地占用税	1 620.71	—	1 620.71
契税	2 874.01	—	2 874.01
烟叶税	131.78	—	131.78
其他税收收入	5.22	—	5.22
二、非税收入：	16 639.24	2 880.03	13 759.21
专项收入	3 232.63	412.67	2 819.96
行政事业性收费	4 579.54	377.20	4 202.34
罚没收入	1 559.81	40.35	1 519.46
其他收入	7 267.26	2 049.81	5 217.45

根据《2012 年全国公共财政收入决算表》制作

2. 债务收入

债务收入是指中央政府以国家信用的方式取得的一种收入,国债是政府财政活动的重要内容。国债具有有偿性、自愿性、灵活性和广泛性等特点,在弥补财政赤字、调节经济运行等方面发挥着十分重要的作用。国内债务收入通常被中央政府或地方政府用来弥补财政赤字,有的也用于投资等其他目的。国外债务收入除了解决本国建设资金不足之外,另一个重要作用是平衡一国的国际收支。

3. 国有资产收益

国有资产收益是指政府凭借国有资产的财产所有权取得的利润、租金、股息(红利)和资产占用费等的财政收入(第五节叙述)。

4. 收费

收费是指按照行政或法律规定收取的各种费用,即规费收入,具体是指政府为居民和单位提供某些特殊服务时所收取的手续费和工本费的收入,如执照费、各种证书费、契约费、管理费、经办手续费等。而有时收费被称为使用费,是指部分民众为交换公共部门所提供的特殊商品和服务而进行的支付,是政府对特定服务或特许权收取的费用,用于支付提供该服务的全部或部分成本。我国收费分为规费、使用费和其他收入。

5. 通货膨胀收入

在经济出现通货膨胀时,由于受通货膨胀的影响,人们的名义货币收入增加,导致纳税人应纳税所得自动地划入较高的所得级距,形成档次爬升,从而按较高适用税率纳税,这种由通货膨胀引起的隐蔽性征税,被称为"通货膨胀税"。政府因向银行透支、增发纸币来弥补财政赤字,降低人民手中货币的购买力,它实际上也是政府以通货膨胀方式向人民征收的一种隐蔽性税收。

我国财政统计采取按财政收入形式分类,名称为"国家财政分项目收入",1996年以前设立税收、企业收入、企业亏损补贴(抵减收入)、能源交通重点建设基金收入、预算调节基金收入、教育费附加收入和其他收入等项目,1997年以后则只设立税收、企业亏损补贴、教育费附加收入和其他收入等项目。目前,我国的财政收入统计项目可参见表3-1。

二、按财政收入的有无连续性分类

经常性收入(current income)是国家在其连续的、经常性的业务活动中,因生产或交付了商品或提供了劳务而获得的收入或清偿的债务,主要包括税收收入、行政收入、国有财产收入和国有企业收入等,即税收和各项收费。我国财预〔2004〕20号文件《财政部关于统一界定地方财政经常性收入口径的意见》关于财政经常性收入,指出其原则上包括以下三个方面:一是地方一般预算收入(剔除城市维护建设税、罚没收入、专项收入及国有资产经营收益等一次性收入);二是中央核定的增值税及消费税税收返还、所得税基数返还及出口退税基数返还;三是中央通过所得税分享改革增加的一般性转移支付收入。

非经常(临时)性收入是一种不规则、不经常的财政收入,主要包括国债收入以及铸币收入和通货膨胀收入等。

三、按财政资金的管理方式分类

按财政资金的管理方式分类,政府收入分预算内收入和预算外收入。预算内收入(on-budget income)是指通常意义的财政收入;预算外收入(off-budget income)通常是指中央政府性基金收入、预算外资金收入、制度外收入。

财政收入按资金的管理方式分类如图3-1所示。

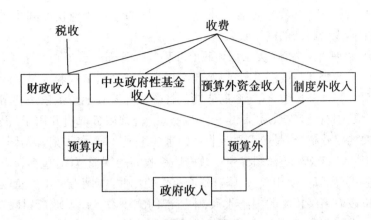

图 3-1 财政收入按资金管理方式分类示意图

我国各级政府的财政预算内收入由税收、税收附加、基金、专项收入、规费等组成。其中税收是最主要部分,目前占整体财政预算内收入的比重在90%以上。中央政府的财政收入还包含债务收入,该项收入的规模自20世纪80年代后渐次增加。

我国的预算外收入中制度外收入是指不纳入预算内,也不纳入预算外管理的非税收入,其由征收主体自由支配,自行管理。其中乱收费、乱罚款和乱摊派(即三乱)就是没有经过正当法律程序,又打着政府机构名义收取的制度外收入,给政府形象造成不好的影响。

相比其他收入形式,财政预算内收入具有较高的法制化、规范化程度以及可预见性。

第一,作为财政预算内收入主体的税收的出台和征管,具有明确的法律或行政条例依据。这些法律和行政条例大都出自中央,并带有全国范围的统一性和规范性,所包括的政策调整权限也是对各省透明和大体均等的。

第二,财政预算内的非税收入的形成和征收也有明确的法规依据,政府调整权限也具有各省均等性。这样,财政预算内收入的增长具有相对确切的制度边界,任何机构和个人在发挥主观能动性去扩展或压缩财政预算内收入时都会遇到较大的制度障碍,要花费很大的"违规成本"。所以,财政预算内收入计划往往具有相当高的可实现性。

预算外收入(第五章将详细叙述)来源于收费,是国家机关、事业单位和社会团体为履行或代行政府职能,依据国家法律、法规和具有法律效力的规章而收取、提取和安排使用的未纳入国家预算管理的各种财政性资金。预算外收入主要用于基本建设支出、城市维护费支出、行政事业费支出、专项支出、乡镇自筹统筹支出(随着农村税费改革已不存在)、其他支出。

四、按取得收入的规范性分类

按取得收入的规范性分为税收收入和非税收入,这里主要讲非税收入。

1. 非税收入的含义

广义上讲,非税收入是指政府通过合法程序获得的除税收以外的一切收入。国际上(包括世界银行和国际货币基金组织)通常将政府财政收入分为经常性收入、资本性收入和赠予收入三大类,其中,经常性收入又分为税收收入和政府非税收入。经常性政府非税收入是政府为公共目的而取得的无需偿还的收入,如罚款、管理费、政府财产经营收入等,以及政府以外的单位自愿和无偿地向政府支付的款项等。经常性政府非税收入不包括政府间拨款、借款、前期贷款收回以及固定资产、股票、土地、无形资产的售卖变现收入,也不包括来自非政府部门的以资本形成为目的的赠予收入。

2004年7月财政部下发了《关于加强政府非税收入管理的通知》(财综〔2004〕53号),对我国政府非税收入的概念与内涵进行了界定,文中指出:"政府非税收入是指除税收以外,由各级政府、国家机关、事业单位、代行政府职能的社会团体及其他组织依法利用政府权力、政府信誉、国家资源、国有资产或提供特定公共服务、准公共服务取得并用于满足社会公共需要或准公共需要的财政资金,是政府财政收入的重要组成部分,是政府参与国民收入分配和再分配的一种形式。"该文件还清晰界定了政府非税收入的管理范围,包括行政事业性收费、政府性基金、国有资源有偿使用收入、国有资产有偿使用收入、国有资本经营收益、彩票公益金、罚没收入、以政府名义接受的捐赠收入、主管部门集中收入以及政府财政资金产生的利息收入等。社会保障基金、住房公积金不纳入我国政府非税收入的管理范围。

2. 强化政府非税收入预算管理

(1) 政府非税收入分步纳入财政预算,实行"收支两条线"管理。一是各级财政部门要严格按照《财政部、中国人民银行关于将部分行政事业性收费纳入预算管理的通知》(财预〔2003〕470号)的规定,认真落实行政事业性收费纳入财政预算管理工作。二是各级财政部门将尚未纳入预算管理的其他政府非税收入分期分批纳入财政预算管理。三是按照国家规定审批权限新设立的行政事业性收费、政府性基金以及按照本通知规定新取得的其他政府非税收入一律上缴国库,纳入财政预算,不得作为预算外资金管理。四是要推进政府收支分类改革,为非税收入纳入预算实行分类管理提供制度保证。

(2) 编制综合财政预算,统筹安排政府税收和非税收入。各级财政部门要通过编制综合财政预算,实现政府税收与非税收入的统筹安排,合理核定预算支出标准,进一步明确预算支出范围和细化预算支出项目。继续扩大实行收支脱钩管理的范围,实行收支脱钩的部门和单位,其收取的政府非税收入,必须全部缴入国库或财政专户,支出与其收取的政府非税收入不再挂钩,统一由同级财政部门按照部门和单位履行职能需要核定的预算予以拨付。建立非税收入的财政预算资金绩效评价制度,加强对非税收入的财政预算资金使用情况的监督,切实提高资金使用效益。

五、西方学者对财政收入的分类

1. 亚当·斯密对财政收入的分类

英国经济学家亚当·斯密(Adam Smith)在其名著《国民财富的性质和原因的研究》一书中,把财政收入分为国家资源收入和税收收入两类。

2. 亚当士的分类

美国经济学家亚当士(H. Adams)把财政收入分为三类:直接的收入(如国家资源收入)、派生收入(如税收、罚款等)、预期的收入(如公债等)。

3. 道尔顿的分类

英国经济学家道尔顿(H. Dalton)把财政收入分为三类十二目:一是强制收入类,包括税收收入目、战争赔偿收入目、强迫公债收入目和罚金收入目;二是代价收入类,包括国有财产收入目、国有企业收入目和筹募公债收入目;三是其他收入类,包括专卖收入目、特许权使用费收入目、发行钞票收入目和捐献收入目。

财政收入实践讨论 1

财政收入的经济来源在哪里?

1. M 是财政收入的主要来源

剩余产品价值 M 包括税收、企业利润和用剩余产品价值支付的费用(如利息),其中主要是税收和企业利润。

2. V 是财政收入的补充

V 是指以劳动报酬的形式付给劳动者个人的部分。中国来自 V 的财政收入主要有以下几个方面:① 直接向个人征收的税,如个人所得税、企业所得税等;② 向个人收取的规费收入(如护照费、户口证书费等)和罚没收入等;③ 居民购买的国库券;④ 国家出售高税率消费品(如烟、酒、化妆品等)所获得的一部分收入,实质上是由 V 转移来的;⑤ 服务行业和文化娱乐业等企事业单位上缴的税收,其中一部分是通过对 V 的再分配转化来的。西方资本主义国家普遍实行高工资政策和个人所得税及工薪税为主体税的财税制度,其财政收入有相当部分直接来自 V,而目前我国劳动者个人的收入普遍较低,国家不可能从 V 中筹集更多的资金。

3. C 中的个别部分构成财政收入

补偿价值 C 中的基本折旧基金在计划经济体制下构成财政收入的一部分,在市场经济中一般已不适宜将折旧基金列为财政收入,但是,当实行国民生产总值型的增值税,就会有一部分 C 通过增值税成为财政收入。

3.2 财政收入结构与规模

一、财政收入结构

财政收入结构是指国家财政收入来源的多种构成、比例及其相互关系。它反映通过国家预算集中财政资金的不同来源、规模和所采取的不同形式,以及各类财政收入占财政总收入的比重和增加财政收入的途径。将财政收入作为整体结构来分析,目的在于从整体上把握各种财政收入来源之间的有机联系,使它们保持恰当的比例关系;便于能够有效加强财政收入的宏观调节,实现利益的兼顾分配;推进财政收入结构优化,以提高财政收入结构的整体功能。

国民经济结构和社会经济结构的合理化,决定着财政收入结构的合理化,而财政收入结构是否比例关系合理、利益关系协调也制约着国民经济总量和结构的平衡,影响各方面积极性的调动和分配关系的调节。图 3-2 是 2012 年我国公共财政收入结构中主要收入项目的构成及占比。

我国的财政收入结构大体可按项目结构、所有制结构、部门结构和地区结构几个方面加以考察。

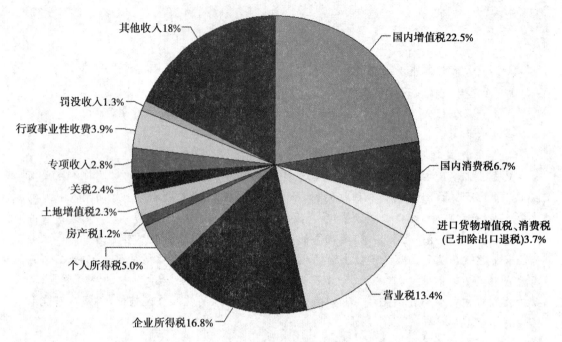

图 3-2 2012 年我国主要财政收入及占比
根据我国 2012 年财政决算报告制作

财政收入的项目结构是指国家财政收入由不同的征集方式形成的结构,主要由各项税收、企业收入(企业上缴利润)、债务收入(内债和外债收入)、能源交通重点建设基金、国家预算调节基金收入等组成。财政收入的所有制结构是指按照财政收入来源的经济类型划分的结构,主要由国有经济、集体经济、合资经济和私有经济等组成。财政收入的部门结构是指由工业、农业、商业、交通运输业、建筑业等部门提供的财政收入形成的收入结构。财政收入的地区结构是指财政收入在中央和地方之间以及各地区之间的分布,组成具有层次特性的结构。

二、财政收入规模

财政收入规模是一定时期内(通常为一年)财政收入的总量,反映着国家对社会产品集中的程度和政府活动的范围。一般可以从绝对量和相对量两个方面来衡量,即财政收入规模的衡量指标有总数指标和相对数指标。总数指标就是指财政收入的总额,主要包括中央和地方财政总收入、中央本级财政收入和地方本级财政收入、中央对地方的税收返还收入、地方上解中央收入、税收收入等。财政收入的绝对量指标,具体反映了财政收入的数量、构成、形式和来源;而相对数指标是指财政收入衡量国民经济指标如国民生产总值(GDP)的比值,反映政府对一定时期内新创造的社会经济总量的集中程度。从财政收入的衡量指标可以看出财政收入规模的合理界限:财政收入增长的最高限,不能超过国民收入的增长量;财政收入数量的最低限,不能低于上一年份财政收入水平。

1. 影响财政收入规模的因素

谋求财政收入的增长,通常是一国政府财政活动的重要目标之一,尤其是在公共需求范围日益扩大的现代社会,保证财政收入增长更为各国政府所重视。但财政收入能有多大规模,能以何种速度增长,不是或不完全是以政府的意愿为转移的,它受各种经济和社会因素的制约和影响。

(1) 经济因素。一国的经济发展水平主要表现在人均占有GDP上,它表明一国生产技术水平的高低和经济实力的强弱,反映一国社会产品丰裕程度及其经济效益的高低,对财政收入规模形成基础性制约,是形成财政收入的物质基础。一般来说,随着经济发展水平的不断提高,国民收入不断增长,该国的财政收入规模也会不断扩大。财政收入占国民生产总值的比重是一个逐步提高的过程,经济结构状况、经济体制和经济效益影响经济增长和财政收入,影响财政收入占GDP的比重水平。从横向比较看,经济发展水平较高的发达国家,其财政收入水平一般高于经济发展水平较低的发展中国家。根据最近一些研究成果显示,低收入国家的财政集中率平均为21%,下中等收入国家平均为25.7%,中等收入国家平均为28.2%,高收入国家平均为39.5%。

(2) 技术因素。技术进步的提高对推动经济发展起着关键的作用,生产技术水平是内含于经济发展水平之中的。技术进步往往以生产速度加快、生产质量提高为结果,技术进步速度越快,社会产品和国民收入的增长也越快,财政收入的增长就有了充分的财源;技术进步必然带来物耗比例降低、经济效益提高,剩余产品所占比例扩大。由于财政收入主要来自剩余产品价值,所以技术进步对财政收入规模的影响更为明显和直接。

(3) 分配政策和分配制度。我国坚持以按劳分配为主,多种分配形式并存,效率优先、兼顾公平,保护合法收入,取缔非法收入,调节过高收入的收入分配政策。

财政收入主要来自国民收入中的剩余产品价值(M)中的一部分,此外还有个人收入(V)中的一小部分。V部分是保证劳动者个人消费的需要,并随着社会的发展而应逐年增大,因而要逐年设定一个V的最低限度。当年V的最低限度就是当年M的最高限度。因此,财政分配政策决定M占国民收入的比重。另一方面,M中的一部分必须留给企业,作为企业扩大再生产的必备资金,因而要在M中设定一个企业维持再生产的必备资金。因此,财政分配政策决定企业留利的大小,决定财政可以集中M的程度。

国民收入分配政策决定剩余价值占整个社会产品价值的比例,进而决定财政分配对象的大小。财政分配政策决定财政集中资金的比例,从而决定财政收入规模的大小。而分配制度影响到国家与企业、中央与地方之间的利益分配。

一般来说,实行计划经济体制的国家,政府在资源配置和收入分配上起主导作用,并会采取相应的收入分配政策使政府在一定的国民收入中掌握和支配较大的份额,从而有较大的财政收入规模,例如前苏联、东欧国家以及改革开放前的中国。而实行市场经济体制的国家,政府活动定位于满足公共需要,市场机制在资源配置及收入决定中发挥基础性作用,收入分配政策的选择和实施以弥补市场缺陷为主,财政收入规模就相对较小。

即使在经济发展水平相当的国家,由于政治、社会、经济制度等方面的差别,也会造成财政收入规模的差异。因为不同的制度对政府职能和作用的要求不同,必然影响财政在整个国民收入分配中的份额。

在国家基本制度制约下的产权制度、企业制度以及劳动工资制度等都会对财政分配政策和收入制度产生影响,从而引起财政收入绝对规模和相对规模的变动。

(4) 价格因素。由于财政收入是一定量的货币收入,是在一定的价格体系下形成的,又是按一定时点的现价计算的,因此价格会影响到价值的实现,从而对财政收入产生影响。在经济发展水平、财政分配制度以及其他因素保持不变的条件下,价格水平的上涨会使以货币形式表现的财政收入增加,价格下降则使财政收入减少,这实际上是由价格水平的上涨或下跌引起的财政收入虚增或虚减。此外,当商品的比价关系向有利于高税商品变动时,财政收入会有更快的增长;反之,则会降低财政收入的份额。

(5) 其他因素——社会政治环境因素。特定时期的社会政治状况也会引起财政收入规模的变化。如在发生内外战争时,国家必须动员各种财力以稳固政权或维护国家利益,因而财政收入规模会急剧扩大。再如税收制度的设计和税收的征管水平也会对财政收入规模产生较大影响。如果税收制度不合理、征收水平低,就会对税源造成一定的破坏,形成税收流失;反之,则就会保护、培植税源,最大限度地减少税收的流失。

三、我国财政收入的变化趋势

表3-2 我国国家财政收支总额及增长速度

年份	财政收入/亿元	财政支出/亿元	增长速度(%)	
			财政收入	财政支出
1978	1 132.26	1 122.09	29.5	33.0
1980	1 159.93	1 228.83	1.2	-4.1
1985	2 004.82	2 004.25	22.0	17.8
1990	2 937.10	3 083.59	10.2	9.2
1995	6 242.20	6 823.72	19.6	17.8
2000	13 395.23	15 886.50	17.0	20.5
2001	16 386.04	18 902.58	22.3	19.0
2002	18 903.64	22 053.15	15.4	16.7
2003	21 715.25	24 649.95	14.9	11.8
2004	26 396.47	28 486.89	21.6	15.6
2005	31 649.29	33 930.28	19.9	19.1
2006	38 760.20	40 422.73	22.5	19.1
2007	51 321.78	49 781.35	32.4	23.2
2008	61 330.35	62 592.66	19.5	25.7
2009	68 518.30	76 299.93	11.7	21.9
2010	83 101.51	89 874.16	21.3	17.8
2011	103 874.43	109 247.79	25.0	21.6
2012	117 253.52	125 952.97	12.9	15.3

根据国家统计局网站数据整理

表3-2反映了近三十年我国财政收支及增长情况。

1. 财政收入总额绝对数逐年增长

我国政府性资金收入规模不断扩张,总的来看,预算内外资金合并计算的增长速度相当快,而且呈现出一定的稳定性,特别是在经济低潮期(如1989—1991年),政府收入增长依然强劲。

2. 财政收入占国内生产总值(GDP)的比重变化趋势

20世纪80年代以前,我国预算内的财政收入占GDP的比重都在30%以上,最高年份曾占到41%。改革开放的初期,即1979年这一比例还高达28.4%;1979年之后逐年下降,最低是1996年,下降至10.6%;1997年之后开始回升,2000年达到14.6%,2012年为24.5%。

关于财政收入占GDP比重的高低,国际经验数据表示与财政类型有关。世界上三种财政类型的财政收入占国内生产总值(GDP)比重的规律为:一是不管调控经济也不管社会福利的廉价型政府财政,其财力规模一般占GDP的10%左右;二是承担调控经济任务的财政,即主导型政府财政,其财力一般需占GDP的35%左右;三是福利国家的财政,其财力需占GDP的45%～75%。我国财政财力规模占GDP的比重相对较低,反映调控经济所需的财力略显不足。但考虑到我国财政收入的统计中不包含债务收入,以及地方政府不能发行债务,这个比重应该能够提高。1990年,美国的这一比例为34%,法国为46.3%,英国为41.4%。

从我国国情看,由于财政体制存在问题,的确在很多方面可以观察到政府财政收入的不足和公共产品供需之间的较大缺口。公共产品供需矛盾的存在,既反映了财政收入规模偏小,也反映了与特定经济发展阶段相关的体制变革冲突和利益分配冲突,但国家财政对改革开放经济的持续高速发展起到了无可置疑的推动作用。

四、财政收入质量

财政收入的质量是指财政收入的真实性和有效性。财政收入直观地表现为一定数量货币收入的数据信息,而这种数据信息是政府和社会公众进行经济决策的重要工具。所以,为确保政府和社会公众的利益,必须保证财政收入数据信息的真实性,这也是保证财政收入质量的要求。

然而,由于物质产品与货币资金相互分离矛盾的存在,使得可能作为物质财富的实物形态已经消失,而作为价值形态的财政收入还在运行,这样这部分财政收入是虚假的收入,是无效的收入。同时,足额、真实的财政收入未必能够反映经济效率,未必能够反映财政的职能,这就是财政收入的有效性问题。

影响财政收入质量的因素有:

(1) 税收计划因素。税收中制定的完成指标容易造成负面影响,诸如违法征税、虚假收入等,增加财政收入的虚假成分。

(2) 经济统计因素。统计口径不一致,以及由于政绩与GDP相联系,容易增大GDP的水分,导致税收收入的水分。

(3) 经济体制与经济运行中的因素。由于市场的盲目性,使得一部分产品在生产领域积压,有的是积压在流通领域,增加国家财政收入的无效成分。

3.3 财政收入原则

财政收入原则的核心是保证财政收入,所以可以将其划分为财政的足额稳定和适度合理两部分。足额稳定和适度合理是统一和协调的,只有政府能够根据国家经济运行情况,编制科学合理的预算收入目标,才能实现适度合理的目标,才能保证财政收入的足额稳定,否则会出现我国古代的"苛政猛于虎"的现象。

由于各国对财政收入的贡献主要是税收,所以财政收入原则主要是指税收财政原则。

税收财政原则,就是指税收活动在保障组织财政收入过程中应当遵循的基本准则。它是制定税收政策、法律和措施,设计税制、规范税收活动的基本出发点,筹集财政收入要求根据国家财政的需要和实际提供的可能,立足于国家财政资金的积累和运用财政收入的变化,以平衡利益关系和宏观经济目标。

我国财政收入原则如下:

1. 发展经济,广开财源

贯彻发展经济的指导原则,有利于编制预算收入,能够考虑经济运行情况,确定财政收入的目标。经济发展了,才有利于广开财源,增加财政收入的途径。

生产决定分配,分配决定财政。通过深化改革,优化资源配置,加强企业经营管理,加强经济核算,提高经济效益,才能发展经济。经济决定财政,在组织财政收入过程中,必须先发展经济,才能广开财源,增加财政收入。

2. 确定财政收入数量的合理界限

确定合理的数量界限,既要做到"民不加赋,而国用足",促进经济发展和人民生活水平的提高,又要做到"取之有度,而不伤民"。所以,确定财政收入数量的合理界限,一般情况下,财政收入增长的最高限不能超过国民收入的增长量,财政收入数量的最低限不能低于上一年份财政收入水平。

3. 兼顾国家、集体、个人的利益

保证社会主义公有制性质,建立社会主义市场经济,在社会主义公有制下构建我国公共财政。在组织财政收入过程中,如何兼顾国家、集体和个人的利益,对于保证财政收入,调动广大劳动者的社会主义积极性,促进社会主义经济持续稳定发展有重要意义。国家利益是社会产品或国民收入分配中劳动者为社会劳动部分的体现,用于国家政权和社会主义经济建设,代表广大劳动者利益,也是集体利益和个人利益的根本保证,所以,首先要保证国家利益。其次,兼顾集体利益。我国改革开放后,国民经济中集体经济和私有经济成分逐渐增加,集体利益是劳动者的局部利益,为了促进集体经济发展和社会各项事业的发展,在保证国家全局利益的前提下,尽可能兼顾集体利益。再次,兼顾个人利益。为了更好地调动广大劳动者的社会主义积极性,需要兼顾劳动者个人利益,不断地提高个人的物质文化生活水平。

另外,地区差别对待,合理负担。我国幅员辽阔,经济发展差距较大,人口众多,农村人口比重较大。因此,组织财政收入过程中要充分考虑到地区差别、贫富差距,对不同地区、不同产业和企业予以区别对待,通过合理负担,促进地区经济、产业和企业的发展。

3.4 政府收费

政府收费是指社会政治、经济组织执行国家或政府的行政权力或代行行政职能,向特定受益人提供一定劳务、资源和资金的使用权而向受益者收取一定数量的"费"的行为,反映收缴双方之间的收付关系。政府收费包含下列三层意思:一是提供的服务必须在政府收费职责之内,如营业登记所收取的证照费;二是只对一部分提供了特定服务的单位和公民收取,如调解费、环境治理费;三是收入的使用方向是专一的,即收得的款项一定要用来补偿服务费用或完善服务设施,如证照费用于证照制作成本,环境治理费用于环保设施。

1. 政府收费的分类

(1) 按收费的来源可以把政府收费分为专项收费收入和其他收费收入。专项收费收入主要指排污费收入、城市水资源费收入、教育费附加收入、矿产资源补偿费收入、探矿权采矿权使用费及价款收入、国家留成油销售后收入、行政事业费收入、罚没收入、国有资本经营收入、国有资源(资产)有偿使用收入等。其他收费收入主要指基建贷款归还收入、基本建设收入、捐赠收入、国有企业亏损补贴(负收入,冲减财政收入)等。

(2) 按收费性质可以将政府收费分为规费和使用费。规费是指政府在执行社会管理职能过程中,为国民提供某种特别行为或服务时所获得的报偿,包括行政规费和司法规费。使用费是指政府对特定服务或特许权收取的价格,它用于支付提供这些服务的全部或部分成本,包括公共服务或公共产品的使用费、特许权使用费和公用事业特种费。

(3) 按收费单位的财务管理制度划分政府收费为行政性收费和事业性收费。

(4) 按收费形式划分政府收费为国家机关收费(如证照类工本费、审批类收费、资源类收费补偿与治理类收费、鉴定类收费、管理类收费和涉外收费等)、公用事业收费(如水、气、电、邮政、电信费等)、中介机构收费、公益服务收费(如教育、医疗收费)和其他收费等五类。

财政收入实践讨论 2

2010年全国政府性基金收入35 781.94亿元,全国政府性基金支出32 582.64亿元。

中央政府性基金收入3 175.57亿元。其中:三峡工程建设基金收入59.16亿元,铁路建设基金收入616.92亿元,港口建设费收入114.44亿元,民航机场管理建设费收入136.41亿元,彩票公益金收入247.73亿元,大中型水库移民后期扶持基金收入183.44亿元,中央农网还贷资金收入91.44亿元等。

中央政府性基金支出3 016.75亿元。其中:中央本级支出2 284.05亿元,包括三峡工程建设支出69.89亿元,铁路建设支出582亿元,港口建设支出87.15亿元,民航机场管理建设支出46.76亿元,彩票公益金用于社会福利、体育、教育等社会公益事业支出139.1亿元,大中型水库移民后期扶持基金支出0.45亿元,中央农网还贷资金支出102.87亿元等;对地方转移支付732.7亿元,增加133.4亿元,增长22.3%。

地方政府性基金本级收入32 606.37亿元。其中:国有土地使用权出让收入29 109.94亿元,城市基础设施配套费收入610.87亿元。彩票公益金收入243.64亿元。地方教育附加收入242.82亿元。

地方政府性基金支出30 298.59亿元。其中:国有土地使用权出让收入安排的支出26 975.79亿元,包括征地拆迁补偿等成本性支出13 395.6亿元、农村基础设施建设和补助农民等支出2 248.27亿元、廉租住房保障支出463.62亿元、破产或改制企业土地出让收入用于安置职工支出3 336.63亿元、按城市房地产管理法有关规定用于城市建设的支出7 531.67亿元。彩票公益金支出288.19亿元,用于社会福利、体育、教育等社会公益事业。城市基础设施配套支出479.68亿元。地方教育附加支出177.41亿元。

——摘自财政部2011年预算报告

2. 政府收费的性质

对于政府收费行为,从经济角度来讲,它是一种国民收入分配和再分配行为;从社会管理角度讲,它是一种管理社会的行政经济手段。

第一,收费是管理经济和管理社会的重要手段之一。它具有法律手段、行政手段和经济手段的某些特征,但又不能代替其他法律手段、行政手段和经济手段的作用;第二,收费是以国家为主体的行使国民收入分配和再分配的手段之一,但是与税收手段相比,它应处于补充的地位,否则将削弱国家的宏观调控职能;第三,收费可以为社会公益事业提供资金,但保证社会公益事业发展是财政的职能,收费只应该起补充作用,否则将会出现本末倒置的混乱现象。因此,合理的政府收费应该是在消费上具有竞争性的公共服务。

3. 政府收费的范围

人类需要的物品和劳务是私人产品、纯公共产品和混合产品,对不同的物品和劳务,人们支付代价的途径和方式不同。

对于私人产品实行价格制度。由于产权可以明晰界定,供需双方通过合理的交易成本进行交换,可以依据市场机制实现供求平衡和资源优化。

对于纯公共产品实行税收制度。纯公共产品具有消费上的非竞争性和技术上的非排他性,不能应用市场机制提供,如通过收费来补偿公共产品的生产费用,也不能将不付费者排除消费之外。纯公共产品通过政府和公民的公共选择,由政府组织财政资金来解决生产什么、生产多少和怎样生产、为谁生产的问题,通过税收将纯公共产品的成本强制地分摊给社会成员。

对于混合产品实行收费制度,通过受益者的货币选择和税金共同解决混合产品的供给问题。其中,无排他性或弱排他性,但有竞争性的物品,如公共牧场、地下水,通过适当收取费用的方式,如"资源使用费"限制过度消费;有排他性,但非竞争性的产品,如城市公用设施,具有边际成本递减趋势,容易形成自然垄断,可以通过政府规制的公共事业部门提供,收取使用费补偿成本;有一些容易发生拥挤的混合产品,也称"俱乐部产品",如公共图书馆、博物馆以及服务领域的教育等,选择福利机构或非营利性机构提供,由收费和税收补偿成本。

所以,政府对受益范围确定、受益差异明显的混合产品的生产费用,用收费补偿;对边际生产成本递减或递增的混合产品,可采取收费补偿成本;对收费成本小于税收成本的,也可以采用收费方式;对于特定项目或部门超支预算的,也可以通过收费筹措资金。

4. 政府收费的特点

政府收费是以经济交换为基础,以政治程序为方式,以提供服务为前提,以受益人为对象,以提高效率为目的而收取的费用。

政府收费的主体是公共部门,分为行政部门和事业部门。有时为了追求效率,有的纯公共产品、混合产品采取国有民营或私人企业来提供,他们也可以成为收费主体。

政府收费的客体是接受服务的特定的受益人,谁交费,谁受益。

政府收费的目的是补偿准公共产品所发生的费用。如高速路收费补偿一部分成本,另一部分由财政补偿。同时,收费的另一个目的是有效使用资源,过低的收费容易造成资源浪费。

政府收费具有一定的强制性。收费是通过行政程序或政治程序确定的一种规制价格。一个收费项目通常由收费项目名称、收费目的、收费范围、执行单位、收费期限、收费用途、收费资金的管理方式等7个要素构成,缺一项,就容易造成乱收费。

5. 政府收费的原则

根据政府收费范围的确定及收费性质,我们可以知道政府收费要贯彻效率、公平、透明和稳定的原则。同时,还须坚持受益与成本对称,以及收费的非重叠性等原则。

(1) 受益与成本必须对称原则。所谓"对称"的含义是:公共服务的成本应尽可能直接分摊到受益者身上,且每个受益者的付费要与其受益相匹配,即只为自己受到的那部分受益付费,而无须为他人的那部分受益付费,并且使受益和成本形成直接的对应关系。不难发现,市场付费是完全符合对称原则的,为之付费的商品或服务,其利益也完全归于付费者,没有他人能从中受益。偏离对称性原则的典型情况是:受益是一般化的,而付费是具体的,受益分散的公共服务最好是使用税收机制分摊成本,而不是收费机制;受益可以直接计量的,且受益者也易于辨别的公共服务(供电、供水),使用收费机制分摊成本则比较合适。

(2) 公共收费的非重叠性原则。"非重叠"的含义是:对于同一公共服务的同一个受益者,不应该同时并存两个或两个以上的收费项目(包括税收)。重叠(交叉)收费不仅容易扭曲资源配置,而且会增加付费者的负担并加大管理成本。

6. 最适使用费

当政府作为提供物品或服务的生产者,必须选择收取使用费——由使用政府提供的物品或服务的人支付的价格。若提供的物品或服务的生产出现平均成本持续递减,则政府就具有了生产的垄断性,比如公路、桥梁、电力和电视网等。这时有可能出现和私人产品垄断一样,由于生产者垄断所获得垄断利润而导致的效率缺失,但也可能出现政府按完全市场条件下定价所发生的生产者的损失。这里出现的两难,需要政府确定可能的"最优使用费",即公共产品供给的定价方法的选择。

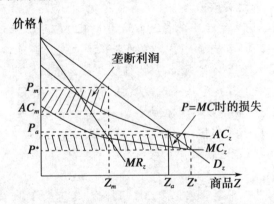

图 3-3 政府垄断提供公共产品的各种定价方法

图 3-3 中,横轴是政府垄断提供的公共产品 Z 的产量,纵轴是商品 Z 的价格,AC_z、MC_z、MR_z 和 D_z 分别是政府生产 Z 的平均成本、边际成本、边际收益和市场需求,P_m、Z_m 分别是政府向市场提供的商品价格和产量,P^*、Z^* 分别是完全竞争市场下商品价格 $P=MC_z$ 的市场价格和供给量,AC_m 是政府垄断供给量与平均成本相等时对应的价格。政府可以获得图中阴影部分的垄断利润,但供给量 Z_m 相比 Z^* 是无效率的产量。政府若进行管制,采取 $P=MC$ 的价格,又会出现损失。

这两难境地政府怎么解决?方法很多,这里仅列出两种:① 平均成本定价,即定义价格

=平均成本,既没有利润,也没有亏损,此时产量和价格分别是 Z_a 和 P_a,但它仍然是低于效率产量;② 边际成本定价加税收,即令 $P=MC$,然后通过对社会其他部门征收税收来筹措弥补亏损的资金,这样能保证弥补了亏损,也保证了市场效率,又不会产生新的无效率。

7. 我国费改税改革

我国积极推进费改税改革,但是否要全部取消收费?答案是否定的。税费并存,不能互相替代,原因有二:一是收取费用在弥补市场失灵,矫正消耗物品所带来的外部效应方面有特殊的作用,如治理污染;二是收费有利于提高公共物品的配置效率。

所谓税费改革,就是将可以改为税收形式的收费改为规范化的税收,对应当保留的收费加以规范并加强管理,坚决取缔乱收费、乱罚款、乱摊派,是治理整顿预算外资金、规范政府收入机制的一种有效措施,也是当前提高财政收入(指预算内)占 GDP 比重的重要途径。

税费改革必须与规范"费"同时并举,税收和收费是财政收入的两种形式,是不能相互替代的。税费改革是将现有收费中具有税收性质且宜于纳入税收征管的收费项目,统统纳入国家税制的轨道,或扩大现有税种的税基,并入现行有关税种统一征管,或增设新的税种单独征收;而对不宜于纳入税制轨道的收费项目,则要通过规范"费"的办法,实行规范化、法制化管理。

税费改革实践讨论 1

由财政部、国家发展改革委、交通运输部、监察部、审计署 5 部委于 2008 年 12 月 22 日通过的《国务院关于实施成品油价格和税费改革的通知》(国发〔2008〕37 号)规定,将取消公路养路费等涉及交通和车辆收费项目,有关主要事项通知如下:自 2009 年 1 月 1 日起,在全国范围内统一取消公路养路费、航道养护费、公路运输管理费、公路客货运附加费、水路运输管理费、水运客货运附加费。各地逐步有序取消政府还贷二级公路(含二级公路上的桥梁、隧道,下同)车辆通行费。对确定取消的政府还贷二级公路车辆通行费收费站点,要及时向社会公布具体位置和名称,接受社会监督。

今后除国家法律、行政法规和国务院规定外,任何地方、部门和单位均不得设立新的与公路、水路、城市道路维护建设以及机动车辆、船舶管理有关的行政事业性收费和政府性基金项目。各地区、各有关部门违反国家行政事业性收费、政府性基金审批管理规定,越权出台与公路、水路、城市道路维护建设以及机动车辆、船舶管理有关的收费基金项目均一律取消。

当前,社会舆论认为:高速路的乱罚款推高物价,其甚至"比肥猪贡献大",你怎么看?

税费改革实践讨论 2

1. 农村税费改革:20 世纪 90 年代末,我国农业和农村经济发展开始进入了一个新的阶段。农产品供给出现了阶段性、结构性和地区性过剩,农产品销售不畅,价格下跌,农民增收困难,加上农民负担较重,影响了农村经济发展和社会稳定。为从根本上减轻农民负担,规范农村税费制度,理顺国家、集体和农民的分配关系,党中央、国务院决定从 2000 年起进行农村税费改革试点。改革成效有:一是明显减轻了农民负担。农村税费改革取消了"三提五统"和农村教育集资等专门面向农民的各种收费,清理整顿了各种达标升级活动,有效遏制了"三乱"现象。二是为农村由传统税制向现代税制的过渡奠定了基础。从开始的"治乱减负"到形成比较规范的农业税及其附加,再到逐步减免以至最终取消农业税,为在全社会逐步形成公正、公平和城乡统一的现代税收制度奠定了基础。三是为全面深化农村改革提供了契机。

2. 我国政府收费项目知多少:新闻一则,2013年12月,江西省重新规范气象经营服务性收费,决定取消45项气象服务收费项目,同时对气象系统专业服务收费等制定政府指导价。此次取消的45项气象服务收费包括天气过程简报、天气过程查询、警报接收机租赁等天气预报、情报信息,最高最低温度表、湿度计等气象仪器检定修理,温度表、湿度计、气压计等气象仪器代购、避雷器接地装置检测检验、特殊避雷装置检测检验等防雷安全技术。

3. 国家发展改革委2008年11月14日宣布,发展改革委、财政部决定从2009年1月1日起,取消或停止城市房屋拆迁管理费、暂住证(卡)工本费、新资源食品申请审评费等100项行政事业性收费,以推进行政事业性收费改革,促进依法行政,切实减轻企业和社会负担,保持经济平稳较快发展。规定各地区和部门出台的收费项目与公布取消和停止征收的收费项目相类似的,一律予以取消;对公布取消和停止征收的收费项目,不得以任何理由拖延或拒绝执行,也不得以转为经营服务性收费等方式变相继续收费。

4. 把权力下放给市场和社会:政府集中精力做好自己该做的事情,实现由"包办一切"到"规范市场、服务社会"的转变,触动某些部门利益,切断利益输送链条,做到简政放权,关键是进行行政审批改革,一是要减少审批事项,二是要下放审批权限。如会计师事务所设立审批下放、外商投资道路运输业立项审批下放、取消粮油质量监督检验机构资质认定、取消煤炭生产许可证核发等。李克强总理郑重向社会承诺本届政府至少要取消和下放国务院各部门的行政审批事项1 700余项中的1/3,即567项。

3.5 国有资产收入

1. 国有资产收入

国有资产收入是指国家凭借其所拥有的资产取得的财政收入,即经营和使用国有资产的企业、事业单位和个人把其收入的一部分交给资产所有者即国家。它既包括经营性国有资产收益(国有资产收益),也包括了非经营性国有资产的使用所带来的收入。国有资产收益是指国有资产管理部门以国有资产所有者代表的身份,上缴利润、租金、股息、红利等形式所取得的收益,是国有资产收入的主要组成部分。

国有资产收入的多少,一方面反映国有资产营运效益的好坏,反映国有资产保值和增值的情况,因为任何一项国有资产管理指标的好坏都会从收益上面得到体现。另一方面关系到为国有资产的恢复、改造、更新提供资金的多少,特别是国有资产收入的再投资多少,关系到国有资产扩大再生产提供资金和物质条件的多少的问题,同时也关系到当年财政收入的多少和今后年度财政收入能否稳定增长的问题。

2. 国有资产收入形式

国家凭借资产所有权取得的收入所采取的形式,主要取决于国有资产的经营方式。随着国有资产经营方式的多样化,国有资产收入的形式也相应多样化。表3-3反映了国有资产收入的形式与内容。

表3-3 国有资产收入形式与内容

国有资产收入形式与分类	具体形式	具体适用	具体内容
属于经营性的收入	利润	主要适用于国家直接经营(包括中介经营)和实行承包经营的国有企业	上缴利润递增包干;上缴利润基数包干;超收分成;上缴利润定额包干
	租金	适用于实行租赁经营方式的国有企业	
	股利		股利分为股息和红利两部分:股息是股份资产的利息;红利是股票持有者参与股份公司管理而分得的利润
属于国有产权转让的收入	产权转让收入	适用于国有资产产权转让、出售、拍卖、兼并等方式	
	使用权转让收入		国有土地的使用权出让收益;矿藏资源开采权转让收益;山林、草地、河流开发权使用收益;森林采伐权收益

3. 国家参与国有企业税后利润分配形式

建立现代企业制度,推行国有企业的股份制改革,是规范国家与国有企业分配关系的主要途径。除了股份制,租赁、承包等形式也形成了现实的公有制实现形式。多样化的公有制实现形式,必然使国家参与国有企业的税后利润分配形式多样化。

(1)股份制与国有股分红。股份制是现代企业的一种资本组织形式。股份制企业的税后利润分配,必须依照公司法和公司章程的规定,遵循一定的程序进行。

① 弥补被没收的财产损失,支付各项税收的滞纳金和罚款。

② 弥补以前年度亏损。

③ 按照法律规定的条件和比例在分配股利前,提取法定盈余公积金。

④ 提取公益金。

在完成以上4个步骤的分配之后,股东可以根据剩余利润的数额,享有股利的分配。股利分配程序如下:支付优先股股利,提取任意盈余公积金,然后再支付普通股股利。

国家分取的股利由国家支配,可以用作国家股本增值,也可以上缴国库,作为国家建设性预算或国有资产预算收入。

(2)承包制与税后承包上缴利润。承包制作为一种过渡性的办法,从以下几方面进一步完善:合理确定税后承包指标,合理确定承包基数与分成比例,克服企业短期行为,防止包盈不包亏。

除了要解决以上问题外,还要通过合同明确发包人和承包人的责任和义务。在选择承包人时,应尽量引入投标招标竞争机制。

(3)租赁经营与租金。租赁经营这种分配形式,是对我国传统分配模式的重大改革,它具有明显的优越性。这是由于租赁企业上缴国家的税后利润,主要采取的是租金强制缴纳方式,强有力地保障了所有者的利益。租赁企业一旦不能如数交纳租金,承租人就必须将企业收入以外的个人抵押财产作为赔偿,以保证所有者的收益。

财政收入实践讨论 3

1. 2007 年以前,央企只纳税,不上缴利润。2007 年《中央企业国有资本收益收取管理暂行办法》将央企上缴红利划分三类:一是资源型企业,10%;二是一般竞争性企业,5%;三是军工企业,暂不缴纳。目前,进行了调整:资源类企业上缴利润 15%,一般竞争性企业上缴 10%,军工企业则为 5%,烟草业为 20%。

2. 至 2012 年,民营经济已经占总投资的 60% 以上,总的盘子已经超过国家投资。"但民营经济基本集中在高度竞争的产业下游,竞争非常残酷。而在上游,对战略性资源进行控制的都是国有经济,例如像能源、电网、石油、电讯等领域。"在一些领域,民营经济的竞争力还是比较弱的。不存在政策阻力,但却存在市场阻力,即市场规律表现出来的竞争力障碍,例如铁路和航空领域,一些民营企业进入后亏得一塌糊涂。

3. 全国工商联《2012 中国民营企业 500 强调研分析报告》的调查结果显示,2011 年民营企业 500 强利润之和为 4 387.31 亿元,不及工商银行、建设银行、中国银行、农业银行、交通银行五大银行净利润总额 6 808.49 亿元的 65%。

4. 国有企业、央企可能是骨骼、脊梁,因为它支撑了很多关键岗位,但非公有制经济有可能是血液、皮肤、肌肉。非公有制经济这个群体,包括投资人和主要高级管理干部在内,占了全社会就业人口的 10%~20%,占用了全社会 30%~40% 的资源,上缴了 50%~60% 的税收,提供了 60%~70% 的社会产品和服务,同时解决了 80%~90% 的新增就业。十八大三中全会提出的"管资本为主",就是为了改变国资委由对于企业的直接干预状态,真正回归出资人的定位。管资本,就是"要成为资本家",资本的天性就是逐利,这就意味着大部分国企将以追求资本回报最大化作为唯一目标。为此,同时提出组建若干国有资本运营公司,在国资委与企业之间构筑"防火墙"。

谈谈对央企如何改革与管理?

4. 国有资产管理

我国国有企业利润分配制度经历了统收统支制、企业奖励基金制、利润留成制、利改税、承包制、税利分流(即国有股分红、税后利润承包制、租赁制与租金)等制度变迁,即 1949—1952 年实行全额上缴制度(亦称统收统支制度);1952—1957 年实行企业奖励基金制度;1958—1961 年实行利润留成制度(比例留成);1962—1968 年又基本恢复 1958 年以前的做法,实行企业奖励基金制度;1969—1977 年实行全额上缴制度,但统一设立了"企业职工福利基金";1978—1979 年实行企业奖励基金制度;1979—1982 年实行利润留成制度(全额留成、基数加增长留成);1982—1983 年实行利润(亏损)包干制度(亦称盈亏包干制);1983—1986 年实行利改税制度(1983 年第一步,1984 年第二步);1987—1993 年实行承包制、租赁制、股份制、基金付费制的改革(税后利润承包、租金、国有股分红、国有资产使用费);1994 年开始实行税利分流。

从改革的实践经验看,我国国有企业利润分配制度改革的出路就是要按照"税利分流"的方向,通过建立现代企业制度,确立规范的现代"按劳分配"制度(其典型的实现形式就是规范化的股份公司利润分配制度),正确处理国家、企业和个人之间的分配关系。

(1) 国有资产管理的双重目标。我国国有资产管理具有双重目标。首先,要维护国家所有者的权益,保障国有资产的保值和增值,增加财政收入;其次,要提高国有经济的整体质量,充分发挥国有经济的主导作用,促进整个国民经济健康发展。

(2) 国有资产管理目标的实现。要实现国有资产管理的双重目标,就必须通过国有资产的资本化、市场化来实现。

国有资本运营是实现国有资产管理双重目标的要求。目前,积极推动国有资本运营,对于提高国有资产的整体质量,从而提高国有资产收益能力具有重要意义,有利于建立现代企业制度,改善国企内部治理结构;有利于调整国有资本的战略结构;有利于发挥国有资本对其他资本的引导作用。

(3) 国有资本运营的操作模式

① 整体出售变现。这种运作模式适合于经营不佳的国有中小企业,具体操作方法是通过资产评估确定国有资本的出售底价,然后在公平的条件下实行公开竞争招标的办法,较准确地找到国有资本出售价格,所得资金除用于职工养老、安置等问题外,全部投入地方公益性事业和基础设施方面的企业。预期结果则是出售后,企业的经营管理层被大幅度调整,引入新的经营管理方式,转换了企业机制,同时,国有资本的重新投入又加强了基础设施等部门的建设,优化了国民经济结构

② 股份制改造。根据国有资本控股、参股的需要,由资本经营公司作为发起人对它进行股份制改造,通过发行股票,或者直接引入外资,使原先国有独资的产权结构改变为控股以至参股的产权结构,通过股份制改造,引入新的投资者,实现投资主体多元化,调整企业资本结构,同时引入新的经营机制和管理人才,改善了企业内部治理结构,优化了企业资产结构(包括企业人力资产与物质资产结构)。

③ 企业并购。兼并又可以分为横向兼并和纵向兼并以及扩大市场兼并。兼并的一般含义是指两个或两个以上的公司通过法定方式重组,重组后只有一个公司继续保留其合法地位,即 A+B=A。联合的一般含义是指两个或两个以上的公司通过法定方式重组,重组后原有的公司都不再继续保留其合法地位,而是组成一新公司,即 A+B=C。收购是指一家公司在证券市场上用现金、债券或股票购买另一家公司的股票或资产,以获得对该公司的控制权,该公司的法人地位并不消失。收购有资产收购和股权收购两种形式,股权收购又可分为参股收购、控股收购和全面收购三种情况。

企业并购的实质是一种产权转让或交易行为,也就是一种资本经营形式,其结果是企业所有权和由此引起的企业控制支配权的转移。

我国国有企业并购的主要适用形式有:ⅰ 具有优势的上市公司并购非上市企业;ⅱ 非上市的优势企业并购上市公司;ⅲ 上市公司之间的并购;ⅳ 将中资企业到国外(境外)注册、上市,融资后再来并购国内企业;ⅴ 外资并购国有企业;ⅵ 国有企业进入国外资本市场,到国外收购和兼并企业。

④ 托管。优势企业对效益差的国企托管,在目标企业的产权不动的情况下,优势企业获得对目标企业资源的实际控制权,优势企业输出的主要是管理、技术、营销渠道、品牌等"软件",降低了优势企业的扩展成本;对被托管方来说,可以减少抵触情绪和剧烈变动引起的摩擦。

⑤ 股权与债权互换。股权转让或增购既可以通过场外协议的形式进行,也可以通过股

票交易市场进行。在对某些国有企业进行股份制改造的同时,还可考虑国有股权和债权互换,由非国有资本取代国有资本获得对企业的控制权,原先的国有股权转化为国有债权,由相应的国家政策性银行来负责这些国有资本的保值增值。

⑥国有股权转让或增购。国有股权转让是指国有股持股单位或股东为了降低或放弃对某一股份公司的国有股比例,将所持有的部分或全部国有股份按一定的价格出让给他人。国有股权的增购是指国有股持股单位或股东为了增加对某一股份公司的持股比例,收购该股份公司的股份,以实现国家对该股份公司具有绝对或相对的控制权。

完善国有资源(资产)有偿使用收入管理政策,防止国有资源(资产)收入流失。国有资源有偿使用收入,包括土地出让金收入,新增建设用地土地有偿使用费,海域使用金,探矿权和采矿权使用费及价款收入,场地和矿区使用费收入,出租汽车经营权、公共交通线路经营权、汽车号牌使用权等有偿出让取得的收入,政府举办的广播电视机构占用国家无线电频率资源取得的广告收入,以及利用其他国有资源取得的收入。要依法推行国有资源使用权招标、拍卖,进一步加强国有资源有偿使用收入征收管理,确保应收尽收,防止收入流失。国有资源有偿使用收入应严格按照财政部门规定缴入国库或财政专户。

国有资产有偿使用收入,包括国家机关、实行公务员管理的事业单位、代行政府职能的社会团体以及其他组织的固定资产和无形资产出租、出售、出让、转让等取得的收入,世界文化遗产保护范围内实行特许经营项目的有偿出让收入和世界文化遗产的门票收入,利用政府投资建设的城市道路和公共场地设置停车泊位取得的收入,以及利用其他国有资产取得的收入。要尽快建立健全国有资产有偿使用收入管理制度,督促有关机构将国有资产有偿使用收入及时足额上缴国库或财政专户,防止国有资产收入流失。积极探索城市基础设施开发权、使用权、冠名权、广告权、特许经营权等无形资产有效管理方式,通过进行社会招标和公开拍卖,广泛吸收社会资金参与经营,盘活城市现有基础设施存量资产,有关招标、拍卖收入全额上缴同级国库,增加政府非税收入。

5. 国有资产管理体制

我国1988年设立国有资产管理局,1998年机构改革后被撤销,职能并入财政部,2000年6月财政部设立专门的企业司,2003年根据机构改革设立国有资产监督管理委员会。2002年11月,中共十六大提出了建立新型国有资产管理体制的基本构想,将"建立中央政府和地方政府分别代表国家履行出资人职责,享有所有者权益,权利、义务和责任相统一,管资产和管人、管事相结合的国有资产管理体制"。

目前,新型国有资产管理体制的构建主要从下面三个方面考虑:

(1) 合理划分中央与地方的权责。将国有资产划分为中央国企(中央国有资产)和地方国企(地方国有资产)。

(2) 国有资产管理组织机构的创新。中央设立了国有资产监督管理委员会,省、直辖市也设立国有资产管理委员会,在地市也分别设立国有资产管理局。

(3) 国有资产管理模式的创新。在新型国有资产管理体制下,中国国有资产管理实行三级管理模式,即一级是政府专门管理机构(国有资产监督管理委员会),二级是资产经营管理的中间机构(企业集团、投资控股公司、资产经营公司),三级是国有资产经营使用单位(独立核算的国有企业、独立的行政事业单位)。

加强国有资本经营收益管理,维护国有资本权益。国有资本经营收益是政府非税收入的重要组成部分,包括国有资本分享的企业税后利润,国有股股利、红利、股息,企业国有产权(股权)出售、拍卖、转让收益和依法由国有资本享有的其他收益,应当严格按照同级财政部门规定执行,及时足额上缴同级国库。要进一步完善国有资本经营收益征收管理方式,防止国有资本经营收益流失。要逐步建立国有资本经营预算体系,将国有资本经营收益纳入国家预算管理,确保国有资本经营收益的安全和有效使用,促进国有经济结构调整和国有企业健康发展。

规范国有资产收入与管理

  2009年10月22日财政部发布了《中央行政单位国有资产处置收入和出租出借收入管理暂行办法》,该《办法》主要内容包括:一是确定了资金的收缴办法。国有资产处置收入上缴中央国库,纳入预算管理并按有关规定统筹安排使用;出租出借收入上缴中央财政专户,支出从中央财政专户中拨付。二是明确了税费的扣除方式。中央行政单位处置和出租、出借国有资产应缴纳的税款和所发生的相关费用(资产评估费、技术鉴定费、交易手续费等),在收入中抵扣,抵扣后的余额按照政府非税收入收缴管理有关规定上缴中央财政。三是规范了收入的使用方向。国有资产收入及相关支出,应统一纳入部门预算统筹安排。国有资产收入原来用于发放津贴补贴的部分,上缴中央财政后,由财政部统筹安排,作为规范后中央行政单位统一发放津贴补贴的资金来源。除此之外,国有资产收入不得再用于人员经费支出。其余国有资产收入原则上由财政部统筹安排用于中央行政单位固定资产更新改造和新增资产配置,可优先用于收入上缴单位。四是进一步明确了中央行政单位的责任。中央行政单位要如实反映和缴纳国有资产收入,不得隐瞒,不得截留、挤占、坐支和挪用国有资产收入;不得违反规定使用国有资产收入;要切实履行监管职责,加强对下属单位国有资产的监督管理,建立健全国有资产收入形成、收缴、使用、监督管理等方面的规章制度。

  该《办法》的发布施行,加强了中央行政单位国有资产及其收入管理,有利于防止国有资产流失和提高国有资产使用效益。一是落实了"收支两条线"管理要求,有效地解决了由于国有资产收入和单位利益紧密关联带来的分配不公问题。二是规范了各环节的管理,为防止国有资产流失提供了制度保障,有利于杜绝"小金库"、擅自发放津贴补贴等违法违纪行为。三是对出租出借收入实行缴入财政专户管理,并明确规定国有资产收入的使用方向,提高国有资产特别是闲置资产的使用效益。四是要求国有资产收入及相关支出纳入部门预算统筹安排,有利于实现"以存量制约增量、以增量调节存量",进一步推进资产管理与预算管理的有机结合。

练习题

一、单项选择题

1. 理论上,财政收入主要来自于( )。
  A. C+V   B. C+V+M   C. V   D. M

2. 财政是国家对一部分社会产品所进行的分配与再分配,财政收入只能源自于( )。
   A. 社会总产品的补偿基本部分　　　　B. 社会总产品中的国民收入部分
   C. 社会总产品中的消费基金部分　　　D. 社会总产品中的扩大再生产基金部分
3. 财政收入实际增长是指( )。
   A. 财政收入增长率高于物价上升率　　B. 财政收入增长率低于物价上升率
   C. 财政收入增长率等于物价上升率　　D. 财政收入增长率高于GDP增长率
4. 下列是公益性服务收费的有( )。
   A. 水费　　　　B. 电费　　　　C. 教育收费　　　　D. 邮费
5. 收费按性质划分可分为( )。
   A. 行政性收费和事业性收费　　　　B. 规费和使用费
   C. 国家机关收费和公用事业收费　　D. 中介机构收费和其他收费
6. 关于财政收入的具体项目理解正确的是( )。
   A. 通常所说的财政收入就是指政府收入
   B. 通货膨胀收入本质是政府的一种直接性税收
   C. 在我国统计中,经常性收入包括债务收入
   D. 非税收入包括罚款、管理费、资本性收入和赠予收入等
7. 关于财政收入占GDP比重的规律,叙述正确的是( )。
   A. 廉价型政府的比重最大　　　B. 主导型政府的比重最小
   C. 福利型政府的比重最大　　　D. 主导型政府的比重最大
8. 在经济运行方面,影响财政收入质量的现象有( )。
   A. 违法征税　　B. 经济衰退　　C. 财政分权　　D. 虚假统计
9. 目前,我国央企收入分配应该( )。
   A. 完全按照市场主体,制定企业分配制度
   B. 执行现代企业制度,但综合考虑企业、员工、国家的利益分配
   C. 私有化
   D. 国资委管理与经营
10. 下列不属于国有资产经营性收入形式的是( )。
    A. 使用权转让收入　B. 利润　　　　C. 租金　　　　D. 股利
11. 经常性预算的收入来源主要是( )。
    A. 各项税收收入　　　　　　　B. 公债收入
    C. 国有资产收益　　　　　　　D. 规费收入
12. 制约财政收入规模的根本性因素是( )。
    A. 税率标准　　　　　　　　　B. 纳税人数量
    C. 经济发展水平　　　　　　　D. 居民收入水平
13. 组织财政收入的首要原则是( )。
    A. 从发展经济入手,增加财政收入的原则
    B. 利益兼顾的原则
    C. 合理负担的原则

D. 公平与效率兼顾的原则
14. 国有资产管理要素叙述正确的是（　　）。
A. 包括国有资产管理主体、国有资产管理目标、国有资产管理目标实现手段
B. 主要是指国有资产管理目标的实现手段，主要包括法律手段、经济手段和行政手段
C. 国有资产的目标，可分为总体目标与具体目标
D. 是指由谁来代表国家管理国有资产
15. 国有资产管理叙述正确的是（　　）。
A. 是指对国民经济的整体调控、监督，对资产的随意处理
B. 是指国家按照国民经济管理的总体要求，对国有资产的占有、使用、收益和处置所进行的一系列活动的总称
C. 是指对资产的计划、组织、经营、协调、监管、控制等
D. 是指根据法律法规以资产所有者的身份进行处理资产

二、多项选择题
1. 按取得财政收入的形式分类，通常将财政收入分为（　　）。
A. 税收收入　　　　　　　　B. 国债收入
C. 国有资产收入　　　　　　D. 收益收入
E. 利息收入
2. 下列各项中应纳入中央财政收入的是（　　）。
A. 某歌星向一地方税务所上缴的个人所得税
B. 交警对违章司机的罚款
C. 农民王大爷的卖粮款
D. 我国向世界银行借的贷款
E. 中央企业的利润
3. 政府收费的原则包括（　　）。
A. 效率原则　　B. 公平原则　　C. 稳定原则　　D. 普遍原则
E. 非重叠性原则
4. 政府收费的特点是（　　）。
A. 收费主体是公共部门
B. 收费客体是接受服务的特定受益人
C. 收费的目的是补偿准公共产品所发生的费用
D. 收费具有一定的强制性
E. 收费具有返还性
5. 政府收费的作用有（　　）。
A. 改进公共资源的配置效率　　　　B. 保证经济和社会稳定
C. 保证社会财富分配公平　　　　　D. 补充国家财力不足
E. 提高政府提供公共物品的效率
6. 下列适合于实施政府收费的活动是（　　）。
A. 结婚登记　　B. 出国签证　　C. 日常用自来水　　D. 商场购物
E. 外贸出口

7. 关于财政收入的理解正确的是( )。
   A. 政府为履行职能而筹集的一切货币总和
   B. 是财政支出的结果
   C. 政府取得收入活动的过程
   D. 财政支出的前提

8. 分析研究财政收入结构的目的是( )。
   A. 科学安排各种收入来源的比例关系　　B. 便于加强宏观调控
   C. 优化结构,提高财政收入结构功能　　D. 直接调节社会总供求平衡

9. 在分配制度和分配政策方面,影响财政收入规模的因素有( )。
   A. 经济体制　　　　　　　　　　　　B. 政府干预经济的程度
   C. 企业的产权制度　　　　　　　　　D. 劳动工资制度

10. 关于财政的"发展经济,广开财源"的收入原则,理解正确的是( )。
    A. 只有经济发展了,才能广开财源
    B. 只有广开财源,增加了财政收入,才能发展经济
    C. 只有通过改革、优化资源、加强管理,提高了经济效益,才能发展经济
    D. 当经济发展了,可以广开财源增加财政收入,然后加强管理,促进经济发展

11. 私人产品市场供给,实行价格制度,纯公共产品是全体公众受益,实行税收制度,对于混合产品较适于政府收费制度的是( )。
    A. 无排他性或弱排他性,但有竞争性的产品,如公共牧场
    B. 有排他性,但非竞争性的产品,如城市公用设施
    C. "俱乐部产品"
    D. 边际成本递增的产品

12. 关于国有资产管理叙述正确的是( )。
    A. 既要实行国有资产保值和增值,还要保证整体国民经济质量
    B. 不论是股份制改造、整体出售变现还是企业并购、托管等经营方式,国有资本运行都要防止国有资产流失
    C. 应该建立管人、管事相结合,权利、义务和责任相结合的国有资产管理体制
    D. 管理国有资产就是国家要正确处理国有资产的税收、股息、红利的分配。

13. 按财政收入来源和性质进行分类的重要意义体现在( )。
    A. 便于财政收入的统计和分析
    B. 使财政收入分类更趋合理和规范,便于国际横向比较
    C. 有利于形成总的完整的政府收支预算
    D. 有利于国家更好地调控财政收入
    E. 拓宽了收入涵盖范围,使收入分类更为完整

14. 在我国财政收入中,国有资产收益的具体形式包括( )。
    A. 税收　　　　B. 股息　　　　C. 规费　　　　D. 资金使用费
    E. 红利

15. 国有资本的运营方式具有可选择性,常见的国有资本运营方式,主要包括( )可选择类型。

A. 整体出售方式,股份制改造方式　　B. 企业并购方式
C. 托管方式,股权与债权互换　　　　D. 国有股权转让

16. 实行国有资本运营的意义(　　)。
A. 有利于建立现代企业制度,改善国有企业内部治理结构
B. 有利于完善企业制度,达到企业最大利益
C. 有利于实现我国国有资产布局的战略结构调整
D. 有利于发挥国有资本对民间资本的引导作用

17. 国有资产收益与税收相比不同的是(　　)。
A. 分配依据不同　　　　　　　　B. 作用范围不同
C. 法律效益不同　　　　　　　　D. 受益主体范围不同

三、简答题

1. 简述影响财政收入规模的因素。
2. 什么是财政收入质量,影响其因素有哪些?
3. 简述我国财政收入的原则。
4. 简述政府收费的适用范围。
5. 简述规范非税收入的措施有哪些。
6. 简述我国国有资产管理的体制及其原则。

四、论述题

1. 论述财政收入的分类及其内容。
2. 论述我国税费改革。

五、材料分析题

材料分析题一:

1. 2013年8月25日,国资委网站发布公告,要求在10月31日前开展2013年国资委系统监管企业职工薪酬调查工作,并首度将央企职工"工资外收入情况"纳入调查范围:"目前,央企高管与普通人员工资收入差距越来越大,平均差距接近20倍,有的企业CEO工资甚至比普通员工高出上百倍。"以往,央企职工的工资外收入,包括职工福利性收入、补充养老保险费(企业年金)、补充医疗保险费、住房公积金、各类商业保险等,一直没有纳入国资委对国企工资总额统计及规范管理。

2. 另有网络新闻报道:两桶油没理由一亏损就涨价,即便是两大油企炼油业务上有巨亏,但上中下游全行业业务,各个环节总体是盈利的,且盈利率还是相当高的。根据两油企年报数据,2011年中石油和中石化的整体净资产收益率超过12%和15%,明显高于全国工业平均水平。那么炼油环节是不是一定会亏损呢?其实不然。在目前定价制度下,全行业全产业链条总体看是盈利的且明显高于社会平均利润率。再则,除"两桶油"外,所有炼油企业是不是都亏损呢?非也!民营炼油企业仍然能够基本保持盈利,多数并不亏损。如此,又何来理由要求国家对亏损环节进行补贴,更没有理由一亏损就要涨价。

结合上述材料,正确理解我国央企收入分配问题,谈谈你对央企收入改革的建议。

材料分析题二:

1. 一个央企的真实收入(摘自腾讯财经):

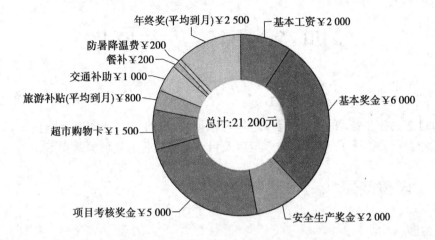

一个国家电网下属科研院所普通员工的月收入结构表

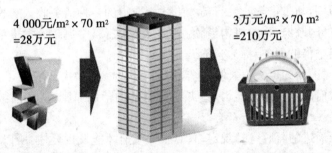

福利房:央企员工的超级取款机

2. 我国《收入分配体制改革总体方案》原定 2012 年 6 月底出台,后一再被推迟,多方认为阻力主要来自垄断行业,导致至今还没有出台。

3. 12 月 18 日,"2013 年《社会蓝皮书》发布暨中国社会形势报告会"在北京举行。蓝皮书指出,收入分配改革必须改变和改善社会收入分配结构,否则简单的收入翻番也不能叫做收入分配改革。"应加快调节收入和利益分配结构步伐,但是也应该注重顶层设计"。

根据以上材料,结合相关国有资产收益理论,谈谈你对国有资产管理的看法,有什么好的建议?

第四章 国债及其原理

学习目的：通过本章的学习，能够理解与掌握国债的性质、功能以及国债市场的功能，熟悉国债的发行与偿还，了解国债的效应以及目前我国发行的几种国债类型。

4.1 国债概述

一、公债

1. 公债概念

公债（public debt）是公共债务的简称，是政府的债务或负债，是国家或政府以其信用为基础，依据借贷原则，通过借款或发行债券方式而取得的一种债务收入。这里借款是指向本国银行借款或向外国政府、金融机构借款。通常将中央债（中央政府举借的债务）称为国债，地方债（地方政府举借的债务）称为公债。

我国财政部对国债的定义：国债，包含内债和外债，指中央政府为了实现其职能，平衡财政收支，增强政府的经济建设能力，按照有借有还的信用原则，从国内或国外筹集资金的一种方式。

我国 1995 年通过的《预算法》规定，只有中央政府才能发行公债，所以，目前在中国国债和公债是同一概念，下文将都用国债的概念，但是，到 2011 年我国开始试点政府发行债务。

财库〔2011〕141 号文件：为建立规范的地方政府举债融资机制，经国务院批准，2011 年上海市、浙江省、广东省、深圳市开展地方政府自行发债试点。在国务院批准的发债规模限额内，自行组织发行本省（市）政府债券的发债机制。2011 年试点省（市）政府债券由财政部代办还本付息，试点省（市）建立偿债保障机制，在规定时间将财政部代办债券还本付息资金足额缴入中央财政专户。

2. 国债与债务的关系

国债（national debt）是债的一种特殊形式，同一般债权债务关系相比具有以下特点：

（1）从法律关系主体来看，国债的债权人既可以是国内外的公民、法人或其他组织，也可以是某一国家或地区的政府以及国际金融组织，而债务人一般只能是国家。

（2）从法律关系的性质来看，国债法律关系的发生、变更和消灭较多地体现了国家单方面的意志，尽管与其他财政法律关系相比，国债法律关系属平等型法律关系，但与一般债权债务关系相比，则其体现出一定的隶属性，这在国家内债法律关系中表现得更加明显。

（3）从法律关系实现来看，国债属信用等级最高、安全性最好的债权债务关系。

3. 国债的产生和发展

国债属于财政范畴，晚于税收和私人信用、商业信用，当商品经济发展到一定阶段，社会上出现较为充裕的闲置货币资本，并进而出现基于借贷关系基础上的信用经济的时候，国债的产生才有了现实的土壤。所以,国债产生的原因有:一是国家财政支出超出财政收入;二是社会存在闲置资本,即存在借贷资本。

16世纪,一方面随着西方殖民制度和海上贸易的发展,世界市场进一步扩大,使得社会货币财富迅速积累;另一方面资本主义经济发展要求进一步扩展商品市场,各国为争夺市场进行战争而造成军费开支增加,为筹措军费和弥补国库亏空,国债得到迅速发展。

资本主义社会国债大规模发展的原因有:从支出需求看,国家对外扩张等职能引起了财政支出的过度膨胀,迫使资本主义国家不得不扩大国债的规模。从发行条件看,经济增长促使闲置资本规模扩大,为国债发行提供了大量的、稳定的资金来源。从利益分配角度看,从国债中获利最大的是资产阶级,新兴资产阶级通过大量认购国债而获得巨额利息,并不断地同封建王室和地主贵族集团争夺国家的政治权利。从经济理论和财政实践看,赤字财政理论和赤字财政政策在西方各国的流行和推广,也为国债的膨胀提供了理论上的诠释和制度上的保证。

从世界范围看,国债的产生和发展经历了如下几个阶段:

(1) 萌芽阶段(发生在奴隶、封建社会,公元前4世纪—公元12世纪末)。公元前4世纪,古希腊和罗马就出现了国家向商人、高利贷者和寺院借债的情况。

(2) 产生和兴起阶段(发生在封建社会末期,12世纪末—16世纪)。12世纪末13世纪初在商品经济和信用制度比较发达的意大利城邦,如佛罗伦萨、热那亚、威尼斯等,由于诸侯战争的需要,最早产生了近代意义的公债。亚当·斯密也认为"首先采用这种方法(公债),似为意大利各共和国"。1492年至1504年哥伦布四次西航美洲,开辟西方海外殖民探险热,随着西方殖民扩张的发展,到16世纪国债这种财政收入新形式便在西欧各国广泛流行起来。

(3) 确立和发展阶段(发生在自由、垄断资本主义,17世纪—20世纪30年代)。现代意义的国债制度最早是在17世纪的荷兰确立起来的,以后随着殖民战争和帝国主义战争的推动而大大发展起来。

(4) 兴盛和完善阶段(发生在国家垄断资本主义,20世纪30年代—)。1936年凯恩斯国家干预主义登上历史舞台,二战之后,赤字财政政策广泛流行于西方各国。由于干预经济的需要,国债制度进一步发展并完善起来,成为资本主义国家调控经济的重要手段。

4. 国债的性质

国债不同于税收。国家的财政收入主要是税收贡献的,国债取得的债务收入也作为当期的财政收入,但需要用以后年度的财政收入来偿还,是"税收的预征",所以说,国债的本质是一种延期的税收。国债的自愿性(国债的发行和认购建立在认购者自愿的基础上)、有偿性(依据信用原则有借有还,还本付息)、灵活性(国债是否发行、发行多少、如何发行由债务人视情况而定)的特征不同于税收的强制性、无偿性、固定性。

国债不同于储蓄。虽然发行的短期国债品种基本上是与银行储蓄没有差异的,1年期国债、2年期国债、3年期国债、5年期国债,对应的就是银行1年、2年、3年、5年期的定期储蓄,但国债的利率高,它是中央银行针对商业银行准备金发行国债,是中央银行公开市场业务的需要。一些长期的特殊国债如10年、30年的,银行储蓄品种中则没有,一些国债发行已有较长历史的国家,这些特殊国债是面向居民个人发行的长期债券,与银行储蓄期限相同的国债是回避的,居民个人主要是买来用作子女的教育费用或个人的资产储备的,对稳定居民生活很有好处。

国债具有下列特性：

(1) 财政性。各国国债的产生无一例外都是出于弥补财政赤字的需要，是一种特殊的财政收入，具有弥补财政赤字功能，财政性是国债最初始和最基本的属性。

(2) 金融性。国债是金融市场上一种特殊金融工具，是基础性的金融工具。国债同公司债券、金融债券等一样具有投资价值和市场价格，并且具有无风险的"金边债券"之称，国债利率往往成为市场基准利率，并成为其他金融资产定价的依据。

(3) 经济性。国债联系财政收支和货币供给，对消费、储蓄、投资、市场利率、货币供应量等重要宏观经济变量产生相应影响，使得国债成为宏观调控的一种重要经济杠杆。

5. 国债的效应

(1) 李嘉图等价定理。该定理假设条件：① 各代的消费者都是利他的，而且要求在利他动机支配下的各代消费者不能给其子孙留下债务；② 政府以举债替代征税的政策不具有再分配效应，并且各个消费者的边际消费倾向是无差别的；③ 假定政府所课征的税收都是一次性总付人头税。

由以上假设，李嘉图得到如下结论：无论政府是以增税来增加收入，还是以发行国债方式来增加收入，最终两者的效应应是一样的，既不会影响居民的消费，也不会影响资本的生成。

(2) 挤出效应。国债发行吸引私人部门的资金，从而引起私人部门投资的减少。货币供应量不变，国债发行，最终引起利率上升，或者说国债发行导致社会购买力的内部转移，则私人部门的投资和消费的货币量相对减少。

图4-1的横轴表示国民收入，纵轴表示利率。图中 IS 曲线代表产品市场达到均衡状态时的国民收入与利率之间相互关系的曲线，是投资与储蓄相等时所有代表均衡利率水平和均衡收入水平的组合点的集合。LM 曲线代表货币市场均衡状态下时国民收入和利率之间相互关系的曲线，是货币供给等于货币需求时收入与利率的各种组合的点的轨迹。

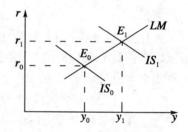

图4-1 国债的挤出效应

若中央银行的货币供应保持不变，即 LM 曲线维持原状，由于发行国债，使得货币市场的均衡点从 E_0 移至 E_1，产出从 y_0 增至 y_1，利率从 r_0 升至 r_1。由于投资是利率的减函数，利率的上升会减少部分对利率敏感的私人部门的投资，产生挤出效应。

(3) 货币效应。国债发行必然带来货币的变动，改变货币流通的结构，扩大中央银行的货币供应量。国债发行引起个人消费的减少而扩大政府投资的支出，改变了货币支付购买的方向。

二、国债功能与国债分类

1. 国债功能

国债发行，不仅为国民经济发展筹集大量建设资金，也在一定程度上满足了社会各类投资者投资国债的需要。同时，不断扩大的国债发行规模，为市场提供了更多的流动性，有利于活跃和稳定金融市场，保证财政政策和货币政策的有效实施。

(1) 战争期间筹措军费。战争时期军费开支巨大,发行战争国债是各国政府在战时通用的做法,是国债的最原始功能。

(2) 弥补财政赤字,平衡财政收支。国债是在政府职能不断扩大、支出日益增加,仅靠税收不能满足公共支出需要的情况下产生的,弥补财政赤字是国债的最基本功能。

弥补财政赤字的方法很多,如增加税收和增发通货,但税收的增加受到客观经济发展的制约,强行增加税收会影响经济的正常发展,使财源枯竭,也会受到纳税人的反对。如央行发行通货,结果会使社会中流通的货币量凭空扩大,造成通货膨胀,同时财政部门出现赤字时,自己也不能直接增发通货来弥补。再如出售国有资产,动用历年财政盈余等也可以弥补财政赤字。而发行国债弥补财政赤字只是社会资金的使用权的暂时转移,既不会增加纳税人的负担,又不会无端增加流通中的货币量而造成通货膨胀,还可以迅速取得资金,不会对经济发展造成不利影响。

(3) 筹集建设资金。基础设施和公共设施建设需要大量中长期资金,通过发行中长期国债,可以将一部分短期资金转化为长期资金,用于国家的大型项目建设,促进经济发展。

(4) 调节经济。随着国家对市场经济运行的干预不断强化,国债成为国家调节经济运行的重要工具。发行国债增加财政投资,刺激社会需求;发行国债引导投资方向,调节社会投资结构和产业结构;通过金融市场,形成资本市场的利率,便于减少宏观调控中的行政强制,减缓政策对社会经济全面冲击的影响。

(5) 以新债还旧债,减轻和分散国家还债负担。

(6) 形成市场基准利率,机构投资者短期融资工具等。

2. 国债分类

(1) 按发行是否附带应募条件为标准,可分为强制国债和自由国债。应募条件是为推销国债而对应募者规定的约束条件。马克思将强制性国债称为一种特殊形式的所得税。我国1981—1988年间发行的国债属于强制性国债。

(2) 按国债可否自由流动为标准,可分为可转让国债和不可转让国债。可以在证券市场上公开买卖的,称为可转让国债,也称上市国债。这类国债容易变现,有利于国债的推销,央行也可以利用其流动性,调节国家债务总额及构成,调节金融市场。

(3) 按国债的偿还期限为标准,可分为短期国债、中期国债和长期国债。短期国债指偿还期限在1年以下,其周期短,流动性大,对货币流通、借贷资本市场的供需和利率影响较大。长期国债一般指偿还期限在10年以上的国债,有的定为5年以上。由于偿还期限较长,国债容易受到币值变动影响,特别是在通货膨胀时期,发行比较困难。

(4) 按国债的债务主体为标准,可分为中央政府国债和地方政府国债。

(5) 按国债债权人国境为标准,可分为内债和外债。内债表示本国资源在不同用途之间的转移,一般不影响国际收支。发行外债吸收外国资金,利用外国资源,对本国经济发展有利,但易引起国际收支的不平衡,造成经济和政治上的困难。

(6) 以国家举债形式为标准,可分为国家借款和发行债券。国家借款是政府和债权人按照一定的程序和形式共同协商,签订协议或合同,形成债权债务关系,是国家最原始的举债形式。

(7) 以发行的凭证为标准,可分为凭证式国债(储蓄式国债)和记账式国债(无纸化国债)(后面章节将叙述)。

(8) 按用途标准,可分为赤字国债和建设国债等等。

3. 我国国债情况

我国政府自 1981 年恢复发行内债,迄今已经有 30 多年历史。这 30 多年里,内债发行规模不断扩大,由 20 世纪 80 年代初每年发行几十亿元,到 2009 年发行超万亿元,内债品种有了较多的增加。目前,我国发行的国债主要包括面向机构投资者发行的可流通的记账式国债,面对个人投资者发行的不可流通的凭证式国债。市场建设取得了一定进展,银行间债券市场、证券交易所债券市场已构成国债市场的主体框架。

4.2 国债结构与国债规模

一、国债结构

国债结构是指一个国家各种性质债务的互相搭配,以及各类债务收入来源和发行期限的有机结合。实践中,国债的结构主要包括国债的期限结构、种类结构、持有者结构和利率结构。其中国债的种类结构是指各种类型的国债在国债总额中所占的比重,国债的期限结构是指各种期限的国债在国债总额中所占的比重,国债的持有者结构是指不同的投资主体在国债总额中所占的比重,国债的利率结构是国债利息占国债票面金额的比率。

二、国债规模

国债规模是一个国家的政府举措国债的数额及其国民经济有关指标之间的关系,包括负担和限度两个方面。国债的债务规模有三层意思：一是历年累计债务总规模,二是当年发行的债务总额,三是当年到期需还本付息的债务总额。影响国债规模的因素有：① 国民经济的分配结构;② 经济与社会发展战略;③ 国民经济宏观调控的任务;④ 认购者负担能力;⑤ 政府偿债能力;⑥ 国债资金的使用方向、结构、效益等。

1. 国债的负担

(1) 国债的负担是指在发行期举借的国债,到期便要进行的还本付息金额,涉及认购者、财政的偿还和纳税人的承受能力。

① 认购者的负担能力。政府在推销国债时,首先要考虑认购者的负担能力,依据认购者的负担能力确定国债发行的一些基本条件,如债券的票面额、发行价格、利息率等的规定。比如,债券票面额的大小,应当根据国债的发行对象、人民生活水平、日常的交易习惯及国债的发行数额加以确定。

② 财政的偿还能力和纳税人的承受能力。政府在推销国债时,其次要考虑财政的偿还能力和纳税人的承受能力,因为国债的还本付息是需要政府来偿还的,理论上讲,利息应该从经常项目来支付。因为经常项目的资金来源主要是税收,国债的增加,最终是纳税人负担的,这就必须要考虑到纳税人将来的承受能力。

如果将利息与本金合并计算,那么由于每一笔债券都要支付利息,所需要发行的债券会越滚越大,所以利息应该通过税收所筹集到的资金来支付,列入"经常性预算"。对于本金的支付,国际上通行的做法是发新债还旧债,按照这种方法来偿还国债,则可能有一笔债务是终生不用偿还的,这会影响政府的信用。因为借债是要还的,如果还不了,将会使各级财政背上沉重的债务负担,2010 年爆发的欧洲债务危机就是政府的财政债务危机。

2. 国债的限度

国债会形成一种社会负担,所以国债必须有一定的限度。国债的限度一般是国家债务规模的最高额度或指国债适度规模的问题,可以通过下列指标衡量:

(1) 国债负债率＝当年国债余额/当年 GDP

(2) 借债率＝当年国债发行额/当年 GDP

(3) 国债依存度＝当年国债发行额/当年财政支出

(4) 偿债率＝当年还本付息额/当年财政收入

前两个指标是着眼于国民经济大局,而后面两个指标则是从财政收支的角度来考察国债规模。

3. 国债规模的指标评价

(1) 财政偿债能力指标

① 债务依存度。指当年国债发行额占中央财政支出的比重,反映中央财政支出依靠债务收入来安排的程度。

国际上一般存在一个较为模糊的安全控制线,即不超过 25%～35%,我国经验数据认为在 15%～20%为宜。债务依存度就法律或制度的意义看,至今为止我国国债发行只限于中央政府,地方政府是不能赤字也无权发行地方国债。这样,依靠国债满足财政支出需要的只能是中央政府。在我国目前的具体环境中,国债依存度这一经济指标对中央财政才是有意义的。所以,我们在作比较分析时,实际上是用中国的中央财政债务依存度与西方的国家财政债务依存度来作对比。

各发达国家的债务依存度一般在 10%～23%之间。在我国 1998 年中央财政债务依存度曾高达 71.72%,几乎高出日本、美国和英国的 3～10 倍。日本政府即使在财政最困难时期,债务依存度最高的年份也不过是 37.5%。显然,我国以满足"社会公共需要"为主体格局的中央财政支出,其资金来源比较依赖发行国债来支撑,孕育着潜在的风险。

② 偿债率。指当年还本付息额占当年中央财政收入的比重,直接反映中央政府的偿债能力。关于这一指标,国际上公认的安全线是 8%～10%,我国经验数据认为应小于 20%。美、英、法、日等国家的偿债率均在 10%以内。中国在 1994 年前,由于国债发行规模不大,国家财政收入用于债务支出不多,偿债率较低,如 1990 年小于 6.5%。但从 1994 年起,国债的发行规模剧增,由此导致债务支出总额迅速上升,国债偿债率从 1994 年的 9.6%迅速攀升到 1997 年的 21.1%和 1998 年的 22.4%,开始大大超出了国际公认的安全线。

③ 国债借债率。国债借债率即当年国债发行额(即债务收入)与当年 GDP 的比率,它反映了当年 GDP 对当年国债增量的利用程度。国际上公认的安全线为 3%～10%,我国经验数据认为应控制在 5%～8%。我国国债借债率 1994 年是 2.5%,1998 年是 4.09%,普遍低于发达国家的水平。2010 年我国 GDP 约为 40 万亿元,这样,我们的国债发行空间可以达到 1 万亿元至 3 万亿元。

这说明从国民经济全局来看,我国的年度国债发行规模还存在着一定空间。但是,也应该看到另一个事实,从 1994 年起,我国的国债借债率保持了较高的增长速度,年度国债发行量的增长速度大体上保持在 25%～30%,远远超过 GDP 8%左右的增长速度,所以借债率这一指标肯定还将不断攀升。而大多数发达国家的这一指标十多年来基本上保持较稳定的状况,维持在 8%左右,只有日本、英国、西班牙等少数财政陷入困境和失业率较高的国家在 20

世纪 90 年代初出现过较快的增长。

(2) 社会偿债能力指标

① 国债负担率。该指标从国民经济的总体情况来考察和把握国债的数量界限,指当年国债累计余额占 GDP 的比重,即国债负担率＝国债累计余额/当年 GDP。

国际上尚未有一个公认的准则,欧盟的《马斯特里赫特条约》规定的标准为 60％。一般发达国家的国债负担率最多不超过当年 GDP 的 45％,我国经验数据认为应该控制在 10％ 左右,不宜超过 15％。

从理论上讲,国家财政支出的需求压力和偿债能力、居民的收入和储蓄水平以及国内生产总值规模和国债的收益率高低都是制约国债发行规模的重要因素。但这些因素集中在一点,就是国内生产总值的规模,影响国债规模的最主要因素就是国内生产总值。考察国债的相对规模最有意义也是最重要的指标就是国债负担率。

自 20 世纪 80 年代以来,大多数国家的政府债务规模都有较大幅度的扩大,如西方主要发达国家的债务规模(国债负担率)都几乎翻了一倍,不过,在发达程度相近的国家中,债务规模则有着很大的差别。有的国家的债务规模只相当于 GDP 的 22.5％（如 1995 年的瑞士),而有的国家超过了 120％（如意大利和比利时）。2008 年我国国债累计余额约为 7.12 万亿元,国债负担率约为 18％。

② 居民偿债率。居民偿债率是指当年国债发行额占偿债主体收入水平的比重,反映偿债主体对国债的承受能力,公式可表示为：居民偿债率＝当年国债发行额/居民储蓄存款余额。

表 4-1 为 2000—2012 年我国国债发行情况。

表 4-1　我国 2000—2012 年国债规模　　　　　　（单位：亿元）

项目 年份	发行规模	国债余额	国债还本付息额
2000	3 361.48	13 020	2 456.21
2005	7 042	32 614.21	4 738.38
2007	23 483	52 074.65	—
2008	8 549	53 271.54	—
2009	16 280.66	6 0237.68	10 644.62
2010	17 849.94	67 548.11	12 026.1
2011	15 609.80	72 044.51	12 896.15
2012	14 527.33	77 565.70	11 069.12

上表中的国债数据(以当年汇率调整)根据历年财政决算整理,"—"表示统计中没有数据。

4.3　国债的发行与偿还

一、国债的发行

1. 发行原则

(1) 景气原则,即发行国债以推动和协调国家经济发展为目标。

(2) 稳定市场秩序原则,即国债发行量要控制在一个合理范围之内,与国民经济的承受能力和政府的偿还能力相适应,以稳定金融市场秩序,稳定商品市场秩序,稳定经济。

(3) 节约原则,即由发行国债所发生的各种费用支出应尽量节约,最大限度地降低其筹资的成本。

2. 发行条件

(1) 国债发行额。国债发行额是指国债的年发行额和每期国债的发行额。发行额的确定要考虑到财政对资金的需求、纳税人的负担能力、证券种类和国家债务规模等,确定国债发行额时,要进行科学预测。

(2) 国债期限。国债期限是指国债发行日至还本付息日的时间。国债期限的设计要做到短、中、长期限的分布合理,考虑到社会应债资金的多元化和政府债务资金使用的多元化;合理安排期限结构,减轻利息负担;避免政府偿债期限过分集中,形成偿债高峰。其影响因素有政府使用资金的周转期、市场利率的发展趋势、流通市场的发展程度和投资人的投资意向等。

(3) 国债发行价格。国债发行价格与国债利息成正比,与市场利率成反比。按照国债发行价格与其票面值关系,可以分为平价发行、折价发行和溢价发行。

(4) 国债的发行利率。国债利率是政府因举债所应支付的利息额与借入本金额的比率,也是购买者的投资收益率。它受到金融市场利率水平、物价水平、国家信用状况、社会资金供应量、国债期限长短和付息方式等因素的影响。

3. 发行方式

(1) 公募法。通过在金融市场上公开招标的方式发行国债,即由承销商接受发行的债券,向社会上不指定的广泛投资者进行募集的方式。其特点有:① 发行条件通过招标决定;② 拍卖过程由财政部门或中央银行负债组织;③ 主要适用于中短期国债,特别是国库券的发行。可以分为直接公募法(财政部门或委托其他部门直接发行国债)、间接公募法(政府委托银行或其他金融机构代为经营)和公募招标法(金融市场上公开招标发行,通过竞争依次排列中榜者名单让其认购国债)。具体拍卖方法根据标的分价格拍卖法和收益拍卖法,以及竞争性出价法和非竞争性出价法。

(2) 包销法。又称承购包销,1991年开始采用这种方法,主要用于不可流通的凭证式国债。它是由各地的国债承销机构组成承销团,通过与财政部签订承销协议来决定发行条件、承销费用和承销商的义务,然后由其转向社会销售,未能售出的余额由金融机构自身承担。

另外,还有出卖法(指政府委托经纪人在金融市场直接出售国债)、摊派法(即政府规定认购条件,凡符合条件者必须按规定认购国债),以及支付发行法(政府对应支付现金的支出改为债券代付)。

国债实践讨论 1

1. 下表是从国家统计局网站截取的我国国债数据:

指标	2011年	2010年	2009年	2008年	2007年	2006年	2005年
中央财政债务余额(亿元)	72,044.51	67,548.11	60,237.68	53,271.54	52,074.65	35,015.28	32,614.21
国内债务(亿元)	71,410.80	66,987.97	59,736.95	52,799.32	51,467.39	34,380.24	31,848.59
国外债务(亿元)	633.71	560.14	500.73	472.22	607.26	635.02	765.52

2. 下表是从国家统计局网站截取的我国财政收支数据：

指标	2011年	2010年	2009年	2008年	2007年	2006年	2005年
①财政收入(亿元)	103,874.43	83,101.51	68,518.30	61,330.35	51,321.78	38,760.20	31,649.29
①财政支出(亿元)	109,247.79	89,874.16	76,299.93	62,592.66	49,781.35	40,422.73	33,930.28

3. 下表是从国家统计局网站截取的我国国民经济数据：

指标	2011年	2010年	2009年	2008年	2007年	2006年	2005年
①国民总收入(亿元)	468,562.38	399,759.54	340,319.95	316,030.34	266,422.00	215,904.41	183,617.37
①国内生产总值(亿元)	473,104.05	401,512.80	340,902.81	314,045.43	265,810.31	216,314.43	184,937.37

结合国际和我国的经验数据和国债原理，谈谈你对我国不断增长的国债发行规模的看法。

二、国债的偿还

1. 偿还方式

(1) 到期一次偿还。指对发行的国债实行在债券到期日按票面额一次全部偿清。这种偿还方式的优点是国债还本管理工作简单、易行，不必为国债的还本而频繁地筹措资金；缺点是集中一次偿还，易造成政府支出急剧上升，给国库带来较大压力。

(2) 分期逐步偿还。指在偿还期内按年度分期确定一定的偿还比例，逐年偿还，直至偿还期结束。它避免到期一次偿还的缺陷，但增加国债管理工作的复杂性。

(3) 市场购销偿还。指政府委托证券公司或其他有关机构从流通市场上以市场价格买进政府发行的国债。其优点是操作简单，减少宣传费用，通过买进债券体现国家经济政策。

(4) 以新替旧偿还。指政府发行新债券来兑换到期的旧债券。

(5) 抽签轮次法。指政府通过定期抽签，确定清偿国债的方法。一般以国债的号码尾号为抽签依据，公开清偿到期国债的号码(尾号)，所有相同号码(尾号)的国债予以偿还。

国债实践讨论2

财政部 2010 年 1 号

国债和地方政府债券 2010 年还本付息工作即将开始，现将有关事宜公告如下：

一、2010 年到期国债品种和条件

(一) 储蓄国债。

1. 凭证式国债于到期日归还本金并支付全部利息。

(1) 2005 年 3 月 1 日至 3 月 31 日发行的 5 年期凭证式(一期)国债，到期年利率为 3.81%。

(2) 2005 年 4 月 10 日至 4 月 30 日发行的 5 年期凭证式(二期)国债，到期年利率为 3.81%。

……

2. 储蓄国债(电子式)于到期日归还本金并支付最后一年利息。

(1) 2009年第五期储蓄国债(电子式),期限1年,年利率为2.60%,于9月15日到期。

(2) 2009年第七期储蓄国债(电子式),期限1年,年利率为2.60%,于11月20日到期。

(二) 记账式国债。

1. 记账式附息国债于到期日归还本金并支付最后一年利息。

(1) 2000年记账式(二期)国债,期限10年,浮动利率,2010年付息年利率为2.80%,于4月18日到期。

(2) 2000年记账式(四期)国债,期限10年,浮动利率,2010年付息年利率为2.87%,于5月23日到期。

……

2. 记账式贴现国债于到期日按面值偿还。

(1) 2009年记账式贴现(二期)国债,期限273天,于1月11日到期。

(2) 2009年记账式贴现(九期)国债,期限273天,于3月8日到期。

……

谈谈你对国债规模和国债偿还的认识。

摘自 http://gks.mof.gov.cn

2. 国债偿还的资金来源

(1) 经常性预算收入。指将每年国债的偿还数额作为支出的一个项目列入当年的支出预算,由经常性预算收入保证偿还。这种偿还资金稳定,但容易影响预算支出的稳定性。

(2) 预算盈余。指在预算年度结束时,以当年的结余作为偿还国债的资金。它作为偿债资金不稳定,只能作为偿债资金的补充来源。

(3) 设立偿债基金。指政府每年从预算收入中拨出一定数额的专款,作为偿还债务的专用基金,逐年累积,专门管理,以备偿债。

(4) 举借新债。指发行新债替换旧债,或从每年新发行的国债收入中提取一部分来偿还旧债的本息。

在上面的几种偿还资金来源中,理论上可行但实践中很难实现的是预算盈余,普遍采用的是举借新债。

4.4 国债市场

一、国债市场

国债市场是指实现国债发行和转让交易的场所,它是证券市场的重要组成部分。国债市场的参与者是指国债交易活动的各经济单位,包括资金供给者、资金需求者、中介和管理者4个方面。

1. 国债发行市场

国债发行市场是指以发行国债的方式筹集资金的场所,又称国债一级市场或初级市场,是国债交易的初始环节。这一市场具体决定国债的发行时间、金额和条件,引导投资者认购及办理认购手续、缴纳款项等,但没有集中的具体场所,是无形的,是一种观念性市场。

国债发行市场管理内容:合理选择国债发行方式和发行种类,有效筹集资金,降低发行成本。

2. 国债流通市场

国债流通市场是指买卖已发行的国债的场所,又称二级市场或转让市场。

我国从1981年恢复发行国债到1988年间,没有国债二级市场,从1988年起,首先允许7个城市随后又批准了54个城市进行国库券流通转让的试点工作。我国从1991年兴起国债回购市场。

国债流通市场管理内容:制定交易方式和管理交易秩序,拓宽流通渠道,活跃市场交易。国债流通的主要目的:一是有利于国债持有者的变现,增大国债的吸引力,发行容易;二是有利于国家调节货币供应量和调节市场利率;三是可以引导资金流向,提高投资资金的使用效率。

一般来说,改善国债品种特征,有利于提高国债市场的流动性;增加国债的付息频率,有利于改善投资者的现金流入结构,促进流动性提高。

二、国债的交易方式

国债市场的交易方式,一般有国债现货交易、国债期货交易、国债期权交易和国债回购交易四种。其中:① 国债现货交易是国债买卖双方在约定的1～3天内,以交割方式办理钱货两清的交易方式;② 国债期货交易是国债买卖双方成交后,按期货合同中规定的价格、数量,在合同规定的时间到期后才进行交易的方式;③ 国债期权交易中国债交易双方买卖的是一种权利,即保证购买期权者在某一特定时间,可以按合同规定的价格买进或卖出一定数量的国债,也允许购买期权者放弃这种权利,其损失的只是期权费;④ 国债回购交易是指以现券交易为基础,在买卖双方初次成交一定时间后,原来的卖方再按双方事先约定的价格将自己所卖出的国债购回。

三、国债市场功能

国债市场的存在能够增强政府债券的流动性,提高其竞争能力;能够为社会闲置资金提供良好的投资场所,有助于减少投资风险;能够突破单一的银行信用,促进证券市场的发展,促进市场经济的发展;也能够便于中央银行开展公开市场业务,是金融宏观调控的重要手段。

(1) 国债市场为国债的发行和流通提供一个有效的渠道。一方面,政府可以在国债市场上完成发行国债和偿还国债的任务;另一方面,国债投资者可以通过国债市场买入或转让国债,实现获利或者改换投资方向的目的。

(2) 国债市场能够引导资金的流向,调节资金运行,达到社会资金的优化配置。通过国债的发行和流通,完成资金的需求者和供给者之间的转移,使社会资金的配置趋于合理。

(3) 国债市场是连接财政当局与货币当局,综合运用财政政策和货币政策对宏观经济发挥调节作用的市场渠道。中央银行通过公开市场业务,买入卖出国债,调节货币的供给和需求,实现宏观经济目标。

(4) 国债市场也能够提供和传播经济信息。国债市场的买卖、行市和收益受客观规律的影响,通过国债市场了解经济现象,既可以为政府提供决策所需的信息,也可以为广大投资者提供分析投资环境的信息。

完善国债市场的措施可以从以下几个方面进行:扩大银行间市场交易主体,促进银行间市场交易与交易所市场的连接;加强市场基础设施建设,改进国债的托管清算制度;改进国债管理体制,将国债发行由年度额度控制改为年末余额控制;推进市场信息建设和法制建设,进一步完善市场法规,加强市场监管;加快银行间市场的资信评级制度建设,帮助交易成员控制信用风险;加强市场创新,根据市场环境的变化进行国债新品种和交易形式的创新;建立国债投资基金,培育专业投资队伍。

4.5 我国发行的国债

一、记账式国债

记账式国债又称无纸化国债,它是指将投资者持有的国债登记于证券账户中,仅取得收据或对账单以证明其所有权的一种国债,具有成本低、流通性强的特点。

由于记账式国债种类较丰富,付息方式灵活,可以为投资人提供较多的选择。投资人可以在交易所或商业银行柜台随时购买到记账式国债,也可以随时卖出。以前普通投资者只能通过沪深交易所买卖记账式国债,随着商业银行柜台交易的开通,投资者能通过网点更广泛的银行柜台来实现记账式国债的投资。由于承办柜台交易的商业银行都是银行间债券市场成员,可以根据柜台市场销售情况,通过银行间市场买进国债,再卖给普通投资者,从而最大限度地满足投资人对国债的需求。

记账式国债的价格会随着市场利率、国债供求状况等诸多因素而发生变化。在利率下降时,投资记账式国债可以获得增值收益,反之就存在二级市场风险。

二、凭证式国债

凭证式国债是指国家采取不印刷实物券,而用填制"国库券收款凭证"的方式发行的国债。我国从1994年开始发行凭证式国债。凭证式国债其票面形式类似于银行定期存单,利率通常比同期银行存款利率高,具有类似储蓄又优于储蓄的特点,通常被称为"储蓄式国债",是以储蓄为目的的个人投资者理想的投资方式。

凭证式国债通过各银行储蓄网点和财政部门国债服务部面向社会发行,主要面向老百姓,从投资者购买之日起开始计息,可以记名,可以挂失,但不能上市流通。

投资者购买凭证式国债后如需变现,可以到原购买网点提前兑取,提前兑取时,除偿还本金外,利息按实际持有天数及相应的利率档次计付。对于提前兑取的凭证式国债,经办网点还可以二次卖出。

三、无记名式国债

无记名式国债是一种票面上不记载债权人姓名或单位名称的债券,通常以实物券形式出现,又称实物券或国库券。实物债券是一种具有标准格式实物券面的债券。在我国现阶段的国债种类中,无记名国债就属于这种实物债券,它以实物券的形式记录债权、面值等,不记名,不挂失,可上市流通。

不过我国很多年都没发行无记名国债了,现在发行的都是凭证式和记账式国债。

四、电子式储蓄国债

储蓄国债(savings bonds)是指一国政府面向个人投资者发行的,以吸收个人储蓄资金为目的,满足长期储蓄性投资需求的一种不可流通的国债,按债权记录方式分为纸质凭证和电子方式两种。我国的储蓄国债包括原有的凭证式国债和2006年6月推出的电子式储蓄国债。电子式储蓄国债是我国财政部面向境内中国公民储蓄类资金发行的,以电子方式记录债权的不可流通的人民币债券。

电子式储蓄国债具有以下几个特点:一是针对个人投资者。认购对象仅限境内中国公民,不向机构投资者发行,同时设立了单个账户单期购买上限,充分考虑并保护了个人投资者特别是中小投资者的利益;二是不可流通性,采用实名制,不可流通转让;三是采用电子方式记录债权,有专门的计算机系统用于记录和管理投资人的债权,免去了投资者保管纸质债权凭证的麻烦,债权查询方便;四是收益安全稳定,由财政部发行并负责还本付息,票面利率在发行时就已确定(不随市场利率或者储蓄利率的变化而变化),免缴利息税,适合低风险偏好的投资者;五是鼓励持有到期,电子式储蓄国债设有最低持有期限,在持满最低期限后方可办理提前兑取,并被扣除部分利息,同时要支付相应的手续费;六是手续简化,省去了兑付手续,本金或者利息到期直接转入投资人的资金账户;七是付息方式较为多样,设计了按年支付利息的品种,适合个人投资者存本取息的投资习惯。

凭证式国债在1994年开始面向城乡居民发行,对筹集财政资金、促进经济发展、满足人民群众投资需求发挥了重要作用,已经成为深受广大群众喜爱的投资品种。由于凭证式国债采取了"中华人民共和国凭证式国债收款凭证"记录债权,这种方式难以建立全国统一的发行系统作为技术支撑,导致凭证式国债发售进度的透明度不高,且发行额度在不同银行、不同地区间的调剂比较困难,常常出现部分地区的投资者买不到国债,而另一地区的银行尚未完成发行任务的情况。在兑付时,投资者需到柜台办理业务,逾期兑付无额外利息收益。借鉴国外成熟经验,结合我国实际情况,初步形成中国储蓄国债实施框架。

购买电子式储蓄国债投资者,持本人有效身份证件需要在一家承办银行开立或拥有个人国债托管账户,已经在商业银行柜台开立记账式国债托管账户的投资者不必重复开户。投资人在购买电子式储蓄国债后,可以通过在柜台打印对账单或者拨打承办银行客户服务电话查询自己债权变更情况。

专题 5

一、电子式储蓄国债与其他凭证式国债的比较

1. 相同之处:

① 都属于储蓄国债,均以国家信用为基础。

② 相同期限的凭证式国债和对应品种的电子式储蓄国债,收益水平基本相当。

③ 都免缴利息税。

2. 不同之处在于:

① 申请购买手续不同。投资者购买凭证式国债,可持现金直接购买;投资者购买储蓄国债(电子式),需开立个人国债托管账户并指定对应的资金账户后才能购买。

② 债权记录方式不同。凭证式国债债权采取填制"中华人民共和国凭证式国债收款凭证"的形式记录,由各承销银行和投资者进行管理;储蓄国债(电子式)以电子记账方式记录债权,采取二级托管体制,由各承办银行总行和中央国债登记结算有限责任公司统一管理,降低了由于投资者保管纸质债权凭证带来的风险。

③ 付息方式不同。凭证式国债为到期一次还本付息;储蓄国债(电子式)付息方式比较多样,既有按年付息品种,也有利随本清品种。

④到期兑付方式不同。凭证式国债到期后,需由投资者前往承销机构网点办理兑付事宜,逾期不加计利息;储蓄国债(电子式)到期后,承办银行自动将投资者应收本金和利息转入其资金账户,转入资金账户的本息资金作为居民存款按活期存款利率计付利息。

⑤发行对象不同。凭证式国债的发行对象主要是个人,部分机构也可认购;储蓄国债(电子式)的发行对象仅限个人,机构不允许购买或者持有。

⑥承办机构不同。凭证式国债由各类商业银行和邮政储蓄机构组成的37家凭证式国债承销团成员的营业网点销售;储蓄国债(电子式)由经财政部会同中国人民银行确认代销试点资格的中国工商银行、中国农业银行、中国银行、中国建设银行、交通银行、招商银行和北京银行7家已经开通相应系统的商业银行营业网点销售。

二、电子式储蓄国债与记账式国债的区别

1. 发行对象不同。机构和个人都可以购买记账式国债,而电子式储蓄国债的发行对象仅限个人。

2. 发行利率确定机制不同。记账式国债的发行利率是由记账式国债承销团成员投标确定的;电子式储蓄国债的发行利率是财政部参照同期银行存款利率及市场供求关系等因素确定的。

3. 流通或变现方式不同。记账式国债可以上市流通,可以从二级市场上购买,需要资金时可以按照市场价格卖出;电子式储蓄国债只能在发行期认购,不可以上市流通,但可以按照有关规定提前兑取。

4. 到期前变现收益预知程度不同。记账式国债二级市场交易价格是由市场决定的,到期前市场价格(净价)有可能高于或低于发行面值。当卖出价格高于买入价格时,表明卖出者不仅获得了持有期间的国债利息,同时还获得了部分价差收益;当卖出价格低于买入价格时,表明卖出者虽然获得了持有期间的国债利息,但同时也承担了部分价差损失。因此,电子式储蓄国债适合注重投资安全、收益稳定的投资者购买。

练习题

一、单项选择题

1. 弥补财政赤字的最佳选择是( )。
   A. 扩大内需　　　B. 增加公共支出　　C. 发行国债　　　D. 减少公共支出
2. 国债的发行方式不包括( )。
   A. 抽签法　　　　B. 公募法　　　　　C. 包销法　　　　D. 出卖法
3. 政府以债务人的身份,根据信用原则取得的财政收入是( )。
   A. 上缴利润　　　B. 税收　　　　　　C. 国债收入　　　D. 专项收入
4. 国债与其他财政收入形式明显的区别是( )。
   A. 强制性　　　　B. 灵活性　　　　　C. 直接返还性　　D. 有偿性
5. 国家信用的基本形式是( )。
   A. 银行借款　　　B. 贷款　　　　　　C. 国债　　　　　D. 透支
6. 国债的基本功能是( )。
   A. 调节经济　　　B. 弥补财政赤字　　C. 收入再分配　　D. 稳定货币流通

7. 国债依存度是指( )。
   A. 当年国债发行总额÷当年财政收入总额
   B. 当年国债发行总额÷当年财政支出总额
   C. 当年国债余额÷当年财政收入总额
   D. 当年国债余额÷当年财政支出总额
8. "国债是一种延期的税收",主要是因为( )。
   A. 通过国债取得的收入,最终需要用以后纳税人缴纳的税收偿还
   B. 弥补财政赤字是国债的基本职能
   C. 国债不作为财政收入
   D. 国债就是税收
9. 国债的借债率通常用当年发行国债额与当年GDP的比率来表示,在这个指标下,国际公认的发行安全线为( )。
   A. 8%~10%   B. 3%~10%   C. 25%~35%   D. 45%以下
10. 国家发行国债时,需要综合各个国债发行条件,诸如发行额、期限、价格和( )等,以免影响国家经济安全。
    A. 发行方法   B. 偿债资金来源   C. 发行利率   D. 偿还方式
11. 在国债偿还方式中,到期一次偿还相比其他偿还方式,具有的( )缺点。
    A. 偿债压力大   B. 增加国债管理的复杂性
    C. 增加宣传费用   D. 增加经常预算收入
12. 电子式储蓄国债正常交易时间为( )
    A. 早上8:00至下午18:00   B. 早上9:00至下午15:00
    C. 早上9:00至下午16:30   D. 早上9:30至下午16:00
13. 假设某国发行国债3 000亿元,当年还本付息额2 000亿元,财政收入36 000亿元,财政支出39 000亿元,则当年财政偿债率为( )
    A. 5.81%   B. 5.69%   C. 5.56%   D. 5.13%
14. 发行短期国债作为公开市场操作的工具,从财政上说,主要目的是( )。
    A. 平衡社会总供求   B. 平衡国库短期收支
    C. 平衡国际收支   D. 发展基础设施和重点建设项目
15. 通常所说的"金边债券"是指( )。
    A. 以黄金储备为担保而发行的债券   B. 企业债券
    C. 金融债券   D. 政府债券
16. 以个人为发行对象的非流通国债,主要是吸收个人的( )。
    A. 大额储蓄资金   B. 小额储蓄资金
    C. 投资资金   D. 短期闲置资金

二、多项选择题
1. 国债的功能包括( )。
   A. 弥补财政赤字   B. 筹集建设资金   C. 扩大内需   D. 调节经济
2. 国债以筹措和发行的性质为标准分为( )。
   A. 内债   B. 强制国债   C. 外债   D. 自由国债

3. 国债产生的基本条件是（　　）。
A. 政府支出的需要　　　　　　　B. 商品货币经济高度发达
C. 公债利息较高　　　　　　　　D. 完备的证券市场
E. 社会上存在借贷资本

4. 国债偿还的资金来源，主要有（　　）。
A. 经常性预算收入　　　　　　　B. 预算盈余
C. 发行新债收入　　　　　　　　D. 偿债基金
E. 信贷基金

5. 国债的发行价格有（　　）。
A. 平价　　　　B. 折价　　　　C. 损价　　　　D. 溢价

6. 凭证式国债的特点有（　　）。
A. 收益稳定　　　　　　　　　　B. 信誉高
C. 风险小　　　　　　　　　　　D. 实际利率高于储蓄
E. 提兑分档计息

7. 国债结构包括（　　）。
A. 国债持有者结构　　　　　　　B. 国债期限结构
C. 应债资金来源结构　　　　　　D. 应债主体结构
E. 国债利率结构

8. 影响国债规模的因素有（　　）。
A. 国民经济分配结构　　　　　　B. 认购者负担能力
C. 国民经济宏观调控任务　　　　D. 政府税收能力
E. 国债资金的使用方向、结构和效益

9. 在我国，国家信用的主要形式有（　　）。
A. 国家对内发行政府债券　　　　B. 国家在国外推销和发行国债
C. 财政部向国家银行借款　　　　D. 国家向国外借款或对外贷款
E. 社保基金

10. 凭证式国债与电子式储蓄国债的不同表现为（　　）和债权记录方式不同等。
A. 是否免税不同　　B. 申购手续不同　　C. 发行对象不同　　D. 付息方式不同
E. 承办机构不同

11. 从法律关系角度理解国债正确的是（　　）。
A. 国债的债务人只能是国家（政府），其债权人可以是国内外公民或组织单位
B. 国债信用等级最高，安全性最高
C. 国债法律关系超越一般国内法律关系
D. 国债法律关系的发生、变更和消灭，体现国家意志，不必满足债权人意志

12. 从财政收支角度反映国债规模的指标是（　　）。
A. 国债负债率　　　B. 借债率　　　C. 国债依存度　　　D. 偿债率

13. 国债流通市场的管理内容有（　　）。
A. 合理选择发行方式和种类　　　B. 制定交易方式和管理交易秩序
C. 降低筹集资金成本　　　　　　D. 拓宽流通渠道，活跃市场

14. 关于国债的效应解释正确的是( )。
A. 发行国债会增加市场中的货币供应量
B. 发行国债会引起利率下降
C. 挤出效应是指发行国债会减少私人部门的投资需求
D. 李嘉图的"等价定理"的等价是指增税和发债对居民的消费和资本的生成影响相同

三、简答题

1. 简述国债产生的条件。
2. 简述国债的性质。
3. 简述国债的功能。
4. 简述国债市场的作用。
5. 简述国债的发行条件。
6. 简述国债的偿还资金来源及偿还方式。
7. 简述国债的规模与衡量。
8. 简述国债的本质是延期的税收。
9. 简述国债的基本功能是弥补财政赤字。

四、论述题

试论述我国国债的流通。

五、材料分析题

1. 中央代地方政府发行国债：中国自2009年开始，由中央政府代发地方政府债，2009年和2010年地方政府债发行规模均为2 000亿元。2013年10月14日中央代地方政府发行新一期国债："本期债券为3年期固定利率附息债，计划发行面值总额为216亿元，其中河北、辽宁、大连、吉林、宁波、青岛、宁夏(省、自治区、市)额度分别为64亿元、42亿元、10亿元、54亿元、12亿元、10亿元、24亿元。"

2. 2011年11月16日消息：《城市导报》报道，上海于昨日启动招标发行地方债，3年期债券最终中标利率为3.1%，5年期债券最终中标利率为3.3%。虽然这两期地方债中标利率均接近甚至低于同期限国债估值，但仍然需求踊跃。与此同时，上海市也成为我国首个"自行发债"的城市。

3. 2010年，中国地方政府性债务余额超过10.7万亿元人民币，但社会普遍认为地方政府性债务负担总体尚未超出其偿债能力；然而到2012年，社科院研究员保守估计，地方债黑洞已突破20万亿元，已处失控状态。

4. 昔日昌盛一时的"汽车之城"底特律，如今在多年财政赤字的折磨下，已经走到破产的边缘。底特律紧急财政管理人凯文·奥尔获密歇根州州长里克·斯奈德授权，向位于底特律的美国破产法院递交破产申请。

根据以上新浪网新闻，分析我国目前的地方政府性债务与国债有什么不同？你对解决地方政府性债务问题有什么想法和建议？

第五章 国家预算

学习目的：通过本章的学习，能够深刻理解国家财政活动的规范化和法制化，理解掌握国家预算的本质及其职能，熟悉我国分税制体制改革，了解我国预算编制的程序情况。

5.1 国家预算

一、国家预算概述

国家预算（national budget）是经法定程序审批的国家年度财政收支计划，它是国家筹集资金和分配集中性财政资金的重要工具，是调控国民经济运行的重要杠杆。它是国家管理社会经济事务、实施宏观经济调控的主要手段之一。国家预算反映了国家参与一部分社会产品或国民收入分配所形成的分配关系。

1. 国家预算的含义

国家预算是国家年度财政收支计划，是法定程序审批的重要立法文件，是实现财政职能的重要工具。

从形式上看，国家预算是按一定标准将财政收入和支出分门别类地列入特定的表格；从经济内容上看，国家预算是财政收支计划的安排或财政收支平衡表，反映国家和政府活动的范围、方向和政策；从程序上看，国家预算的编制是政府对财政收支的计划安排，预算的执行是财政资金的筹措和使用过程，国家决算则是国家预算执行的总结，体现国家权力机构和全体公民对政府活动的监督。

2. 国家预算的职能

国家预算作为财政分配和国家宏观调控的一种政策工具，具有分配、调控和监督职能。

（1）实施国家预算法律、行政管理职能。国家预算是在近代议会制度的基础上产生的，实质上是国家权力、立法部门对行政部门的控制和监督的工具。国家预算可以通过资金的分配和控制有效地对政府行政活动进行管理，并以预算的法规制度来确定政府行政的开支标准，促进各级政府提高行政效率。

（2）实施财政政策的职能。国家预算是国家权力、行政机构为合理实现公共财政目标的一种政策表现。它本身就具有公共财政配置资源、适度平衡的含义，它是熨平经济波动、促进经济稳定增长的重要财政手段。国家预算调控的作用表现在：通过预算收支规模的变动，调节社会总供给与总需求的平衡；通过调整国家预算支出结构，调节国民经济和社会发展中的各种比例关系；公平社会分配。

（3）实施财政监督的职能。国家预算收入和支出都是法定的指标，对于政府、企业、事业单位的不合理开支或违规行为，可以采用法律手段加以约束。

3. 国家预算的特征

(1) 法律性。国家预算的形成和执行结果都要经过立法机关审查批准。

(2) 预测性。政府通过编制预算可以对预算收支规模、收入来源和支出用途做出事先的设想和预判。

(3) 集中性。预算资金作为集中性的政府财政资金,由国家按照社会生产力水平、社会公共需要和政治经济形态的需要,从国家整体利益出发进行统筹安排,集中分配。

(4) 综合性。国家预算综合反映国家财政收支活动的全貌,反映政府活动的范围和方向,是国家基本财政收支计划。

二、国家预算分类

1. 按预算管理级次分中央预算(central government budget)和地方预算(local government budget)

我国国家预算组成体系是按照一级政权设立一级预算的原则建立的。我国《预算法》明确规定,国家实行一级政府一级预算,共分五级预算:中央级预算,省、自治区级预算,直辖市级预算,县、自治区不设区的市、辖区级预算,乡、民族乡、镇级预算。

2. 按收支管理范围分总预算、部门预算和单位预算

(1) 总预算(over-all budget)。各级政府将本级政府和下级政府的年度财政收支计划汇总编成的预算,称财政总预算。每级总预算都是本级政府预算和下级政府总预算的汇总。外国的总预算一般有两个含义:一是从预算科目的分合来看,总预算就是政府收支的综合计划;二是从部门预算的分合来看,总预算就是各部门预算的汇总。在一些国家中,各级总预算之间是彼此独立的,国家总预算(中央综合预算)不包括地方总预算,如美、英、法、日等国。

(2) 部门预算(section budget),是指以部门(主要为支出部门)为对象的预算,其预算的编制单位是支出部门。在编制预算时,各部门将本单位的所有支出,包括行政经费、下属单位的事业经费、公共工程投资、各种专项款等都纳入本部门的预算范围,向财政部门申报,经财政部门审核后,由同级人代会审议通过后生效。我国部门预算中所谓的"部门"具有特定含义,它是指那些与财政直接发生经费领拨关系的一级预算会计单位。具体而言,根据中央政府部门预算改革中有关基本支出和项目支出试行单位范围的说明,部门预算所指"部门"应包括三类:一是开支行政管理费的部门,包括了人大、政协、政府机关、共产党机关、民主党派机关、社团机关;二是公检法司部门;三是依照公务员管理的事业单位,如气象局、地震局。

部门收入预算分一般收入预算和政府性收入基金预算。其中,一般收入预算包括财政拨款收入、事业收入、上级补助收入、事业单位经营收入、附属单位上缴收入、用事业基金弥补收支差额和其他收入;政府性收入基金要求全额纳入预算管理,实行收支两条线,收入全额上缴国库,先收后支,专款专用,在预算上单独编列。自求平衡,结余结转下一年度继续使用。

部门支出预算分基本支出预算和项目支出预算。其中,基本支出预算是为保障行政事业单位机构正常运转、完成日常工作任务所必需的开支而编制的预算,即人员经费和日常公用经费;项目支出预算是行政事业单位为完成其特定的行政工作任务或事业发展目标,在基本支出预算之外的项目支出计划。

部门预算具有完整性、细化性和综合性特点,它克服了传统功能预算"残""粗""散"的弊端,从而为硬化预算约束奠定了基础,正是这个原因使预算资金管理由传统的"功能预算"过渡到部门预算制。表 5-1 就是国土资源部编制的部门预算,它是向社会公布的第一个部门收支预算。

表 5-1　国土资源部 2010 年收支预算总表　　　　　　（单位：万元）

收　　入		支　　出	
项　　目	预算数	项　　目	预算数
一、财政拨款收入	204 985.40	一、外交	86.00
二、行政单位预算外资金收入		二、科学技术	64 456.18
三、上级补助收入		三、社会保障和就业	15 909.11
四、事业收入	49 109.56	四、国土资源气象等事务	251 053.54
五、事业单位经营收入	9 210.50	五、住房保障支出	13 611.45
六、附属单位上缴收入	20.00	六、其他支出	1 818.00
七、其他收入	10 424.63		
本年收入合计	273 750.09	本年支出合计	346 934.28
用事业基金弥补收支差额	5 718.78	结转下年	431.58
上年结转	67 896.99		
收入总计	347 365.86	支出总计	347 365.86

摘自 http://www.mlr.gov.cn

(3) 单位预算(unit budget),是指列入部门预算的国家机关、社会团体和其他单位的收支预算。单位预算是国家预算的基本组成部分,它是指各级政府的直属机关就其本身及所属行政、事业单位的年度经费收支所汇编的预算。

单位预算的编制采取零基预算法,在我国需经过两上两下的编制程序：一上是由部门(或单位)按照财政部门的布置,根据本地区财力状况、宏观经济发展目标和本部门的工作需要,按照人员经费支出定额标准和公用经费定额标准,采取规定的预算编制方法,编制预算建议数,上报财政部门；一下是由财政部门对部门的预算建议数审核后下达预算控制数；二上是部门根据预算控制数编制本部门预算报送财政部门；二下是财政部门根据人代会批准的预算下达部门预算。

3. 按预算形式的差别分单式预算和复式预算

单式预算(single-entry budget),是指政府财政收支计划通过统一的一个计划表格来反映,其特点是将政府的各项财政收支全部反映在一个预算平衡表内,它简单直观,易于编制,但不便于经济分析与控制。复式预算(double-entry budget),是指政府财政收支计划通过两个以上的计划表格来反映,其特点是将政府的各项财政收支,按其不同的性质,分别编制在两个以上的预算平衡表内,它复杂难编,但易于经济分析和控制。

(1) 复式预算的理论基础

复式预算是顺应 20 世纪 30 年代资本主义经济危机的需要而产生的,它适应了凯恩斯主义的"周期预算平衡"理论的要求。将政府一般行政上经常支出列入经常预算,并主要以税收作为来源,这部分预算要求平衡;同时,编制一个收入和支出都具有一定弹性的资本预算,并适应当时经济形势来权宜变化,它只要求在一个经济周期内的长期预算平衡。

(2) 复式预算的内容

复式预算一般分经常预算、资本预算和专项基金预算。经常预算主要反映税收收入、非税收入和政府一般活动的经常费用支出;资本预算主要反映债务收入和政府公共投资支出,如国有企业投资、公共工程投资、归还外国借款等支出和经常预算收支盈余、国债等收入;专项基金预算反映各种专项基金的筹集和使用情况。

(3) 复式预算的优缺点

复式预算的优点有:能够较为具体明确地反映政府预算的平衡状况,特别是能够更清楚地反映预算赤字和盈余的状况,有利于进行财政资金的管理,有利于对预算的审查监督。

复式预算的局限性表现在:把预算分为经常预算和资本预算两个部分,破坏了预算的完整性原则,不利于立法机关审查和社会公众监督。由于复式预算破坏了预算的整体面貌,以及结构上的复杂性,尤其是经常项目、资本收支项目难以准确划分等原因,我国复式预算的编制实际上失去了其本身的意义。

(4) 我国现行的复式预算

我国现行复式预算的级次按中央、省、市、县、乡(镇)分五级预算,到 2012 年,我国省级行政区划预算单位有 34 个,其中直辖市 4 个、省 23 个(含台湾)、自治区 5 个、特别行政区 2 个;地级区划行政预算单位有 333 个,其中地级市行政预算单位 285 个,地区行政预算单位 5 个,自治州行政预算单位 30 个,盟行政预算单位 3 个;县级行政区划行政预算单位有 2 852 个,其中市辖区行政预算单位 860 个,县级市行政预算单位 368 个,县行政预算单位 1 453 个,自治县行政预算单位 117 个,旗行政预算单位 49 个,自治旗行政预算单位 3 个,特区行政预算单位 1 个,林区行政预算单位 1 个;乡镇级行政区划预算单位有 40 466 个(省以下行政区划单位统计不包括港澳台)。

我国现行复式预算由中央预算和地方汇总预算组成(如图 5-1)。

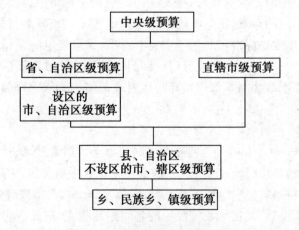

图 5-1 我国现行预算体系构成

我国国家预算年度为公历1月1日至12月31日。按照《中华人民共和国预算法》,财政部和地方各级政府财政部门具体编制中央和地方本级预算、决算草案;具体组织预算的执行;具体编制预算调整方案。中央预算和地方各级政府预算按照复式预算编制。中央和地方的预算草案、预算执行情况,必须经过全国人大和地方各级人大审查和批准;中央和地方的预算调整方案及决算,必须经过全国人大常委会和地方各级人大常委会审查和批准。

我国自1992年才开始试编复式预算,1994年3月22日《预算法》经第八届全国人民代表大会第二次会议通过后,自1995年1月1日起开始正式编制复式预算,已逐步形成了公共财政预算、政府性基金预算、国有资本经营预算和社会保障预算的复式预算体系。

4. 按预算分项支出方式的差别分增量预算和零基预算

零基预算(zero-based budget),全称为"以零为基础编制计划和预算的方法",简称零基预算,最初是由德州仪器公司开发,是指在编制预算时对于所有的预算支出均以零为基底,不考虑以往情况如何,从根本上研究分析每项预算是否有支出的必要和支出数额的大小。

零基预算的编制程序要求:① 各基层预算的主管单位要先制定预算需要达到的目标;② 根据预定目标,制定若干个替代方案,并通过成本效益分析,说明其成本、效益、风险程度;③ 从几个替代方案中排列先后顺序,选出最佳方案,并说明各替代方案的利弊及执行步骤。

零基预算与传统预算相比较,其优点是:传统预算是将过去年度预算延伸于今年,将金额根据过去的支出数额和物价指数节节提高,并增列新项目,以致预算逐年膨胀;而零基预算不受过去项目及金额的限制,对每一项目及金额都系统地进行成本效益分析,并进行评估,按重要程度拟定各方案的先后顺序。因此,零基预算有利于节约资金,剔除不必要的项目和效益不佳的项目。

增量预算(incremental budget)又称调整预算,是指以基期预算水平为基础,结合预算期及有关影响因素的未来变动情况,通过调整有关原有预算项目而编制预算的一种方法,这是一种传统的预算方法。

另外,还可以按预算成立时限分为正式预算、临时预算和追加预算。

国家预算实践讨论1

国土资源部2010年部门预算

一、国土资源部基本情况

国土资源部是承担土地资源、矿产资源、海洋资源等自然资源管理的国务院组成部门,部机关行政编制376人,国家土地督察机构行政编制360人,驻部纪检监察编制16人,事业单位编制13 019人。截至2009年底,共有行政单位10个,事业单位50个,协会、学会8个,职工总数为15 953人,其中在职人员8 822人,离退休人员7 131人。

二、2010年收入及支出总体情况

2010年部门收入及支出总预算347 365.86万元,其中,中央财政拨款204 985.40万元,事业收入49 109.56万元,事业单位经营收入9 210.5万元,附属单位上缴收入20万元,其他收入10 424.63万元,用事业基金弥补收支差额5 718.78万元,上年结转67 896.99万元。按支出功能分类,外交支出86万元,科学技术支出64 456.18万元,社会保障和就业支出 15 909.11 万元,国土资源与气象等事务支出 251 053.54 万元,住房保障支出 13 611.45 万元,其他支出 1 818.00 万元。

三、主要支出内容

上述功能分类支出中:

科学技术支出主要用于科研单位的在职及离退休人员工资和单位日常运转,研究生培养,科研单位基础设施修缮及设备购置,以及地质、土地有关科研项目支出;

社会保障和就业支出用于行政机关和除科研单位外的其他事业单位离退休人员支出;

国土资源和气象等事务支出主要用于部机关、国家土地督察机构和除科研单位外的其他事业单位人员工资及日常运转,单位基础设施修缮改造建设及设备购置,国土资源规划及研究,土地利用监测、耕地保护,国土资源大调查、第二次全国土地调查,全国基础地质、矿产、地质灾害、地质环境调查评价等专项调查工作,以及向社会提供国土资源方面公共服务的支出;

住房保障支出用于行政、事业单位按照国家规定标准为职工缴纳住房公积金等支出。

根据中央关于加强土地监管,以及为国民经济和社会发展提供能源资源保障的要求,中央财政已设立有关专项,将逐步落实并追加我部部门预算。

结合国土资源部的部门预算表,进一步理解预算含义及其职能。

摘自 http://www.mlr.gov.cn

三、国家预算原则

1. 公开性(open and transparent)

公开性是指政府预算的形成和执行是透明的、受公众监督的。

国家预算及其执行情况必须采取一定的形式公之于众,让人民了解财政收支情况,并置于人民的监督之下。预算的公开性原则,包括预算编制审批的公开、预算执行过程的公开和预算完成结果决算的公开。

2. 真实性(reliability)

真实性是要求每一收支项目的数字指标必须依据充分确实的资料,进行科学计算,不得假定、估算,更不能任意编造。预算的编制和执行要以国民经济和社会发展计划为依据,各项数据要准确、真实、可靠。

3. 完整性(integrity)

完整性是要求国家预算包括政府的全部预算收支项目,完整地反映以国家为主体的全部财政资金收支活动情况,不允许在预算之外存在任何以政府为主体的资金收支活动。预算的完整性是建立规范化、法制化预算的前提条件。

4. 统一性(unity)

预算是政府宏观调控的重要杠杆,保证预算的统一性是加强预算管理和增强政府宏观调控能力的必要条件。预算的统一性包括以下三个方面:一是预算政策的统一;二是预算口径的统一;三是预算年度与预算时效性的统一。

5. 年度性(fiscal year plan)

年度性是要求政府预算按年度编制,不应该对本预算年度之外的财政收支做出任何事先的规定。预算年度是预算收支起讫的有效时间,通常以一年(365天)为标准。各国预算年度的选择主要考虑两个因素:一是与各国权力机关开会时间一致,以便在预算年度一开始就执行生效的预算;二是与收入旺季一致,以便在预算年度初期就有充足的预算收入,保证各项预算收支的顺利进行。

另外,原则的确立依据预算的属性,结合本国的经济实践,同时通过制定国家预算法来体现。

四、国家预算的政策

国家预算的政策类型有:① 保持年度预算收支平衡的健全财政政策;② 美国经济学家勒纳提出的不局限于预算收支平衡,而重要的是保持国民经济整体平衡的功能财政预算政策;③ 美国经济学家阿尔文·汉森提出的不局限在特定财政年度的预算收支平衡,而保持一个完整经济周期内收支平衡的周期平衡预算政策;④ 要求按充分就业条件下估计国民收入规模安排预算收支的充分就业预算平衡政策;⑤ 倾向于自由经济的政府不干预经济的预算平衡政策。

5.2 国家预算管理

一、国家预算管理

1. 国家预算管理的概念

国家预算管理(national budget management)是指国家依据法律对预算资金的筹集、分配、使用进行的组织、协调和监督等活动的总称。其含义是:① 主体是国家;② 客体是预算资金;③ 依据是国家的有关法律及相关政策;④ 指导思想是完成国家预算收支任务。图5-2反映的是中央和地方政府进行的预算资金的筹集、分配和协调。

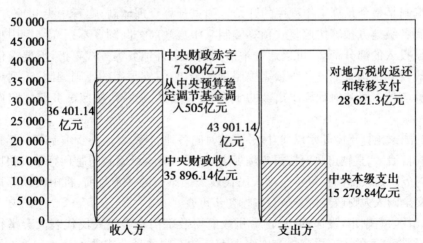

图5-2 2009年中央财政平衡关系

摘自我国2010年财政预算报告

2. 国家预算管理原则

(1) 统一领导,分级管理。针对我国多民族、政治上集中、经济上实行社会主义市场经济体制,预算管理实行"统一领导、分级管理",合理划分各级政府财权和财力,有利于强化中央预算的宏观调控能力及其在预算管理中的主导地位,有利于调动地方各级政府管理各级预算的积极性。

(2) 财权和事权相结合。财权与事权相结合以事权为基础,财权为事权服务。财权与事权相结合是建立在科学界定市场与政府关系的基础上,按一定时期社会经济条件的要求划分各级政府的事权范围,然后按事权范围确定各级政府支出范围和规模,再以支出需要量为依据确定各级政府的收入范围和规模。

(3) 依法管理。要求预算管理的各个环节都要按照法律、规章制度办事,做到依法征收、依法控制支出。

3. 预算管理权限

《预算法》明确各级权力机构、政府机关、各级财政部门以及各个预算具体执行部门和单位在预算管理中的职权。

(1) 各级人民代表大会的职权是预算、决算的审批权,预算决算的监督权,对预算、决算方面不适当决定的撤销权。

(2) 各级人民代表大会常务委员会的职权有预算执行的监督权,预算调整方案的审批权,根据授权对决算进行审批,对预算、决算方面不适当决定的撤销权。

(3) 各级政府的职权有预算管理体制具体办法的确定权,预算、决算草案的编制权,预备费动用的决定权,预算执行的组织和监督权,对预算、决算方面不适当决定的撤销权。

(4) 各级财政部门的职责是具体编制本级预算、决算草案,具体管理本级预算的执行,提出本级预备费动用方案和预算调整方案,定期报告预算执行情况。

二、我国国家预算程序

1. 预算的编制

预算编制是整个预算工作程序的开始。国家预算管理体制,实行中央和地方分税制。中央预算和各级地方预算按照复式预算编制。中央政府公共预算不列赤字。中央预算中必需的建设投入的部分资金,可以通过举借国内和国外债务等方式筹措,但要求债务应当有合理的规模和结构。地方各级预算按照量入为出、收支平衡的原则编制,不列赤字。各级政府预算应按本级政府预算支出额的 1%～3% 设置预备费,按照国务院规定设置预算周转。

在新的国家预算年度开始以前,国务院及时向各地、各部下达关于编制下一年预算草案的指示,省、自治区、直辖市政府按国务院规定的时间,将本级编制的总预算草案报国务院审核汇总。国务院财政部门在每年全国人民代表大会举行的一个月前,将中央预算草案的主要内容提交全国人大财政经济委员会进行初步审查。

省、自治区、直辖市、设区的市、自治州政府财政部门在本级人民代表大会举行一个月前,将本级预算草案的主要内容提交本级人大会的专门委员会或常委会的有关工作委员会进行初步审查;县、自治区、不设区的市、市辖区政府财政部门在本级人民代表大会举行的一个月前,将本级预算草案主要内容提交本级人民代表大会的常委会进行初步审查。

2. 预算的审批

各级财政部门应在每年本级人民代表大会会议举行的一个月前,将本级预算草案的主要内容提交本级人民代表大会的专门委员会进行初审,在人民代表大会举行会议时向大会作关于预算草案的报告。预算草案经人民代表大会审查和批准后,才能成立。中央预算由全国人民代表大会审查批准,地方各级政府预算由本级人民代表大会审查批准。

全国人民代表大会审查中央和地方预算草案,以及中央和地方预算执行情况的报告;批准中央预算和中央预算执行情况的报告;改变或撤销全国人大常委会关于预算、决算的不适当的决议。

全国人大常委会监督中央和地方预算执行,审查和批准中央预算的调整方案,审查批准中央决算,撤销国务院制定的同宪法、法律相抵触的关于预算、决算的行政法规、命令,撤销省、自治区、直辖市人民代表大会及其常委会制定的同宪法、法律和行政法规相抵触的关于预算、决算的地方性法规和决议。

《预算法》明确规定:全国人民代表大会只批准中央预算,不批准地方预算。地方各级人民代表大会只批准本级政府预算,不批准汇总的下级总预算。

3. 预算的执行

预算执行是整个预算工作程序的重要环节。收入入库、支出拨付以及预算调整都必须按照法律和有关规定的程序进行。各级预算由本级政府组织执行,具体工作由本级财政部门负责。预算收入征收部门,必须依法及时、足额地征收应收的预算收入。有预算收入上缴任务的部门和单位,必须依照法规的规定,将应上缴的收入及时、足额地上缴国库。各级财政部门必须依照法律和规定及时、足额地拨付预算资金,并加强管理和监督。各级政府预算预备费的动用,由本级政府职能部门提出方案,报本级政府决定。各级政府预算周转金由本级政府财政部门管理,用于预算执行中的资金周转,不准挪作他用。

预算调整是预算执行的一项重要程序。预算调整是指经过批准的各级预算,在执行中因特殊情况需要增加支出或者减少收入,使总支出超过总收入或使原举借债务的数额增加。预算调整必须经各级人民代表大会常务委员会的审查和批准;未经批准,不得调整预算。各部门、各单位的预算支出,不同科目间需要调整使用的,必须按财政部的规定报经批准。国家预算执行的组织机构是由国家行政领导机关和职能机构组成的,按照国家行政管理系统,实行"统一领导,分级管理"的民主集中制原则。

国务院和地方各级人民政府是国家预算的执行机关,财政部和地方各级财政部门是具体执行机关。

4. 预算决算

预算决算是整个预算工作程序的总结和终结。决算草案由各级政府、各部门、各单位在每一预算年度终了后按国务院规定的时间编制,具体事项由财政部部署。决算草案的审批与预算草案的审批的程序相同,各级政府决算批准后,财政部门要向本级各部门批复决算,地方各级政府还应将经批准的决算报上一级政府备案。

三、预算的监督

执行国家预算监督的依据是1995年实施的《预算法》以及相关预算规章制度,可以采取经济、法律、行政和业务技术作为监督标准,进行事前监督、日常监督或事后监督,根据监督的具体内容可以采取审核法、检查法或分析法。在我国执行预算监督的机构是各级人民代表大会及其常务委员会、审计机构和财政监察机构。

国家预算实践讨论 2

地方政府如何编制预算?

一、地方政府主要预算内容

地方政府预算内容:①本级预算收入和支出;②上一年度节余用于本年度安排的支出;③上级返还或者补助的收入;④返还或者补助下级的支出;⑤上缴上级的支出;⑥下级上缴的收入。其中预算收入包括:①税收收入;②依照规定应当上缴的国有资产收益;③专项收入;④其他收入。预算支出包括:①经济建设支出;②教育、科学、文化、卫生、体育等事业发展支出;③国家管理费用支出;④国防支出;⑤各项补贴支出;⑥其他支出。

二、地方政府预算编制流程

预算编制程序实行"二上二下"的基本流程:"一上"是指部门编报预算建议数,"一下"是指财政局下达预算控制数;"二上"是指部门上报预算,"二下"是指财政局批复预算。在"二上二下"的过程中,各部门与财政局可随时就预算问题进行协商、讨论,及时、充分地交流有关预算信息,实行自下而上的集中和自上而下的民主,逐级形成地方政府总预算草案的预算编制精神。图5-3是一个市级政府的预算编制流程。

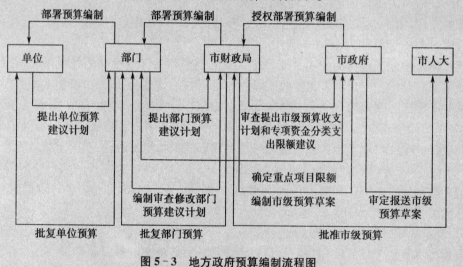

图5-3 地方政府预算编制流程图

5.3 预算外资金

一、预算外资金的含义和范围

1. 预算外资金

预算外资金(extra-budgetary fund)是指国家机关、事业单位、社会团体和其他机构为履行或代行政府职能,依据国家法律、法规和具有法律效力的规章而收取、提取、募集和安排使用未纳入财政预算管理的各种财政性资金。简单来说,是指根据国家财政制度规定不纳入国家预算,由地方财政部门和国有企事业单位及其主管部门自收自支的资金。

预算外资金对弥补预算内资金不足,保障专项事业发展,综合平衡社会财力,调动地方、部门、单位增收节支积极性,起到积极作用。但预算外资金也带来了严重的社会问题,促使我国加快了费改税改革进程。

预算外资金在性质上属于一种财政性资金,其财政性主要体现在"四权"的归属上:一是预算外资金的所有权归国家,而不是归哪一个部门和单位所有;二是预算外资金的支配权和调控权归政府;三是预算外资金的管理权归财政;四是预算外资金的使用权归单位。

目前,我国的预算外资金包括以下未纳入预算管理的财政性资金:① 法律、法规和具有法律效力的规章所规定的各种行政事业性收费、基金(资金、附加收入)等。② 国务院和省、自治区、直辖市人民政府及其财政和计划(物价)部门审批的各种行政事业性收费收入。③ 国务院以及财政部审批建立的,向企事业单位和个人征收、募集或以政府信誉形成的具有特定用途的各种基金或附加收入等。④ 主管部门按照国家规定从所属企事业单位和社会团体集中的管理费及其他资金收入。⑤ 用于乡(镇)政府开支的乡自筹资金和乡统筹资金。⑥ 其他未纳入财政预算管理的财政性资金。⑦ 社会保障基金。

但是,国有企业税后留用资金不再作为预算外资金,事业单位和社会团体通过市场取得的不能体现政府职能的经营、服务性收入,不作为预算外资金管理。

2. 预算外资金的特点

与预算内资金相比,预算外资金的特点是:

(1) 资金征用方式具有分散性。预算外资金项目众多而繁杂,在组织征收上具有零星分散性。

(2) 资金使用方向具有专用性。预算外资金必须直接用于满足政府履行其职能的需要,不能用于纯盈利性项目开支。

(3) 资金存在方式具有依托性。预算外资金依托于政府预算而存在,其存在方式上具有不稳定性。

(4) 资金属性具有分离性。预算外资金具有"三权"分离性,其中:资金所有权属于国家,调控权属于同级政府,使用权属于部门单位,但使用权要通过政府授权的形式来实现,实施财政监督管理。

(5) 管理方式的自主性。预算外资金是不纳入预算内管理的财政资金,各地区、各部门、各单位在国家规定的范围内,对预算外资金享有一定的支配使用权,即具有自主性。

3. 预算外资金内容

(1) 预算外资金具体内容。根据国家法律、法规和具有法律效力的规章而收取、提取的各种行政事业性收费、基金(资金、附加收入)和凭借政府职权筹集的资金等;按照国务院和省、自治区、直辖市人民政府及财政和计划(物价)部门共同审批的项目和标准,收取和提取的各种行政事业性收费收入;按照国务院或财政部审批的项目和标准向企事业单位和个人征收、募集或以政府信誉建立的具体特定用途的各种基金(资金、附加收入);主管部门按照国家规定从所属企事业单位和社会团体集中的管理费及其他资金;用于乡(镇)政府开支的乡自筹资金;其他未纳入财政预算管理的财政性资金。

(2) 预算外资金分类

① 预算外资金收入分类

地方财政部门管理的预算外资金包括各项附加收入如城市公用事业费附加、集中的企业资金、统观的事业收入和其他杂项收入。其用途是城市维护、农村公益事业以及企业挖潜、革新和改造等支出。

行政事业单位管理的预算外资金包括：工交商事业收入，农林水气事业收入，城市公用事业收入，工商管理收入，公、检、法等行政机关收入，其他事业收入等，用于相应事业的需要。

国有企业及其主管部门管理的各项专项基金，如折旧基金、大修理基金、固定资产变价收入，企业留利建立的生产发展基金、职工奖励基金等专线基金，主管部门集中的各项基金等。由于企业是相对独立的商品生产者，自主经营，自负盈亏，这部分资金不具有财政性资金的性质，从1994年起预算外资金不包括此部分。

行政事业性收费和政府性基金是预算外资金的构成主体。行政事业部门收费受国家规定的范围和项目限制，即要"取之有据、收之有度、用之有序、收支合理"，严禁乱收费、乱摊派，规范支出范围及项目的管理。

② 预算外支出分类

预算外经常性支出：一般包括福利支出、奖励支出、养路费支出、城市维护支出、科技三项费用、增补流动资金、事业费支出、行政费支出和其他支出等。预算外经常性支出是为了弥补预算内支出不足而存在的，为各部门工作条件的改进和效率的提高提供资金保障。

预算外投资：一般包括基本建设支出、大修理支出、更新改造支出等。预算外投资是预算外资金中主要的支出。规划预算外投资是预算外工作的重点之一。

二、预算外资金管理

1. 预算外资金的历史及现状

预算外资金作为一个特殊的财政范畴，随着我国财政事业的发展而发展，自建国以来，大体经历了一个由低到高，再由高到低的发展过程。即1950—1957年是形成阶段，1958—1977年是增长阶段，1978—1996年是膨胀阶段，1997年至今是控制消肿阶段。

2. 《国务院关于加强预算外资金管理的决定》

1996年7月国务院发布的《国务院关于加强预算外资金管理的决定》，认定"预算外资金是指国家机关、事业单位和社会团体为履行或代行政府职能，依据国家法律、法规和具有法律效力的规章而收取、提取和安排使用的未纳入国家预算管理的各种财政性资金"。预算外资金范围包括行政事业性收费、基金和附加收入等，并决定从1996年起将养路费、电力建设基金等13项数额较大的政府性基金(收费)纳入预算管理。

该《决定》出台的意义：第一，进一步明确了预算外资金属于财政性资金，该项资金所有权应属于政府而不是部门和单位；第二，使企业与带有经营性质的事业单位和社会团体所取得的经营收入不再计入预算外资金。这实际上是进一步划清了政府与市场的关系，以及政府系统内资金所有权与使用权的关系，把预算外资金框定为政府为履行职能而取得的收入。

3. 预算外资金管理

(1) 收支两条线管理。预算外资金财政专户储存，实行票据管理、使用单一化；实行收缴分离、票款分离的管理办法。

(2) 综合财政预算管理。编制预算内、外收支的财政计划，实行综合预算，统筹使用预算内、外资金。

(3) 税费改革，规范收费。进行税费改革，把缺乏规范性的收费，纳入规范性的税收，避免乱收费发生，避免浪费公共财政资源。

为贯彻落实人大和国务院有关规定,财政部决定从 2011 年 1 月 1 日起,将按预算外资金管理的收入(不含教育收费)全部纳入预算管理。预算外资金全部纳入预算管理,将进一步提升财政管理科学化、精细化水平,推动加快建立由公共财政预算、国有资本经营预算、政府性基金预算和社会保障预算组成的有机衔接的政府预算体系。

国家预算实践讨论 3

1. 预算外资金历史

(1) 预算外资金增长过快,1992 年比 1978 年增长 11 倍,相当于预算内收入的 110.7%,名副其实地成为国家的"第二预算"。

(2) 预算外资金历年增长速度均超过同年的 GDP 和预算内收入的增长速度,造成资金的严重分散。

(3) 从预算外资金结构看,一向是企业和主管部门管理的预算外资金居主导地位。从近几年变化趋势看,行政事业单位管理的部分增长较快,比重上升,地方财政管理的部分绝对数和比重下降的幅度都较大。

(4) 由于管理不严,财经纪律松弛,化预算内为预算外、化生产资金为消费基金、化公为私等现象有所滋长和蔓延。因此,预算外资金迅速增长,已成为预算内收入占 GDP 的比重偏低的重要原因,也是当时固定资产投资膨胀和消费基金膨胀的重要原因。

2. 预算外资金寿终,各省筹建副厅级非税收入管理局

预算外资金的缺点是它不受中央或者财政部掌握和统一管理,它是在各个部委或地方财政账下自行运转。私设小金库、自收自支都形成于预算外收入,多年来在征收、分配、使用和监督上存在诸多弊端。

2004 年财政部出台《关于加强政府非税收入管理的通知》,界定了非税收入的范围:行政事业性收费、政府性基金、国有资产和国有资源收益、彩票公益金、罚没收入、以政府名义接受的捐赠收入、主管部门集中收入以及政府财政资金产生的利息收入等。财政部在 2007 年立法项目之一是各省财政厅成立副厅级非税收入管理局。非税收入横跨了一般预算收入(行政收费)、基金预算收入(政府性基金)和原有的预算外收入,非税收入用来取代预算外收入。

5.4 国家预算管理体制

一、国家预算管理体制

1. 国家预算管理体制的概念

国家预算管理体制(budgetary management system)是在中央与地方政府之间,以及地方各级政府之间划分预算收支的范围和预算管理权限的一项重要制度。国家预算管理体制是财政管理体制的一个重要组成部分,也是预算制度的一个组成部分。

国家预算管理体制在国家财政管理体制中占主导地位。从经济基础角度看,国家预算管理体制以制度的形式处理中央与地方政府之间的集中与分散的分配关系;从上层建筑角

度看,国家预算管理体制解决中央与地方政府之间的集权与分权问题。

2. 国家预算收支划分

(1) 影响收支划分的因素。影响中央政府和地方政府之间的收支划分因素有:

① 国家结构。国家的整体与部分、中央政权机关与地方政权机关之间的相互关系,不仅影响预算的级次,而且也影响中央与地方政府间的收支划分。总的来说,联邦制国家下放地方的税收权力比单一制国家要大。

② 国体。社会主义国家是以国家权力的行使者和生产资料公有制的代表者双重身份参与产品的分配。因此,社会主义国家中央政府集中分配度要比资本主义国家更高一些。

③ 经济效率。在财政职能中,中央政府应当在收入的合理再分配、稳定经济和促进经济发展方面起主导作用,而地方政府则在资源的合理配置方面起主导作用。因此,对那些需要采取全国性行动去实现的项目或政府职能,可以由中央集权,由中央政府集中分配,例如国防、对外援助、教育、公共防疫和保健等。

(2) 收支划分的形式。收支划分的形式是具体规定财政分配额在各级政府之间的分配比例、分配形式以及与此密切相连的权责关系。因此,收支划分的形式是预算管理体制的核心问题。

中央财政和地方财政之间的关系涉及税法制定权、委任立法权、税款支配权、税收课征权、税款享用权、税法解释权和立法提案权等7项权力。在综合实施这7种权力的过程中,世界各国政府基本采用分税制和政府拨款两种方式。

3. 政府间财政收支划分

(1) 政府间财政支出划分。贯彻财权与事权对称、公平、权责结合的原则,考虑支出性质特点,采用统收统支、收入分类分成、总额分成、定额分成和分税制的做法,进行政府间事权的财政支出划分。

(2) 政府间财政收入划分。贯彻效率原则、适应原则、恰当原则和经济利益原则等,可以采用分割税额、分割税率、分割税种、分割税制等方法,进行税收收入划分。

二、我国分税制预算体制的内容

1. 分税制预算(tax-sharing system of budget)思想

我国进行分税制预算体制改革,必须结合中国的国情。但是,既然是改革,就应该在某种程度上有突破或进展,而长期以来采用"基数法"来核定收支基数尤其是支出基数的办法,在各地区之间造成矛盾较多。因此,基于这一考虑,分税制方案设计采用了"微调"办法,即以"基数"为主,"因素"为辅。

2. 分税制意义

(1) 实行分税制,能够充分发挥利益分配的效率。在现代社会,用商品交换原则作为分税制的理论基础,提出了基本相同的财政经费分担的利益分配原则。税收对个别纳税人而言是无偿的,但对受益区域的整体纳税人而言,则是有偿的。因此,受益原则可以说是交换原则在分配领域的转化形式。

西方有的学者认为,财政支出的受益范围如果是全国性的(如国防),需由中央政府出面在全国范围内提供;带有地方受益的劳务供给(如路灯、治安),则应由地方政府提供。但是,受益并不完全是在任一空间内分配的,因为由某一特定辖区提供劳务而形成的受益会外溢到另一个辖区去(如教育),有必要"通过建立一个提供补助金的中央体制,以使这类外在性内在化"。

(2) 实行分税制,能够满足市场经济对财税管理体制的要求。在市场经济条件下,自主经营和市场竞争是其主要特征,这类特征的区域性及趋利性,要求政府能够自主理财,建立相对独立的分级财政管理体系。其理由如下:

自主经营、自由竞争的市场机制,客观上要求各级政府都必须承担两项基本职能:一是服务于市场,二是调控市场。这种调节和服务,应该是多元化的、多层次的、全面的。中央政府不可能做出符合各地具体情况的详尽的规定,不可能包揽一切事务,因此,只能采用分税制的管理体制,充分发挥中央和地方的积极性,全国性的社会再生产活动及统一市场由中央负责建设、管理和调节,区域性的社会再生产活动及局部市场由地方负责建设、管理和调节。各级政府充分发挥自身的职能作用,根据事权确定财权、划分收支范围,建立中央和地方两套相应的各自独立运用的税收制度。

(3) 实行分税制,能够充分体现财政制衡原则。所谓财政制衡,就是中央财政通过一定的财力再分配形式,实施收入援助和支出监督,以制约和平衡各级政府的预算管理,维护国家政策的统一性和社会经济的稳定。为了体现财政制衡原则,调动中央和地方的积极性,必须按照分税制原则,保证中央能够集中和掌握较多的财力。其好处是:① 便于进行收入援助。上级政府对下级政府的收入援助,主要包括扶持性财力援助、一般性财力援助和开发性财力援助。② 便于进行监控支出。采取分税制管理体制,中央政府通过财力援助,调动地方政府理财的主动性和积极性的行政作为本身,就是对地方政府财力分配方向的调控作为。与此同时,中央政府还要监督地方政府的财力分配方向,控制地方的投资和消费规模,在保证中央财政收入的基础上,把地方财政与中央财政联结为一个统一的整体,有利于整个国家的经济政策、产业政策和产品政策的实现。

(4) 实行分税制,有利于宏观经济调控措施的实施。在第二次世界大战后,无论是凯恩斯学派还是供应学派,无论是国家干预的市场经济还是自由市场经济,无论是联邦制还是中央集权制的国家,都很重视运用货币政策和财税政策进行宏观管理,调节总供给与总需要的平衡。为了保证税收调控的效率,首要的是实行分税制来调动中央和地方政府的积极性,将该由地方政府负责的事宜交给地方政府实施调控,保证中央政府宏观税收调控政策更好地发挥作用。同时,分税制实施后,为中央政府做好全国性宏观调控腾出了可用资金、时间、精力,便于中央政府做好宏观调控工作,发挥中央政府对全国经济的宏观调控作用。

3. 我国分税制财政管理体制的基本内容

在划分事权的基础上,划分中央与地方的财政支出范围,按税种划分收入,明确中央与地方的收入范围,实行中央对地方的税收返还制度。

(1) 收入划分具体内容。中央固定收入包括关税,海关代征消费税和增值税,铁道部门、各银行总行、各保险公司总公司等集中缴纳的收入(包括营业税、利润和城市维护建设税),未纳入共享范围的中央企业所得税、中央企业上缴的利润等。

中央与地方共享收入包括增值税,中央分享75%,地方分享25%;纳入共享范围的企业所得税和个人所得税,中央分享60%,地方分享40%;资源税按不同的资源品种划分,海洋石油资源税为中央收入,其余资源税为地方收入;证券交易印花税,中央分享97%,地方(上海、深圳)分享3%。

地方固定收入包括营业税(不含铁道部门、各银行总行、各保险公司总公司集中缴纳的营业税),地方企业上缴利润,城镇土地使用税,城市维护建设税(不含铁道部门、各银行总行、各保险公司总公司集中缴纳的部分),房产税、车船税、印花税、耕地占用税、契税、遗产和赠予税、烟叶税、土地增值税,国有土地有偿使用收入等。

(2) 支出责任划分。中央财政支出包括国防、武警经费,外交和援外支出,中央级行政管理费,中央统管的基本建设投资,中央直属企业的技术改造和新产品试制费,地质勘探费,中央安排的农业支出,中央负担的国内外债务的还本付息支出,以及中央本级负担的公检法支出和文化、教育、卫生、科学等各项事业费支出。

地方财政支出包括地方行政管理费,公检法经费,民兵事业费,地方统筹安排的基本建设投资,地方企业的改造和新产品试制经费,农业支出,城市维护和建设经费,地方文化、教育、卫生等各项事业费以及其他支出。

4. 分税制预算管理体制改革

(1) 分税制财政体制改革进程

① 分税制改革。沿用包干体制下的中央、地方财政支出范围,将税种统一划分为中央税、地方税和中央地方共享税;核定地方划分中央收入基数,实行税收返还和1∶0.3增量返还;逐步建立较为规范的转移支付制度。

证券交易印花税开始是地方财政收入,1994年起中央和地方各分一半,到1997年证券交易印花税中央与地方分享比例由50∶50改为80∶20。后将税率从3‰调增到5‰,增加的收入全部作为中央收入,并从2000年起,分三年将证券交易印花税分享比例逐步调整到中央97%、地方3%。

1997年1月1日,金融保险营业税税率由5%提高到8%后,提高3个百分点增加的收入划归中央;2001年起,分三年将金融保险业的营业税税率降至5%,中央分享部分随之取消。

② 所得税收入分享改革。除铁路运输、国家邮政、四大国有商业银行、三家政策性银行、中石化及中海油等企业外,其他企业所得税和个人所得税收入实行中央与地方按统一比例分享。2002年所得税收入中央与地方各分享50%;2003年以后中央分享60%,地方分享40%。中央因改革所得税收入分享办法增加的收入全部用于对地方主要是中西部地区的一般性转移支付。为了保证所得税收入分享改革的顺利实施,妥善处理地区间利益分配关系,规定跨地区经营企业集中缴纳的所得税,按分公司(子公司)所在地的企业经营收入、职工人数和资产总额三个因素在相关地区间分配。

③ 出口退税负担机制改革。以2003年出口退税实退指标为基数,对超基数部分的应退税额,由中央和地方按75∶25的比例共同负担。2005年对出口退税负担机制做出进一步完善,在维持2004年经国务院批准核定的各地出口退税基数不变的基础上,超基数部分由中央、地方按照92.5∶7.5的比例分担;出口退税改由中央统一退库,地方负担部分年终专项上解。

④ 跨省市总分机构企业所得税分配办法。属于中央与地方共享收入范围的跨省市总分机构企业缴纳的企业所得税,按照统一规范、兼顾总机构和分支机构所在地利益的原则,实行"统一计算、分级管理、就地预缴、汇总清算、财政调库"的处理办法,总分机构统一计算的当期应纳税额的地方分享部分,25%由总机构所在地分享,50%由各分支机构所在地分享,25%按一定比例在各地间进行分配。

(2) 分税制财政管理体制的进步性

在中央优化全局产业结构导向的大框架下,调动了地方各级政府理财、抓效益、抓收入的积极性,各地顺应分税制要求,都将精力和财力用在对自己有利的新财源的培育上来。

① 在政府和企业的关系方面,使中央政府和地方政府开始走上不再按照企业行政隶属关系,而是按照税种组织财政收入的新轨道。

② 在中央和地方关系方面,大大提高了财力分配的透明度和规范性,规则全国统一,有利于长期行为的形成,并促使地方政府转变理财思路,实现规范管理。

三、我国分税制存在的问题

1. 中央与地方事权划分不清

多年来,政府与市场的职能一直没有界定清楚,政府包揽太多的状况始终没有改变,中央与地方的事权也划分不清。分税制改革的重点是划分收入,但中央与地方事权划分不清的问题并没有得到解决。

2. 收入划分不规范

现行分税制在收入划分上既有按税种、税目划分,又有按行业、隶属关系划分。企业所得税按隶属关系分别划归中央和地方,导致地方政府为追逐税收利益而大搞重复建设,结果各地结构趋同现象严重;由于按隶属关系划分税种的现行体制,导致资产的流动会带来税收利益的转移,因而会受到被兼并、重组方所在地方政府或部门的阻挠,从而严重阻碍了资产重组,制约着结构调整。此外,中央与地方共享税采取收入分享制,税收分享只是给地方一定的财力,而税种、税率的确定权却在中央。税收分享比例却是"一刀切"的缺陷,且具有累退效应,因而不能区别各地方的财政能力,不利于达到缩小地区财力差别,实行资金再分配的目的。

3. 转移支付制度不完善

转移支付制度是分税制的重要组成部分,规范化的分税制能够通过财政转移支付实现各地区有均等地提供公共产品的能力。由于我国分税制实行"基数返还(以1993年为基数),超收分成"的政策,实际转移支付需求相差悬殊,结果作用甚微。纵向转移支付的目标落空,横向财政资金的转移制度没有建立,这就大大弱化了财政应有的缩小地区间差距的功能。

4. 财政资金管理体制和机制不健全

我们往往对税务部门重其取得收入多寡而忽视取得收入的成本,忽视对财政资金的追踪问效。于是,在收入上,征收成本高,效率低下;在支出上,资金划拨后即失去了监督,收入的接受者享有对资金使用的权利而不必承担相应的责任,结果财政资金支出的方向、结构失去了控制,大量的重复投入与无效投入并存,浪费严重。另外,资金下拨环节较多,资金被截流、挤占、挪用现象严重,也极易滋生腐败。

财政资金管理体制和机制不健全还表现在转移支付资金上。我国现行转移支付形式除了专项补助外,其他都是无条件财政转移支付,中央政府对如何使用转移支付资金没有明确的规定,其使用权完全掌握在地方政府手中。这样,地方政府处于简单的收入接受者的地位,在资金的使用上往往不关心支出的方向、数量和效率,无效投入和浪费严重,比如经常在新年来临之前,有网络报道"地方政府年底突击花钱"。同时,中央政府也无法实现通过转移支付制度实施国家产业政策和调节地方政府支出行为的目的。

四、我国政府间转移支付

1. 政府间转移支付含义和特点

政府间转移支付是指一个国家的各级政府彼此之间在既定的职责范围、支出责任和税收划分框架下所进行的财政资金的相互转移。政府间转移支付包括上级政府对下级政府的各项补助、下级政府向上级政府的上解收入、共享税的分配以及发达地区对不发达地区的补助等。政府间转移支付的特点有：转移支付的范围只限于政府之间，转移支付是无偿的，转移支付并不是政府的终极支出。

2. 政府间转移支付种类

根据地方政府使用补助资金权限的大小将政府间转移支付划分为无条件转移支付和有条件转移支付，其中无条件转移支付是收入分享或一般性补助，重点是解决上下级政府的财政收入与责任不对称问题；有条件转移支付又称专项补助，是指一种明确规定资金的用途，即附有关于资金使用的附加条件的政府间转移支付形式，体现上级政府对下级政府定向支援或者委托下级政府办理某项公共服务的意图。

3. 我国政府间转移支付制度

（1）财力性转移支付。此转移支付目标是增强财力薄弱地区地方政府的财力，促进基本公共服务均等化。它包括一般性转移支付、调整工资转移支付、民族地区转移支付、农村税费改革转移支付和"三奖一补"转移支付。

（2）专项转移支付。它是指中央政府要求地方政府承担中央委托事务、中央地方共同事务以及符合中央政策导向事务进行补贴，享受拨款的地方政府需要按照规定用途使用资金，实行专款专用。它包括一般预算专项拨款和国债补助等。

美国加州预算编制简介

编制时间：加州的财政年度从每年7月1日到第二年的6月30日，预算的编制时间从前一年7月开始，到第二年的6月结束。

编制主体：财政部门负责预算编制的技术环节，资金的分配经州长平衡后，由议会举行听证会，各部门、公众积极参与，最终由议会（或州长）决定财政资源的分配。在整个编制过程中，各部门、公众均可充分表达其意愿、偏好，最后由议会投票表决。

社会各界对预算的普遍介入：各职能部门、公众、学区、商业利益群体等在议会最高预算委员会举行预算听证会期间，都可以充分发表对州长及议员们的支持，以增加本部门的预算开支。

预算单位：在预算提交前要搜集提案的背景资料，准备提案引起的争论、争议等问题，要提前与有关方面联系，并进行合作，争取项目列入州长建议预算。在听证会前要关注整个预算形式，寻找议案的发起人及支持者。在听证会期间通过与审定委员会的成员联系，与两院合作，争取让提案进入预算听证会议程。以后还要追踪预算的修订，争取议会领导集团支持和联合预算协商委员会，最后游说州长签署议案。

加州预算编制具有较强的民主参与性，以及预算项目的可行性、科学性和必要性，最终每一个预算都形成一个法律文件，也便于监督和控制。

2007年，加州以1.8万亿美元的生产总值，位居全球国家排名第八，仅次于印度。但是，同美国联邦一样加州预算赤字由来已久，各级政府支出总是不断增加，缺乏相应的开源节流，财务系统紊乱，管理不善，且州议会审查制度旷日持久。由于财政赤字达263亿美元,使得2009年的州预算案很难出炉,并不断传出加州将"破产"的消息。

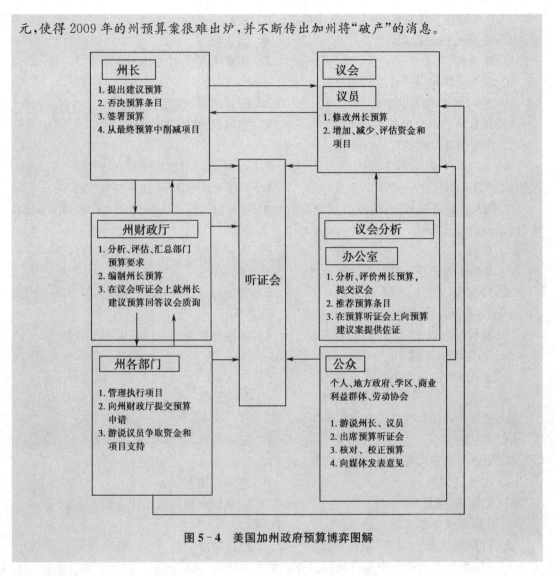

图 5-4 美国加州政府预算博弈图解

练习题

一、单项选择题

1. 国家预算由中央预算和（　　）组成。
   A. 省总预算　　　B. 市总预算　　　C. 自治区总预算　　D. 地方总预算
2. 国家预算的执行机构由（　　）和其职能机构组成。
   A. 国务院　　　　B. 省政府　　　　C. 各级人民政府　　D. 各级人大
3. 财政预算管理体制是财政上的一项根本制度,它属于（　　）。
   A. 经济基础　　　　　　　　　　　B. 上层建筑
   C. 既非经济基础,又非上层建筑　　D. 既是经济基础,又是上层建筑
4. 中央国库业务由（　　）经营管理。
   A. 财政部　　　　B. 税务总局　　　C. 海关总署　　　　D. 中国人民银行

5. 市级政府预备费的动用方案,需要报(　　)批准。
   A. 全国人民代表大会　　　　　　B. 国务院
   C. 市政府　　　　　　　　　　　D. 市级人民代表大会
6. 零基预算和增量预算的划分标志为(　　)。
   A. 国家预算的编制方法　　　　　B. 国家预算的组织形式
   C. 预算内容的分合关系　　　　　D. 国家预算的组成环节
7. 我国预算年度的起止时间为(　　)。
   A. 1月1日至12月31日　　　　　B. 10月1日至次年9月30日
   C. 5月1日至次年4月30日　　　　D. 7月1日至次年6月30日
8. 按我国预算法规定,执行财政预算监督的机构和部门有人民代表大会及其委员会、审计机构和(　　)。
   A. 法院　　　B. 检察院　　　C. 人民政府　　　D. 财政监察机构
9. 预算外资金是一种财政性资金,(　　)归收取单位。
   A. 所有权　　B. 支配权　　　C. 管理权　　　　D. 使用权
10. 国家预算管理体制的核心是处理(　　)关系。
    A. 集权与分权　　B. 财权和事权　　C. 领导和被领导　　D. 民主与专制

二、不定项选择题
1. 国家预算按其编制形式分为(　　)。
   A. 单式预算　　B. 增量预算　　C. 复式预算　　D. 零基预算
2. 国家预算按其收支管理范围分为(　　)。
   A. 单式预算　　B. 分预算　　　C. 复式预算　　D. 总预算
3. 关于国家预算管理叙述正确的是(　　)。
   A. 主体是国家　　　　　　　　　B. 客体是预算资金
   C. 依据是《预算法》　　　　　　D. 完成国家预算收支任务
4. 预算管理体制实质上是处理(　　)的问题。
   A. 资金集散度　　B. 事权集散　　C. 财权集散　　D. 效率高低
5. 决定财力与财权集中与分散程度的主要因素是(　　)。
   A. 国家政权的结构　　　　　　　B. 国家性质和职能
   C. 国家对社会经济生活干预程度　D. 国家的经济体制
6. 下列属于部门预算编制原则的有(　　)。
   A. 固定性　　B. 重点性　　C. 真实性　　D. 稳妥性
   E. 绩效性
7. 我国预算的作用主要表现在(　　)。
   A. 监督制约经济活动　　　　　　B. 筹集预算资金
   C. 提高经济增长速度　　　　　　D. 分配预算资金
   E. 调控经济运行
8. 政府间事权划分的效率原则包括(　　)。
   A. 公正准则　　B. 收入划分效率　　C. 恰当准则　　D. 支出划分效率
   E. 财政转移支付效率

9. 在中央和地方政府间划分税收收入称为"税收分割",主要包括(   )。
   A. 分割税额 B. 分割税率 C. 分割税种 D. 分割税制
   E. 分割税基
10. 关于国家预算理解正确的是,(   )。
    A. 是国家财政收支计划   B. 是法律文件
    C. 是宏观调控的手段   D. 是执行财政职能的工具
11. 国家预算收入的执行机关主要包括(   )。
    A. 税务机关 B. 建设银行 C. 海关 D. 财政机关
    E. 农业银行
12. 一般认为,部门预算具有的特点主要表现为(   )。
    A. 科学性 B. 完整性 C. 民主性 D. 细化性
    E. 综合性

三、简答题
1. 简述国家预算本质。
2. 简述国家预算职能。
3. 简述国家预算原则。
4. 简述我国国家预算程序。
5. 简述我国分税制的指导思想。

四、论述题
试论述我国实行分税制的意义。

五、材料分析题
1. 我国执行预算监督机构是各级人民代表大会及其常务委员会、审计机构和财政监察机构。
2. ×××市推行预算信息公开:全部一级部门预算单位(含下属单位)将公开内容包括部门收支预算总体情况、财政专项支出预算安排等。此外,市级部门预算将继续压缩一般性支出,重点包括"三公经费"、会议费、培训费、办公设备购置费、差旅费、机关事业单位办公楼和业务用房建设支出等。除涉密部门外,市级一级部门预算单位(含下属单位)全部推行预算信息公开。
3. 我国预算编制有待细化:目前我国预算编制内容停留在"款"层,预算编制有待进一步细化层次。
4. 有专家指出:当前我国预算存在通俗化、标准化不够,人大预算监督不力,预算完整性不够,保密制度不完善导致预算公开不合理等亟待解决的难题。

结合上述材料和社会现象,谈谈你对我国预算及其管理制度的看法。

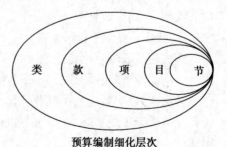

预算编制细化层次

第六章　财政平衡与财政政策

学习目的：通过本章的学习，理解财政平衡与社会总供给的关系，以及各种财政政策和财政政策手段，掌握财政政策与货币政策配合的必要性以及配合的模式，熟悉财政赤字与赤字财政，了解财政政策的时滞。

6.1　财政平衡

一、财政平衡的概念

1. 财政平衡

财政平衡(fiscal balance)是指在一定时期内（通常为一个财政年度）财政收入与财政支出之间量上的对比关系。事实上，财政收入与支出在总量上的平衡，只有在编制预算时才能存在。预算执行结果收入与支出恰好相等的绝对平衡状态是很少见的，通常不是收大于支，就是支大于收。由于超过收入的支出在资金和物资上是没有保证的，往往会给经济带来不利影响，所以，为了稳妥起见，人们往往在习惯上把收大于支、略有结余的情况称为财政平衡。但是也有另一种观点认为，既然预算执行结果无法做到收支绝对平衡，那么略有结余或略有赤字都应视为财政平衡。

判定一个国家财政是否平衡的时候，在各国有所不同，其差别主要表现在如何处理国债收支上：有的国家把国债收支列入财政收支平衡的范围，如前苏联；有的国家则不列入，如美国；也有的国家在计算财政平衡时把一部分建设国债包含在正常收入之内，把为弥补赤字而发行的国债视为财政赤字，如日本；中国把国债收入列入正常收支范围，而不视为赤字。

如果不把债务收入统计在收入范围之内，与此对应，也不把债务的还本支出统计在支出范围之内。按照这种统计口径，财政实现平衡是相对的，财政不平衡是绝对的。如果把债务收入视作正常收入，把盈余也视作支出，那么财政收支平衡就是绝对的，不平衡就是相对的。

2. 财政收支不平衡的原因

造成财政收支不平衡的原因有多种，其中财政支出需要的无限性与财政收入可能的有限性之间的矛盾，是财政收入不平衡的最主要原因。

其次，财政决策的失误以及计划与实际的不一致，会引起财政收支矛盾。由于人们的认识往往落后于客观实际，在制定与执行政策、计划时，不容易符合客观经济规律，以致既定的财政收支计划（即国家预算）虽然是平衡的，但执行的结果往往有较大出入。这里有两种情况：一是由于计划考虑不周、经验不足，或工作指导上失误而造成的计划偏高或偏低。计划偏高，超过实际可能，会造成入不敷出，出现赤字；计划偏低，则资源得不到充分利用，年终结余过多。二是在年度执行计划过程中，由于自觉调整政策，修改计划，对财政收支造成影响，也会导致财政不平衡。

再者,生产力发展水平与经济管理水平会对财政计划的执行产生影响,造成财政收支矛盾。政府编制计划时,总是按一定的经济技术指标以及生产经营条件来确定的。如果经营管理不善,劳动生产率下降,成本上升,或存在财政收支虚假现象,都可能发生因收入减少、支出增加而造成支大于收的差额;反之,则有利于增加收入、减少支出,从而形成收大于支的情况。

还有,由于财政收入的均衡性和部分财政支出的集中性,往往导致财政收支在时间上的不一致。这样,即使财政年度收支预算平衡,在收支过程中也会出现支多收少或收多支少的情况。

另外,某些意外事故,如遇到严重自然灾害、安定团结局面遭到破坏或临时发生战争等情况,都会影响到年度财政收支的平衡。

在我国,无弹性的税制和国有企业的经营状况也会影响到财政收支的不平衡。

总之,财政收支矛盾的客观性,决定了不平衡是财政收支运动的基本形态。但是财政收支又是彼此依存、相互统一的,这是因为:① 财政收入与财政支出的目的相同,都代表着相等价值的资源,都是为了现代化建设,满足国家和人民不断增长的需要。② 财政收入是财政支出的来源,财政支出是财政收入的使用。财政收入的规模、增长速度决定了财政支出的规模与增长速度。没有收入,就没有支出,多收才能多支,少收只能少支。可见,收入是财政收支矛盾的主要方面,直接制约着支出。因此,要增加财政支出,满足日益增长的需要,就必须大力增加财政收入。③ 财政支出又促进和影响财政收入,它是保证财政收入增加的条件。财政支出的规模、增长速度与支出结构,直接影响到经济增长与经济效益,从而影响财政收入的规模和增长速度。如果支出规模扩大,速度增快,而支出构成(如在积累与消费,生产性积累和非生产性积累,一、二、三产业,社会性消费与个人消费,购买性支出与转移性支出之间的比例)又比较合理,那么,将有力促进国民经济的发展与国民收入及国内生产总值(GDP)的增加,因而也相应地增加财政收入。可见,矛盾着的财政收支双方,不但有对立性,而且有统一性,两者共处于对立统一体之中。财政收支的矛盾性,客观上要求正确认识矛盾,促使矛盾转化,实现财政收支平衡;财政收支的统一性,为财政收支平衡提供了客观可能性。

3. 财政平衡的含义

(1) 财政平衡是一种相对平衡。财政结余或赤字不超过一定的数量界限,就视为财政收支平衡。一般认为财政结余数和财政赤字数在财政总收入的3%以内,都可以视为财政平衡。

(2) 财政平衡是一种动态平衡。由于经济波动是一种常态,其波动的周期通常超过一年,因而财政收支平衡的实现也只能是长期的。如果我们仍然强调财政收支的年度平衡,则不但不能熨平经济波动,而且可能加大经济波动的幅度。又由于财政收支在一个经济周期内由经济繁荣时的盈余来抵补经济衰退时的赤字,从而在一个经济周期内实现收支平衡。所以,财政平衡不应只局限于一个财政年度内的收支对比,更要考虑年度之间的联系和相互衔接,寻求在一个经济周期内的平衡。

(3) 财政平衡是一种综合平衡。财政平衡是社会总供求平衡的一个组成部分,必须从国民经济综合平衡的角度来研究财政平衡。国民经济综合平衡的目标是社会总供求平衡,相对于社会总供求平衡,财政平衡本身不是目的,而是手段,所以财政收支的综合平衡是指财政收支的安排应该有利于实现经济的综合平衡,而不是仅仅局限于实现财政收支本身的平衡。国民经济的综合平衡是难以在市场机制的自发作用下实现的,而财政收支作为政府的经济行为,必然要调整自身的收支来实现经济的综合平衡。

4. 实现年度财政收支平衡的途径

在中国,实现财政收支平衡最主要是发展经济,增收节支。从预算管理来说,在编制预算时,要坚持收支平衡、量入为出的原则。如果在某些特殊情况下出现收支差额,则要及时采取措施增加收入,压缩支出,发行公债,以实现预算收支平衡;在预算执行时,要加强税收征管,防止收入流失,严格控制支出,提高财政资金的使用效益,保证财政收支平衡;在编审决算时,要严格核实各项收支,应收未收的收入,要坚决收上来;应该退库的收入,要及时办理退库,各项支出要严格按规定列入决算,消除财政虚假收入的情况,以实现财政收支的真正平衡。

二、财政赤字

1. 财政赤字

所谓财政赤字(fiscal deficit),是指财政年度中财政支出大于财政收入导致的财政不平衡的一种财政现象,它反映了财政年度内国家财政收入不敷支出的基本状况,是财政活动完成时出现的赤字,这是实际的真实财政赤字。它一般是指在编制预算时,收支是平衡的,但在预算的执行过程中出现了事先未预料到的短收或超支因素,使收入计划未能完成,而支出计划又突破的情况下,预算执行的结果出现了赤字。一般会贯彻"量入为出"原则编制预算,反映政府被动干预经济状态。

而赤字财政(deficit finance)则是指在编制预算时就安排了一个入不敷出、列有赤字的年度收支计划,它是编制预算时安排的赤字,这是计划中的赤字。赤字预算起源于凯恩斯的政府干预论,即通过赤字刺激有效需求不足,以达到政府的宏观目标,它属于扩张性财政政策的一种。一般会贯彻"量出为入"原则编制预算,反映政府主动干预经济状态。

财政赤字计算方法:赤字(结余)=(经常收入+债务收入)−(经常支出+债务付息支出),我国1993年以前采用它;或者 赤字(结余)=经常收入−经常支出,我国1994—1999年间采用;也或者 赤字(结余)=经常收入−(经常支出+债务付息支出),我国2000年开始采用。

2. 财政赤字的分类

(1) 硬赤字=(经常收入+债务收入)−(经常支出+债务支出)

债务收入包括政府发行债券的收入和其他借款收入;债务支出是指债务的还本付息支出。将债务收入视为正常的财政收入,这样,从账面看,财政收支永远是平衡的。

但是,它掩盖了财政赤字的真实情况,因为按这种口径计算,只有财政向中央银行透支时才有赤字,否则,即使财政发生了较大赤字,只要不向银行透支,从账面上看,收支都是平衡的,有时甚至出现结余。由于这种口径大大缩小了赤字的数额,会使人们对财政困难认识不足,从而导致政府支出的扩张。由于财政赤字数额不能得到真实的反映,也就难以准确分析财政支出对经济运行所产生的影响。这个赤字的弥补只能通过向中央银行借款或透支,容易造成通货膨胀。

(2) 软赤字=经常收入−经常支出

将债务收入不计入收入,计算出来的赤字往往要大得多,但能够较为真实地反映财政赤字的状况,以及能够反映财政收支对国民经济活动的影响。这种赤字未经债务弥补,可以通过举债方式弥补赤字,这种"赤字债务化"被多数国家采纳。

另外,还有主动赤字和被动赤字、预算赤字和决算赤字、充分就业赤字和周期性赤字等分法。

3. 我国财政赤字情况

在我国 1950—1991 年,实行的是硬赤字时代(单式预算下),1950—1977 年的 28 年中有 10 年赤字 18 年结余,1978—1992 年的 15 年中有 3 年结余 12 年赤字;而 1993 年至今,我国实行的是软赤字(复式预算下),1993 年至今年年软赤字,1994—1998 年均超过 500 亿元,1999 年及以后赤字规模以千亿计,2009 年预算赤字规模为 9 500 亿元,实际赤字规模为 7 400 亿元,2010 年预算赤字为 8 500 亿元,2011 年预算赤字为 7 000 亿元,2012 年预算赤字为 8 000 亿元。

4. 财政赤字的弥补

(1) 动用历年结余。动用历年结余就是使用以前年度财政收大于支形成的结余来弥补财政赤字。财政出现结余,说明一部分财政收入没有形成现实的购买力。在我国,由于实行银行代理金库制,因此,这部分结余从银行账户上看,表现为财政存款的增加。当动用财政结余时,就表现为银行存款的减少。因此,只要结余是真实的结余,动用结余是不会存在财政向银行透支的问题。

但是,财政结余已构成银行信贷资金的一项来源,随着生产力的发展而用于信贷支出。财政动用结余,就意味着信贷资金来源的减少,如果银行的准备金不足,又不能及时通过适当的收缩信用规模来保证财政提款,就有可能导致信用膨胀和通货膨胀。因此,财政动用上年结余,必须协调好与银行的关系,搞好财政资金与信贷资金的平衡。

(2) 增加税收。增加税收包括开增新税、扩大税基和提高税率。但它具有相当的局限性,并不是弥补财政赤字稳定可靠的方法。

首先,由于税收法律的规定性,决定了不管采用哪一种方法增加税收,都必须经过一系列的法律程序,这使增加税收的时间成本增大,难解政府的燃眉之急。

其次,由于增加税收必定加重负担,减少纳税人的经济利益,所以纳税人对税收的增减变化是极为敏感的,这就使得政府依靠增税来弥补财政赤字的试图往往受到很大的阻力,从而使增税可能议而不决。

最后,拉弗曲线表明增税是受到限制的,不可能无限地增加,否则,必将给国民经济造成严重的恶果。

(3) 增发货币。增发货币是弥补财政赤字的一个方法,至今许多发展中国家仍采用这种方法。但是从长期来看,通货膨胀在很大程度上取决于货币的增长速度,过量的货币发行必定会引起通货膨胀,将带来恶性后果。因此,用增发货币来弥补财政赤字只是一个权宜之计。

(4) 发行国债。通过发行国债来弥补财政赤字是世界各国通行的做法。这是因为从债务人的角度来看,国债具有自愿性、有偿性和灵活性的特点;从债权人的角度来看,国债具有安全性、收益性和流动性的特点。因此,从某种程度上来说,发行国债无论是对政府还是对认购者都有好处,通过发行国债来弥补财政赤字也最易于为社会公众所接受。

但是,政府发行国债对经济并不是没有影响的。首先,大多数经济学家认为在货币供给不变的情况下,国债发行会对私人部门投资产生"挤出效应"(发行国债,货币资金将被回收,市场流通的货币量下降,货币供求关系导致利息率上升,借贷数额下降,投资下降);其次,当中央银行和商业银行持有国债时,通过货币乘数会产生通货膨胀效应,因此,政府以发行国债来弥补财政赤字并不意味着一国经济由此而避免了通货膨胀的压力。

三、财政平衡与社会总供求平衡

1. 社会总供求平衡

社会总供给是指一个国家或地区在一定时间内,由物质生产部门和非物质生产部门提供的商品总量和付费劳务总量。社会总需求是指一个国家或地区在一定时间内,在有支付能力的范围内使用和消费的商品总量和付费劳务总量。在国民经济核算中,总量平衡有如下等式:总供给收入＝$C+S+T+M=C+I+G+X$＝总需求支出。

左边代表总供给的收入流量,由消费 C、储蓄 S、税收 T 和进口额 M 组成;右边代表总需求的支出流量,由消费 C、投资 I、政府支出 G 和出口额 X 组成。

2. 财政赤字的预算恒等式

根据总量平衡恒等式,可以列出描述财政赤字的预算恒等式:

$$G-T=(S-I)+(M-X)$$

等式左边表示预算收支平衡状况,当 $G>T$,政府预算出现赤字;当 $G<T$,则有财政结余。等式右边由两个部分组成,这两部分实际上是两个不同的账户,S 和 I 是储蓄、投资账户,M 和 X 是对外贸易经常账户。

当 $S>I$,非政府部门的储蓄大于投资,有结余资金;反之,则非政府部门的储蓄、投资账户出现赤字。当 $M<X$,贸易经常账户有盈余;反之,则贸易经常账户出现赤字。

这个预算恒等式可以理解为:财政赤字动用非政府部门或贸易部门的结余。为使该恒等式表达的经济含义更容易解释清楚,我们从一个封闭型经济讨论起,即 $M-X=0$,有 $G-T=S-I$,即财政赤字＝储蓄、投资账户结余。

(1) 在封闭型经济中,一个部门的赤字正是另一个部门的结余。政府预算的赤字,可以由非政府部门的储蓄结余来抵补。按照恒等式的逻辑,财政赤字的增加可以不影响需求总量,因为弥补赤字的资金可以来源于民间的储蓄结余。这种情况下,政府多支出的那一部分,正是非政府部门少支出的那一部分。因此,赤字可以在一定条件下以替代支出的方式嵌入总需求,而不改变需求总量。

(2) 在一个开放型经济中,政府预算赤字不仅可以用国内结余资源来弥补,还可以动员国际资源。假定 $M-X>0$,即贸易经常账户出现赤字,这表明一部分国外资源流入国内以补充国内总供给。在其他条件不变的情况下,谁动用了这部分资源,取决于 S 和 I 的关系。大体可分为以下几种情况:

① $S>I$。这表示非政府部门有结余,资源净流出,政府既动用了国外资源,也动用了国内结余资金。赤字同时以两种方式加入总需求,即用国外资源弥补的赤字,会以新的总需求方式叠加在原有总需求之上,使总需求扩张;用国内结余资金弥补的赤字,会以替代支出的方式嵌入原有总需求中,总需求结构会被改变,但总量不变。

② $S=I$。这表示非政府部门的储蓄等于投资,这个部门既不占用其他部门的资源,也不为其他部门提供结余资源。这种情况下,政府动用了全部从国外流入的资源,且国外流入的资源数量与财政赤字相等。这是国内政府的赤字由国外结余弥补的例子,全部赤字都会

以新的需求叠加在原有总需求之上。这种情况下,$S=I,M>X$与$G>T$的组合,为持政府赤字导致贸易经常账户赤字观点的经济学派提供了理论依据。

③ $S<I$。这表示非政府部门的储蓄、投资账户也出现赤字,需要筹资弥补。由于政府也处于赤字状态,因此,两个部门都必须从国外筹集资金,所有的赤字都会使总需求扩张。假定国内的储蓄、投资赤字等于贸易经常账户赤字,则政府便无资可筹,这也是一种排挤效应,是民间投资排挤政府支出。

3. 财政平衡与社会总供求的关系

(1) 财政平衡是社会总供求平衡中的一个组成部分,必须从国民经济的整体平衡研究财政平衡,才能得出全面、正确的结论。

(2) 国民经济整体平衡的目标是社会总供求的大体平衡,财政平衡不过是其中的一个局部平衡,本身也是一种手段。

(3) 公式中消费、储蓄、投资以及进出口属于个人和企业的经济行为,是通过市场实现的,而财政收支属于政府行为,因而财政收支平衡是掌握在政府手中进行宏观调控的手段。财政平衡可以直接调节社会总需求,间接调节社会总供给。

4. 财政政策乘数

财政政策通过财政手段影响经济运行,财政效果反映财政政策引起社会经济数量的变动,它一方面是政策手段本身的数量变动,另一方面以乘数呈扩张或收缩社会经济数量的变动。下面从经济学中国民收入的决定方程式出发,得到财政政策乘数。

国民收入方程式:
$$Y = C + I + G$$

式中,Y代表国民收入,C代表消费支出,I代表私人投资支出,G代表政府购买性支出。

又
$$C = C_a + bY_d$$

式中,C_a代表消费函数中的常数,Y_d代表可支配收入,$Y_d = Y - T$,即扣除税后收入。代入整理可得:

$$Y = \frac{1}{1-b}(C_a - bT + I + G) \qquad (*)$$

(1) (*)式两端对T求偏导,得到税收乘数

$$\frac{\partial Y}{\partial T} = \frac{-b}{1-b}$$

它表明税收的变动对国民收入的影响程度:一是国民收入与税收的变动方向相反;二是政府增税时,国民收入减少,减少量为税收增量的$\frac{b}{1-b}$倍。

(2) (*)式两端对G求偏导,得到

$$\frac{\partial Y}{\partial G} = \frac{1}{1-b}$$

它表明购买性支出的变动对国民收入的影响程度:一是国民收入与税收的变动方向相同;二是政府增加支出时,国民收入增加,增加量为购买性支出增加量的$\frac{1}{1-b}$倍。同时,购买性支出乘数大于税收乘数,说明财政支出政策对经济的影响大于税收政策。

(3) 平衡预算乘数。它是指政府收入和支出同时以相同数量增加或减少时,国民收入变动对政府收支变动的比率,即

$$\frac{\partial Y}{\partial T} + \frac{\partial Y}{\partial G} = \frac{-b}{1-b} + \frac{1}{1-b} = 1$$

它表明政府购买和税收同时增加相等的数额,从政府预算上看是平衡的,当国民收入增加,即税收和财政支出同向同量变动的结果,即增加税收会减少国民收入,但若同时等额地增加购买性支出,国民收入也会等额增加。

6.2 财政政策的选择与应用

一、财政政策

1. 财政政策

财政政策(fiscal policy)是政府为了实现一定的目标,依据客观规律和一定时期社会经济发展的要求制定的指导财政分配活动、处理财政分配关系的基本准则和规范。简单说,就是一国政府为达到既定目标而对财政收支所做出的决策。它对国民经济运行的调节有直接性和强制性两个明显特点。

陈共则在《财政学》(第五版)中对财政政策做出这样简洁的定义:"财政政策是指一国政府为实现一定的宏观经济目标,而调整财政收支规模和收支平衡的指导原则及其相应的措施。"

它包含四层含义:① 财政政策是政府制定的旨在指导财政分配活动、处理财政分配关系,进而影响经济运行的基本准则和规范;② 财政政策有既定的目标,为实现目标还需借助一定的手段;③ 财政政策的制定依据是一定时期社会经济发展和客观规律的要求;④ 财政政策的主体只能是各级政府,而且主要是中央政府。

财政政策由政策目标、政策手段和政策效应三个要素构成。政策目标反映制定和实施财政政策的根本目的,它是财政政策的基础;政策手段是实现政策目标所采取的方法和措施,它是财政政策的途径;政策效应是财政实施对社会经济产生的影响,它是财政政策的效果。这三要素构成了财政政策的整体结构。

2. 财政政策目标

财政政策目标是政府通过财政手段的实施所期望达到的目的。它是财政政策的核心要素,反映着政府对国民经济和社会发展实施影响的根本意图,并对财政政策手段的选择起规范和约束作用。

通常情况下,财政政策目标的特点具有多样性、协调性、可分性、稳定性等特点。

选择什么政策目标,主要取决于该国的经济体制和不同的经济环境。一般来说,财政政策的目标是资源合理配置、收入公平分配和经济稳定(充分就业、物价稳定、经济增长和国际收支平衡)。当然,在不同经济时期,财政政策的目标有所侧重。

我国财政政策目标归纳为以下五个方面:

(1) 社会总供求基本均衡。社会总供求均衡是社会经济稳定增长的重要条件。财政政策属于需求调节政策,可以通过影响需求结构进而对社会供给结构和总量产生影响,正确选择适当的财政总量政策和结构政策,可以实现社会总供求基本平衡的目标。

(2) 收入分配相对公平。市场经济条件下，人们的收入分配主要取决于各自提供的生产要素的数量和质量。由于竞争条件缺乏公允、就业机会不均等原因会引起人们提供生产要素在数量和质量上的差异，进而造成市场机制下收入分配不公平，这就需要政府借助于财政政策予以调节。因此，收入分配相对公平是财政政策的重要目标。

(3) 国际收支平衡。保持国际收支平衡成为国内经济政策的目标之一。实现国际收支平衡可使用的财政政策主要有：税收政策，通过限制进口、鼓励出口，增加外汇收入；补贴政策，以财政资金补贴出口贸易，增加国际收入；差别性政府购买政策，即规定财政开支于某些领域内的经费必须用于购买本国商品和劳务；债务政策，指资金输出或输入，收入大于支出时，增加资本输出，支出大于收入时，增加资本输入，从而调节国际收支平衡。

(4) 资源配置达到高效率。资源配置包括两方面的含义：一是经济资源在各产业、行业、产品间的配置；二是经济资源在公共部门与市场部门之间的配置。就第一层含义来说，市场机制是资源配置的基础环节，即资源如何在各产业、行业、产品间配置主要依靠市场信号和市场机制的运作来达到高效率，但这并不排除政府通过财政政策给以相应的促进和调整。对部分价高利大而有可能膨胀的产业（如烟、酒，以及其他加工业）施以高税收；对一些基础产业包括农业、能源、交通及其他采掘业给以补贴，使资源在产业、行业与产品间优化配置，达到宏观意义上的高效率。

对第二层含义来说，市场经济中有一部分公共商品或劳务是必需的，它对整个经济的发展具有基础性或保障性作用，如国防、司法行政、环境保护、交通通信等大型公共设施，这意味着必须有一部分资源在公共部门中配置。然而经济资源在公共部门和市场部门中如何配置，配置多少，关系到全社会经济的效率问题，因而也是财政政策的重要目标。

(5) 适度的经济增长。适度的经济增长是政府追求的重要经济目标。过高或过低的经济增长都会影响经济的持续发展，而财政政策可以对经济增长施加抑制或刺激作用。高累进所得税可抑制投资与工作的积极性；相反，允许固定资产的加速折旧和对技术开发实行税收优惠等，可以刺激经济持久地增长。

各政策目标的关系：充分就业与物价稳定之间可能发生矛盾，物价稳定与经济增长之间可能发生矛盾，充分就业、物价稳定及经济增长目标也有矛盾冲突。财政政策的各项目标之间的冲突与矛盾，要求政策制定者要么确定重点的政策目标，要么对这些政策目标进行协调。

3. 财政政策手段

财政政策手段是指为推行财政政策而具体操作、利用的政策要素。按照财政分配活动的具体内容，财政政策手段主要包括税收、国债、财政补贴、预算、转移支付、购买性支出等。根据政策手段不同，可以将财政政策分为税收政策、支出政策、预算平衡政策、国债政策等。

财政政策的所有功能，都是通过财政政策手段来实现的，不同财政政策手段具有不同的效应。因此，在财政政策推行过程中，政府往往根据实际情况选用不同的财政政策手段或手段策略组合来进行调节。

4. 财政政策效应

财政政策效应就是财政政策作用的结果，如在宏观经济的不稳定情况下自动发挥作用，使宏观经济趋向稳定，以及政府投资或公共支出扩大、税收减少时，对国民收入有加倍扩大的作用，从而产生宏观经济的扩张效应等。它包含两个含义：一是财政政策对社会经济活动产生的有效作用；二是在财政政策的有效作用下，社会经济做出的反应。

二、财政政策的分类

1. 根据财政政策对总需求的不同可以分为扩张性财政政策和紧缩性财政政策

在我国,扩张性财政政策也称为积极的财政政策。扩张性财政政策是通过减少收入、扩大支出来增加总需求的,采取的财政措施是减少税收、增加公共工程支出和行政管理支出,实行赤字预算,发行国债。紧缩性财政政策是通过增加税收、减少支出来抑制总需求,采取的手段有提高税率、减少购买支出和补助支出,实行盈余预算。

2. 根据财政政策对经济调节的自觉性可分为自动调节的财政政策和相机抉择的财政政策

自动调节的财政政策是指在经济发生周期变化时无须人为地调整,财政收支会自动发生相应的变化,从而对经济波动产生抵消作用的政策,因而通常被称为"自动稳定器"。

相机抉择的财政政策是指通过政府在不同经济形势下主动改变财政收支量以实现经济稳定的政策。一般是通过财政支出政策和财政收入政策来实现。

3. 根据财政政策对总供给的影响可分为刺激性财政政策、限制性财政政策和中性财政政策

刺激性财政政策是通过某些财政手段的应用,以达到刺激供给的财政政策。限制性财政政策是通过某些财政手段的应用,以达到限制供给的财政政策。中性财政政策是指财政的分配活动对社会总需求的影响保持中性,一般情况要求财政收支平衡。

4. 根据财政政策调节的对象可分为宏观财政政策和微观财政政策

宏观财政政策是指在财政收支活动中,通过财政收支量的变化对整个国民经济进行调节的政策——通过宏观经济变量如就业水平、物价总水平、国民收入和国际收支等的影响,达到稳定经济的政策目标。宏观财政政策可再细分为扩张性财政政策、紧缩性财政政策、均衡性财政政策、补偿性财政政策、积累与消费差别政策。

微观财政政策是指对宏观财政政策的补充和配合,在微观层面上进行具体实施的各种政策,解决资源配置和收入分配问题。它在调整方向和效果上比宏观财政政策更有针对性和直接性,因而便于实现政府的一些具体的财政目标。微观财政政策可再细分为固定资产折旧政策、投资抵免政策、资本利得税政策、行业津贴(补贴)政策、非营利基础设施建设政策、工业布局合理化政策、人才资源开发政策。

5. 根据财政收支可分为财政收入政策和财政支出政策

财政收入政策是指对财政收入的调节方式。财政支出政策是指对财政支出的调节方式。它们还可以再细分为税收政策、国债政策、财政补贴政策、财政投资政策、支出变动与转换政策。

6. 根据财政政策调节的需要可分为总量调节政策、结构调节政策和利益调节政策

总量调节政策是指国家为了调节社会总供给与总需求平衡而规定的调整财政收支总量关系的基本方式。结构调节政策是指国家为了调节社会供给结构与需求结构的平衡而规定的调整财政收入结构和财政支出结构的基本方式。利益调节政策是指国家为了调节社会经济利益关系而规定的调整财政收支变动的基本方式。

7. 根据财政政策调节对象的动态性可分为存量财政政策和增量财政政策

存量财政政策是指通过对资产存量、收入存量、利益存量等进行合理分布和调整的基本方式。增量财政政策是指通过对新增的财政分配部分,如新增盈利、新增留利、新增资金等进行合理调节的基本方式。

三、财政政策的选择

财政政策是政府把财政作为国民经济运行的均衡元素来运用的政策,已成为政府谋求经济稳定的工具,它是由处于不同层次的若干具体政策构成的。由于不同层次的财政政策的灵敏度、松紧度、透明度和时滞效应以及调节程度各不相同,因此,了解财政政策的灵敏度、松紧度和透明度对选择恰当的财政政策十分重要。

1. 财政政策的灵敏度、松紧度和透明度

财政政策的灵敏度是指财政政策对经济运行的变化做出即时而又正确的反应能力,如自动调节的财政政策的灵敏度就高于其他政策。财政政策的松紧度主要是指财政政策对社会需求的控制程度,即对投资需求和消费需求的紧缩或扩张的影响程度。财政政策的透明度是指政策的时空传递效应及其能见度。没有透明度较高的财政政策则容易使各方反应迟钝,即对宏观调控不能形成感应,难以有效地发挥其政策功能。

2. 财政政策的时滞

它包括政策认识上的时滞、执行上的时滞和反应上的时滞等。把各种时空因素精细计算以后再进行选择,才不致因时滞效应而使政策功能丧失,或者产生负功能。

政策的时滞性要求具有超前的预见性和阶段性,以使各项政策在经济空间的恰当位置上和在经济时间的适当时点上发挥作用,从而取得最佳的政策效果。

财政政策的时滞效应如图 6-1 所示。

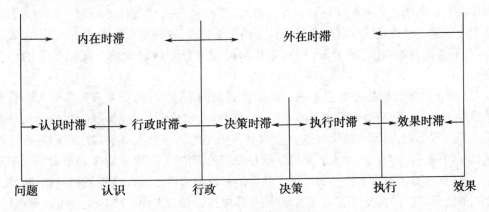

图 6-1 财政政策的时滞效应

3. 财政政策的调节

各项财政政策对经济的作用有的比较温和,而有的却比较猛烈,这就要求根据不同的经济情景"对症下药"。只有立足全局,因地因时制宜,实行分类、分层、分级、分项进行调节,才不至于出现"空调"、"乱调"和"错调"。

当然,依据以上特点进行政策选择并不意味着可以忽视经济运行在一定时空上的具体状态,这也是决定财政政策选择的重要判据。概括起来,政府采用怎样的财政政策取决于各项政策自身的特点和不同的经济情景。只有正确调节,才能达到财政政策的导向功能、协调功能、控制功能和稳定功能。

财政政策还必须同其他经济政策相配合,才能使其成为一个高效率的有机体,可以把财政政策的各个组成部分凝聚成合力,弥补各组成部分的调节不足和抵消某些副作用。具体说来，财政政策应与货币政策协调配合。

四、财政政策的应用

1. 财政政策与货币政策

财政政策与货币政策是政府用于调控社会总供求的两个最有力的经济手段，它们在协调社会供求总量平衡与结构平衡方面起着关键作用。两种政策的调控目标是统一的，都属于宏观经济调控目标，两者都是需求管理政策，有着不可分割的内在联系，一方的变化会引起另一方的变化，最终引起社会总供求的变化。

货币政策是指国家为实现一定的宏观经济目标所制定的货币供应和货币流通组织管理的基本准则。目前，中央银行的货币手段主要有：① 法定存款准备金；② 再贴现；③ 公开市场业务。中央银行通过货币手段影响到金融机构，进而改变金融市场的利率、扩张或紧缩货币供应量，再影响到企业和个人的投资与消费，最终影响到经济发展。

2. 财政政策与货币政策相互配合的必要性

在我国财政与信贷是国家从宏观上集中分配资金的两条不同的渠道，两者虽然都能对社会的总需求与总供给进行调节，但在消费需求与投资需求形成中的作用是不同的，而且这种作用是不可相互替代的。财政政策既在经济领域发挥作用，也在非经济领域发挥作用，而货币调节作用基本上限于经济领域；两种政策在国民收入分配中起的作用也不同。

（1）两大政策作用机制不同。财政是国家集中一部分 GDP 用于满足社会公共需求，因而在国民收入的分配中，财政居于主导地位，财政直接参与国民收入的分配，并对集中起来的国民收入在全社会范围内进行再分配。因此，财政可以从收入和支出两个方向上影响社会需求的形成。银行是国家再分配货币资金的主要渠道，这种对资金的再分配，除了收取利息外，并不直接参加 GDP 的分配，而只是在国民收入分配和财政再分配基础上的一种再分配。

（2）两大政策目标的侧重点不同。从消费需求的形成看，消费需求包括个人消费和社会消费两个方面。社会消费需求基本上是通过财政支出形成的，因而财政在社会消费需求形成中起决定作用，而银行信贷在这方面则显得无能为力。个人消费需求的形成则受到财政、信贷两方面的影响。在个人所得税制度日趋完善的情况下，财政对个人消费需求的形成是有直接影响的，而银行主要是通过工资基金的管理和监督以及现金投放的控制，间接地影响个人的消费需求。在投资需求方面，财政在形成投资需求方面的作用是调整产业机构、国民经济结构的合理化，而银行的作用主要在于调整总量和产品结构。

（3）两大政策调节的领域不同。两者在膨胀和紧缩需求方面的作用不同。在经济生活中，有时会出现需求不足、供给过剩，有时会出现需求过旺、供给短缺，这种供给与需求失衡的原因很复杂，但从宏观经济看，主要是由财政与信贷分配引起的，而财政与信贷在膨胀和紧缩需求方面的作用又是有区别的。财政赤字可以扩张需求，财政盈余可以紧缩需求，但财政本身并不具有直接创造货币需求即"创造"货币的能力，唯一能创造需求、创造货币的是银行信贷，因此，财政的扩张和紧缩效应一定要通过信贷机制的传导才能发生。银行自身还可以直接通过信贷规模的扩张和收缩来起到扩张和紧缩需求的作用，银行信贷是扩张或紧缩需求的总闸门。

正是由于财政与银行信贷在消费需求与投资需求形成中有不同的作用，才要求财政政策与货币政策必须相互配合运用。如果财政政策与货币政策各行其是，就必然会产生碰撞与摩擦,彼此抵消力量,从而减弱宏观调控的效应和力度,难以实现预期的调控目标。

3. 不同的政策配合模式

财政政策与货币政策的配合运用也就是扩张性、紧缩性和中性三种政策类型的不同组合。

(1) 松的财政政策和松的货币政策,即"双松"政策。松的财政政策主要通过减少税收和扩大财政支出规模刺激社会总需求的增加;松的货币政策主要通过降低法定准备金率、降低利息率从而扩大信贷支出规模,以抵消财政政策的"挤出效应"。双松政策主要适用于社会需求严重不足、生产资源大量闲置的经济环境,需要解决失业和刺激经济增长。

(2) 紧的财政政策与紧的货币政策,即"双紧"政策。紧的财政政策主要通过增加税收、压缩财政支出来抑制社会总需求的增长;紧的货币政策主要通过提高法定准备金率、提高利息率,减少货币供给量,以抑制投资和消费支出。双紧政策主要适用于社会总需求极度膨胀,社会总供给严重不足,物价大幅攀升,需要解决严重的通货膨胀。

(3) 松的财政政策与紧的货币政策。应用松财政解决需求不足和经济萧条,应用紧货币缓和财政政策造成的通货膨胀。此配合主要适用于通胀与经济停滞并存,产业结构和产品结构失衡,需要治理滞涨和刺激经济增长的情况。

(4) 紧的财政政策与松的货币政策。应用紧财政抑制社会总需求,限制社会集团和个人消费,防止经济过热和通货膨胀;应用松货币鼓励投资,促进经济增长。此配合适用于财政赤字较大,物价基本稳定,经济结构合理,但消费偏旺,企业投资不旺,经济处于轻度衰退的情况。

至于采取什么样的搭配政策,就要取决于宏观经济的运行状况及其要达到的政策目标。一般来说,社会总需求明显小于总供给,就应采取松的政策措施,以扩大社会的总需求;如果社会总需求明显大于总供给,就应该采取紧的政策措施,以抑制社会总需求的增长。

我国财政政策的演变

通常一个国家在一定的经济发展阶段实施何种财政政策,要根据宏观经济运行态势,相机抉择。我国财政政策可以从财政规模这个指标进行分析,财政规模可以用财政支出占GDP的比重来表示。我国的财政支出经历了1994年开始下滑、1998年开始大幅上升、2001年稍有回落、2004年开始稳步上升的发展趋势。

1. 1994年——"适度从紧"

1992年,小平同志南巡讲话后,我国开始进入新一轮的经济快速增长时期,固定资产投资高速增长,投资需求带动了消费需求,与此同时加剧了商品供给的短缺状况,产生了较为严重的通货膨胀,成为社会经济稳定的巨大隐患。1994年提出了适度从紧的政策:① 着眼点是经济增长的"软着陆"。"软着陆"是对经济运行状态的形象比喻,从经济意义上讲,它是指国民经济的运行在经过了一段过度扩张后,在政府的宏观调控作用下,平稳地回落到适度的增长区间。② 总量从紧、结构调整。财政政策坚持总量上的从紧,财政支出相对压缩,即财政支出增长率的减少。③ 与"适度从紧"的货币政策搭配。

2. 1998年——积极的财政政策

上述几方面的情况综合在一起,使决策层于1998年为力求实现8%的增长目标而采取增加投资、扩大内需方针,并且把增加投资的重点掌握为基础设施建设。① 增发1 000亿元长期国债,所筹资金用作国家预算内的基础设施建设专项投资,包括对大江大河的治理、交通运输条件的改善,加强了环境保护和生态建设。② 调整收入分配政策,提高城乡居民收入,以刺激消费需求。③ 支持企业技术进步,促进产业升级换代。④ 促进地区生产力布局的调整和优化,有力地支持了西部地区的开发。

3. 2004年——稳健的财政政策

自1998年至2003年,扩张性的"积极财政政策"对于抵御亚洲金融危机的冲击,化解国民经济运行周期低迷阶段的种种压力,保持经济社会平稳发展作用显著。但扩张政策毕竟是一种宏观"反周期"操作,适用于经济低迷阶段的政策类型。随着2003年中国国民经济终于走过由相对低迷向稳定高涨的拐点,人们对于投资过旺、经济偏热的关注迅速上升,宏观经济政策的调整以及财政政策的转型成为必然。稳健的财政政策坚持"控制赤字、调整结构、推进改革、增收节支"十六字方针。

4. 2008年末——积极的财政政策

2008年初"双防":2008年国内外环境较有利于我国经济发展。经济运行将高位趋稳,经济增长率小幅回落,居民消费价格上涨势头放缓,固定资产投资略有降温,消费品市场活跃旺盛,外贸顺差增速有所回落。要防止经济过热,防止通货膨胀。

2008年7月底"一保一控":进入下半年,全球金融危机逐渐将实体经济拖向衰退,中国出口需求加速萎缩。7月25日,中央政治局会议首次明确提出宏观经济政策从"双防"转向"一保一控",即保持经济平稳较快发展、控制物价过快上涨。

11月"保经济":在世界金融危机日趋严峻、我国经济遭受冲击日益显现的背景下,中国宏观调控政策做出了重大调整,将实行积极的财政政策和适度宽松的货币政策,中国宏观调控今后两年多时间内安排4万亿元资金强力启动内需,促进经济稳定增长。着力做好五点:① 扩大政府公共投资,大力促进消费需求。② 推进税费改革,减轻企业和居民负担。③ 增加财政补助规模,提高低收入群体收入。④ 进一步优化财政支出结构,保障和改善民生。⑤ 大力支持科技创新和节能减排,推动经济结构调整和发展方式转变。

——杨蕾.九十年代以来我国财政政策的历史演进及建议[J].《时代金融》,2009(5)

练习题

一、单项选择题

1. 下列不属于财政政策特征的是(　　)。
   A. 法制性　　　　B. 稳定性　　　　C. 概括性　　　　D. 系统性
2. 财政政策的内容含义不包括(　　)。
   A. 政策目标　　　B. 政策原则　　　C. 政策主体　　　D. 政策工具
3. 下列能刺激经济增长,扩大就业,但会带来通货膨胀的是(　　)。
   A. 双紧政策　　　　　　　　　　　　B. 双松政策
   C. 紧财政政策与松货币政策　　　　　D. 松财政政策与紧货币政策

4. 造成财政赤字的根本原因是( )。
   A. 财政决策失误
   B. 财政计划与实际的不一致
   C. 财政支出需要的无限性和收入可能的有限性之间的矛盾
   D. 生产力和经济发展水平低下
5. 通常依据( )原则,国家会编制预算赤字的国家预算。
   A. 量入为出   B. 量出为入
   C. 经济周期平衡   D. 经济周期不平衡
6. 财政政策与货币政策的作用机制不同表现在( )。
   A. 财政政策作用于商品市场和要素市场,货币政策作用于金融市场
   B. 财政政策直接参与国民收入的再分配,货币政策不直接参与国民收入分配
   C. 财政政策通过支出影响社会总需求,货币政策控制市场货币流量
   D. 货币政策作用在微观,财政政策作用在宏观
7. 当国家宏观经济产业结构失衡,通货膨胀与经济停滞并存时,适宜采取( )的财政与货币政策配合模式。
   A. 松财政,紧货币   B. 紧财政,松货币
   C. 松财政,松货币   D. 紧财政,紧货币
8. 当国家财政赤字较大,物价基本稳定,企业投资不旺,经济处于轻度衰退时,适宜采取( )的财政与货币政策配合模式。
   A. 松财政,紧货币   B. 紧财政,松货币
   C. 松财政,松货币   D. 紧财政,紧货币
9. 政府为了扩大内需,采取扩张性的财政政策,从而导致私人部门的投资下降。这种经济现象,经济学家称为( )。
   A. 溢出效应   B. 回波效应   C. 木桶效应   D. 挤出效应
10. 预算编制时,支大于收而存在的赤字是( )。
    A. 被动赤字   B. 主动赤字   C. 预算赤字   D. 决算赤字
11. 弥补软赤字的经济来源是( )。
    A. 借款   B. 举债   C. 银行透支   D. 财政拨款
12. ( )作为一种控制财政收支及其差额的机制,在各种财政政策手段中居于核心地位。
    A. 政府预算   B. 财政政策
    C. 税收政策   D. 财政补贴
13. 2008年末,为应对国际金融危机,我国政府施行积极的财政政策,制定了4万亿投资刺激经济计划。这里的积极财政政策,实质上就是( )。
    A. 紧缩性财政政策   B. 扩张性财政政策
    C. 中性财政政策   D. 相机抉择的财政政策
14. 在宏观调控目标中,最主要的是( )。
    A. 财政、信贷、外汇与物资的综合平衡   B. 资源合理配置
    C. 经济增长   D. 社会总供给与社会总需求的平衡

15. 财政收支矛盾的客观性,决定了财政收支运动的基本形态是( )。
   A. 收支平衡   B. 收支不平衡
   C. 收入大于支出   D. 支出大于收入

16. 下列关于财政赤字的说法中不正确的是( )。
   A. 赤字是财政收支未能实现平衡的一种表现,是一种世界性的财政现象
   B. 硬赤字的计算口径是:经常收入+债务收入-经常支出-债务支出=财政赤字
   C. 软赤字的计算口径是:经常收入-经常支出=财政赤字
   D. 弥补软赤字的途径是征税

二、多项选择题

1. 下列哪些手段会直接增加社会总需求( )。
   A. 增加税收收入   B. 减少财政支出
   C. 增加债务收入   D. 增加政府投资
   E. 减少税收收入

2. 为了达到抑制社会总需求的目的,应该( )。
   A. 增加税收   B. 减少税收
   C. 增加财政补贴   D. 减少财政补贴
   E. 增加财政支出

3. 积极财政政策的特征有( )。
   A. 稳定性   B. 适应性   C. 时效性   D. 深刻性
   E. 多样性

4. 实行货币政策,调节货币供应量的政策工具为( )。
   A. 公开市场业务 B. 贴现率政策   C. 法定准备率   D. 汇率政策
   E. 控制利息率

5. 财政政策手段是指为推行财政政策而具体操作、利用的政策要素。按照财政分配活动的具体内容,财政政策手段包括( )等。
   A. 税收   B. 国债   C. 财政补贴   D. 转移支付
   E. 购买支出

6. 财政政策的目标包括( )等。
   A. 充分就业   B. 物价稳定   C. 经济增长   D. 国际收支平衡
   E. 人民福利水平提高

7. 扩张性的财政政策对经济的影响是( )。
   A. 缓和了经济萧条但增加了政府债务
   B. 缓和了经济萧条也减轻了政府债务
   C. 加剧了通货膨胀但减轻了政府债务
   D. 加剧了通货膨胀也增加了政府债务
   E. 既增加就业也稳定物价

8. 财政政策调节国民经济运行的特点有( )。
   A. 间接性   B. 直接性   C. 自愿性   D. 强制性
   E. 单一性

9. 财政政策和货币政策的不同点表现在（　　）。
   A. 两者政策工具和调节范围不同
   B. 两者在国民收入分配中所起的作用不同
   C. 两者在对需求调节的作用方向不同
   D. 两者在扩大和紧缩需求方面的作用不同
   E. 两者调控的目标不同
10. 财政政策作为政府的经济管理手段，有以下功能：（　　）。
    A. 导向功能　　　B. 协调功能　　　C. 控制功能　　　D. 稳定功能
    E. 执行功能.
11. 按照对经济周期的调节作用划分，财政政策分为（　　）。
    A. 扩张性财政政策　　　　　　　B. 紧缩性财政政策
    C. 自动稳定的财政政策　　　　　D. 中性财政政策
    E. 相机抉择的财政政策
12. 财政政策稳定功能所表现的主要特征是（　　）。
    A. 持续性　　　B. 无偿性　　　C. 强制性　　　D. 补偿性
    E. 反周期性
13. 自动稳定的财政政策主要包括（　　）。
    A. 比例税率制度　　　　　　　　B. 累进税制度
    C. 转移支付制度　　　　　　　　D. 定额税率制度
    E. 财政贴息制度
14. 将债务的收支统计到经常财政收入，发生的赤字为硬赤字，关于财政硬赤字的相关结论正确的是（　　）。
    A. 硬赤字掩盖了赤字的真实情况
    B. 不利于分析财政收支对国民经济的影响
    C. 财政硬赤字下，赤字规模一般比较大
    D. 能够较真实反映财政收支对国民经济的影响
15. 国债作为弥补财政赤字的基本手段，是由于国债动用社会的闲置资金，有灵活性、自愿性等特点，所以国债相比其他弥补财政赤字的手段具有（　　）的优点。
    A. 筹集资金快，且来源可靠　　　B. 不影响社会消费需求
    C. 不会产生严重通货膨胀　　　　D. 减轻财政负担
16. 在财政政策的选择时，必须要考虑衡量财政的灵敏度、松紧度、透明度和时滞等因素，关于这些因素叙述正确的是（　　）。
    A. 灵敏度是关于社会对财政政策的反应能力
    B. 松紧度是财政政策对社会需求的控制程度
    C. 透明度是财政政策的传递中，社会的能见度
    D. 时滞财政政策是从发现问题到解决问题存在的内在和外在的时间滞后

三、简答题

1. 简述财政预算平衡。
2. 简述财政平衡的含义。

3. 简述财政赤字的弥补方法。
4. 简述财政政策的三要素。
5. 简述财政政策的手段。
6. 简述财政政策的目标。
7. 简述财政政策与货币政策结合的必要性。
8. 辨析财政赤字和赤字财政。
9. 简述国家预算是财政政策的核心手段。

四、论述题
1. 为什么发行国债是弥补财政赤字的最基本方法?
2. 论述财政政策的分类。
3. 论述财政政策与货币政策的配合的必要性,以及不同配合模式及其适用的经济环境。

五、思考题
我国财政政策的演变及我国当前实施的财政政策。

财政与税收 之 税收篇

第七章 税收及其原理

学习目的：通过本章的学习，能够理解税收概念、税收原则与税收结构、税收负担与税负转嫁等理论，熟悉税收术语和税收分类，了解税收筹划概念。

7.1 税收概述

税收(tax)是人类社会发展到一定历史阶段的产物，是国家实现其职能的物质基础，是财政收入的主要形式。在现代市场经济下，税收不仅满足其最初的财政职能，而且成为社会的一种普遍现象，每一个人都与税收有联系。同时，税收也成为国家调节经济运行的工具，贯彻国家经济政策的一种手段。税收在弥补市场缺陷，促进资源配置、收入分配和经济稳定等方面，越来越发挥重要的作用。

一、税收的定义

（一）税收认识的发展

1. 西方对税收的认识

（1）西方经济学家对税收的定义。自从税收产生以来，西方经济学家从不同的经济背景对税收定义做出不同的表述。18世纪的亚当·斯密认为，税收是"人民拿出自己的一部分私人收入给君主或国家，作为一笔公共收入"。日本的井手文雄认为，"所谓租税，就是国家依据其主权（财政权），无代价地、强制地获得的收入"。美国经济学家萨缪尔森则认为，国家需要钱来偿付它的账单，它偿付支出的钱的主要来源就是税收。

（2）西方工具书对税收的定义。英国《新大英百科全书》对税收的定义如下：在现代经济中，税收是国家收入的重要来源。税收是强制的和固定的征收，它通常被认为是对政府财政收入的捐献，用以满足政府开支需要，而并不表明是为了某一特定目的。税收是无偿的，它不是通过交换来取得。这一点与政府的其他收入大不相同。税收总是为了全体纳税人的福利而征收的，每一个纳税人在不受任何利益支配的情况下承担了纳税的义务。

美国《现代经济学词典》认为，税收的作用在于为应付政府开支的需要而筹集财政资金。税收具有强制性，它可以直接向居民个人或公司课征。

日本《现代经济学词典》认为，税收是国家或地方公共团体为了筹集社会共同需要的资金，而按法律的规定，以货币的形式对私营部门的一种强制性课征。

西方对税收的认识共同之处在于：认识到税收是社会资源的转移，并且这种转移具有强制性，只是侧重点存在区别，传统的观点强调国家税收是为了实现社会经济目标，现代的观点强调国家凭借公共权力为了提供公共需要的目的。

2. 我国对税收的认识

我国学者对税收的认识基本从属于马克思的税收精神。

马克思把税收界定为：赋税是政府的经济基础，而不是其他任何东西；国家存在的经济体现就是捐税。列宁则进一步认为，"所谓赋税，就是国家不付任何报酬而向居民取得的东西"。

所以，按照马克思主义学说，我国对税收从如下三个方面界定：

第一，税收是与国家的存在直接联系的，是政府机器赖以存在并实现其职能的物质基础，也就是政府保证社会公共需要的物质基础；

第二，税收是一个分配范畴，是在征税过程中国家参与国民收入分配的一种手段，是国家财政收入的主要形式；

第三，国家在征税过程中形成一种特殊的分配关系，即以国家为主体的分配关系。

《中国税务百科全书》（1991年）认为，税收是国家为了满足社会公共需要，依据其社会职能，按照法律规定，参与国民收入中剩余产品分配的一种规范形式。《新税务大辞海》（1995年）中则对税收定义为：税收是国家为了实现其职能，制定并依据法律规定的标准、无偿地取得财政收入的一种手段。国家税务总局网站上的定义为：税收是国家凭借政治权力，按照法定的标准，向居民和经济组织强制地、无偿地征收用以向社会提供公共产品的财政收入。

（二）我们的定义

我国对税收还没有一个统一的定义，不过综合我国财政界对税收的认识，可以将税收分为静态定义和动态定义。税收的静态定义为：国家凭借政治权力强制征纳而取得的财政收入。税收的动态定义为：国家为了满足社会公共需要，按照法律规定的标准，强制地、无偿地、固定地征收而取得财政收入的一种手段。

二、税收的内涵和特征

（一）税收的内涵

1. 税收主体

税收主体包括征税主体和纳税主体两个方面。征税主体是国家，在我国，代表国家行使税收权力的是国家立法机关、国务院、财政部、国家税务总局和海关总署及各级财政机关、税务机关和海关。纳税主体是经济组织、单位和个人，它又分为法律主体和经济主体，前者是指税法规定的纳税义务人，后者是指税收的实际负担人。

征税主体凭借国家政治权力向纳税主体征税，前者始终处于主动地位，后者始终处于被动地位并且依法服从前者。通过税法规定国家具有征税的权力，纳税人具有纳税的义务。

2. 征税目的

社会公共需要是通过政府部门的活动来实现，政府部门为了其有效运转和实现其职能，需要耗费一定的人力、物力、财力，所有这些耗费的支出主要来源就是税收，征税的目的是为了满足社会公共需要。

3. 税收本质

税收本质是体现税收征纳双方的权利与义务关系。税收是政府干预市场经济的成本，税收是公民权利和义务关系的体现。

4. 税收依据

国家税收的依据是国家政治权力。在对社会产品分配的过程中，存在着两种权力：一种是财产权力，即所有者的权力，依据这种权力对生产资料和劳动力的所有权取得产品；另一种是政治权力,即国家权力,依据这种权力把私人占有的一部分产品变为国家所有,它就是税收。

5. 税收须借助于法律形式进行

法律是体现国家意志,强调调整人们行为的规范。法律调整与其他规范调整相比,具有体现国家意志、强制性、公正性和普遍适用性特点,决定了税收必须借助于法律形式进行。税收只有通过法律形式,才能使社会成员在纳税上得到统一。由于征税引起企业、经济组织和个人一部分利益的减少,必然使国家与纳税人之间发生利益冲突。国家只有运用法律的权威性,才能把税收秩序有效建立起来,也只有通过法律形式,才能保证及时、足额地取得税收,并使国家在税收上的意图得到贯彻执行。

(二) 税收的特征

税收作为财政收入的一种形式,具有区别于其他财政收入形式的特点。税收的特征具有强制性、无偿性和固定性。

1. 税收的强制性

在市场经济条件下,各个经济主体之间的经济利益是对立的,在劳动成果的占有上也是排他的,如果不采取强制性的征收,国家就不可能在国民收入已分解为工资、利息、地租和利润的情况下实行再分配,就不可能占有私人的部分收入。强制性是指税收在政府以法令的形式强制征税,因而构成纳税人的应尽义务,即无论纳税人是否愿意,只要符合税法标准,就应履行纳税义务,否则就要受到法律的惩处。这里的强制的含义是指:一方面国家依法获得各种税的征税权;另一方面使纳税人的纳税义务成立。

2. 税收的无偿性

税收的无偿性是指国家取得税收收入既不需要偿还,也不需要向纳税人付出任何代价。表面上看,对具体纳税人来说,税款缴纳之后和纳税人之间不再有直接的偿还关系,使得税收不同于国债、银行信用等分配形式。但是,正如我国税收所宣传的"取之于民,用之于民",税收在实质上是有偿的,是在国家取得税收的时候无偿取得。

3. 税收的固定性

税收的固定性是指政府以法律形式预先规定了征税对象、税基、税率等税收要素,征纳双方必须按税法的规定征税和缴纳,表现为对什么征税、征多少税、由谁交税是事先明确的,而不是任意确定的,税收的标准也是统一的;税收征纳关系以法律为依据,是相对稳定的。税收的固定性既有利于保证财政收入的稳定,也有助于维护纳税人的合法权益。

税收的特征是紧密联系、不可分割的统一体。国家通过政府部门的活动提供社会公共需要,政府也为了其运转和实现其职能,必然耗费社会费用,那么社会费用的补偿决定了税收的无偿性。税收的无偿性决定了税收的强制性,如果有偿,就不需强制征收,即无偿性需要强制性做保障;税收的无偿性和强制性又决定了税收的固定性,否则,如果国家随意征收和纳税人随意缴纳,就会侵犯和损害纳税人的利益,就会影响到财政收入的持续稳定。所以,税收是强制性、无偿性、固定性的统一,三者缺一不可,缺一都不能成为真正意义上的税收。

三、税收的产生与发展

(一) 税收的产生

恩格斯说:"捐税是以前的氏族社会所完全没有的,它是在氏族社会以后随着国家的产生而产生的。"一般认为,税收的产生取决于两个相互制约的条件。

1. 税收产生的前提条件——国家的产生

在原始社会,因为没有阶级存在,便没有国家,因而也就没有以国家为主体的分配,即财政,当然更没有税收。国家产生以后,为了实现其对内、对外职能,必须直接、间接地占有一部分社会财富,参与一部分社会产品的分配和再分配,需要凭借政治权力,无偿地向社会成员征收剩余产品。因为税收是国家实现其职能的物质基础,只有出现了国家之后,才有为满足国家职能而征税的客观需要。

2. 税收产生的经济条件——私有制的产生

当私有制产生后,国家这个共同体利益与其居民的个体利益发生不一致时,要将一部分属于私人或代表个体利益的集团所有或占有的剩余产品征集起来为国家所用,就必须运用税收形式。只有社会上存在私有制这样的经济条件,税收才会产生。

综上所述,税收是由于生产力的发展,剩余产品的产生,私有制的形成,阶级的出现,阶级斗争的加剧,国家产生后而产生的,即税收是剩余产品、私有制、阶级和国家产生及发展的必然产物,私有制的产生是税收产生的经济基础和必要条件。

(二) 税收的发展

税收产生以后,经历了奴隶社会、封建社会、资本主义社会和社会主义社会四种社会制度。随着社会生产力的发展和国家政治经济条件的变化,税收也随之发生了巨大变化和发展。从发展阶段上看,税收经历了贡纳、专制、立法、义务四个发展阶段;从内容上看,税收经历了从简单到复杂,从低级到高级的发展过程。

1. 我国税收发展的历史阶段

第一阶段是尧舜时期,属于萌芽阶段。这一时期,由于生产力水平极其低下,社会产品极少,所以税源短缺,税收并未形成一种制度。

第二阶段是夏、商、周时期,是雏形阶段。我国最早的奴隶制国家是夏朝,这时期税收的形式是贡,是统治者对所属的部落和平民根据若干年土地收获的平均数按一定比例征收农产品。到了商代,贡演变为助,是借助农户的力役共同耕种公田,公田上的收获全部归王室所有。到了周代,助演变为彻,它是贡和助的混合,即对不同的人口、耕地和地区,采用贡或者助的纳税方法。

第三阶段是春秋时期鲁国的"初税亩"的成熟阶段。春秋时期是我国奴隶社会向封建社会过渡的时期,税收制度适应了这一转变,发生了巨大变革。为了增加财政收入和抑制开垦私田,鲁国鲁宣公十五年开始对公田以外的私田征税,宣布不论公田和私田一律按亩征税,史称"初税亩"。"初税亩"首次以法律形式承认了土地私有制的合法性,标志我国已经开始了封建化的历史进程,表明了我国古代税收已脱离雏形阶段,进入了田赋制度的税收成熟时期。

2. 我国税收形式上的发展

历史上税收有过许多名称,我国曾把税收称为贡、助、彻、租、赋、税、捐、课、绸、役、银、钱等,其中使用范围较广的是贡、赋、税、租、捐。税作禾、兑解释,是按规定缴纳农产品给国家,用以满足政府正常消费需要。赋作贝、武解释,指每户都应当向政府缴纳防务费用,政府用于制造武器、购买马匹和其他军需品。在我国封建社会,除了私田之外,还有国家所有的公田,国家把公田租给农民,收取实物租金。租和税都采用实物形式,就形成了租税合一的特殊税赋制度。在商品经济条件下税收普遍采用了税的名称,在香港和台湾地区,仍习惯把税收称为赋税、租税或捐税,赋、税、租、捐沿用到现代。

税收体系大致经过如下几个形式的发展过程:以古老的直接税(人头税)为主的税制体系;以间接税(商品税)为主的税制体系;以现代直接税(所得税)或间接税(商品税)为主的税制体系;以流转税和所得税为主的税制体系。

3. 税制结构的发展

在自然经济条件下的奴隶社会和封建社会,由于农业经济的特点,只能是以古老的直接税为主的税制结构,即国家只能采用直接对人或对物课征的人头税、户口税、土地税等直接税收形式,它不考虑个人的负担能力,是税制发展的第一阶段。随着商品经济的发展,逐渐形成了从古老的直接税为主向间接税为主的税制结构转变,即对商品课征的销售税、营业税、消费税等间接税上升为主要地位,古老的直接税降为次要地位,这时的商品税也不考虑商品生产经营者的负担能力,它是税制发展的第二阶段。税制发展的第三阶段是以所得税为主的税收制度,随着现代经济的发展,税制结构逐步由间接税为主向现代直接税为主转变,它充分考虑个人的负担能力。

四、税收的职能

税收职能是税收本身内在的固有的功能,由税收的本质决定。随着生产力和生产关系的不断发展变化,国家职能在不断地扩大,税收的职能也在不断地发展变化。在我国社会主义市场经济条件下,税收的职能作用主要表现在以下几个方面:

(一) 财政职能——筹集财政收入

税收通过参与国民收入分配,获得一定财政收入,满足国家行使职能所必须的物质需求,筹集财政收入是税收最基本和最重要的职能。从历史上看,税收本来就是为取得财政收入满足国家经费开支的需要而产生的。从它产生以后,税收一直强制、无偿地为国家取得财政收入,保证国家财政收入的及时、稳定与可靠。随着社会生产力的发展和社会制度的演变,各个国家虽然开辟了多种财源,出现过其他各种财政收入形式,如发行国债、规费等,但由于税收能够保证取得财政收入的及时、稳定与可靠,有利于国家有计划地安排收支,在各个国家中税收一直发挥着主导作用。21 世纪以来,美国税收占财政收入的比重都在 98% 左右,英德等国也在 96% 左右,我国近几年也都在 90% 左右。

(二) 经济职能

1. 调节社会总供求

社会总需求由消费、投资和政府支出构成,税收是总需求的一个变量因素。社会总供给主要由劳动力、生产性资本存量和技术决定,税收也是社会总供给的一个变量因素。税收具有调节社会总供给与总需求平衡的作用,首先表现为税收的内在稳定功能。一些税种能够抑制投资和消费过快增长,在经济不景气的时候,又能鼓励投资和消费的增长。所得税已经成为世界普遍开征的税种,当社会经济繁荣时,税收随国民收入的增长而增长,且税收增加幅度大于国民收入增长幅度,从而抑制社会总需求,减缓经济的过度扩张和膨胀。反之,在经济衰退时,税收起到减缓衰退的作用。其次,可以根据不同的经济形势,通过税收政策的扩张与抑制作用,调节社会总供给。当需求膨胀导致投资过热时,可以增加税基、开征资源调节税等限制供给、抑制消费的税收措施调节社会总供求。总供给不足时,可以选择低税政策或减免税政策等扩张性的税收政策支持和鼓励先进技术应用和促进基础工业的发展,刺激投资,扩大总供给。经济危机时,可选择降低税率的扩张性税收政策,刺激消费,扩大社会总需求。

2. 优化资源配置

通过税收调节,能够从经济利益上控制和指导企业的经济活动,引导企业在国家宏观政策的指导下发展高新技术产业和出口创汇产业,发展社会急需的各种产业,促进专业化生产协作;国家可以对不同的对象制定不同的税收政策方式,鼓励短线产品生产,限制长线产品生产;鼓励某些生产事业、某些生产经营方式的发展,限制某些生产事业、生产经营方式的发展;鼓励某些产品的消费,限制某些产品的消费,使得社会资源合理配置。

3. 调节收入水平

在调节个人收入水平方面,由于人们所处的地位和经济条件不同,他们之间的收入有很大差别;另外,市场竞争也会加大个人的收入差距。国家可以通过税收的调节,对不同的收入实行高低不同的税率征税或免税,有利于改善个人收入之间的差距,也有利于控制个人消费的过快增长,有利于国家集中资金发展国民经济。

在调节企业收入方面,由于存在价格、自然资源、技术设备、地理位置以及管理水平等主客观原因,企业的利润水平可能相差很大,市场竞争也会加大企业盈利水平差距。国家可以通过税收,把企业的这些级差收入合理地集中到国家手中,排除客观因素对企业利润水平的影响,使企业利润真正反映企业的经营管理水平,为企业创造公平的竞争环境。

另外,税收还具备调节对外经济交往,维护国家主权,保障经济利益的作用。

(三)监督职能

税收的监督职能有两层含义:一是税收分配活动遍及社会经济的方方面面,税收的变动会在一定程度上反映经济的波动,通过这些信息的反馈,实施宏观调控;二是可以通过税收征管过程对纳税人的生产经营活动进行监督,促使其正确履行纳税人义务,遵守国家的经济政策。

7.2 税收制度和税收分类

一、税收制度

税收制度是国家以法律形式规定的征税依据和规范的总称,简称税制,是税收分配关系的体现形式,是各种税收法律、法规、条例、实施细则等的总称。

(一)税收制度的内容

1. 我国税法的分类

(1)按照税法的基本内容和效力的不同,可分为税收基本法和税收普通法。税收基本法是税法体系的主体和核心,在税法体系中起着母法作用(我国目前没有)。税收普通法是对基本法规定的事项分别立法进行实施的法律,如《个人所得税法》、《税收征收管理法》等。

(2)按照税法的功能作用的不同,可分为税收实体法和税收程序法。税收实体法是指确定税种立法,具体规定各税种的征收对象、征收范围、税目、税率、纳税地点等。税收程序法是指税务管理方面的法律,如《中华人民共和国税收征收管理法》。

(3)按照税法征税对象的不同,可分为:① 对流转额课税的税法,有增值税、营业税、消费税、关税等税法;② 对所得额课税的税法,有企业所得税、外商投资企业所得税、外国企业所得税、个人所得税等税法;③ 对财产、行为课税的税法,有房产税、印花税等税费;④ 对自然资源课税的税法,有资源税、土地使用税等税法。

(4) 按照税收收入归属和征管管辖权限的不同,可分为中央税和地方税。如消费税、关税等属于中央税;增值税为中央与地方共享税;城市维护建设税、城市土地使用税等属于地方税。

(5) 按照主权国家行使税收管辖权的不同,可分为国内税法、国际税法、外国税法等。

2. 我国税法的制定和实施

税法的制定和实施就是我们通常所说的税收立法和税收执法。

(1) 全国人民代表大会及其常务委员会制定的税收法律在税收法律体系中具有最高的法律效力,如《企业所得税法》、《个人所得税法》、《税收征收管理法》。

(2) 全国人大或人大常委会授权立法,是指具有法律效力的暂行规定或者条例,如增值税、营业税、消费税、资源税、土地增值税、企业所得税等暂行管理规定。

(3) 国务院制定的税收行政法规,如《外商投资企业和外国企业所得税法实施细则》(已废除)、《税收征收管理法实施细则》。

(4) 地方人民代表大会及其常委会制定的税收地方性法规,如海南省、民族自治地区有权制定税收地方性法规,其他省、市一般都无权自定税收地方性法规。

(5) 国务院税务主管部门制定的税收部门规章。有权制定税收部门规章的税务主管机关是财政部、国家税务总局和海关总署,如财政部颁发的《增值税暂行条例实施细则》,国家税务总局颁发的《税务代理试行办法》。

(6) 地方政府制定的地方税收规章,如城市维护建设税、车船使用税、房产税等地方性税种暂行条例都是由地方政府制定实施细则。

3. 我国税收管理体制

税收征管法律制度的适用:凡由税务机关负责征收的税种适用《税收征收管理法》;海关机关负责征收的税种适用《海关法》、《进出口关税条例》;耕地占用税、契税的税收征收管理由国务院另行制定办法。详细说明见第十五章。

目前,税收实体法和税收征管法律制度构成了我国现行税法体系。

(二) 税收要素

税收要素一般指税收实体法的组成要素,主要包括总则、纳税人、征税对象、税率、纳税环节、纳税期限、税收优惠、征收办法、纳税地点、罚则和附则等要素。其中,纳税人、征税对象和税率是基本要素,它们解决了对谁征税、对什么征税、征多少税等税收基本问题,也是税收理论分析、政策制定、制度设计的基本工具,是税收的基本范畴。

1. 总则

主要包括立法依据、立法目的和适用原则等。

2. 纳税人

纳税人(taxpayer)是纳税义务人的简称,是税法规定直接负有纳税义务的单位和个人,即纳税主体,是税款的直接承担者。与其密切相关的还有扣缴义务人(包括代收代缴义务人、代征代缴义务人和代扣代缴义务人)和负税人。扣缴义务人是负有代缴税款义务的单位和个人,其设立目的主要在于源泉控制,便于征管;负税人指的是税款的实际负担的单位和个人。

3. 纳税对象

纳税对象(object of taxation)是征税的依据、征税的目的物,即纳税客体,指税收法律关系中征纳双方权利和义务所指向的物或行为。它是区分不同税种的主要标志,如企业所得税的征税对象是应税所得,增值税的征税对象是商品或劳务在生产和流通过程中的增值额。与它密切相关的概念有计税依据和税源,计税依据又称税基,是指税法中规定的据以计算各种应征税款的依据和标准;税源是指税款的最终来源,是税收负担的归宿,税源的大小体现着纳税人的负担大小。

4. 税目

税目是各个税种所规定的具体征税项目,它是征税对象的具体化,如消费税具体规定了烟、酒等14个税目。

5. 税率

税率(tax rate)是对征税对象的征收比例或征收额度,是计算税额的尺度,也是衡量税负程度的重要标志。税率是税制构成的核心要素。我国现行税率主要有比例税率、超额累进税率、定额税率、超率累进税率等种类。

比例税率是对同一征税对象,不分数额大小,规定相同的征收比例,如增值税、营业税、企业所得税等采用的就是比例税率。

超额累进税率是指把征税对象按数额的大小分成若干等级,每一等级规定一个税率,税率依次提高,但每一纳税人的征税对象则依所属等级同时适用几个税率分别计算,将计算结果相加后得出应纳税额,如个人所得税就是采用这种税率。

定额税率是指按征税对象确定计算单位,直接规定一个固定的税额。目前采用的定额税率有资源税、城镇土地使用税、车船税等。

超率累进税率是指以征税对象数额的相对率划分若干级距,分别规定相应的差别税率,相对率每超过一个级距,对超过的部分就按高一级的税率计算征税,如土地增值税就是采用这种税率。

6. 纳税环节

纳税环节是指税法规定的这个征税对象在从生产到消费的流转过程中应当缴纳税款的环节,如消费税一般在生产经营的起始环节缴纳,所得税在分配环节缴纳。

7. 纳税期限

纳税期限是指纳税人按照税法规定缴纳税款的期限。① 按期纳税。即根据纳税义务的发生时间,通过确定纳税间隔期,实行按日纳税。按期纳税的纳税间隔期分为1天、3天、5天、10天、15天和1个月,共6种期限。② 按次纳税。即根据纳税行为的发生次数确定纳税期限。③ 按年计征,分期预缴。即按规定的期限预缴税款,年度结束后汇算清缴,多退少补。

一般来说,商品课税大都采取"按期纳税"的形式;所得课税采取"按年计征,分期预缴"的形式。无论采取哪种形式,纳税申报期的最后一天遇公休或节假日,都可以顺延。

8. 纳税地点

纳税地点主要指根据各个税种纳税对象的纳税环节和有利于对税款源泉的控制而规定的纳税人(包括代征、代扣、代缴义务人)的具体纳税地点。

9. 税收优惠

税收优惠(tax preference)主要是指对某些纳税人和征税对象采取减少征税或者免予征

税的特殊规定。具体有：减税免税和起征点、税收扣除、优惠税率、税收抵免、税收递延、亏损结转、优惠退税。

10. 罚则

罚则是指对纳税人违反税法规定的行为采取的处罚措施。

11. 附则

附则一般规定与该法密切相关的内容，如该法的解释权、生效时间等。

二、税收分类

税收的分类是指按照一定的标准，把性质、特点相同或相似的税种归为一类的分类方法。税收分类便于研究和评价不同国家或同一国家不同时期的税收性质、结构、特点和负担；便于从不同角度分析税制结构，比较优劣，以便各税种相互协调、配合，从而更好地发挥税收的职能。

（一）税收分类

1. 按税收计征标准分类：从量税和从价税

从量税是指以征税对象的数量、重量、容积、面积、长度等为计量标准计征的税收，如我国目前的资源税和车船使用税等。其优点是计量单位明确，便于计征；税额随征税对象的变化而变化，不受价格的影响，收入稳定可靠；多采用差别税额，分等级税率，纳税人税负相对稳定。其缺点是负担不平衡，调节范围有限。

从价税（ad valorem tax）是指以征税对象的价格或价值为标准计征的税收，如我国现行的增值税和营业税等。其优点是开征范围广，调节生产与消费作用明显，易于追寻税源，计征简便。其缺点是税额的增减受价格高低制约，税负不稳定。

2. 按税收与价格的关系为标准分类：价内税和价外税

价内税是指税款属于计税价格组成部分的税收，如我国现行的消费税和营业税等。其优点是税额含在价格内便于接受，税额随价格变化使得收入富有弹性，计税方便使得征收费用低。其缺点是易造成价格信号失真，容易发生税负转嫁。

价外税是指税款属于计税价格以外所附加的税收，如我国现行的增值税。其优点是税价分离，税额不受价格变动限制，收入较为稳定；促进企业降低生产成本，提高产品质量。其缺点是征收不能普遍，不利于商品销售；收入缺乏弹性。

3. 按税负能否转嫁分类：直接税和间接税

直接税是指纳税人直接负担的税种，这里的纳税人即负税人，如以利润所得和其他所得为征税对象的所得税为直接税。间接税是指纳税人能够将税负转嫁给他人负担的税种，这里的纳税人不一定是负税人，一般以商品、营业收入为征税对象的消费税、营业税为间接税。

4. 按税收管理权限或收入归属为标准分类：中央税、地方税和共享税

中央税是指税收收入和管理权限归属于中央一级政府的税收，如我国现行的消费税、关税等。它一般适用于收入较大、征收范围较广，在政策、立法、管理上需要全国统一的税种。

地方税是指税收收入和管理权限归属于各级地方政府的税收，如我国现行的营业税、房产税和个人所得税等。它一般适用于税源比较零星分散，与地方政府联系密切，由地方政府自定征管办法的税种。

共享税是指税收收入归属于中央和地方各级政府共有的税收，如我国现行的增值税和资源税。它一般适用于那些税源较大，与中央、地方联系较为密切，既能调动中央与地方两方面的积极性，又能兼顾各方面经济利益的税种。

5. 按征税对象标准分类：流转税、所得税、资源税、财产税、行为税

（1）流转税（turnover tax）是以商品流转额和非商品流转额为征税对象征收的税收，如增值税、营业税、消费税、关税。

（2）所得税（income tax）是以纳税人的利润所得和其他所得为征税对象征收的税收，如企业所得税、个人所得税。

（3）财产税（property tax）是以纳税人所有或由纳税人支配的财产数量或价值额为征税对象征收的税收，如房产税、契税等。

（4）行为税（conduct tax）是以纳税人的某些特定行为为征税对象征收的税收，如印花税、车船使用税。

（5）资源税（natural resource tax）是以各种应税资源为征税对象征收的税收，如资源税、城镇土地使用税。

另外，税收的分类还有其他分类标准，如按税款缴纳的形式分为实物税和货币税；按征税的目的分为一般税和特别税；按税收地位或税制模式分为主体税和辅助税；按税制的复杂程度分为单一税和复合税，等等。

（二）税收效应

一般来说，国家征税对生产者和消费者产生影响，因为征税会产生收入效应和替代效应。征税减少了纳税人的可支配收入，从而影响了纳税人的决策行为，产生收入效应（income effect）；纳税人也会针对不同的税收待遇而进行行为选择，产生替代效应（substitution effect）。

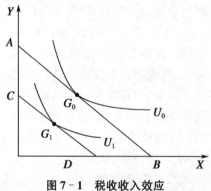

图 7-1　税收收入效应

从图 7-1 中可以看出，如果政府征税，虽然没有改变 X 和 Y 两种商品的相对价格，但是改变了纳税人购买这两种商品的最佳数量组合。

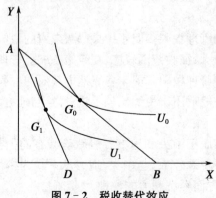

图 7-2　税收替代效应

从图 7-2 中可以看出,如果政府对 X 商品征税,对 Y 商品不征税,纳税人会减少对 X 商品的购买,从而改变了纳税人购买这两种商品的最佳数量组合。

上述两个效应是分割的,下面将它们合并,如图 7-3 所示。

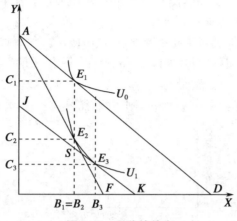

图 7-3 税收的效应

对 X 商品征税,对消费 Y 商品产生影响。消费者对 X 商品税收的反应是消费组合点从 E_1 移动到 E_2,这是一种非补偿性反应。可以将 E_1 到 E_2 的移动分解为 E_1 到 E_3,再从 E_3 到 E_2。E_1 到 E_3 的移动表明税收对消费的影响,这种变化是收入效应,完全是由于收入损失引起的。E_3 到 E_2 的移动完全是由于相对价格变化引起的,是额外的收入得到 X 商品引起价格上升的补偿,称作替代效应,故有时把 E_3 到 E_2 的移动称为补偿性反应。

造成税收效应的主要原因,是由于税收使得消费者和生产者的收入减少,并且产生了超额负担(excess burden),如图 7-4 所示。

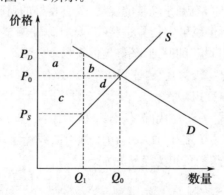

图 7-4 税收超额负担

图 7-4 中,假定原先的均衡产量/价格为 (Q_0, P_0),征税对供求和福利的影响是:产销量从 Q_0 降到 Q_1,价格从 P_0 上升到 P_D,政府得到的税收相当于 $a+c$ 部分,消费者剩余减少了 $a+b$ 部分,生产者剩余减少了 $c+d$ 部分,额外负担为 $b+d$ 部分。

税收不仅产生收入效应和替代效应,还具有财政效应、社会经济效应、税收行政效应以及造成消费者的超额负担。

1. 流转税效应

(1) 财政效应。按税率计征,征收范围广,不受成本高低的影响,并能保证及时、稳定、可靠地取得财政收入,具有良好的财政效应。目前,我国税收总额中流转税收入占很大比重,是我国财政收入的支柱。

(2) 社会经济效应。依率征税,透明度高,能够激励企业提高效率,按不同行业产品设置不同税率,易于调节生产与消费,协调国民经济比例。同时,能够很好地贯彻社会政策,在抑制不良消费、调节高消费方面有积极作用。

(3) 税收行政效应。征税对象简单明确,计征简便,征管便利,有很好的社会行政效应。

(4) 流转税的消费者超额负担,如图7-5所示。假定 X 的供给曲线为水平线 S_b,需求曲线为 D_b,均衡状态下 X 的消费量为 q_1,t_b 是对 X 的征税率,征税后的 X 的市场价格为 $(1+t_b)P_b$,相应供给曲线为 S_b^1,产量为 q_2,则消费者的超额负担为面积 fdi。

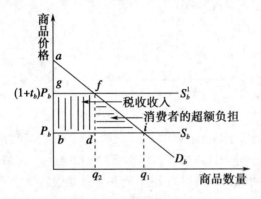

图 7-5 流转税的消费者超额负担

2. 所得税效应

(1) 财政效应。税收收入可随着生产力的发展和纳税人收益的提高而稳定增长。同时,所得税的征收不伤及资本,有利于经济的发展,具有良好的财政效应。

(2) 社会经济效应。所得税可实行累进税率,具有弹性调节机制,具有良好的"内在稳定"功能。同时,贯彻"量能负担"的原则,较好地体现税负公平。

(3) 税收行政效应。计算较为复杂,征管成本较高,不具有税收行政效应优势。

(4) 对劳动课税的超额负担,如图7-6所示。设纵轴为每小时工资,横轴为工作时数,假定某个体的劳动供给曲线为 S_L,初始状态,某个体的工资为 w,工作时数为 L_1。假定税率为 t 的所得税,则该个体的工资为 $(1-t)w$。由于供给曲线给定,则劳动供给量因征税降至 L_2,由于征税带来劳动者的超额负担为面积 hid。

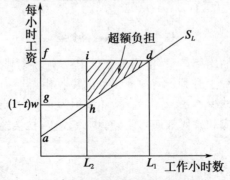

图 7-6 对劳动征税的超额负担

3. 资源税、财产税、行为税效应

(1) 资源税一般从量计征,实行差别税率。同时,既能够提供大量财政收入,又能促进资源的合理开发和节约使用,对调整资源开发、促进公平竞争具有良好的经济与社会效应。

(2) 财产税具有增加财政收入、调节财产所有者收入、防止贫富差距过大、限制财产拥有者的挥霍行为、促进社会公平等作用,具有积极的社会经济效应。

(3) 行为税具有合法经营、公平交易和接受国家宏观调控等社会效应。

7.3 税收原则和税收结构

一、税收原则

税收原则又称税收政策原则或税制原则,是政府制定税收政策、设计税收制度的指导思想,是实施税法过程中所遵循的理论准则,也是评价税收制度优劣、考核税务行政管理状况的基本标准。

(一) 西方税收原则理论简介

1. 威廉·配第的税收原则

税收原则的最早提出者是英国古典政治经济创始人威廉·配第(1623—1687),他在《赋税论》和《政治算术》两本代表作中,比较深入地研究了税收问题,第一次提出了税收原理理论。配第的税收原则是围绕公平税收负担这一基本观点来论述的,他认为当时的英国税制存在严重的弊端:税制紊乱、复杂,税收负担过重且极不公平。由此,配第提出税收应当贯彻"公平"、"简便"、"节省"三条标准。在他看来,所谓的"公平",就是税要对任何人、任何东西"无所偏袒",税赋也不能过重;所谓"简便",就是征税手续不能过于繁琐,方法要简明,应尽量给纳税人以便利;所谓"节省",就是征税费用不能过多,应尽量注意节约。

2. 攸士第的税收原则

攸士第(1705—1771)是德国新官府学派的代表人物。他主张臣民有向国家纳税的义务,但他强调协调君主的财政支配与臣民的利害关系,以国家征收赋税必须注意不得妨碍纳税人的经济活动为出发点。为此,他在其代表作《国家经济论》中就征收赋税的方法提出了六条原则:① 采用促进自愿纳税的课税方法;② 课税不得侵犯臣民的自由,不得危害工商,不得有害于国家的繁荣和臣民的幸福;③ 应当平等课税;④ 课税要有明确的法律依据;⑤ 选择征税费用最低的商品货物征税;⑥ 纳税手续应该简便易行,纳税时间要安排得当。

攸士第的税收原则理论,反映了资本主义发展初期新兴的资产阶级要求平等纳税和发展资本主义经济的要求。

3. 亚当·斯密的税收原则

英国古典政治经济学家亚当·斯密(1723—1790)第一次将税收原则提到理论的高度,明确而系统地加以阐述。他在经济学名著《国民财富的性质和原因的研究》中,提出税收的四项原则。

第一,平等原则。一国的国民,都必须在可能的范围内,按照各自能力的比例,即按照各自在国家保护下取得收入的比例,缴纳税收,维持政府发挥职能。斯密的平等原则,主要有以下几点含义:反对贵族免税特权,主张所有国民都应当平等纳税;税收的来源有地租、利润、工资三种个人收入,税收应当由三种个人收入共同负担;按照自然形成的社会财富分配情况,按比例税率征税,不干预社会财富的分配。

第二,确实原则。国民应当缴纳的税收,必须有明确的规定,不得随意变更。具体地说,就是纳税时间、地点、手续、数额等都要事先规定清楚,使纳税人明确。

第三,便利原则。各种税收的缴纳日期和缴纳方式等,都要给纳税人以最大的便利。如纳税时间,应规定在纳税人收入丰裕的时期;征税方法,应力求简便易行;征收地点,应设在交通便利的场所;征收形式,应当尽量采用货币形式,以避免因运输实物而增加纳税人的负担等。

第四,经济原则。在征收过程中,应尽量减少不必要的费用开支,所征税收尽量归入国库,使国库收入与人民缴纳税收的差额最小,即征收费用最少。

亚当·斯密的税收原则理论,反映了资本主义自由经济时期资产阶级的思想和利益,成为资本主义国家制定税收制度所奉行的重要理论指导原则。

4. 萨伊的税收原则

让·巴蒂斯特·萨伊(1767—1832)是法国庸俗政治经济学派的创始人,他所处的时代是法国资产阶级革命后社会矛盾开始激化的时期。萨伊认为,国家征税是向私人征收一部分财产,充作公共需要之用,课税后不再返还给纳税人。由于政府支出不具生产性,所以最好的财政预算就是尽量少花费,最好的税收是税最轻的税收。据此,他提出了税收的五项原则:

第一,税率最适度原则。他认为,课税事实上是剥夺纳税人用于满足个人需要或用于再生产的产品,所以税率越低,对纳税人的剥夺越少,对再生产的破坏作用也就越小。

第二,节约征收费用原则。他认为,由于税收征收费用对人民是一种负担,对国家也没有益处,所以应节省征收费用,一方面尽量减轻纳税人的负担,另一方面也不给国家增加困难。

第三,各阶层人民负担公平原则。当每个纳税人承担同样的(相对)税收负担时,每个人的负担必须是最轻的。如果税负不公平,不仅损害个人的利益,同时也有损于国家的收入。

第四,最低程度妨碍再生产原则。所有的税收都是有害于再生产的,因为它妨碍生产性资本的积累,最终危害生产的发展,所以对资本的课税应当是最轻的。

第五,有利于国民道德提高原则。税收除具有财政作用外,还是可以败坏或改善人民道德,促进勤劳或懒惰以及鼓励奢侈或节俭的有力工具。因此,国家征税必须着眼于普及有益的社会习惯和增进国民道德。

5. 瓦格纳的税收原则

瓦格纳(1835—1917)是19世纪末德国新历史学派和社会政策学派的代表人物,他所处的时代是自由资本主义向垄断资本主义转化和形成的阶段。当时资本日益集中,社会财富分配日益悬殊,社会矛盾十分激烈。他认为,税收不能简单地理解为国民经济产物中的扣除,此外它还包含着纠正社会分配不公的积极作用,是实现社会政策的重要手段之一。他提出涉及财政政策、国民经济、社会公正和税务行政等四个方面九项原则:

第一,财政政策原则,即财政收入原则。税收是国家为了维持其存在和实现其政策目的所取得的必需的资金,因此税收首先要保证满足国家财政资金的需要。他提出收入充分和收入弹性两项原则:① 收入充分原则,是指在其他非税收入来源不能取得充分的财政收入时,必须依靠税收充分满足国家财政需要,同时由于国家的职能不断地增加,因此要求税收制度应该能够充分满足国家财政支出不断增加的资金需求。② 收入弹性原则,是指要求税收制度能够适应由于财政支出增加或其他财政收入减少的变化情况,可以通过增税或自然增收,相应地增加财政收入。

第二,国民经济原则。主要是国家征税应该考虑对国民经济的影响,应尽可能有利于资本的形成,培养税源,促进国民经济的发展。他提出税种选择和税源选择两项原则:① 税源选择原则,即选择有利于保护税收的税源,以发展国民经济。通常可以作为税源的有所得、资本和财产三种。从国民教育考虑,选择所得作为税源最好,资本和财产作为税源将危害资本。但不能以所得作为唯一税源,可以适当地选择某些资本和财产作为税源。② 税种选择原则,即税种的选择主要应考虑税收的最终负担者问题。

第三,社会公正原则。税收可以影响社会财富的分配以至影响个人相互间的社会地位。应通过国家征税矫正社会财富分配不公、贫富两极分化的弊端,缓和阶级矛盾,达到税收政策实行社会改革的目的。他提出普遍与平等原则:① 普遍原则,即所有的人都应该纳税。② 平等原则,应该根据纳税能力的大小征税,使纳税人的税收负担与其纳税能力相称,采用累进税率。

第四,税务行政原则,即课税技术方面的原则,提出确实、便利和最少征收费用三项原则。① 确实原则,要求税收法律必须明确。② 便利原则,既要考虑给予纳税人方便,同时也要考虑征收的方便。③ 最少征收费用原则,要力求节省征收费用,增加国库收入。

6. 凯恩斯学派税收原则

凯恩斯学派是英国经济学家凯恩斯(1883—1946)的理论基础,主张采用国家干预经济的政策,实现充分就业和经济增长,提出了如下税收原则:

第一,运用税收制度改变收入分配。在完全市场机制条件下,国民收入在各阶级、各阶层之间分配,往往造成贫富差距过大。政府通过开征累进税,对高收入者实行较高税率,对低收入者实行较低税率,将高收入阶层的一部分收入集中于国家手中,通过政府的转移性支付达到收入再分配的目的。

第二,现代财政制度具有"自动稳定器"的功能,税收是这种稳定器的重要部件。累进所得税制具有自动调节、减轻经济波动的功能。在经济衰退时期,国民收入下降,税收也随之下降,有利于刺激消费和投资;在经济繁荣时期,国民收入增长,税收也随之增加,有利于抑制总需求,防止通货膨胀。

第三,政府根据不同时期的经济状况,通过调节税收的"相机抉择"来"熨平"经济的周期性波动。

(二) 现代税收原则

从 20 世纪 30 年代以来,随着世界经济形势的变化,经济学家们对市场机制和国家(权力)职能认识的不断提高,人们对税收原则的认识也随之变化。税收的财政原则是税收的共同原则,在不同的社会制度下为不同阶级服务。税收的财政原则是指税收必须为国家筹集充足的财政资金,以满足国家职能活动的需要。税制建设的财政原则具体内容包含充裕、弹性、便利、节约等原则。从现代经济学理论角度来看,目前国际上通常公认的税收原则(tax principle)可归纳为两个主要方面:一是效率原则,二是公平原则。

1. 效率原则

税收效率原则(tax efficiency principlt),是指经济机制的有效运行,要求国家征税要有利于资源的有效配置和提高税收的行政管理效率。它包括税收的经济效率和行政效率两个方面的内容。

(1) 税收的经济效率。在经济学中,经济效率是指资源的优化配置。资源的优化配置一般以帕累托最优效率定义,如果生产资源在各部门之间的分配和使用已经达到这样一种状态——生产资源无论如何重新配置,已经无法使任何一个人的境况变好,并且也不会使其他人的境况变坏,这种生产资源配置状态为最大效率。实现帕累托最优效率必须满足三个基本条件:一是消费者对任何两种商品消费的边际替代率相等;二是生产者对任何两种商品生产的边际技术转换率相等;三是消费者对任何两种商品消费的边际替代率等于生产者使用任何两种要素生产的边际技术转换率。现实中常追求帕累托次优,即一项行为是否改进效率作为衡量资源配置效率的标准。如果生产资源在各部门之间的重新配置可以不使任何个人受损,而使一些人受益,或者一些人的受益程度大于另一些人的受损程度,那么就称这种资源的重新配置为效率的改进、效率的提高。

税收的经济效率就是通过正确制定税收改善资源配置状况,减少经济效率的损失。因此,税种选择、税基选择和税率选择都应该有助于提高社会资源的利用效率,促进资源配置的优化,产生使经济效益增加的效应。

(2) 税收的行政效率。税收是通过强制性手段将一部分资源从私人部门转移到政府部门,这种转移会造成资源的耗费,即各种税务支出。经济学家们将这些税务支出分为政府征管成本和纳税人缴纳成本。

行政效率要求政府税收征管成本支出要力求最少,以保证国家取得更多的收入。如果征管成本支出过大,会使相当一部分税收收入被抵消掉,最终造成国家财政收入的不足。因此,必须尽量节省开支,采用先进的征管手段进行管理。

另一方面,也必须努力使纳税人的缴纳成本支出最少。要求税收制度能方便纳税人,使纳税人很容易理解和掌握税法,节省他们在这方面花费的时间、精力和费用,同时还要减少纳税人逃税的企图和机会。

2. 公平原则

税收公平原则(tax equity principle),要求政府依据社会福利公平准则,运用税收工具,对市场所决定的分配的前提条件和分配结果进行调节。这是因为由于种种原因,社会财富和个人所得分配是不均等的。因而税收作为矫正收入分配悬殊的工具而日趋重要,公平原则也日益受到重视,它包括普遍征税和平等征税。

普遍征税要求征税遍及税收管辖权内的所有自然人和法人,同时要求所有有纳税能力的人都应该纳税,做到税法面前人人平等。

平等征税又分横向公平和纵向公平两个方面的内容。

(1) 税收的横向公平

税收的横向公平(horizontal equity of tax)是指对于具有相同纳税能力的纳税人,应当缴纳相同的税,即以同等方式对待经济情况和条件相同的纳税人,使他们税后仍具有同样的福利水平。这里的公平是以纳税能力作为依据的。纳税能力可以分别用个人收入、个人支出和个人财富等指标来衡量,每个指标的选用不同会涉及征税对象或税基的选择。

① 个人收入指标。个人收入是个人货币收入的统称。一般认为,收入最能反映纳税人的纳税能力,收入的增加意味着支出能力的增加和增添财富能力的增强,个人收入反映了

个人的纳税能力。作为衡量指标,个人收入具有较大的透明度,易于掌握、管理,但也存在由于纳税人本人及家庭成员数量与劳动能力的各异而使纳税能力的确定具有技术上的困难。

② 个人支出指标。个人支出是个人收入扣除个人净储蓄后的余额。若个人收入大于个人支出,其余额为正值;若个人收入小于个人支出,其余额为负值。个人支出也能反映个人的纳税能力。作为衡量指标,它能够鼓励节俭和储蓄,加速资本的形成,但也会因为个人(家庭)情况不同,造成个人支出极其分散,从而使纳税能力的确定也具有技术上的困难。

③ 个人财富指标。个人财富是个人收入的积累,包括动产和不动产、有形财产和无形财产等。纳税人可以利用财富赚取收入,增加纳税能力,因此,个人财富也能反映个人的纳税能力。作为衡量指标,也存在一些不足,主要在于财富与收益往往是不对等的,财富的管理(尤其是动产或无形资产)比收入、支出更不易掌握。

对个人收入、个人支出和个人财富三个指标而言,个人收入是目前衡量纳税人纳税能力最主要的指标。因此,公平税收主要是以个人收入为征税基础,同时根据具体情况,也应适当选择个人支出或个人财富作为征税基础。

(2) 税收的纵向公平

税收的纵向公平(vertical equity of tax)是指对于具有不同纳税能力的纳税人,应当缴纳不同数额的税,即以不同的方式对待经济情况和条件不同的纳税人,纳税能力强的纳税人要比纳税能力弱的纳税人承担更重的税收负担率。西方经济学家曾经提出用效用牺牲理论来衡量纵向公平,即如果政府征税使每一纳税人的效用牺牲程度相同或均等,那么税收就达到了纵向公平。效用牺牲的衡量标准有边际效用均等牺牲、绝对效用均等牺牲和比例效用均等牺牲三种。

① 边际效用均等牺牲。测量税收是否公平,应以社会总体因纳税蒙受的总效用牺牲最小为标准,即每个纳税人完税后,因最后一个单位征税而损失的收入边际效用彼此相等。

② 绝对效用均等牺牲。即不同的纳税人,其总效用量的牺牲要相等。绝对效用均等牺牲的税收负担分配应是相等的,也就是说,不管纳税人收入的高低及其边际效用的大小,其所牺牲的总效用量(绝对额)都应当是均等的。要使个人效用绝对额牺牲均等,则必须实行极其缓和的累计征税。

③ 比例效用均等牺牲。即不同纳税人因纳税牺牲的总效用量与纳税前全部所得的总效用量之比应当是相等的。要使个人效用牺牲的比例相等,就必须实行相对累进征税。

3. 税收公平原则与效率原则的权衡

公平原则需要考虑受益原则和能力原则两个分原则;效率原则需要考虑促进经济发展原则以及征税费用最小化和确实简化原则两个分原则。

(1) 税收公平原则集中表现治税思想。税收公平原则和税收效率原则理论上是支配税收制度废立和影响税收制度运行的深层观念体系,它决定一定历史条件下设立、废除、调整税收制度和税收政策时所必须考虑的基本问题,它是一国治税思想的集中表现。

(2) 税收的公平性对于维持税收制度的正常运转必不可少。只有当纳税人相信税收是公平征收的,对每个纳税人都是公平的,纳税人才会提高自愿如实申报并依法纳税的程度,减少偷漏税的可能性。如果纳税人看到与他们收入大抵相同甚至远较他们收入高的人可以只缴较少的税,他们的纳税心理就会发生变化,感到税收不公平,将挫伤纳税人的积极性,增加国家征税的难度,征税成本将大幅上升,同时会使社会生产缺少活力和动力,税收的效率将会大大下降,税收税率目标也就不易达到。因此,税收公平是税收效率的保证,没有公平的效率只能是低效率。

(3)税收效率同样对维持税收制度的正常运转起了重要的作用。只有当税收效率是高效时,通过税收纠正外部经济和不经济因素,提高经济资源的有效合理配置,才能为企业创造平等竞争的环境和条件。通过税收征管,大大降低偷漏税可能,才能实现税负公平的目标。如果税收阻碍经济发展,影响国民收入的增长,即使税收是公平的,也是没有意义的。因此,税收效率是税收公平的前提,没有效率的公平只能是虚伪的公平。

当代西方财政理论提出了财政原则、最优税收原则(optimal taxation principle)以及税收中性原则(tax neutrality principle)等。最优税收原则是指从国家角度考虑,税收要保证财政收入的足额稳定和适度合理;从纳税人角度考虑,要设计最优的税收制度。税收中性原则是指国家设计税收制度时要做到不考虑或基本不考虑税收制度对经济的宏观调控作用,而是由市场对资源进行配置,政府不施加任何影响,即国家征税使纳税人以税款为代价,尽可能不带来额外负担与损失,征税应避免对市场经济的干扰。

(三)我国税收原则

1. 财政原则

包括保证财政收入的足额与稳定原则和税收的适度与合理原则。做到既要保证国家财政收入的稳定和满足国家财政支出的需要,又要做到国家税收规模合理、负担适度和税收的可持续发展。由于税收要保证财政收入的足额与稳定,则要求税收收入应随着财政支出的需要进行调整,这就体现了税收的弹性原则。

2. 经济原则

做到效率原则与经济稳定原则相协调。效率原则是以最小的费用获得最大税收收入,即征税收益与税收成本之比最大以及较小的税收成本换取较大的税率,并利用经济调控作用最大限度地促进经济的发展。

3. 社会原则

做到公平原则与法治原则相结合。首先做到税收立法公平原则,做到纳税地位平等和赋税分配公平,它是公平原则的起点,它确定了税收分配的法定模式,没有税法之公平,就没有税收之公平。其次做到税收执法公平原则,即税务机关在运用税法时必须公正合理,对于情况相同的人应给予相同的对待。同时,课税要件法定、课税要素明确以及做到课税合法、正当原则。

二、税收结构

(一)税收结构

税收结构是国家根据集中收入和调节经济的要求,合理设置各个税种而形成的相互协调、相互补充的税收体系,体现一国税收制度中各类税收的组合以及各种税收在该组合中的相对地位。涉及两个方面的问题:一是设多少税种,设哪些税种;二是以哪些税为主体,各类税的布局与结构如何。

税收结构的核心问题是国家主体税种的确定,即主体税种占整个税收收入总额的比重和调节社会经济生活的作用。

(二) 税制结构模式

税制结构模式是指由主体税种特征所决定的税制结构类型。

(1) 以商品劳务税为主体的税制结构模式。一种是指以一般商品劳务税为主体的税制结构,即对全部商品和劳务,在生产制造、批发、零售以及劳务服务等各个环节实行普遍征税。另一种是指以选择性商品劳务税为主体的税制结构,即对部分商品与劳务的生产制造、批发和零售以及劳务服务等某些环节选择性征税。

(2) 以所得税为主体的税制结构模式。一种是以个人所得税为主体的税制结构,一种是以企业所得税为主体的税制结构,还有一种是以社会保障税为主体的税制结构。

(3) 以商品税和所得税为双主体的税制结构模式。在这个税制体系中,商品劳务税与所得税所占比重接近,在财政收入和调节经济方面共同起着主导作用。

(三) 影响税收制度设计的因素

一个国家选择什么税制体系,主要取决于该国的经济发展水平、政府对税收职能的侧重、现实的经济资源状况和税收的征收管理水平等。

1. 经济因素

经济因素是影响并决定税制结构的最基本因素,主要包括社会生产力发展水平、财产制度和经济运行机制。

2. 政治和政策因素

政治和政策是影响税收制度的一个重要因素。政治制度和体制以及政府的政策目标势必考虑不同的经济利益集团和宏观经济政策目标,进而影响税收制度和法令。

3. 其他因素

政府的行政管理能力、社会信息的可获取性以及历史习惯和世界税制发展趋势等因素,也会影响一国税收制度的设计与选择。

(四) 我国现行税收制度结构模式

我国现行税制是在1994年税制改革之后,实现了税制的简化和高度统一;建立了以增值税为主体,消费税、营业税为辅助的商品劳务税体系;颁布和实施了企业所得税和个人所得税。

我国商品劳务税占税收总收入的比重成分较大,1996年占71%,所得税占18%,其他税种占11%;2007年三项比例分别为57.4%、26.2%、16.4%;2012年这三项比例分别为62.6%、25.3%和12.1%。这种税制结构与我国生产力发展状况以及经营管理水平基本适应。随着经济发展水平的不断提高,我国的税制改革与以前的改革频度相比逐步加快。

7.4 税收负担与税负转嫁

一、税收负担

(一) 税收负担概述

税收负担简称税负(tax burden),一般而言,是指纳税人或负税人因国家征税而承受的利益损失或经济利益转移。它反映一定时期内,社会产品在国家和纳税人之间税收分配数量关系和纳税人或征税对象随着税收量度变化的状况。

税收负担一般用相对值表示,反映一定时期纳税人的实纳税额与其征税对象价值的比率,即税收负担率。这个比率通常被用来比较各类纳税人或各类征税对象的税负水平的高低,因而是各国政府研究制定和调整本国税收政策的重要依据。

税收负担是税收制度的核心问题,它一方面关系着国家从总体上预算向纳税人征多少税才能满足国家财政的需要,另一方面关系到广大纳税人可以承受的税负能力的大小。税收负担对生产、生活以及税收政策的制定有很大的影响,在税收负担分析上,可以从宏观税负和微观税负两方面进行研究。

(二) 税收负担分析

1. 宏观税负分析

宏观税负水平是从一个国家的整个社会或国民经济角度来考虑分析税收负担的状况,是税收负担分析中的一个最重要的分析指标。

(1) 总体税负的国民经济的总量指标。能够衡量总体税负的国民经济的总量指标主要有国民收入、国民生产总值和国内生产总值。国民收入是指一个国家的物质生产部门在一定时期内新创造的价值;国民生产总值是指一个国家在一定时期内各个企业或部门生产最终产品和提供劳务的货币总额;国内生产总值是指一个国家的国民生产总值加上本国居民投在国外的资本和服务收入,剔除外国居民投在本国的资本和服务收入。

这三个指标均不包括已消耗的生产资料的转移价值,均是生产中新创造的价值,它们是社会生产中分配的对象和结果,是税收分配的客体,可以作为衡量税负总水平的重要依据。

(2) 国际上对宏观税负的衡量主要有三个指标:① 国民收入税收负担率,它是指一定时期内税收收入总额与国民收入的比率;② 国民生产总值税收负担率,它是指一定时期内税收收入总额与国民生产总值的比率;③ 国内生产总值税收负担率,它是指一定时期内税收收入总额与国内生产总值的比率。

(3) 影响宏观税负的因素。纵观世界各国经济的发展,我们可以发现不同国家在同一时期或同一国家在不同时期其宏观税负差异较大,这种现象不是人们主观意志的结果,而是由各种复杂的客观因素共同作用的结果。这些因素大致可归纳为:经济发展水平因素、国家政府职能因素、国家财政收入结构因素三个方面。

2. 微观税负分析

微观税负水平是从企业或个人,即纳税人或负税人个体来考察分析税收负担的状况,也是税收负担分析中的一个重要的分析指标。

(1) 微观税负的指标。国际上对企业和个人税收负担的衡量主要有两个指标:① 企业盈利税负率,它是指一定时期内企业实际缴纳的各种税收与企业税利总额的比率;② 个人所得税负率,它是指一定时期内个人实际缴纳的各种税收与个人所得总额的比率。

(2) 影响微观税负的因素。企业税收负担和个人税收负担的变化受多种因素影响,主要影响因素有:① 企业税收负担主要受一国经济体制变化、税制结构变化和税收制度变化的影响。当市场经济较发达,企业自主权较大时,税负就会较低;当企业所得税在税收总额中所占比重较低时,税负就会相对较轻;当税收优惠条件较充足时,边际税率就会降低,同样也会降低企业的税收负担。② 个人税收负担主要受到一国分配制度、税制结构和个人所得税制度的影响。当个人收入来源渠道较广,个人收入水平较高时,税负将会有所提高;当个人所得税在税收总额中所占比重上升时,个人税负也将会随之上升;当个人所得税实行累进税率时,由于累进税率具有弹性,将会随个人收入增加而税负上升。

二、税负转嫁

税负转嫁是指在经济流通中,纳税人将其所纳的税款,通过各种途径和方式,如通过提高销售价格或压低购进价格的方法,将税负转嫁给他人的一种经济现象。

1. 税负转嫁的特征

(1) 税负转嫁是和价格的升降直接联系的,而且价格的升降是由税负转嫁引起的。

(2) 税负转嫁是各经济主体之间税负的再分配,也就是经济利益的再分配,税负转嫁的结果必然导致纳税人与负税人的不一致。

(3) 税负转嫁是纳税人的一般行为倾向,是纳税人的主动行为。如果纳税人纳税后不能将税负转嫁给他人,而由自己承担,则该纳税人是税负的直接承担人(称为直接税负);如果纳税人在纳税后可以将税负转嫁给他人,由别人承担,则该纳税人是税负的间接承担人(称为间接税负)。

2. 税负归宿

税负转嫁往往不是一次性的,它会随着生产流通领域环节不断发生税负转嫁与再转嫁现象。如生产企业转嫁给批发商,批发商再转嫁给零售商,零售商还可再转嫁给消费者。当税负不能再转嫁时,称为税负归宿(tax incidence),即总存在一个不可能再转嫁而要自己负担税款的负税人。

税负归宿是税负运动的终点或最终归着点。按纳税人和负税人的关系,可以把税负归宿分为法定归宿和经济归宿两种。法定归宿(statutory incidence),它是指依税法规定的法定纳税人所承担的税负归着点;经济归宿(economic incidence),它是指随经济运动而不断转嫁以后的实际负税人所承担的税负归着点。

3. 税负转嫁与归宿的一般规律

税收制度中直接税和间接税、课税范围、征税方法、税率种类以及税负轻重是影响税负转嫁的重要因素。从商品角度看,影响税负转嫁的最主要因素是商品供给与需求的价格弹性(price elasticity)。一般而言:

(1) 商品课税较易转嫁,所得课税一般不易转嫁。

(2) 供给弹性较大、需求弹性较小的商品课税较易转嫁;供给弹性较小、需求弹性较大的商品课税不易转嫁。

(3) 课税范围宽广的商品较易转嫁,课税范围狭窄的商品难以转嫁。

(4) 对垄断性商品课征的税容易转嫁,对竞争性商品课征的税较难转嫁。

(5) 从价课税的税负容易转嫁,从量课税的税负不容易转嫁。

4. 税负转嫁的主要方式

(1) 前转(forward shifting),是指卖方将税负转嫁给买方负担,一般通过提高商品销售价格的方法实现。这里的卖方可能是制造商、批发商或零售商,买方也可能是制造商、批发商或零售商,税负最终主要转嫁给消费者负担。前转是顺着商品流转顺序从生产到销售再到消费,因而也叫顺转。

(2) 后转(backward shifting),是指纳税人将其所纳税款逆商品流转方向,以压低购进商品价格的方法,向后转移给商品提供者,也叫逆转。

(3) 消转(digested shifting),是指纳税人在无法将税负向前转嫁给消费者,或向后转嫁给厂商的情况下,依靠自己的努力,提高劳动生产率,扩大生产规模,降低生产成本,使由于承担税负而造成的损失在新增利润中得到抵补,故被称为消转。

(4) 税收资本化(tax capitalization),即税收可折入资本,冲抵资本价格的一部分。税收资本化是后转嫁的一种特殊的形式,是指纳税人在购买不动产或有价证券时,将以后应纳的税款在买价中预先扣除,以后虽然名义上是买方在按期缴纳税款,但实际上是由卖方负担,同样属于买方向卖方转嫁。

税收资本化的条件:首先,交易的财产必须具有资本价值,可长时间使用,并有年利和租金,如房屋、土地等。这类财产税款长年征收,如被其他商品一次征税后即转入商品价格,无需折入资本。其次,冲抵资本的价值可能获取的利益应与转移的税负相同或相近。

税收资本化通俗的说法又称为税收转化为资本,是指将累次应纳税的税额作一次性的转移,而后再进行税负转嫁,且转嫁是在每次经济交易时,税款随商品一并出售给消费者。比如一个农场主想向土地所有者租用十亩土地,租用期限为十年,每年每亩地要缴纳税款200元。农场主在租用之际就向土地所有者索要其租用期内所租土地的全部税款,这样便获得2 000元的由土地所有者十年累计应纳十亩地的全部税额,而该农场主每年所支付的税额只有200元,余下的1 800元就成了他的创业资本。这种名义上由农场主按期纳税,实际上全部税款均由土地所有者负担的结果必然导致税收资本化。

税收筹划、避税、节税与逃税

税收筹划(tax revenue preparation)是指纳税人在国家法律许可的范围内,通过对企业设立、筹资、经营、投资、利润分配等行为的事先筹划和安排,进行纳税方案的优化选择,以达到税后利润最大化目的的一系列活动。税收筹划内容分为避税筹划、节税筹划、转嫁筹划和涉税零风险等。

避税(tax avoidance)是指纳税人利用税法上的漏洞或税法允许的办法,做适当的财务安排或税收筹划,在不违反税法规定的前提下,达到减轻或解除税负的目的。其后果是造成国家收入的直接损失,扩大了利用外资的代价,破坏了公平、合理的税收原则,使得一国以至于国家社会的收入和分配发生扭曲。

关于逃税(tax evasion),广义的逃税是指纳税义务人采用各种手段逃避纳税的一种行为。具体可分为两种:① 采用非法手段少纳或不纳税的行为;② 采用合法手段少纳或不纳税的行为,称为"避税"。

狭义的逃税是指利用漏报、少报、不报应税收入、收益,伪造账证,隐匿财产,甚至贿赂税收官员等非法手段,不按税法规定申报纳税的一种违法行为。

节税(tax saving)是指纳税人在不违背税法立法精神的前提下,当存在着多种纳税方案的选择时,通过充分利用税法中固有的起征点、减免税等一系列优惠政策,以税收负担最低的方式来处理财务、经营、交易事项。

练习题

一、单项选择题

1. 税制构成的核心要素是（　　）。
   A. 纳税人　　　　B. 税率　　　　　　C. 征税对象　　　　D. 纳税期限

2. 下列商品课税中，税负最容易转嫁的是（　　）。
   A. 对供给弹性大、需求弹性小的商品的课税
   B. 对供给弹性大、需求弹性大的商品的课税
   C. 对供给弹性小、需求弹性小的商品的课税
   D. 对供给弹性小、需求弹性大的商品的课税

3. 税收的强制性依靠的是（　　）。
   A. 国家对国有企业生产资料的所有权　　B. 国家对生产资料的所有权
   C. 国家的政治权力　　　　　　　　　　D. 社会习惯势力

4. 一种税区别于另一种税的主要标志是（　　）。
   A. 纳税人　　　　B. 课税对象　　　　C. 税率　　　　　　D. 税目

5. 税收收入应能随着财政支出的需要进行调整，体现了税收的（　　）。
   A. 便利原则　　　B. 配置原则　　　　C. 经济原则　　　　D. 弹性原则

6. 对具有相同纳税能力的纳税人，不分经济成分、经济形式和经营方式，实行统一税收政策，征收相同的税收。这样征税所体现的是税收的（　　）。
   A. 纵向公平　　　B. 横向公平　　　　C. 机会公平　　　　D. 名义公平

7. 税制的建立应有利于保护国民经济，避免对经济活动产生负面影响，应促进国民经济持续、均衡发展。这是税收原则中的（　　）。
   A. 财政原则　　　B. 经济原则　　　　C. 普遍原则　　　　D. 平等原则

8. 税收制度和税收政策的核心是（　　）。
   A. 税收原则　　　B. 税负归宿　　　　C. 税负转嫁　　　　D. 税收负担

9. 纳税人通过压低进货的价格来转嫁税负的方式是（　　）。
   A. 前转　　　　　B. 后转　　　　　　C. 消转　　　　　　D. 税收资本化

10. 在税负转嫁方式中，最能直接体现税收调节经济职能的是（　　）。
    A. 前转　　　　　B. 后转　　　　　　C. 消转　　　　　　D. 税收资本化

二、多项选择题

1. 税收的基本特征（　　）。
   A. 强制性　　　　B. 无偿性　　　　　C. 固定性　　　　　D. 有偿性

2. 按税收的计税依据为标准，税收分为（　　）。
   A. 从价税　　　　B. 价内税　　　　　C. 价外税　　　　　D. 从量税

3. 属于减轻纳税人负担的措施主要有（　　）。
   A. 减税　　　　　B. 免税　　　　　　C. 加成税　　　　　D. 规定起征点
   E. 规定免征额

4. 税收的职能有（　　）。
   A. 筹集财政收入　B. 调节经济　　　　C. 监督　　　　　　D. 稳定物价水平

5. 被称为税收实体法的三要素是（　　）。
   A. 计税依据　　　B. 纳税人　　　C. 征税对象　　　D. 税率
6. 财政原则是设计税收制度的重要原则，其内容包括（　　）。
   A. 足额与稳定原则　B. 效率原则　　C. 公平原则　　　D. 适度合理原则
7. 研究税收结构优化主要考虑（　　）。
   A. 确立国家主体税种　　　　　　　B. 保证财政收入的足额稳定
   C. 调节经济　　　　　　　　　　　D. 税收优惠
8. 关于税收概念，以下表述合理的有（　　）。
   A. 税收是国家调节经济的一个重要手段
   B. 税收是人们为享受公共物品支付的价格
   C. 税收体现了征纳双方平等交换关系
   D. 税收是国家取得财政收入的形式
9. 关于税收"三特征"理解正确的有（　　）。
   A. 税收"三特征"是区别于其他财政收入的主要特点
   B. 税收强制性的依据是国家所有权
   C. 税收固定性意味着征税对象和征税数额是固定的
   D. 税收无偿性指的是国家不向纳税人直接支付任何报酬
10. 有关税收要素表述正确的是（　　）。
    A. 纳税人是最终负担税款的人
    B. 税收属于社会再生产的交换环节
    C. 税收的客体是税法规定的标的物
    D. 税目反映了征税广度，税率反映了征税深度
11. 宏观税负的影响因素有（　　）。
    A. 经济发展水平　　　　　　　　　B. 政府职能范围
    C. 征管水平　　　　　　　　　　　D. 财政收入结构

三、简答题

1. 简述税收的概念及产生条件。
2. 简述税收特征及其关系。
3. 简述税收的职能。
4. 简述税收三要素。
5. 简述影响税收负担的因素。
6. 简述税收负担转嫁的主要方式和规律。
7. 简述现代税收原则。
8. 简述我国税收原则。
9. 简述税收的内涵。
10. 简述税收筹划与税负转嫁。

第八章 增值税

学习目的：通过本章的学习，掌握增值税的概念，了解增值税的特点、作用和类型，掌握增值税的纳税人、征税对象和税率三要素，以及应纳增值税税额的计算，了解我国增值税征收管理。

8.1 增值税概述

增值税（value-added tax）是以商品生产、流通和劳务的增值额为对象课征的一种流转税。中国于 1979 年开始试行增值税。1982 年中国财政部在总结经验的基础上，制定了《增值税试行办法》，1983 年 1 月 1 日起在中国试行。1984 年 9 月 18 日，国务院发布了《中华人民共和国增值税条例（草案）》，1984 年 10 月 1 日起试行。1993 年 11 月 26 日，国务院第十二次常务会议审议通过了《中华人民共和国增值税暂行条例》，1994 年 1 月 1 日起施行，同时废止《中华人民共和国增值税条例（草案）》和《中华人民共和国产品税条例（草案）》。2008 年 11 月，国务院常务会议审议通过了《中华人民共和国增值税暂行条例（修订草案）》、《中华人民共和国消费税暂行条例（修订草案）》和《中华人民共和国营业税暂行条例（修订草案）》。从 2009 年 1 月 1 日起，在全国所有地区所有行业推行增值税转型改革，由生产型增值税转为国际上通用的消费型增值税。

一、增值税的概念

1. 增值税概念

增值税是对从事销售货物或提供加工、修理修配劳务以及进口货物的单位和个人取得的增值额为课税对象的一种流转税（turnover tax），是对商品生产和流通中各环节的新增价值或商品附加值进行征税。

2. 增值额理解

在理论增值额方面，从某一生产经营者角度看，增值额是指某个生产经营环节在一定期间内销售货物或提供劳务所取得的销售收入额扣除为生产经营这种货物（或劳务）而外购部分货物价款后的余额，是该纳税人在本期新创造的价值，即产品价值（C+V+M）－C。从生产经营全过程看，增值额是指某种商品各个生产经营环节增值额之和，即该商品实现消费时的最终销售价格。增值额和销售额的关系是该产品的增值额合计数相当于零售销售额，对每一生产环节征收的增值税之和，实际就是按货物最终销售额征收的增值税，因此也被称为销售税（sales tax）。

在法定增值额方面，它是指增值税制度中税法确定的增值额，与理论增值额不一定相等，这主要是由对外购固定资产扣除范围以及对外购固定资产的处理方法不同造成的。

二、增值税的特点

1. 实行价外计税

即税金不包括在销售价格内,把税款同价格分开,使企业的成本核算不受税收的影响,当在零售环节出售商品和对消费者提供劳务时,价格和税款不再分开标明,这时税金仍然是价外税。增值税采用增值税专用发票进行征收管理,发票上将货物的销售额与税额分开填列。

2. 实行税款抵扣制

增值税征收实行凭借取得的注明税款的专用发票进行抵扣的办法,这样能够彻底排除重复课税的弊端,也具有税收中性的特征。

3. 实行普遍征税

一般涉及绝大部分商品和劳务,对从事生产经营和提供劳务的,不论是单位还是个人均征收增值税,体现税收的普遍性,保证税源充足。

4. 实行多环节征税

纳税环节包括生产经营、流通和提供劳务的各个环节,即在生产、批发、零售、劳务提供和进口等各个环节分别征税,有利于防止偷逃税。它实行逐环节征税,逐环节扣税,但最终消费者是全部税款的承担者,增值税也具有税负转嫁的特征。

5. 减免税权高度集中

增值税经过几次税制改革,大幅度减少了税收减免项目,减免税权高度集中在国务院,强化了税收规范。

三、增值税的类型

目前世界上增值税共有三种类型:一是生产型增值税(production-type VAT),1994—2008年我国采用此种增值税,它的特点是确定法定增值额不允许扣除外购固定资产价款及其折旧,这时法定增值额等于工资、租金、利息及折旧之和,其内容从整个社会来说相当于国民生产总值,所以被称为生产型增值税;二是收入型增值税(income-type VAT),它的特点是对外购固定资产只允许扣除当期计入产品价值的折旧的价值额,这个法定增值额,从整个社会来说,相当于国民收入,所以被称为收入型增值税;三是消费型增值税(consumption-type VAT),2009年1月1日起开始实行,它的特点是当期购入的固定资产价款一次全部扣除,因此购置固定资产已纳的税金在购置当期已经全部扣除,这种类型增值税的课税对象不包括生产资料,仅限于当期生产销售的所有消费品,所以被称为消费型增值税。

四、增值税的作用

1. 促进专业化协作生产的发展

增值税采用税款抵扣制度,即消除重复征税和税负不公的弊端,又能鼓励企业扩大协作生产。

2. 有利于稳定财政收入

增值税以增值额为征税对象,不会因为经济结构和生产组织的变化而变化,有利于财政收入的稳定。

3. 有利于激励国际贸易

采取出口退税制度,在商品出口环节将在国内各环节累计缴纳的税款退还给出口企业,使出口产品不含税价进入国际市场,增强产品国际竞争力。

4. 强化了税收制约

实行税款抵扣办法,使各个环节购销双方用增值税的专用发票连接起来,相互制约,便于税务机关稽查,保证财政收入及时、足额地征收。

8.2 增值税征税范围和纳税义务人

依据《增值税暂行条例》(1993年12月13日颁布)规定:"在中华人民共和国境内销售货物或加工、修理修配劳务以及进口货物的单位和个人,为增值税的纳税义务人。"

一、增值税的征收范围

1. 销售货物

一般指有偿转让各种有形动产(包括电力、热力、气体在内,不包括土地、房屋和其他建筑物等一切不动产)的所有权,能从购买方获得货款和其他经济利益的行为。

2. 提供加工、修理修配劳务

这里的"加工"是指接受来料(主要原材料)承做货物,加工后货物所有权仍属于委托者的提供劳务的业务;"修理修配"是指受托对损伤和丧失功能的货物进行修复,使其恢复原状和功能的业务。但是,单位或个体经营者聘用的员工为本单位或雇主提供的加工、修理修配劳务不在增值税征税之列。

3. 进口货物

进口货物是指申报进入中国境内的应税货物,在报关环节,除依法缴纳关税外,还必须缴纳增值税(享受免税政策的货物除外)。

4. 交通运输劳务、现代服务业

2013年8月1日全国范围内试点,交通运输业和现代服务业属于营业税改增值税。交通运输劳务包括铁路、陆路、水路、航空和管道运输服务,2014年1月1日起,铁路运输纳入增值税征税范围;部分现代服务业包括研发和技术服务、信息技术服务、文化创意服务、物流辅助服务、有形动产租赁服务和广播影视服务;2014年1月1日起,邮政服务纳入增值税征收范围。

其中,交通运输劳务具体是:① 陆路运输是指通过陆路运送货物或旅客的运输业务,包括铁路、公路、缆车、索道运输以及其他陆路运输。② 水路运输是指通过江、河、湖、川等自然、人工水道或海洋航道运送货物或旅客的运输业务,打捞比照水路运输办法征税。③ 航空运输是指通过空中航线运送货物或旅客的运输业务以及与航空直接有关的通用航空业务、航空地面服务业务。④ 管道运输是指通过管道设施输送气体、液体、固体物资的运输业务。⑤ 装卸搬运是指使用装卸搬运工具或人力、畜力在货物运输之间、装卸现场之间或运输工具与装卸现场之间进行装卸和搬运的业务。⑥ 铁路运输服务分为中央铁路运营业务、中央地方合资铁路运营业务、地方铁路运营业务和中央新建铁路的临时运营业务。其中:

远洋运输企业从事的程租、期租业务和航空运输企业从事的湿租业务按"交通运输业"税目征收增值税。

邮政服务,包括传递信函、包裹、汇兑、邮票发行、集邮和邮件运输、报刊发行等邮政业务活动。

研发和技术服务,包括研发服务、技术转让服务、技术咨询服务、合同能源管理服务、工程勘察勘探服务。

信息技术服务,包括软件服务、电路设计及测试服务、信息系统服务和业务流程服务。

文化创意服务,包括设计服务、商标和著作权转让服务、知识产权服务、广告服务和会议展览服务。

物流辅助服务,包括航空服务、港口码头服务、货运客运场站服务、打捞救助服务、货物运输代理服务、代理报关服务、仓储服务和卸载搬运服务。

有形动产租赁服务,包括有形动产融资租赁和有形动产经营性租赁服务,如远洋运输的光租业务、航空运输的干租业务。

咨询鉴证服务,包括认证服务、鉴证服务和咨询服务。

广播影视服务,包括广播影视节目(作品)制作服务、发行服务和播映放映服务。

财政部和国家税务总局于2014年4月30日印发《关于将电信业纳入营业税改征增值税试点的通知》,明确从2014年6月1日起,将电信业纳入营改增试点范围,实行差异化税率,基础电信服务和增值电信服务分别适用11%和6%的税率。未来银行业也将纳入增值税征税范围。

5. 特殊界定

现实税收实务中某些特殊行为或项目是否属于增值税的征税范围,还需具体规定。

(1) 特殊行为界定

视同销售:① 将货物交付他人代销;② 销售代销货物;③ 设有两个以上机构并实行统一核算的纳税人,将货物从一个机构移送至其他机构用于销售,但相关机构设在同一县(市)的除外;④ 将自产或委托加工的货物用于非应税项目;⑤ 将自产、委托加工或购买的货物作为投资,提供给其他单位或个体经营者;⑥ 将自产、委托加工或购买的货物分配给股东或投资者;⑦ 将自产、委托加工的货物用于集体福利或个人消费;⑧ 将自产、委托加工或购买的货物无偿赠送他人。以上八种行为,均征收增值税。做出这样规定的目的,是为了防止通过这些行为逃避纳税,造成税基被侵蚀,税款流失;也避免税款抵扣链条中断,导致各环节间税负不均衡。

混合销售,是指一项销售行为同时涉及货物和非增值税应税劳务。从事货物的生产、批发或零售为主营业务的企业,企业性的单位以及个体经营者发生混合销售货物,视为增值税混合销售,征增值税,而其他的混合则不征增值税。增值税混合销售行为中,存在两类经营项目的混合,二者是从属关系,并且销售业务是主营业务。特殊规定:销售自产货物并同时提供建筑业劳务的行为分别核定增值税销售额和非增值税销售额;林木销售以及同时提供林木管护行为的属于增值税征税范围。

兼营销售,是指销售和应税劳务又兼营非应税项目。如果不分别核算或者不能准确核算货物或应税劳务的销售额和非应税劳务的营业额的,其非应税劳务与货物或应税劳务一并征收增值税。

(2) 特殊项目界定

货物期货(包括商品期货和贵金属期货),征增值税,在期货的实物交割环节缴纳。

缝纫,应征增值税。

典当业的死当物品销售业务和寄售业代委托人销售寄售物品的业务,征增值税。

基建单位和建安企业附设工厂、车间自产水泥预制构件、其他构建,征增值税;在建筑现场制造的用于本单位或本企业建筑工程的,不征增值税。

电力公司向发电企业收取的过网费,征增值税。

执罚部门和单位拍卖查处商品,符合规定的,不征增值税。

对从事热力、电力、燃气、自来水等公用事业的增值税纳税人收取的一次性费用,凡与货物的销售数量有直接关系的,征增值税。

纳税人销售货物的同时代办保险而向购买方收取的保险费,以及从事汽车销售的纳税人向购买方收取的代购买方缴纳的车辆购置税、牌照费,不作为价外费用征收增值税。

商业企业向供货方收取的与商品销售量、销售额挂钩的各种返还收入,按照平销返利行为的有关规定冲减当期增值税进项税额,征收增值税。

二、纳税义务人

(一)纳税义务人

纳税义务人,是指在中华人民共和国境内销售货物或加工、修理修配劳务以及进口货物的单位和个人。"单位"包括国有企业、集体企业、私有企业、股份制企业、外商投资企业、外国企业、其他企业和行政单位、事业单位、社会团体、军事单位、其他单位;"个人"包括个体经营者及个人,企业租赁或承包给他人经营的,以承租人或承包人为纳税义务人。

(二)根据生产经营者规模及财务核算的健全程度,分为一般纳税人和小规模纳税人

1. 小规模纳税人

界定增值税小规模纳税人有下面两条标准,符合以下标准之一的,认定为小规模纳税人。

(1)小规模纳税人是指应税销售额在规定标准之下,并且会计核算不健全(不能准确核算增值税的销项税额、进项税额和应税税额),不能按规定报送税务资料的增值税纳税人。

(2)应税销售额认定标准:① 商业企业以外的企业(工业企业和其他企业)从事货物生产或提供应税劳务的纳税人以及以从事货物生产或提供应税劳务为主,并兼营货物批发或零售的纳税人,年应税销售额在50万元(含本数)以下的。② 商业企业(包括批发和零售企业)从事货物批发或零售的纳税人,年应税销售额在80万元以下的(含本数)。

另外,年应税销售额超过小规模纳税人标准的以下几种情况也视同小规模纳税人进行纳税:个人(除个体经营者以外的其他个人)、非企业性单位、不经常发生增值税应税行为的企业,也视同小规模纳税人;还有,对于全部销售免税货物的企业,一律不得认定为一般纳税人;2013年5月1日实施:旅店业和饮食业纳税人销售非现场消费的食品,属于不经常发生增值税应税行为的,可以选择按小规模纳税人缴纳增值税。

(3)财务部和国家税务总局规定,从2008年起,凡年应税销售额在80万元以下的小规模商业企业、企业性单位,以及从事货物批发或零售为主,并兼营货物生产或提供应税劳务的企业、企业性单位,无论会计核算是否健全,一律不得认定为增值税一般纳税人。

对小规模纳税人的认定,由主管税务机关依税法规定的标准认定。纳税人一经认定为一般纳税人就不得再转为小规模纳税人。

2. 一般纳税人

增值税一般纳税人是指年应税销售额(包括一个公历年度内的全部应征增值税的销售额)超过增值税暂行条例规定的小规模纳税人标准的企业和企业性单位。未超过标准的商业企业以外的其他小规模企业,只要会计核算健全,能准确核算并提供销项税额、进项税额的,可以申请办理一般纳税人认定手续。

8.3 增值税税率和征收率

一、基本税率
增值税一般纳税人除低税率适用范围和销售个别旧货适用征收率外,税率一律为17%。

二、低税率
增值税一般纳税人销售或者进口下列货物,按低税率计征增值税,低税率为13%。

(1) 食用植物油;

(2) 暖气、冷气、热水、煤气、石油液化气、天然气、沼气、居民用煤炭制品、自来水(通过供水系统向用户供应的水);

(3) 图书、报纸、杂志;

(4) 饲料、化肥、农药、农机(不包括农机配件)、农膜;

(5) 食用盐;

(6) 音像制品和电子出版物;

(7) 农业产品,种植业、养殖业、林业、牧业、水产业生产的各种植物、动物的初级产品;

(8) 二甲醚。

三、征收率
1. 2009年1月1日起,小规模纳税人的增值税征收率为3%。

2. 纳税人销售自己使用过的物品,按下列政策执行:

(1) 一般纳税人销售自己使用过的不得抵扣且未抵扣进项税额的固定资产,按简易办法依4%征收率减半征收增值税。

(2) 小规模纳税人(除个人外,下同)销售使用过的固定资产,减按2%的征收率征收增值税;销售自己使用过的除固定资产以外的物品,按3%征收率征收增值税。

3. 纳税人销售旧货,按简易办法依照3%的征收率减按2%征收增值税。

另外,对卫生防疫站调拨生物制品和药械,按3%的征收率征收增值税;对寄售商店代销寄售物品、典当业销售死当物品,以及经有权机关批准的免税商店零售免税商品,也按3%的征收率计算纳税。

四、"营改增"的增值税税率
1. 提供有形动产租赁服务,税率为17%。

2. 提供交通运输业服务,税率为11%。

3. 提供现代服务业(有形动产租赁除外),税率为6%。

4. 基础电信服务,税率为11%;增值电信服务,税率为6%。

8.4 增值税的计税依据与应纳税额的计算

一、计税依据
1. 一般销售的计税依据

(1) 应税销售额(taxable sales amounts)。增值税以纳税人的销售额作为计税依据。销售额是指纳税人销售或者提供应税服务向购买方(承受应税服务也视为购买方)所收取的全部价款和价外费用(价外收入),但不包括销项税额。

这里价外费用是指价外向购买方收取的手续费、补贴、基金、集资费、返还利润、奖励费、违约金(延期付款利息)、包装费、包装物租金、储备费、优质费、运输装卸费、代收款项、代垫款项及其他各种性质的价外费用。但不包括下列项目:① 向购买方收取的销项税额;② 受托加工应征消费税的消费品所代收代缴的消费税;③ 同时符合以下条件的代垫运费:承运者的运费发票开具给购货方的;纳税人将该项发票转交给购货方的。

(2) 应税销售额与含税销售额的换算

一般纳税人应税销售额换算公式:应税销售额 = 含税销售额÷(1+税率)

小规模纳税人应税销售额换算公式:应税销售额 = 含税销售额÷(1+征收率)

2. 特殊销售方式计税依据

一般销售形式外还有折扣销售、以旧换新销售、以物易物销售、还本销售等。

(1) 折扣方式销售。是指销货方在销售货物或应税劳务时,因购货方购货数量较大等原因而给购货方的价格优惠(如:购买5件,销售价格折扣10%;买10件,折扣20%),折扣与销售同时发生。税法规定,销售额和折扣额在同一张发票上分别注明的,可按折扣后的余额作为销售额计算增值税。折扣销售与销售折扣和销售折让不同,销售折扣是指销货方在销售货物或提供应税劳务后,为了鼓励购货方及早偿还贷款而协议许诺给予购货方的一种折扣优待(如:10天内付款,折扣2%;20天内付款,折扣1%)。销售折让是指货物销售后,由于其品种、质量等原因购货方未予退货,但销货方需给予购货方的一种价格折让。

(2) 以旧换新销售。是指纳税人在销售自己的货物时,有偿收回旧货物的行为。税法规定,按新货物的同期销售价格确定销售额,不得扣减旧货物的收购价格,金银首饰以旧换新业务另有规定除外。

(3) 还本销售。是指纳税人在销售货物后,到一定期限由销售方一次或分次退还给购货方全部或部分价款。税法规定,其销售额就是货物的销售价格,不得从销售额中减除还本支出。

(4) 以物易物销售。是指购货双方不是以货币计算,而是以同等价款的货物相互结算,实现货物购销的一种方式。税法规定,以物易物的双方都作购销处理,以各自发出的货物核算销售额并计算销项税额,以各自收到的货物按规定核算购货额并计算进项税额。

(5) 直销企业中通过直销员向消费者销售货物、直接向消费者收取货款,直销企业的销售额为其向消费者收取的全部价款和价外费用。

3. 其他计税依据

(1) 包装物押金。税法规定,纳税人在销售货物而出租出借包装物收取的押金,单独记账核算的,时间在1年以内,又未过期的,不并入销售额征税,但因逾期未收回包装物不再退还押金的,按其包装货物的适用税率计算销项税额。这里逾期是指按合同约定实际逾期或以1年为期限对收取1年以上的押金,无论是否退还均并入销售额征税,不过要折算成不含税价格。1995年规定,1995年6月1日起,对销售黄酒、啤酒以外的其他酒类产品收取的包装物押金,一律并入销售额征税。

(2) 旧货、旧机动车的销售。2014年7月1日起所有增值税纳税人,销售旧货一律按3%征收率减按2%征收,不得抵扣进项税额。纳税人销售自己使用过的机动车、摩托车、游艇,售价超过原值的,按3%征收率减按2%征收;未超过原值的,不征增值税。旧机动车经营单位销售机动车、摩托车、游艇,按 3% 征收率减按 2% 征收。

(3) 视同销售行为的销售额的确定。税法对视同销售行为中不以资金的形式反映,而出现无销售额的现象的,按下列顺序确定其销售额:① 按纳税人当月同类货物的平均售价;② 按纳税人最近时期同类货物的平均售价;③ 按组成计税价格确定,组成计税价格 = 成本 ×(1 + 成本利润率);④ 征增值税的货物同时又征消费税的,组成计税价格 = 成本 ×(1 + 成本利润率) + 消费税税额,或者 组成计税价格 = 成本 ×(1 + 成本利润率) ÷ (1 - 消费税税率)。

二、销项税额与进项税额

(一) 销项税额

销项税额是一般纳税人销售货物或者应税劳务,按照销售额和条例规定的税率计算并向购买方收取的增值税税额。销项税额在增值税专用发票"税额"栏中填写。销项税额的计算公式为:销项税额 = 应税销售额 × 税率,这里的应税销售额不包括收取的销项税额。

(二) 进项税额

进项税额是一般纳税人购进货物或者接受应税劳务,所支付或者负担的增值税额。实际中,销售方收取的销项税额就是购买方支付的进项税额。增值税的核心就是用纳税人的进项税额抵扣其所支付的销项税额,其余额为纳税人实际应缴纳的增值税税额。但是,并不是纳税人的所有进项税额都从销项税额中抵扣。当纳税人购进的货物或接受的应税劳务不是用于增值税应税项目,而是用于非应税项目、免税项目或用于集体福利、个人消费等情况时,其支付的进项税额不能从销项税额中抵扣。

1. 准予从销项税额中抵扣的进项税额

(1) 从销售方取得的增值税专用发票上注明的增值税额。

(2) 从海关取得的完税凭证上注明的增值税额。

(3) 购进农业者生产的农业产品或向小规模纳税人购买的农业产品,其买价为仅限于经主管税务机关批准使用的收购凭证上注明的价款,从 2002 年 1 月 1 日起准予按照买价的 13% 的扣除率计算进项税额,从当期销项税额中扣除。进项税额计算公式为:进项税额 = 买价 × 扣除率。这里的农产品是指直接从事植物的种植、收割和动物的饲养、捕捞的单位和个人销售的自产农业产品。

如:某公司向果农收购水果 20 吨,每吨收购价 850 元,则该纳税人购进水果准予抵扣的进项税额为:进项税额 = 850 × 20 × 13% = 2 210 元。

(4) 增值税一般纳税人外购货物所支付的运输费用:在营业税改征增值税以前接受的运输劳务,根据运费结算单据(普通发票)所列运费金额,依 7% 的扣除率计算进项税额,准予扣除,但随同运费支付的装卸费、保险费等其他杂费不得计算扣除进项税额;在营业税改征增值税以后接受的运输服务,按照从运输劳务提供方开具的增值税专用发票注明的增值税额,确定准予从销项税额中抵扣的进项税额。

(5) 从事废旧物资经营的增值税一般纳税人收购的废旧物资不能取得增值税专用发票的,根据经主管税务机关批准使用的收购凭证上注明的收购金额,依 10% 的扣除率计算进项税额,予以扣除。

(6) 企业初次购置增值税防伪税控系统专用设备和通用设备及以后的技术维护费,可凭购货所得的专用发票所注明的税额从增值税销项税额中抵扣。

（7）提供应税服务终止、折让：因终止、折让而退还给购买方的增值税额,应从当期的销项税额中扣减。

2. 不得从销项税额中抵扣的进项税额

（1）用于适用简易计税方法计税项目。

（2）用于非增值税应税项目的购进货物或应税劳务。非应税项目是指提供非应税劳务（不缴纳增值税）、转让无形资产（专利技术、非专利技术、商誉、商标、著作权除外）、销售不动产和不动产在建工程等,但确定为征收增值税的混合销售行为或兼营非应税劳务行为时,混合销售或兼营行为中非应税劳务的购进货物或应税劳务的进项税额,可以抵扣。

（3）用于免税项目。其中法定免税项目是指：农业生产者销售的属于税法规定范围的自产农业产品;避孕药品和用具;古旧图书（指向社会收购的古书和旧书）;直接用于科学研究、科学实验和教学的进口仪器、设备;外国政府、国际组织无偿援助的进口物资和设备;对符合国家产业政策要求的国内投资项目,在投资总额内进口的自用设备（有特殊规定的除外）;由残疾人组织直接进口供残疾人专用的物品;个人（不包括个体经营者）销售自己使用过（游艇、摩托车、汽车除外）的物品。还有其他免税项目,诸如国务院对粮食和食用植物油、农业生产资料以及军队军工系统的军需品等相关规定实行的减免等。

（4）用于集体福利或者个人消费的购进货物或应税劳务。

（5）非正常损失的购进货物及相关的加工修理修配劳务、交通运输业服务和邮政业服务。非正常损失是指生产经营过程中正常损耗外的损失——自然灾害损失,因管理不善造成货物被盗、发生霉烂变质等损失,其他非正常损失。

（6）非正常损失（含义同上）的在产品、产成品所耗用的购进货物（不包括固定资产）、加工修理修配劳务、交通运输业服务和邮政业服务。

（7）对于纳税人购进货物或应税劳务,未按照规定取得并保存增值税扣除凭证,或者增值税扣税凭证上未按规定注明增值税额及其他有关事项的,其进项税额不得从销项税额中扣除。

三、应纳税额的计算

1. 一般纳税人应纳税额的计算

公式：应纳税额＝当期销项税额－当期进项税额

注：当期销项税额小于当期进项税额,其不足部分转至下期继续抵扣;"当期"指税务机关依照税法规定对纳税人确定的纳税期限,纳税期限内实际发生的销项税额和进项税额才是当期的。

2. 小规模纳税人应纳税额的计算

公式：应纳增值税税额＝应税销售额×征收率

3. 特殊经营行为的税务处理

（1）兼营不同税率和应税劳务的税务处理。纳税人兼营不同税率的货物或应税劳务的,分别核算不同税率货物或应税劳务的销售额。未分别核算销售额的,从高适用税率。

（2）混合销售行为的税务处理。从事货物生产、批发或零售的企业、企业性单位及个体经营者,以及从事货物的生产、批发或零售为主,并兼营非应税劳务的企业、企业性单位及个体经营者的混合销售行为,视为销售货物,征增值税;其他单位和个人的混合销售行为,视为销售非应税劳务,不征增值税。

(3) 兼营非应税劳务的税务处理。纳税人兼营非应税劳务的,应分别核算货物或应税劳务和非应税劳务,对货物和应税劳务的销售额按各自适用税率征收增值税,对非应税劳务的销售额(即营业额)按使用的税率征收营业税。不分别核算或不能准确核算的,则一并征收增值税。

4. 应纳税额的计算实例

例1 某家具厂 6 月发生了以下购进业务:

① 购进木材一批,金额(不含税)65 000 元,货款已付,专用发票已入账,货尚未验收入库。

② 购进纤维板一批,金额(不含税)84 000 元,货款未付,货已验收入库,专用发票已入账。同时支付运费 1 500 元。

③ 购进卡车一辆,金额(不含税)25 000 元,货款已付,车已取回,专用发票已入账。

④ 购进招待用烟、酒一批,金额 1 200 元,货款已付并已验收入库,专用发票已入账。

求该厂 6 月份的进项税额。

分析与计算:该厂购进木材的进项税额,因货物尚未验收入库,不得在本月抵扣;2009 年 1 月 1 日以后购进卡车的进项税额,属于固定资产,可以抵扣;购进烟、酒的进项税额,因烟、酒属于用于个人消费的货物,不得抵扣。

$$本月进项税额 = 84\,000 \times 17\% + 1\,500 \times 11\% + 25\,000 \times 17\% = 18\,695(元)$$

例2 某电梯厂生产销售电梯并负责为用户安装,该厂 7 月份有关资料如下:

1. 收入

① 电梯销售额(开具专用发票)1 420 000 元;② 电梯安装费(开具普通发票)210 600 元;③ 房租收入(开具普通发票)80 000 元。

2. 购进

① 购进钢材一批,金额(不含税)450 000 元,货已验收入库,专用发票已入账,货款未付;② 购进电梯配件一批,金额(不含税)340 000 元,货款已付,专用发票已入账,货尚未验收入库;③ 付供电局生产用电费价税合计为 140 400 元,专用发票已入账。

请计算该厂 7 月份应纳增值税税额。

分析与计算:

① 确定计税销售额

该厂销售电梯并负责安装,属于混合销售行为,其电梯安装费收入应并入电梯销售额征收增值税;房租收入属于兼营非应税劳务,已分别核算、划分,不征增值税。

据此,该厂的计税销售额为:

$$销售额 = 1\,420\,000 + 210\,600 \div (1 + 17\%) = 1\,600\,000(元)$$

② 计算销项税额

$$销项税额 = 1\,600\,000 \times 17\% = 272\,000(元)$$

③ 确定进项税额

该厂第二笔购进业务,因货物尚未验收入库,进项税额不得在当期抵扣。准予抵扣的进项税额为:

进项税额 = 450 000 × 17% + 140 400 ÷ (1 + 17%) × 17% = 96 900(元)

④ 计算应纳增值税税额

应纳税额 = 272 000 − 96 900 = 175 100(元)

例3 某生产企业为增值税一般纳税人,使用增值税税率为17%,6月份发生有关的生产经营业务如下(所有票据符合税法规定):

① 销售甲产品给某商场,开具增值税专用发票,销售额100万元;另外,开具普通发票,取得销售甲产品的送货运输费收入5.85万元;

② 销售乙产品,开具普通发票,取得销售额23.4万元;

③ 将自产的一批应税新产品用于企业基建,成本30万元,成本利润率10%,该新产品无同类市场销售价格;

④ 销售使用过的进口摩托车2辆,开具普通发票,每辆销售额1.02万元,原值每辆0.9万元;

⑤ 购进货物取得增值税专用发票,注明税额13.6万元,另外支付购货运输费用6万元,取得运输公司开具的普通发票;

⑥ 向农业生产者购进免税农产品,支付收购价30万元,支付运输公司运费5万元,取得相关合法票据,其中一半将用于职工福利;

计算该企业6月份应纳增值税税额。

分析与计算:

① 销售甲产品的销项税额:100 × 17% + 5.85 ÷ (1 + 17%) × 17% = 17.85(万元)

② 销售乙产品的销项税额:23.4 ÷ (1 + 17%) × 17% = 3.4(万元)

③ 自用新产品的销项税额:30 × (1 + 10%) × 17% = 5.61(万元)

④ 销售使用过的摩托车应纳增值税税额:1.02 ÷ (1 + 2%) × 2% × 2 = 0.04(万元)

⑤ 外购货物应抵扣的进项税额:13.6 + 6 × 11% = 14.26(万元)

⑥ 外购免税农产品应抵扣的进项税额:(30 × 13% + 5 × 11%) × (1 − 50%) = 2.225(万元)

该企业6月份应纳增值税的税额:17.85 + 3.4 + 5.61 + 0.04 − 14.26 − 2.225 = 10.415(万元)

例4 某百货商场10月份有关资料如下:

1. 收入

① 自营商品销售收入93 600元;② 代销商品销售收入46 800元;③ 代销手续费收入7 020元。

2. 购进

① 购进食品一批,金额(不含税)75 000元,专用发票已入账,货已验收入库,货款已付。同时支付运费1 500元,运费发票已入账。② 购进化妆品一批,金额(不含税)68 000元,专用发票已入账,货未验收入库,货款尚未支付。该笔货物支付运费4 000元,运费发票已入账。③ 支付营业用电费(不含税)3 600元,专用发票已入账。

计算该商场10月份应纳增值税税额(该商场所售食品的增值税税率均为17%)。

分析与计算:

① 确定计税销售额

按照税法规定,该商场的代销货物应视同销售纳税;代销手续费收入属于兼营非应税劳务,由受托方支付,商场单独核算,不征增值税。据此,该商场的计税销售额为:

$$销售额 = (93\,600 + 46\,800) \div (1 + 17\%) = 120\,000(元)$$

② 计算销项税额

$$销项税额 = 120\,000 \times 17\% = 20\,400(元)$$

③ 确定进项税额

准予抵扣的进项税额为:

$$进项税额 = 75\,000 \times 17\% + 1\,500 \times 11\% + 3\,600 \times 17\% = 13\,527(元)$$

④ 计算应纳税额

$$应纳税额 = 20\,400 - 13\,527 = 6\,873(元)$$

例5 某化肥厂生产碳酸氢铵,联产烧碱。该厂9月份有关资料如下:

1. 收入

① 碳酸氢铵产品销售额 100 000 元;② 烧碱产品销售额 460 000 元;③ 本厂汽车为用户送货取得的运费收入(已开具普通发票) 46 000 元(其中:碳铵运费 22 600 元,烧碱运费 23 400 元);④ 财政部门给予化肥补贴 60 000 元;⑤ 厂招待所营业收入 56 800 元。

2. 购进

① 购进煤炭若干吨,价税合计金额 226 000 元,已付款并验收入库,专用发票已入账;② 支付煤炭运杂费 14 600 元,其中:运费 10 000 元,装卸费 4 600 元,运费发票已入账;③ 购进设备一台,价税合计金额 35 100 元,货款已支付,设备正在安装,专用发票已入账;④ 购进包装袋若干条,取得的专用发票上注明的价款 85 000 元,税额 14 450 元,货款已付,货尚未验收入库;⑤ 购进招待所用餐具一批,价税合计金额 1 404 元,已付款并验收入库,专用发票已入账;⑥ 支付生产用水、电费 11 700 元,专用发票上注明的税额 1 700 元。

计算该厂9月份应纳增值税税额。

分析与计算:

① 确定计税销售额

按照税法规定,该厂生产销售的碳酸氢铵属于免税化肥品种,应予免税,烧碱产品应该征税;用汽车送货取得运费,属于混合销售行为,运费收入应并入产品销售额中确定征免税。从财政部门取得的补贴收入,属于不征增值税的收入。招待所的营业收入,属于兼营非应税劳务收入,能单独核算、准确划分的,不征增值税。据此,该厂的计税销售额为:

$$销售额 = 460\,000 + 23\,400 \div (1 + 17\%) = 480\,000(元)$$

② 计算销项税额

$$销项税额 = 480\,000 \times 17\% = 81\,600(元)$$

③ 确定进项税额

该厂购进的餐具属于用于非应税项目,进项税额不得抵扣;购进包装袋,因货物尚未验收入库,进项税额不得在当月抵扣。

因此,该厂的全部进项税额 = 35 100 ÷ (1 + 17%) × 17% + 226 000 ÷ (1 + 13%) × 13%
+ 10 000 × 11% + 1 700 = 33 900(元)

碳酸氢氨的销售额 = 100 000 + 22 600 ÷ (1 + 13%) = 120 000(元)

免税产品不得抵扣进项税额 = (26 000 + 1 100 + 1 700) × 120 000 ÷ (120 000 + 480 000)
= 5 760(元)

准予抵扣的进项税额 = 33 900 − 5 760 = 28 140(元)

则9月份应纳增值税税额 = 81 600 − 28 140 = 53 460(元)

8.5 进口货物征税与出口货物退(免)税

一、进口货物征税

1. 税率

所适用的增值税税率同国内应税货物相同。

2. 增值税税额的计算

按组成计税价格和规定的税率计算应纳增值税额,不得抵扣任何税额(指发生在我国境外的各种税金,因为其缴纳的各种税金行为发生在进口之前)。公式如下:

$$组成计税价格 = 关税完税价格 + 关税$$

$$或 = 关税完税价格 + 关税 + 消费税(该货物属于消费税应税货物)$$

$$应纳增值税额 = 组成计税价格 × 税率$$

例6 某企业某月进口设备到岸价50万元,进口原材料到岸价40万元,已验收入库,关税税率均为15%。当月销售货物一批,取得销售收入90万元。企业期初进项税余额为5万元。计算企业当月应纳增值税额。

分析与计算:

$$进口设备的关税 = 50 × 15\% = 7.5(万元)$$

$$进口原材料的关税 = 40 × 15\% = 6(万元)$$

$$进口设备应纳增值税 = (50 + 7.5) × 17\% = 9.775(万元)$$

$$进口原材料应纳增值税 = (40 + 6) × 17\% = 7.82(万元)$$

该企业当月应纳增值税 = 90 × 17% − 5 − 9.775 − 7.82 = −7.295(万元),留抵下月抵扣。

3. 进口货物税收管理

增值税纳税义务发生时间为报关进口的当天;纳税地点应由进口人或其代理人向保管地海关申报纳税;纳税期限应在自海关填发税款缴款书之日起15日内缴纳;进口货物的增值税由海关代征。

二、出口货物的退(免)税

我国出口货物的退(免)税是指在国际贸易业务中,对我国报关出口的货物退还或免征其在国内各生产和流转环节已按税法规定缴纳的增值税和消费税,即增值税对出口货物实行零税率,消费税对出口货物免税。这里零税率含义,一是指对出口环节免征增值税,二是对出口的前道环节所含的增值税进项税额进行退付。遵循"征多少,退多少","未征不退和彻底退税"的基本原则。

(一)出口货物退(免)税基本政策

1. 出口免税并退税

出口免税是指对出口销售环节免征增值税、消费税;出口退税是指对货物出口前实际承担的税收负担,按规定退税率计算后予以退还。

2. 出口免税不退税

适用于在出口前的生产、销售或进口环节免税的货物,因其出口时价格中本身就不含税,因而无需退税。

3. 出口不免税也不退税

是指对税法所列举限制或禁止出口的货物,如天然牛黄、麝香、白银等其出口视其内销照常征税,也不退还其出口前所负担的税收。

(二)出口货物退(免)税范围

1. 出口货物享受退(免)税的条件

① 必须是属于增值税、消费税征税范围的货物;② 必须是报关离境的货物;③ 必须是在财务上作销售处理的货物;④ 必须是出口收汇并已核销的货物。

2. 出口货物退(免)税类型

① 企业出口货物符合上述四个条件外,除另有规定外,下列情况给予免税并退税:生产企业自营出口或委托外贸企业代理出口的自产货物;有出口经营权的外贸企业收购后直接出口或委托其他外贸企业代理出口的货物;国家特准规定出口的货物。

② 出口货物,除另有规定外,下列情况给予免税但不退税:属于生产企业的小规模纳税人自营出口或委托外贸企业代理出口的自产货物;外贸企业从小规模纳税人购进并持普通发票的货物出口;外贸企业直接购进国家规定的免税货物(包括免税农产品)出口的货物。

③ 下列实行出口免税但不退税:来料加工复出口的货物;避孕药品和用具、古旧图书,内销或出口都免税;出口卷烟;军品以及军队系统企业出口军需工厂生产或军需部门调拨的货物免税;国家规定的其他免税货物。

④ 除经批准属于进料加工复出口贸易外,对于出口原油、援外出口货物、国家禁止出口的货物等,不免税也不退税。

(三)出口货物的退税率

出口货物的退税率是出口货物的实际退税额与退税计税依据的比例。除财政部和国家税务总局根据国务院决定而明确的增值税出口退税率外,出口货物的退税率为其适用税率。国家税务总局根据规定将退税率通过出口货物劳务退税率文库予以发布,供征纳双方执行。

(四)出口货物退税额的计算

出口货物只有在适用既免税又退税的政策时,才会涉及如何计算退税的问题。根据对出口货物的核算方法不同,我国采用两种退税计算方法:一是"免、抵、退"税的计算方法,主要适用于自营和委托出口自产货物的生产企业;另一种是"先征后退"的方法,主要用于收购货物的生产企业。

1. "免、抵、退"税的计算方法

(1) "免、抵、退"税的含义。免税是指对生产企业出口的自产货物,免征本企业生产销售环节增值税;抵税是指生产出口自产货物所耗用的原材料、零部件、燃料、动力等所含应退还的进项税额,抵顶内销货物的应纳税额;退税是指生产企业出口的自产货物在当月内应抵顶的进项税额大于应纳税额时,对未抵顶完的部分予以退税。

(2) "免、抵、退"税的具体计算方法和计算公式

① 当期应纳税额的计算

当期应纳税额＝当期内销货物销项税额－(当期进项税额－当期"免、抵、退"税不得免征和抵扣税额)－上期留抵税额

其中,当期"免、抵、退"税不得免征和抵扣税额＝出口货物离岸价×外汇人民币牌价×(出口货物征税率－出口货物退税率)－免抵退税不得免征和抵扣税额的抵减税

免抵退税不得免征和抵扣税额的抵减额＝免税购进原材料价格×(出口货物征税率－出口货物退税率)

② 免抵退税额的计算

免抵退税额＝出口货物离岸价×外汇人民币牌价×出口货物退税率－免抵退税额的抵减额

其中,免抵退税额的抵减额＝免税购进原材料价格×出口货物退税率

③ 当期应退税额和免抵退税额的计算

A：如果当期期末留抵税额≤当期免抵退税额,则

当期应退税额＝当期期末留抵税额

当期免抵税额＝当期免抵退税额－当期应退税额

B：如果当期期末留底税额＞当期免抵退税额,则

当期应退税额＝当期免抵退税额

当期免抵税额＝0

④ "免、抵、退"税的计算方法可总结为："免、剔、抵、退"

"免"是指外销金额免税;"剔"是应从本期进项税额中剔除的一块,这部分金额为外销金额乘以征税率与退税率之差;"抵"是本期进项税额应全部先用于顶抵内销的销项税;"退"是指未抵完的进项税再退。

通过"免、抵、退"就可以计算出本期应纳税额。如果应纳税额为正数,则说明要缴纳增值税;如果为负数,则允许退税。在确定应退税额时,将"当期出口货物的离岸价×汇率×退税率"与"当期应纳税额(负数)的绝对值"进行比较,其中数额小的即为应退税金额。

(3) 企业"免、抵、退"税的计算案例

例7 某自营出口生产企业为增值税一般纳税人,出口货物的征税税率为17%,退税率为15%,4月的有关经营业务为：购进原材料一批,取得增值税专用发票注明的价款200万元,外购货物准予抵扣的进项税额34万元,货已验收入库。上月末留抵税款3万元;本月内销货物不含税销售额100万元;收款117万元存入银行;本月出口货物的销售额折合人民币200万元。计算该企业当期的"免、抵、退"税额。

分析与计算：

① 当月免抵退税不得免征和抵扣税额＝200×(17%－15%)＝4(万元)

② 当月应纳税额＝100×17％－(34－4)－3＝－16(万元)
③ 当月免抵退税额＝200×15％＝30(万元)
④ 因为：当月留抵税额(16万元)＜当月免抵退税额(30万元)
所以，当月应退税额＝当月留抵税额＝16万元
⑤ 当月免抵税额＝当月免抵退税额－当月应退税额＝30－16＝14万元

例8 某自营出口生产企业为增值税一般纳税人，出口货物的征税税率为17％，退税率为15％，7月的有关经营业务为：购进原材料一批，取得增值税专用发票注明的价款400万元，外购货物准予抵扣的进项税额68万元，货已验收入库。上月末留抵税款5万元；本月内销货物不含税销售额100万元；收款117万元存入银行；本月出口货物的销售额折合人民币200万元。计算该企业当期的"免、抵、退"税额。

分析与计算：
① 当月免抵退税不得免征和抵扣税额＝200×(17％－15％)＝4(万元)
② 当月应纳税额＝100×17％－(68－4)－5＝－52(万元)
③ 当月免抵退税额＝200×15％＝30(万元)
④ 因为：当月留抵税额(52万元)＞当月免抵退税额(30万元)
所以，当月应退税额＝当月免抵退税额＝30万元
⑤ 当月免抵税额＝0
⑥ 当月末留待下月继续抵扣税额＝52－30＝22(万元)

2. "先征后退"的计算方法

(1) 外购企业"先征后退"的计算方法：外购企业收购货物用于出口，其出口销售环节的增值税免征，其收购价中因包含了付给生产经营该类商品的企业的增值税款，因此，在货物出口后按收购成本与退税率计算退税额退还给外贸企业，征、退税之差计入企业成本。

外贸企业出口货物应退增值税的计算应依据购进出口货物的增值税专用发票上注明的进项税额金额和退税率计算：应退税额＝外贸企业收购货物的不含增值税的价格×退税率。

(2) 外贸企业收购小规模纳税人货物用于出口的增值税的退税规定：

① 凡从小规模纳税人处购进持普通发票的抽纱、工艺品等12类出口特准退税的货物，同样实行出口免征增值税，并退还出口前已纳进项税额的办法。

应退税额 ＝ 普通发票所列销售金额(含增值税)÷(1＋征收率)×退税率

② 凡从小规模纳税人处购进由税务机关代开增值税专用发票的货物出口，按以下公式计算退税额：应退税额＝增值税专用发票注明的金额×退税率

(3) 外贸企业委托生产企业加工出口货物的退税规定：委托加工收回后报关出口的货物，按购进国内原辅助材料的增值税专用发票上注明的进项金额，依原辅材料的退税税率计算原辅材料应退税额。支付的加工费，凭受托方开具货物的退税率，计算加工费的应退税额。

(4) "先征后退"的计算案例

例9 某进出口公司某月购进牛仔布委托加工成服装出口，取得增值税专用发票一张，注明计税金额12 000元(退税率13％)，同时，取得服装加工费计税金额2 200元(退税率17％)，则该企业的应退税额：12 000×13％＋2 200×17％＝1 934(元)

8.6 增值税的征收管理

一、纳税义务发生的时间

纳税义务发生的时间是税法规定的纳税人发生应税行为应当承担纳税义务的起始时间。增值税的纳税义务发生时间按照销售结算方式的不同,有不同的确定:

(1) 采取直接收款方式销售货物的,不论货物是否发出,均为收到销售额或取得销售额凭据,并将提货单交给买方的当天。

(2) 采取托收承付和委托银行收款方式销售货物的,均为发出货物并办妥托收手续的当天。

(3) 采取赊销和分期收款方式销售货物的,为按合同约定的收款日期的当天。

(4) 采取预收货款方式销售货物的,为货物发出当天。

(5) 采取其他纳税人代销货物的,为收到代销单位销售的代销清单的当天;在收到代销清单前已收到全部或部分货款的,则为收到全部或部分货款的当天;对于发出代销商品超过180天仍未收到代销清单及货款的,视同销售实现,一律征增值税,纳税义务发生时间为发出代销商品满180天的当天。

(6) 销售应税劳务的,为提供劳务同时收讫销售额或取得索取销售额的凭证当天。

(7) 纳税人发生视同销售行为中第3至8项的,为货物移送当天。

(8) 进口货物的,为报关进口的当天。

二、纳税期限

税法规定了从纳税义务发生至税款缴纳的时间界限,一般根据征税对象和应纳税额的数额大小等因素,由主管税务机关具体确定。

三、纳税地点

考虑税收征纳的方便性以及地区间税收利益的平衡性,税法根据企业跨地区经营和搞活商品流通的特点及不同情况,具体规定了增值税的纳税地点。

(1) 固定业户应向机构所在地主管税务机关申报纳税。

(2) 固定业户到外县(市)销售货物的,应向其机构所在地主管税务机关申请开具外出经营活动税收管理证明,向其机构所在地主管税务机关申报纳税。

(3) 非固定业户销售货物或应税劳务,应向销售地主管税务机关申报纳税。

(4) 进口货物,应由进口人或其代理人向报关地海关申报纳税。

(5) 非固定业户到外县(市)销售货物或应税劳务,未向销售地主管税务机关申报纳税的,由其机构所在地或者居住地主管税务机关补征税款。

四、纳税人申报方法

根据《税收征收管理法》、《增值税暂行条例》、《发票管理办法》的有关规定,国家税务总局制定的一般纳税人和小规模纳税人的不同纳税申报办法,领取不同的《增值税纳税申报表》。

五、增值税专用发票管理

(一) 专用发票的领购使用

增值税专用发票仅限于一般纳税人领购使用。一般纳税人有下列情形之一的,不得领购使用专用发票:

(1) 会计核算不健全的。

(2) 不能向税务机关准确提供增值税销项税额、进项税额、应纳税额数据及其他有关增值税税务资料的。

(3) 有下列行为,经税务机关责令限期改正而仍未改正者:

① 私自印制专用发票;

② 向个人或税务机关以外的单位买取专用发票;

③ 借用他人专用发票;

④ 向他人提供专用发票;

⑤ 未按规定开具专用发票;

⑥ 未按规定保管专用发票;

⑦ 未按规定申报专用发票的购、用、存情况;

⑧ 未按规定接受税务机关检查;

(4) 销售的货物全部用于免税项目的。

(二) 专用发票的开具

1. 开具范围规定

一般纳税人销售货物(包括视同销售货物在内)、应税劳务,根据增值税细则规定应当征收增值税的非应税劳务(以下简称销售应税项目),必须向购买方开具专用发票。下列情形不得开具专用发票:

(1) 向消费者销售应税项目;

(2) 销售免税货物;

(3) 销售报关出口的货物,在境外销售应税劳务;

(4) 将货物用于非应税项目;

(5) 将货物用于集体福利或个人消费;

(6) 提供非应税劳务(应当征收增值税的除外),转让无形资产或销售不动产;

(7) 商业零售的烟、酒、食品、服装、鞋帽(不包括劳保专用品的部分)、化妆品等消费品。

另外,向小规模纳税人销售应税项目,可以不开具专用发票;生产经营机器、机车、汽车、轮船、锅炉等大型机械、电子设备的工商企业,凡直接销售给使用单位的,应开具普通发票,如购货方需要专用发票,方可开具专用发票。

2. 开具要求

开具的发票有下列情形之一不符的,不得作为扣税凭证,购买方有权拒收:

(1) 字迹清楚。

(2) 不得涂改。

(3) 项目填写齐全。

(4) 票、物相符,票面金额与实际收取的金额相符。

(5) 各项目内容准确无误。

(6) 全部联次一次填开,上下联的内容和金额一致。

(7) 发票联与抵扣联加盖财务专用章或发票专用章。

(8) 按照规定的时限开具专用发票。

(9) 不得开具伪造的专用发票。

(10) 不得拆本使用专用发票。

(11) 不得开具票样与国家税务总局统一印制的票样不符的专用发票。

3. 开具时限规定

(1) 采用预收货款、托收承付、委托银行收款结算方式的,为货物发出的当天;

(2) 采用交货提货结算方式的,为收到货款的当天;

(3) 采用赊销、分期付款结算方式的,为合同约定的收款日期的当天;

(4) 将货物交付他人代销的,为收到受托人送交的代销清单的当天;

(5) 设有两个以上机构并实行统一核算的纳税人,将货物从一个机构移送其他机构用于销售,按规定应当征收增值税的,为货物移送的当天;

(6) 将货物作为投资提供给其他单位或个体经营者的,为货物移送的当天;

(7) 将货物分配给股东的,为货物移送的当天。

(三) 开具专用发票后发生退货或销售折让的处理

(1) 购买方未付款并未做账务处理时,购买方必须将原发票联和税款抵扣联主动退还销售方;

(2) 购买方已付货款或未付货款,但已做账务处理,发票联和抵扣联无法退还的,购买方必须取得当地主管税务机关开具的进货退出,或索取折让证明送交给销售方,作为销售方开具红字专用发票的合法依据。

(四) 专用发票的管理

税法除了对纳税人领购、开具增值税专用发票做了具体规定外,还对专用发票的严格管理做了规定,参照《增值税专用发票使用规定》。

关于增值税的几个问题

一、如何判断销售额是含税还是不含税?

(1) 由于一般纳税人销售货物时使用的一般是专用发票,其价款与税款是分开的,所以,对于一般纳税人来说,除非特别指明其销售额是含税的,否则均视为不含税销售额。但按规定采用简易征税办法的一般纳税人除外,如一般纳税人销售自己使用过的固定资产、寄售品、死当品、旧货等,其销售额一般应视为含税销售额,计算时应换算成不含税的销售额。

(2) 由于小规模纳税人销售货物时使用的一般是普通发票,其价款与税款是合并在一起的,所以,对于小规模纳税人来说,除非特别指明其销售额是不含税的,否则均视为含税销售额。

二、一般纳税人生产的哪些货物,可按简易办法依照4%(工业)的征收率计算缴纳增值税,并可由其自己开具专用发票?

现行税法规定的货物范围主要有:① 小型水力发电单位生产的电力;② 建筑用和生产建筑材料所用的砂、土、石料;③ 以自己采掘的砂、土、石料或其他矿物连续生产的砖、瓦、石灰;④ 原料中掺有煤矸石、石煤、粉煤灰、烧煤锅炉的炉底渣及其他废渣(不包括高炉水渣)生产的墙体材料;⑤ 用微生物、微生物代谢产物、动物毒素、人或动物的血液或组织制成的生物制品;⑥销售自来水;⑦北京市中关村高科技园区内的一般纳税人销售其自行开发生产的计算机软件产品。

三、软件产品的退税规定中,所谓"实际税负"是指什么?

所谓"实际税负"是指实际缴纳的增值税税额与其销售额进行比较。当期对有形动产租赁业实行超过实际税负采取即征即退的政策。

例如:某软件开发商为增值税一般纳税人,某月销售自行开发生产的软件产品,取得销售收入 500 000 元,假设允许抵扣的进项税额为 17 000 元,那么,纳税人可以获得的即征即退的增值税如何计算?

纳税人可以获得的即征即退的增值税可以计算如下:

$$按 17\% 计算的增值税额 = 500\,000 \times 17\% - 17\,000 = 68\,000(元)$$

$$实际税负 = 68\,000 \div 500\,000 = 13.6\%$$

$$应退税负 = (13.6\% - 3\%) \times 500\,000 = 53\,000(元)$$

四、起征点

对个人销售额未达到规定起征点,免增值税。各省、自治区、直辖市根据实际情况确定本地区适用的起征点。

2011年11月1日,销售货物的起征点为月销售额 5 000~20 000 元(含本数),销售应税劳务的起征点为月销售额 5 000~20 000 元,按次纳税的起征点为每次(日)销售额 300~500 元。

税收筹划案例

1. 华润时装经销公司商品销售的平均利润为 30%。该公司准备在春节期间开展一次促销活动,以扩大该企业在当地的影响。现有三种方案:方案一,让利 20%销售,即 8 折销售;方案二,赠送 20%的购物券;方案三,返还 20%的现金。分析三种方式下企业的税收利益,体会税收筹划的意义。

以销售 10 000 元的商品为基数,购进成本为 7 000 元。具体分析如下:

方案一:让利 20%销售商品

让利销售可以将折扣额和销售额开在同一张发票上,依据税法,可以按折扣后的净额计算增值税,则:

$$应交增值税 = 8\,000 \div 1.17 \times 17\% - 7\,000 \div 1.17 \times 17\% = 145.30(元)$$

方案二:赠送价值 20%的购物券

根据增值税规定,赠送购物券,视同销售货物,需另外计算缴纳增值税,则:

公司销售 10 000 元商品应交增值税 $= 10\,000 \div 1.17 \times 17\% - 7\,000 \div 1.17 \times 17\% = 435.9(元)$

赠送 2 000 元的商品应交增值税 $= 2\,000 \div 1.17 \times 17\% - 1400 \div 1.17 \times 17\% = 87.18(元)$

该公司应交增值税合计为:435.9 + 87.18 = 523.08(元)

同时消费者购买商品时获得购物券属于偶然所得,应该缴纳个人所得税。该企业赠送购

物券时,应代顾客缴纳个人所得税,其代扣代缴个人所得税额为:

$$2\,000 \div (1-20\%) \times 20\% = 500(元)$$

方案三:返还20%的现金

返还现金销售商品,应该缴纳增值税和代扣代缴个人所得税。

应交增值税 $= 10\,000 \div 1.17 \times 17\% - 7\,000 \div 1.17 \times 17\% = 435.9(元)$

应代顾客缴纳的个人所得税 $= 2\,000 \div (1-20\%) \times 20\% = 500(元)$

2. 某个体工商户销售水果,每月销售额为5 000元左右,假设1月份至3月份每月销售额分别为5 050元、5 100元、5 120元,当地税务局规定的增值税起征点为5 000元。计算该个体工商户前3个月应纳增值税额,并提出纳税筹划方案。

分析:

该个体工商户前三个月应纳增值税:$(5\,050 + 5\,100 + 5\,120) \times 3\% = 458.1(元)$。如果该个体工商户进行税收筹划,每月最后几天通过减价让利的方式减少销售额或者向希望工程或其他公益事业捐款,假设调整后3个月的销售额为4 990元、4 980元、4 990元,则该个体户不需缴纳任何增值税,通过筹划降低税收负担:$458.1 - (5\,050 + 5\,100 + 5\,120 - 4\,990 - 4\,980 - 4\,990) = 148.1(元)$,且该工商户也获得了社会效益。

税法知识:增值税起征点只适用于个人,包括个体工商户,不包括认定为一般纳税人的个体工商户。

练习题

一、单项选择题

1. 下列行为须当作视同销售货物,应征收增值税的是(   )。
   A. 某商店为厂家代销服装   B. 某公司将外购饮料用于个人消费
   C. 某企业将外购钢材用于在建工程 D. 某企业将外购食品用于职工福利

2. 下列不属于免征增值税项目的是(   )。
   A. 药厂生产销售的避孕药具   B. 药店零售的避孕药具
   C. 个体户进口供残疾人专用的物品 D. 新华书店代销的古旧图书

3. 某增值税一般纳税人为尽快收回货款,采用折扣方式销售货物,其发生的现金折扣金额处理正确的是(   )。
   A. 冲减销售收入,但不减少当期销项税额
   B. 冲减销售收入,同时减少当期销项税额
   C. 增加销售费用,减少当期销项税额
   D. 全部计入财务费用,不能减少当期销项税额

4. 某汽车制造商将一辆新开发的小汽车赠送给某高校使用,其应纳增值税的销售额等于(   )。
   A. 制造成本×(1+成本利润率)
   B. 制造成本×(1+成本利润率)÷(1+消费税税率)
   C. 制造成本×(1+成本利润率)+消费税
   D. 制造成本×(1+成本利润率)÷(1+增值税税率)

5. 某厂商某月将产品分别以 10 元、11 元和 5 元(被认定为偏低价格)的单价销售给甲、乙、丙各 100 件,则当月该厂商的销售额在计算其销项税时应被核定为( )。
   A. 2 600 元   B. 3 150 元
   C. 3 000 元   D. 3 300 元

6. 某商业零售企业为增值税小规模纳税人,2 月购进货物取得普通发票,共计支付金额 120 000 元;经主管税务机关核准购进程控收款机一台取得普通发票,支付金额 5 850 元;本月内销售货物取得零售收入共计 158 080 元。该企业本月应缴纳的增值税为( )元。
   A. 3 754.27   B. 6 080
   C. 8 098   D. 8 948

7. 一般纳税人购进某国有农场自产玉米,收购凭证注明价款为 65 380 元,从某供销社(一般纳税人)购进玉米,增值税专用发票注明销售额 300 000 元,则该纳税人采购成本为( )元。
   A. 347 272.10   B. 357 272.10   C. 367 272.10   D. 377 272.10

8. 某新华书店(一般纳税人)批发图书一批,每册标价 20 元,共计 1 000 册,由于购买方购买数量多,按七折优惠价格成交,并将折扣部分与销售额同开在一张发票上,并约定 10 日内付款享有 2% 折扣,购买方如期付款,则该业务的销项税为( )元。
   A. 1 610.62   B. 1 523.63   C. 1 623.62   D. 1 658.23

9. 按照增值税的有关规定,下列货物销售,适用 13% 增值税税率的是( )。
   A. 食品厂加工蔬菜罐头销售   B. 食品店加工方便面销售
   C. 粮食加工厂加工玉米面销售   D. 食品厂加工速冻水饺销售

10. 按现行增值税制度规定,下列项目应当征税增值税的是( )。
   A. 单位单独提供林木管护劳务   B. 转让无形资产
   C. 典当业销售死当物品   D. 单位聘用的员工为本单位修理机器

11. 2013 年 8 月,某商贸公司(一般纳税人)上月外购的棉布 1 000 米因管理不善被盗,每米成本 30 元;上月外购的免税农产品账面成本 38 235 元(其中运费成本 7 320 元),因保管不善导致发霉。上述产品均已抵扣进项税,则本期应转出的进项税是( )元。
   A. 56 170.45   B. 55 569.92   C. 55 531.35   D. 56 767.95

12. 王某系个体经营者,从事水产零售业务,10 月销售水产品共取得收入 4 850 元,则王某应纳增值税为( )元。
   A. 0   B. 194   C. 274.53   D. 141.26

二、多项选择题

1. 按现行增值税制度规定,应征收增值税的是( )。
   A. 缝纫业务   B. 企业受托为另一企业加工服装
   C. 企业为另一企业修理锅炉   D. 转让电影著作权时销售的母片
   E. 受托方为其他企业开发软件,软件著作权归属受托方

2. 下列进项税额不得从销项税额中抵扣的有( )。
   A. 用于应税项目的应税劳务的进项税额
   B. 用于免税项目的应税劳务的进项税额
   C. 用于集体福利的购进货物的进项税额

D. 用于非正常损失的在产品的购进货物的进项税额

3. 下列属于增值税兼营行为的有(　　)。
   A. 某自来水厂另开一家不单独核算的取暖器材经营部
   B. 销售软件产品又收取培训费
   C. 某商场既批发零售商品又开办饮食服务业务
   D. 某设备生产企业销售产品又出租房屋

4. 对增值税视同销售行为征税,根据不同情况,可按(　　)确定其销售额。
   A. 当月或近期同类货物的平均成本价　　B. 当月或近期同类货物的平均销售价
   C. 当月或近期同类货物的最高售价　　　D. 组成计税价格

5. 可以按纳税人支付金额的7%申请抵扣进项税额的运输费用,是指包含(　　)在内的运输费用。
   A. 运费　　　　　　　　　　　　　　B. 保险费
   C. 装卸费　　　　　　　　　　　　　D. 建设基金

6. 下列情形中不应开具增值税专用发票的是(　　)。
   A. 向消费者销售应税项目　　　　　　B. 销售报关出口的货物
   C. 将货物作为投资提供给其他单位　　D. 将货物无偿赠送他人

7. 按现行增值税制度规定,下列行为应"视同销售"征收增值税的是(　　)。
   A. 将自产的货物作为投资,提供给个体经营者
   B. 将购买的货物用于个人消费
   C. 将购买的货物无偿赠送他人
   D. 将自产的货物用于换取生产资料
   E. 以物易物

8. 按现行增值税制度规定,下列货物使用13%税率的有(　　)。
   A. 拖拉机挂车　　　　　　　　　　　B. 鲜奶
   C. 卫生杀虫剂　　　　　　　　　　　D. 冷气
   E. 音像制品

9. 按现行增值税制度规定,下列项目免征增值税的有(　　)。
   A. 个体户销售自产的大米　　　　　　B. 企业销售旧货
   C. 来料加工进口的设备　　　　　　　D. 进口韩国红十字会捐赠的物资
   E. 来件装配进口的设备

10. 按现行税制,下列项目中运费抵扣进项税额的陈述正确的是(　　)。
    A. 购进或销售固定资产支付的运输费用一律不得准予抵扣
    B. 销售货物支付的运输费用,允许计算抵扣进项税额
    C. 外购货物支付的运输费用,允许计算抵扣进项税额
    D. 一般纳税人在生产经营过程中所支付的运输费用,允许计算抵扣进项税额
    E. 为修建厂房外购货物支付的运输费用,允许计算抵扣进项税额

11. 增值税一般纳税人临时到外省市销售应税货物,下列陈述正确的是(　　)。
    A. 只可以开具普通销售发票
    B. 可以回原地补开增值税专用发票

C. 自带发票,在经营地开具

D. 必须向经营地税务机关出示"外出经营活动税收证明"回原地纳税

E. 必须在外省经营地领取发票

12. 下列进项税不得从销项税中扣除的是(　　)。

A. 用于修理房屋的外购材料的进项税

B. 用于集体福利的购进货物的进项税

C. 用于免税项目的应税劳务的进项税

D. 用于非正常损失的在产品的购进货物的进项税

E. 外购应税劳务用于对外赠送的进项税

13. 下列出口货物,不可享受增值税"免税并退税"待遇的有(　　)。

A. 加工企业来料加工复出口的货物

B. 对外承包工程公司运出境外用于境外承包项目的货物

C. 属于小规模纳税人的生产性企业自营出口的自产货物

D. 外贸企业从小规模纳税人购进并持有普通发票的出口货物

E. 出口白银、麝香、牛黄等货物

14. 下列各项中属于增值税混合销售行为的有(　　)。

A. 建材商店在销售建材的同时又为其客户提供装饰服务

B. 饭店提供餐饮服务同时销售烟酒

C. 纳税人销售林木同时提供林木管护劳务

D. 电信局为客户提供电话安装服务同时又销售所安装的电话机

E. 纳税人销售软件产品并随同销售一并收取的软件安装费、维护费等收入

15. 按照增值税专用发票管理规定,增值税一般纳税人出现下列(　　)情况不得开具增值税专用发票。

A. 烟厂将自产香烟赠送给参加交易会的参观人员

B. 轮胎厂将自产轮胎销售给汽车厂(一般纳税人)

C. 商业企业销售烟酒给消费者

D. 国有粮食购销企业销售给其他单位粮食

E. 药厂销售免税药品

三、计算题

1. 某一般纳税人8月经营情况如下,试确定其允许抵扣的进项税额。

(1) 外购原材料一批,取得的增值税专用发票上注明货款100万元,税额17万元;

(2) 进口原材料一批,取得的完税凭证上注明已纳税额25万元;

(3) 用以物易物的方式换入一批原材料,经核算,价值为50万元;

(4) 外购免税农产品,支付价款100万元和农业特产税10万元,另外支付运费5万元、保险费5万元、建设基金2万元;

(5) 将货物运往外省销售,支付运输费用50万元;

(6) 从废旧物资经营单位购回一批免税废旧物资,支付价款15万元;

(7) 上月尚有未抵扣完的进项税余额2万元。

假设以上各种凭证都经过税务部门认证。

2. 某果酱厂某月外购水果10 000千克,取得的增值税专用发票上注明的外购金额和增值税额分别为10 000和1 300元(每公斤0.13元)。在运输途中因管理不善腐烂1 000千克。水果运回后,用于发放职工福利200千克,用于厂办三产招待所800千克。其余全部加工成果酱400千克(20千克水果加工成1千克果酱)。其中300千克全部销售,单价20元;50千克因管理不善被盗;50千克用于厂办三产招待所。确定当月该厂允许抵扣的进项税额。

3. A电子设备生产企业(本题下称A企业)与B商贸公司(本题下称B公司)均为增值税一般纳税人,12月份有关经营业务如下:

(1) A企业从B公司购进生产用原材料和零部件,取得B公司开具的增值税专用发票,注明货款180万元、增值税30.6万元,货物已验收入库,货款和税款未付。(2) B公司从A企业购入电脑600台,每台不含税单价0.45万元,取得A企业开具的增值税专用发票,注明货款270万元、增值税45.9万元。B公司以销货款抵顶应付A企业的货款和税款后,实付购货款90万元,增值税15.3万元。(3) A企业为B公司制作大型电子显示屏,开具了普通发票,取得含税销售额9.36万元、调试费收入2.34万元。制作过程中委托C公司进行专业加工,支付加工费2万元、增值税0.34万元,取得C公司增值税专用发票。(4) B公司从农民手中购进免税农产品,收购凭证上注明支付收购货款30万元,支付运输公司的运输费3万元,取得专用发票。入库后,将收购的农产品40%作为职工福利消费,60%零售给消费者并取得含税收入35.03万元。(5) B公司销售电脑和其他物品取得含税销售额298.35万元,均开具普通发票。

要求:(1) 计算A企业12月份应缴纳的增值税。(2) 计算B公司12月份应缴纳的增值税。

4. 某自营出口的生产企业为增值税一般纳税人,适用的增值税税率17%,退税率15%。11月的生产经营情况如下:

外购原材料、燃料取得增值税专用发票,注明支付价款850万元、增值税额144.5万元,材料、燃料已验收入库。外购动力取得增值税专用发票,注明支付价款150万元、增值税额25.5万元,其中20%用于企业基建工程;以外购原材料80万元委托某公司加工货物,支付加工费取得增值税专用发票,注明价款30万元、增值税额5.1万元,支付加工货物的运输费用10万元,并取得运输公司开具的专用发票。内销货物取得不含税销售额300万元,支付销售货物运输费用18万元并取得运输公司开具的专用发票;出口销售货物取得销售额500万元。

采用"免、抵、退"法计算企业11月份应纳(或应退)的增值税。

5. 某商场为增值税一般纳税人,8月发生以下购销业务:

(1) 购入服装两批,均取得增值税专用发票。两张专用发票上注明的货款分别为20万元和36万元,进项税额分别为3.4万元和6.12万元,其中第一批货款20万元未付,第二批货款36万元当月已付清。另外,购进这两批货物时已分别支付两笔运费0.26万元和4万元,并取得承运单位开具的专用发票。(2) 批发销售服装一批,取得不含税销售额18万元,采用委托银行收款方式结算,货已发出并办妥托收手续,货款尚未收回。(3) 零售各种服装,取得含税销售额38万元,同时将零售价为1.78万元的服装作为礼品赠送给了顾客。(4) 采取以旧换新方式销售家用电脑20台,每台零售价6 500元,另支付顾客每台旧电脑收购款 500 元。要求：计算该商场 8 月应缴的增值税。

6. 某彩电企业 10 月份发生业务：

（1）销售彩电 9 000 台，每台出厂价 800 元；另有 1 000 台按 9 折折价销售，折扣价和销售额同时列明在一张发票上；200 台采用以旧换新方式销售，每台旧电视机作价 200 元；将本企业生产的 10 台彩电用于集体福利；捐赠给运动会 20 台。

（2）已经到期尚未收回包装物而无法退还的包装物押金 7 万元。

（3）购入原材料 800 万元，取得增值税专用发票。其中 600 万元材料已付款并验收入库，200 万元材料款项已付，货尚未到达，入库材料发生运输装卸费用 20 万元，其中：运输费 15 万元，装卸费 2 万元，保险费 1 万元，建设基金 2 万元。计算该企业本月应纳增值税额。

7. 4 月一制药企业（注册地河北石家庄，一般纳税人）销售产品一批，取得不含税价款 116 000 元；另将一批成本价 15 000 元（同类不含税售价为 18 750 元）的产品，运往河北邯郸市的分支机构用于销售，发生运费支出 1 600 元，建设基金 400 元，装卸费支出 500 元，取得国有运输企业开具的运费发票；将一批产品用于公益性捐赠，营业外支出账户按成本列支公益性捐赠发生额 5 000 元，同类产品不含税售价 6 000 元；购进材料，取得防伪税控系统增值税专用发票上注明销售额 100 000 元、增值税额 17 000 元，该批材料月末未入库；同时从一生产企业购进旧设备一台，普通发票上注明销售额 15 850 元；从独立核算的水厂购进自来水 24 000 元，增值税税额 720 元，其中 30% 的自来水用于职工浴室。本月取得的增值税发票均在本月通过认证。求该企业上述业务应纳的增值税税额。

8. 某洗衣机厂为增值税一般纳税人，9 月份发生如下业务：

（1）在本地销售洗衣机 1 000 台，每台不含税价款 2 000 元，发送给本企业职工活动中心自产洗衣机 10 台。（2）月末向外地分支机构发出 300 台洗衣机，为下月销售储备。支付给运输企业运费 5 000 元，其中装卸搬运费 800 元，运输企业将运费发票开给外地分支机构。（3）本月外购原材料，取得防伪税控系统开具的增值税专用发票上注明税金 34 000 元，货已入库，但发票尚未到税务机关认证；另有上月底接受投资的一批洗衣机电机，取得投资方开来的防伪税控系统增值税专用发票上注明的税金 85 000 元，本月经税务机关认证。（4）本月生产过程中出现废品 10 台，共消耗外购原材料成本 10 000 元；生产过程中合理损耗辅料成本 6 000 元，本期购进废旧物资一批，废旧物资发票上注明价款 28 000 元。（5）本月生产经营用水取得水厂开具专用发票上注明价款 150 000 元，用电取得电厂开具专用发票上注明价款 350 000 元，发票均经过税务机关认证。求该企业本月应纳增值税税额。

五、简答题

1. 简述增值税的科学性和局限性。
2. 简述增值税征收中的一些特殊规定制定的指导思想。

第九章 消费税

学习目的：通过本章的学习，能够了解消费税概念，理解我国消费税的特点及征收目的；掌握消费税的纳税人、征税对象、税率三要素，以及应纳消费税税额的计算；了解消费税的征收管理。

9.1 消费税概述

一、消费税的概念

消费税（consumption tax）是以消费品或消费行为的流转额为课税对象征收的一种商品流转税，它是对在我国境内从事生产、委托加工和进口应税消费品的单位和个人，依据其销售额和销售数量征收的一种税。消费税税额是价格的组成部分，属于价内税，而且只对14类消费品征收。

我国消费税历史悠久。早在公元前81年，汉昭帝为了避免酒的专卖与"商人挣市利"，将酒的专卖改为征酒税，以后朝代陆续出现了对特定消费品征收消费税，如盐税、铁税、茶税等。

1950年，当时政务院公布《货物税暂行条例》，规定对烟、酒等货物在产品制造和进口环节实行从价定率和一次课征的办法，同时，还对电影、戏剧、舞厅、筵席、冷食、旅馆等特种消费行为征消费税，后于1953年取消特种消费行为税，将电影、戏剧、娱乐改为征收文化娱乐税，其他的并入营业税。1966年停征文化娱乐税。

我国现行的消费税是1994年税制改革中新设立的一个税种。现代消费税始于17世纪，目前，世界上已有110多个国家开征了该税种或类似税种。如美国的国内产品税，韩国征收的特种消费税，德国的联邦消费税等，都属于现代消费税范围。

消费税有广义和狭义之分、一般与特殊之分。狭义消费税或特殊消费税是指以特定消费品或消费行为为课税对象的一类税，如烟税、酒税、货物税、关税等。广义消费税或一般消费税是指一切以消费品或消费行为作为课税对象的税收，既包括对特定消费品和消费行为的征税，也包括对一般消费品或消费行为的征税，如增值税、营业税等。

二、消费税征收目的

各国开征消费税的主要目的包括四个方面：

1. 消费税可以体现"寓禁于征"的精神

对社会认为应该加以限制的消费品或消费行为征收高额的税收，体现"寓禁于征"的精神，比如对烟、酒等不良消费品征收高额消费税，能起到限制其消费的目的，从而有利于有限资源的优化利用。

2. 消费税还可以对产生外部成本的行为征税,使外部成本转化为内部成本

对产生环境污染的生产经营者,通过征收高税率消费税,不仅可以为整治环境污染筹集资金,还可以促使纳税人采取各种措施,包括减少产量、调整生产经营项目、开发和应用新的治污技术和方法,从而有助于社会经济整体状况的改善,增加全体人民的福利。

3. 实行消费税可以促进收入的公平分配

消费税的征税范围通常是那些低收入者不消费或不经常消费的商品和劳务,按消费价值额和消费量实行比例税率或定额税率,通过间接增加消费者税收负担,抑制高消费,即高收入者比低收入者将承担更多的消费税,有利于调节消费者的收入水平和支付能力,缓解社会分配不公的矛盾。

4. 消费税体现国家消费政策,调整产业结构

开征消费税的主要目的之一,是体现国家的产业政策和消费政策。现行消费税将某些过度消费会损害人类健康和污染环境的消费品,如烟、酒及酒精、鞭炮、烟火列入了征税范围;为了限制集团消费以及某些特殊消费,将摩托车、小汽车、贵重首饰及珠宝玉石列入了征税范围;同时,为了节约一次性能源,限制过量消费,还将汽油、柴油纳入了征税范围;为了防止过度消耗自然资源,保护生态环境,将木制一次性筷子、实木地板列入征税范围。

三、消费税的特点

1. 征税范围的选择性较强

以特定消费品为课税对象,我国现行的消费税对 14 种商品征税,主要涉及某些高档消费品或奢侈品、某些不可再生的资源类消费品以及某些不利于人类健康和社会生态环境的消费品。对这些产品征税对居民的基本生活影响不大,相应地能够抑制不良品的消费,实现资源的有效配置,促进资源合理、高效地使用。

2. 征税环节的单一性

单一环节征税,现行消费税属于单环节征收的商品劳务税,其课征环节一般选择生产经营的起始环节,如生产环节、委托加工环节、进口环节,或者选择最终消费或使用环节,通常不在中间环节征收。单一环节征税的目的在于加强源泉控制,防止税款的流失;此外,还可以减少纳税人的数量,从而降低税收的征纳成本。

3. 从价和从量征税共存

部分应税消费品都以消费品的销售额为计税依据,实行从价定率的征收办法,但对少数价格难以确定或者价格变化较小的消费品则以消费品的实物数量为计税依据,实行从量定额的征收方法,征收方法形式多样,实际灵活。

4. 实行差别税率

我国目前实行的消费税,其税率结构的差异较大,从价征收的消费税税率从 3% 至 56% 多档。针对不同的消费者设计多档次、幅度差异大的税率结构,比较能够发挥消费税的调节功能,有利于贯彻国家消费政策。

5. 按销售收入全额征税

按销售收入全额征税,使消费税收入不受商品成本、费用变化的影响,有利于国家稳定地取得财政收入。

6. 属于中央税

无论国内经营环节缴纳的,还是进口环节缴纳的消费税都归中央所有,它不同于增值税,增值税是中央和地方共享税。

9.2 消费税的征税项目、纳税人、税率

一、消费税征税项目

我国现行消费税的征税项目,主要是根据我国目前的经济发展状况和消费政策,人民群众的消费水平和消费结构,以及财政需要而确立的,因而,征收消费税有非常重要的经济和社会意义。鉴于此,2006年4月1日起调整后的消费税选择了14大类应税消费品来征收。

1. 根据征税目的的不同划分

(1) 过度消费会对人类的健康、社会秩序、生态环境造成一定危害的消费品,如烟、酒、鞭炮、木制一次性筷子、实木地板等;

(2) 非生活必需品、奢侈品,如贵重首饰及珠宝玉石、高尔夫球、高档手表、游艇等;

(3) 高能耗、高档消费品,如摩托车、小汽车;

(4) 不可再生或不可替代消费品,如成品油等;

(5) 具有一定财政意义的消费品,如汽车轮胎等。

2. 按消费品的生产、经营方式不同划分

(1) 生产应税消费品。包括直接对外销售应征消费税;纳税人将自产的应税消费品换取生产资料、消费资料、投资入股、偿还债务,以及用于继续生产应税消费品以外的其他方面都应该缴纳消费税。

(2) 零售应税消费品。限于金银首饰消费税。1995年1月1日起,金银首饰消费税由生产销售环节征收改为零售环节征收,这里金银首饰仅限于金基、银基合金首饰以及金、银和金基、银基合金的镶嵌首饰,零售环节税率为5%,计税依据是不含增值税的销售额。对金银首饰生产和销售,应分别核算销售额征纳消费税。金银首饰与其他产品组成成套消费品销售的,按销售额全额征收消费税。2002年1月1日起,从事钻石及其饰品生产经营业务的,以零售单位和个人为纳税人。

(3) 委托加工应税消费品。是指委托方提供原料和主要材料,受托方只收取加工费和代垫部分辅助材料加工的应税消费品。委托加工应税消费品收回后,再继续用于生产应税消费品销售的,其加工环节缴纳的消费税可以扣除。

(4) 进口应税消费品。单位和个人进口货物属于消费税征税范围的,在进口环节缴纳消费税,且海关代征。

(5) 批发应税消费品。2009年5月开始对卷烟在批发环节增加一道从价5%的消费税。

二、消费税征税范围

现行消费税的税目主要包括烟、酒及酒精、化妆品、高尔夫球及球具、高档手表、游艇、木制一次性筷子、实木地板、贵重首饰及珠宝玉石、鞭炮和烟火、成品油、汽车轮胎、摩托车、小汽车等。

(1) 烟。是指凡以烟叶为原料加工生产的产品,而不论使用何种辅料。

① 卷烟。包括进口卷烟、白包卷烟、手工卷烟和未经国务院批准纳入计划的企业及个人生产的卷烟。

② 雪茄烟。

③ 烟丝。

(2) 酒及酒精。本税目下设粮食白酒、薯类白酒、黄酒、啤酒、其他酒(调味料酒除外)和酒精6个子目。其中,酒是指酒精度在1度以上的各种酒类饮料;酒精是指用蒸馏或合成方法生产的酒精度在95度以上的无色透明液体;对饮食业、商业、娱乐业举办的啤酒屋(啤酒坊)利用啤酒生产设备生产的啤酒,应征消费税;以外购酒精为原料,经蒸馏脱水处理后生产的无水乙醇,也属于本税目征税范围。

(3) 化妆品。本税目征税范围包括各类美容、修饰类化妆品、高档护肤类化妆品和成套化妆品。美容、修饰类化妆品是指香水、香水精、香粉、口红、指甲油、胭脂、眉笔、唇笔、蓝眼油、眼睫毛、成套化妆品等。而舞台、戏剧、影视演员化妆用的上妆油、卸装油、油彩则不属于本税目征税范围。高档护肤类化妆品征收范围另行规定。

(4) 高尔夫球及球具。

(5) 高档手表,10 000元及以上/只(不含增值税)。

(6) 游艇。

(7) 木制一次性筷子。经各环节加工而成的各类一次性筷子。

(8) 实木地板。经过加工而成的块状或条状的地面装饰材料。

(9) 贵重首饰及珠宝玉石。本税目征收范围包括各种金银珠宝首饰和经采掘、打磨、加工的各种珠宝玉石。

(10) 鞭炮和焰火。体育上用的发令纸、鞭炮药引线,不按本税目征税。

(11) 成品油。其子税目是:① 汽油(工业汽油即溶剂汽油主要作溶剂使用,不属于本税目征收范围);② 柴油,2009年1月1日起,其中符合条件的纯生物柴油免征消费税;③ 石脑油;④ 溶剂油;⑤ 润滑油;⑥ 燃料油,2009年1月1日起,成品油生产企业在生产成品油过程中,作为燃料、动力及原料消耗掉的自产成品油,免征消费税;⑦ 航空煤油。溶剂油和润滑油暂按应纳税额的30%征收,航空煤油则暂缓征收。

(12) 汽车轮胎:2001年1月起,子午线轮胎免征消费税,翻新轮胎停止征收消费税;农用拖拉机、收割机和手扶拖拉机专用轮胎不征消费税。

(13) 摩托车。

(14) 小汽车。汽车是指动力驱动,具有4个或4个以上车轮的非轨道式承载的车辆,包括含驾驶员座位在内的最多不超过9个座位(含)的,在设计和技术上用于载运乘客和货物的各类乘用车;含驾驶员在内的座位数在10~23座(含),车身长小于7米的,在设计和技术上用于载运乘客和货物的各类中轻型商用客车。

三、消费税纳税人

根据《消费税暂行条例》规定,在中华人民共和国境内生产、委托加工和进口应税消费品的单位和个人为消费税的纳税人。其中,"单位"是指国有企业、集体企业、私有企业、股份制企业、其他企业和行政单位、事业单位、军事单位、社会团体及其他单位。"个人"是指个体经营者及其他个人。

所谓"中华人民共和国境内"是指生产、委托加工和进口应税消费品的起运地或所在地在境内。

委托加工的应税消费品,由受托方在向委托方交货时代收代缴税款。受托方为消费税法定的代收代缴人;如受托方为个人,则由委托方缴纳。

四、消费税税率

消费税采取比例税率、定额税率以及复合税率三种形式,以适应不同应税消费品的实际情况,消费税根据不同的税目和子目确定相应的税率或单位税额。

(1) 烟

① 卷烟：

定额税率：150元/每标准箱(50 000支)。

比例税率：每标准条(200支)调拨价在70元以上的(含70元,不含增值税)税率为56%；每标准条调拨价在70元以下的税率为36%。调拨价是指卷烟生产企业通过卷烟交易市场与购货方签订的卷烟交易价格,是国家税务总局按照中国烟草交易中心和各省烟草交易会各牌号、规格卷烟的调拨价格确定。

② 雪茄烟：36%。

③ 烟丝：30%。

④ 卷烟批发环节：5%。

(2) 酒及酒精

① 白酒：定额税率为0.5元/斤；比例税率为20%。

② 黄酒：采用定额税率,为240元/吨。

③ 啤酒：采用定额税率,具体为,每吨出厂价(含包装物及包装物押金,但不包括供重复使用的塑料周转箱的押金)在3 000元(含3 000元,不含增值税)以上的,税率为250元/吨；每吨3 000元以下的,税率为220元/吨；娱乐业和饮食业自制的则为250元/吨。

④ 其他酒：采用比例税率为10%。

⑤ 酒精：采用比例税率为5%。

(3) 化妆品：30%。

(4) 高尔夫球及球具：10%。

(5) 高档手表：20%。

(6) 游艇：10%。

(7) 木制一次性筷子：5%。

(8) 实木地板：5%。

(9) 贵重首饰及珠宝玉石：金、银、铂金首饰和钻石、钻石饰品,税率为5%；其他贵重首饰和珠宝玉石,税率为10%。

(10) 鞭炮和焰火：15%。

(11) 成品油

① 汽油：无铅汽油1.0元/升；含铅汽油1.4元/升。

② 柴油：0.8元/升。

③ 石脑油：1.0元/升。

④ 溶剂油：1.0元/升。

⑤ 润滑油：1.0元/升。

⑥ 燃料油：0.8元/升。

⑦ 航空煤油：0.8元/升。

(12) 汽车轮胎：3%。

(13) 摩托车：
① 气缸容量在250毫升(含)以下的,税率为3%。
② 气缸容量在250毫升以上的,税率为10%。
(14) 小汽车：
① 乘用车：
i 气缸容量(排气量,下同)在1.0升(含)以下的,税率为1%。
ii 气缸容量在1.0升以上至1.5升(含)的,税率为3%。
iii 气缸容量在1.5升以上至2.0升(含)的,税率为5%。
iv 气缸容量在2.0升以上至2.5升(含)的,税率为9%。
v 气缸容量在2.5升以上至3.0升(含)的,税率为12%。
vi 气缸容量在3.0升以上至4.0升(含)的,税率为25%。
vii 气缸容量在4.0升以上的,税率为40%。
② 中轻型商用客车：税率为5%。

五、适用税率的特殊规定

1. 最高税率运用

纳税人兼营不同税率的应税消费品(即生产销售两种税率以上的应税消费品)应分别核算,不能分别核算的,按最高税率征税;纳税人将应税消费品以及使用税率不同的应税消费品组成成套消费品销售的,根据成套消费品的销售额按应税消费品中适用最高税率的消费品征税。

2. 卷烟适用税率

(1) 卷烟由于接过滤嘴、改变包装或其他原因提高销售价格后,应按照新的销售价格确定征税类别和适用税率。

(2) 纳税人自产自用的卷烟应按照纳税人生产的同牌号规格的卷烟销售价确定征税类别和适用税率。没有同牌号规格卷烟售价的,一律按卷烟最高税率征收。

(3) 白包卷烟、手工卷烟以及未经国务院批准纳入计划的企业和个人生产的卷烟,一律按56%税率征税。

3. 进口卷烟消费税率

进口卷烟同时征收消费税定额税和从价税,先根据确定消费税适用比例税率的价格确定进口卷烟所适用的消费税税率,再根据组成计税价格和所适用的消费税税率,征收消费税。具体方法如下：

(1) 每标准条进口卷烟确定消费税适用比例税率的价格 A=(关税完税价格+关税+消费税定额税率)÷(1-消费税税率)。其中,消费税定额税率为每标准条0.6元,消费税税率固定为36%。

(2) 当A≥70元(人民币)的,适用比例税率为56%;当A<70元(人民币)的,比例税率为36%。

(3) 进口卷烟的消费税组成计税价格 B=(关税完税价格+关税+消费税定额税)÷(1-进口卷烟消费税适用的比例税率)。

(4) 应纳消费税的税额=进口卷烟的消费税组成计税价格×进口卷烟消费税适用的比例税率+消费税定额税。

9.3 消费税计税依据、应纳税额的计算方法

一、计税依据

1. 从价定率计税

实行从价定率计税的应税消费品,其计税依据是:纳税人生产销售应税消费品向购买方收取的全部价款和价外费用(同增值税的情形),即纳税人的全部销售收入额。

2. 从量定额计税

实行从量定额计税的应税消费品,其计税依据是:纳税人生产销售应税消费品的实际数量。

3. 复合税率计征

现行消费税中只有卷烟、粮食、薯类白酒同时采用定率和定额的复合计征方法。

二、从价定率计算应纳税额的方法

(一)销售应税消费品的计税方法

在从价定率计算方法下,应纳税额的计算取决于应税消费品的销售额和适用税率两个因素。其计算公式为:应纳税额=应税消费品的销售额×适用税率。

1. 销售额的确定

销售额为纳税人销售应税消费品向购买方收取的全部价款和价外费用,包括消费税但不包括增值税。

价外费用不包括:承运部门的运费发票开给购货方的,纳税人将该项发票转交给购货方的。

其他价外费用,无论是否属于纳税人的收入,均应并入销售额计算征税。

2. 包装物押金的处理

(1)包装物不作价随同产品销售,而是收取押金,且单独核算又未过期的,此项押金则不应并入应税消费品的销售额中征收。

(2)逾期未收回的、不再退还的和已收取一年以上的包装物押金的,应并入应税消费品的销售额,按照应税消费品的适用税率征收消费税。

(3)既作价随同产品销售,又另外收取包装物押金的,凡纳税人在规定的期限内不予退还的,均应并入应税消费品的销售额,按照应税消费品的适用税率征收消费税。

(4)酒类产品生产企业销售酒类产品而收取的包装物押金,无论押金是否返还与会计上如何核算,均须并入酒类产品的销售额中,依酒类产品的适用税率征收消费税。

3. 含增值税销售额的换算

换算公式:应税消费品的销售额=含增值税的销售额÷(1+增值税税率或征收率)

(二)自产自用应税消费品的计税方法

(1)有同类消费品销售价格的,其应纳税额计算公式为:

$$应纳税额 = 同类消费品销售单价 \times 自产自用数量 \times 适用税率$$

(2)没有同类消费品销售价格的,按组成计税价格计算纳税,计算公式为:

$$组成计税价格 = (成本+利润) \div (1-消费税税率)$$

$$应纳税额 = 组成计税价格 \times 适用税率$$

(三) 委托加工应税消费品的计税方法

1. 有同类消费品销售价格的,其应纳税额计算公式为:

$$应纳税额 = 同类消费品销售单价 \times 委托加工数量 \times 适用税率$$

2. 没有同类消费品销售价格的,按组成计税价格计算纳税,计算公式为:

$$组成计税价格 = (材料成本 + 加工费) \div (1 - 消费税税率)$$

$$应纳税额 = 组成计税价格 \times 适用税率$$

(四) 进口应税消费品的计税方法

$$组成计税价格 = (关税完税价格 + 关税税额) \div (1 - 消费税税率)$$

$$应纳税额 = 组成计税价格 \times 适用税率$$

公式中的"关税完税价格",是指经海关审定的关税计税价格。

三、从量定额计算应纳税额的方法

从量定额计算应纳税额的基本公式:

$$应纳税额 = 应税消费品的销售数量 \times 单位税额$$

1. 销售数量的确定
(1) 销售应税消费品的,为应税消费品的销售数量。
(2) 自产自用应税消费品的,为应税消费品的移送数量。
(3) 委托加工应税消费品的,为纳税人收回的应税消费品数量。
(4) 进口的应税消费品,为海关核定的应税消费品进口数量。

2. 计量单位的换算标准

计量单位换算标准:
(1) 石脑油:1吨=1 385升
(2) 溶剂油:1吨=1 282升
(3) 润滑油:1吨=1 126升
(4) 燃料油:1吨=1 015升
(5) 航空煤油:1吨=1 246升
(6) 啤酒:1吨=988升
(7) 黄酒:1吨=962升
(8) 汽油:1吨=1 388升
(9) 柴油:1吨=1 176升

四、消费税计税方法的若干特殊规定

1. 卷烟计税价格的核定

(1) 卷烟最低计税价格的核定

2012年1月1日起,卷烟消费税最低计税价格核定范围为卷烟生产企业在生产环节销售的所有牌号、规格的卷烟,计税价格由国家税务总局按照卷烟批发环节销售价格扣除卷烟

批发环节批发毛利核定并发布。批发环节卷烟的计税价格＝批发环节销售价格×(1－使用批发毛利率)，其中批发环节销售价格＝$\sum$该牌号规格卷烟各采集点的销售额÷$\sum$该牌号规格卷烟各采集点的销售数量。

(2) 非标准条包装卷烟应折算成标准包装卷烟的数量

依照其实际销售收入计算确定其折算成标准条包装后的实际销售价格，再确定其适用的比例税率。

2. 自设非独立核算门市部销售自产应税消费品的计税规定

对自设非独立核算门市部销售自产应税消费品，税法规定应当按照门市部对外销售额或销售数量征收消费税。

3. 对应税消费品用于其他应税行为的规定

纳税人用于换取生产资料和消费资料，投资入股和抵偿债务等方面的应税消费品，税法规定，应当以纳税人同类应税消费品的最高销售价格作为计税依据计算消费税。

4. 兼营不同税率消费品的计税规定

对于兼营不同税率消费品，税法规定分别核算不同税率应税消费品的销售额和消费数量。未分别核算的或将不同税率应税消费品组成成套消费品销售的，从高适用税率。

5. 酒类关联企业间关联交易消费税问题处理

对于发生转让定价购销业务时，税务机关按照下列方法调整计税授予额或所得额：① 按照独立企业之间进行相同或类似业务活动的价格；② 按照再销售给无关联关系的第三者的价格所取得的收入和利润水平；③ 按照成本加合理的费用和利润；④ 其他合理的方法。

6. 关于品牌使用费问题的处理

白酒企业向商业销售单位收取的"品牌使用费"是随应税白酒的销售而向购货方收取的，属于应税白酒的销售价款的组成部分，不论以何种方式何种名义，均并入白酒销售额中缴纳消费税。

卷烟、白酒和小汽车的计税价格由国家税务总局核定，送财政部备案，其他应税消费品的计税价格由省、自治区和直辖市国家税务局核定。

9.4 消费税的计算

由于消费税既有比例税率又有定额税率，其应纳税额的计算有从价定率征收、从量定额征收和复合计税等计算方法。

一、从价定率征收消费税的计算

(一) 生产销售应税消费品应纳消费税的计算

例1 某酒厂是增值税一般纳税人，5月销售粮食白酒4吨，销售额64 000元(不含税)；为某公司定制纪念活动用粮食白酒1 000瓶(500ml/瓶)，单价20元/瓶(含税)，并每瓶加收包装设计费2元，已开具普通发票，货款两讫，包装设计费已记入"其他业务收入"账户。计算该酒厂5月份应纳消费税。

分析与计算：

① 分项确定销售额

a. 销售4吨粮食白酒的销售额：64 000元。

b. 将含税(增值税)销售额还原为不含税销售额：

$$1\,000 \times 20 \div (1+17\%) = 17\,094.02(元)$$

c. 销售应税消费品向购买方收取的包装设计费应计入销售额：

$$1\,000 \times 2 \div (1+17\%) = 1\,709.4(元)$$

应税销售额合计：$64\,000 + 17\,094.02 + 1\,709.4 = 82\,803.42(元)$
② 确定适用税率
粮食白酒适用税率：比例税率 20%，定额税率 0.5 元/斤。
③ 计算应纳税额

应纳消费税 $= 4 \times 2\,000 \times 0.5 + 1\,000 \times 0.5 + 82\,803.42 \times 20\% = 21\,060.684(元)$

(二)自产自用应税消费品应纳消费税的计算

例 2 某酒厂 2 月，用生产的某规格粮食白酒 2.2 吨作为福利发给职工，按生产成本 22 000 元计算应纳消费税 5 500 元。当月该规格粮食白酒对外销售 900 吨，合计实现销售收入 1 440 万元(不含税)，计算福利酒的应纳消费税。

分析与计算：
① 确定当月同类粮食白酒的加权平均销售单价

$$平均销售单价 = 1\,440 \div 900 = 1.6(万元/吨)$$

② 确定福利酒应税销售额

$$应税销售额 = 2.2 \times 1.6 = 3.52(万元)$$

③ 确定福利酒的适用税率
福利酒是粮食白酒，其适用比例税率为 20%，定额税率为 0.5 元/斤。
④ 计算福利酒应纳消费税

$$应纳消费税 = 2.2 \times 2\,000 \times 0.000\,05 + 3.52 \times 20\% = 0.924(万元)$$

若上例发给职工的福利酒是刚研制的新品种，没有同类产品销售价格，则计算福利酒的应纳消费税过程为：
① 确定福利酒的组成计税价格

$$组成计税价格 = 22\,000 \div 2.2 \times (1+10\%) \div (1-20\%) = 13\,750(元/吨)$$

② 计算应税销售额

$$应税销售额 = 13\,750 \times 2.2 = 30\,250(元)$$

③ 计算福利酒应纳消费税

$$应纳消费税 = 2.2 \times 2\,000 \times 0.5 + 30\,250 \times 20\% = 8\,250(元)$$

(三)委托加工应税消费品应纳消费税的计算

例 3 某酒厂向某化工厂提供粮食 710 吨，每吨粮食成本 1 042 元，委托其加工酒精 200 吨，支付加工费 300 元/吨，辅料成本 136 元/吨。酒厂按合同规定收回已完工酒精 100 吨，另 100 吨酒精尚未完工。假定化工厂未生产销售过酒精,计算化工厂应代收代缴消费税。

分析与计算:

① 确定组成计税价格

组成计税价格 = (710 × 1 042 ÷ 200 + 300 + 136) ÷ (1 - 5%) = 4 352.74(元/吨)

② 确定应税销售额

应税销售额 = 4 352.74 × 100 = 435 274(元)

③ 计算应代收代缴消费税

代收代缴消费税 = 435 274 × 5% = 21 763.7(元)

若化工厂当月生产销售过酒精,且加权平均销售单价为 5 400 元/吨(不含税),则化工厂代收代缴的消费税为:

代收代缴消费税 = 100 × 5 400 × 5% = 27 000(元)

(四)进口应税消费品应纳消费税的计算

例 4 某公司进口 300 辆小轿车(排气量 2 200 毫升),关税完税价格每辆 15 万元,关税税率 50%,计算应纳消费税。

分析与计算:

① 确定适用税率

排气量 2 200 毫升的小轿车适用税率为 9%。

② 确定组成计税价格

组成计税价格 = 15 × (1 + 50%) ÷ (1 - 9%) = 24.73(万元/辆)

③ 计算应税销售额

应税销售额 = 24.73 × 300 = 7 419(万元)

④ 计算应纳税额

应纳消费税 = 7 419 × 9% = 667.71(万元)

(五)用外购或委托加工的应税消费品连续生产应税消费品应纳消费税的计算

例 5 某烟厂 6 月外购烟丝账户(不含税)反映:期初余额 75 万元,本期购进发生额 108 万元,月末余额 20 万元。当月该厂用自产和外购烟丝共生产香烟 2 200 条,实现销售收入 198 万元(不含税),计算该厂本月份应纳消费税。

分析与计算:

① 确定生产领用外购烟丝买价

准予扣除外购烟丝买价 = 75 + 108 - 20 = 163(万元)

② 计算当期生产领用外购烟丝已纳税款

准予扣除外购烟丝已纳税款 = 163 × 30% = 48.9(万元)

③ 计算应纳税款

应纳消费税 = 2 200 × 0.000 06 + 198 × 56% − 48.9 = 62.112(万元)

例 6 某轮胎厂委托某橡胶厂生产加工汽车内胎,8 月份收回 4 000 条,橡胶厂按同类消费品销售价格计算已代扣代缴消费税 72 000 元。轮胎厂库存的委托加工收回的汽车内胎已纳消费税月初余额 110 000 元,月末余额 69 000 元,当月轮胎厂共销售汽车轮胎 8 500 套,实现销售收入 387 万元(不含税),计算该月份轮胎厂应纳消费税。

分析与计算:
① 确定准予扣除已收回委托加工的汽车内胎已纳消费税

已纳消费税 = 11 + 7.2 − 6.9 = 11.3(万元)

② 计算应纳税款

应纳消费税 = 387 × 3% − 11.3 = 0.31(万元)

(六)兼营不同税率应税消费品应纳消费税的计算

例 7 某酒厂某月生产粮食白酒 100 吨,取得销售收入 400 万元(不含税);生产药酒 20 吨,取得销售收入 180 万元(不含税)。求该酒厂该月应纳消费税税额。

计算与分析:
① 不同消费品的应纳税额

销售白酒应纳消费税 = 100 × 2 000 × 0.000 05 + 400 × 20% = 90(万元)

销售其他酒应纳消费税 = 180 × 10% = 18(万元)

② 合计应纳消费税税额

应纳消费税 = 90 + 18 = 108(万元)

(七)带包装物销售应税消费品应纳消费税的计算

例 8 某日化厂为一般纳税人,10 月份销售香水 1.5 吨,香水单价 24 元/公斤(不含税),使用包装瓶 300 只,每只均装香水 5 公斤。其中:100 只包装瓶,随香水销售,合计单价 145 元/瓶(不含税);100 只包装瓶不作价随产品销售而向客户收取 30 元/只押金;100 只包装瓶作价 25 元/只(不含税)随同产品销售,同时又按 30 元/只向客户收取押金。另企业有关账户反映,9 月份收取的香水包装瓶逾期押金 37 500 元,尚有余额 26 500 元未退给客户。根据上述资料,计算该厂 10 月份应纳消费税。

分析与计算:
① 连同包装瓶销售的香水应纳消费税 = (100 × 145) × 30% = 7 350(元)
② 包装瓶不作价销售的香水应纳消费税 = 5 × 100 × 24 × 30% = 3 600(元)
③ 既作价又收取押金的包装瓶销售的香水应纳消费税 = (100 × 25 + 5 × 100 × 24) × 30% = 4 350(元)
④ 收取包装瓶押金超过 1 年未退还的,按应税消费品适用税率计征消费税

应纳消费税 = 26 500 ÷ (1 + 17%) × 30% = 6 794.87(元)

10 月该厂应纳消费税 = 7 350 + 3 600 + 4 350 + 6 794.87 = 22 094.87(元)

例 9 某酒厂为一般纳税人,8 月份销售酒精 50 吨,共使用 200 个包装桶,其中 100 个

包装桶不作价而是向客户收取 200 元/只押金(含税),共装售 25 吨酒精,酒精售价每吨 5 600 元(不含税);另 100 个包装桶每个作价 150 元(不含税)随同 25 吨酒精销售,每吨酒精售价 5 600 元(不含税),计算该厂 8 月份应纳消费税。

分析与计算:

酒类企业销售酒类产品收取的包装物押金,无论是否返还均应并入销售额纳税。

应纳消费税 = [50×5 600+100×200÷(1+17%)+150×100]×5%
= 15 604.7(元)

(八) 消费税的综合计算

例 10 甲和乙均为经中国人民银行总行批准从事金银首饰批发、零售业务的经营单位,丙为未经中国人民银行批准从事经营金银首饰的经营单位。甲单位5月发生如下业务:(1) 甲销售给丙一批金银首饰,取得不含税价款 40 万元,甲销售给乙一批金银首饰,取得价款 30 万元。(2) 甲受丙委托加工一批金银首饰,材料成本为 10 万元,加工费 5 万元,受托方无同类产品的销售价格;甲为丙修理一批金银首饰,取得修理费 1 万元。(3) 甲采取"以旧换新"方式销售一批金项链 100 条,新项链对外销售价格 2 500 元/条,旧项链作价 500 元/条,向消费者收取新旧差价款 2 000 元/条。(以上均为不含税价)(4) 甲外购一批已税珠宝玉石,买价 20 万元,进货发票上注明增值税税款为 34 000 元,用来加工一批金银首饰对外销售,取得不含税销售收入 30 万元。(金银首饰的消费税税率为 5%,珠宝玉石的消费税税率为 10%)根据上述资料,回答下列问题:

(1) 甲单位上述第(1)笔业务应纳消费税税额为( )元。
A. 30 000　　B. 20 000　　C. 40 000　　D. 24000

(2) 甲单位上述第(2)笔业务应纳消费税税额为( )元。
A. 7 894.74　　B. 5 263.16　　C. 7 500　　D. 2 631.58

(3) 甲单位上述第(3)笔业务应纳的消费税为( )元。
A. 12 500　　B. 15 000　　C. 0　　D. 10 000

(4) 甲单位当月应纳消费税税额为( )元。
A. 62 894.74　　B. 50 263.16　　C. 52 894.74　　D. 60 263.16

分析与计算:

① 经中国人民银行总行批准经营金银首饰批发业务的单位将金银首饰销售给同时持有《许可证》影印件及《金银首饰购货(加工)管理证明单》的单位,不征收消费税。所以甲向乙销售金银首饰不纳消费税。

$$400\ 000 \times 5\% = 20\ 000(元)$$

② 根据税法规定,为经营单位以外的单位和个人加工金银首饰视同零售业务,加工包括带料加工、翻新改制、以旧换新等业务,不包括修理、清洗业务。受托方没有同类金银首饰的销售价格,应按组价计算。

$$(100\ 000 + 50\ 000) \div (1 - 5\%) \times 5\% = 7\ 894.74(元)$$

③ 纳税人采用以旧换新(含翻新改制)方式销售的金银首饰,应按实际收取的不含增值税的全部价款确定计税依据征收消费税。

应纳消费税 = 2 000 × 100 × 5% = 10 000(元)

④ 纳税人用外购的已税珠宝玉石生产的改在零售环节征收消费税的金银首饰,在计税时一律不得扣除外购的珠宝玉石的已纳消费税税款

应纳消费税 = 300 000 × 5% = 15 000 元

⑤ 甲单位 11 月份应纳消费税 = 20 000 + 7 894.74 + 10 000 + 15 000 = 52 894.74(元)。

二、从量定额征收消费税的计算

例 11 某石化厂生产成品油,11 月销售汽油 100 吨,取得销售收入 19.1 万元,销售柴油 150 吨,取得销售收入 26.2 万元,计算应纳消费税。

分析与计算:

① 将汽、柴油销售数量换算为计税的计量单位

汽油计税数量 = 100 × 1 388 = 138 800(升)

柴油计税数量 = 150 × 1 176 = 176 400(升)

② 确定适用单位税额

汽油适用单位税额为 0.2 元/升;柴油适用单位税额为 0.1 元/升。

③ 计算应纳税额

汽油应纳消费税 = 138 800 × 0.2 = 27 760(元)

柴油应纳消费税 = 176 400 × 0.1 = 17 640(元)

应纳消费税合计 = 27 760 + 17 640 = 45 400(元)

如上述某石化厂未分别核算汽、柴油销售数量,且不能提供柴油准确销售数量的凭据,则销售数量按汽油计量单位换算标准换算为课税数量,并从高适用税额,计算应纳税额。

① 将销售数量换算为汽油的计税数量

计税销售数量 = 250 × 1 388 = 347 000(升)

② 确定适用单位税额

按汽油单位税额 0.2 元/升计税。

③ 计算应纳税额

应纳消费税 = 347 000 × 0.2 = 69 400(元)

如上述某石化厂未分别核算汽、柴油销售数量,但能提供柴油准确销售数量的凭据,则柴油销售数量可按柴油计量单位换算标准换算为课税数量,从高适用税额,计算应纳税额。

① 计算课税数量

汽油计税数量 = 100 × 1 388 = 138 800(升)

柴油计税数量 = 150 × 1 176 = 176 400(升)

计税数量合计 = 138 800 + 176 400 = 315 200(升)

② 确定适用单位税额

按汽油单位税额 0.2 元/升计税。

③ 计算应纳税额

$$应纳消费税 = 315\,200 \times 0.2 = 63\,040(元)$$

三、已纳消费税的扣除规定

1. 外购应税消费品已纳税款的扣除

扣除范围包括：外购已税烟丝生产的卷烟；外购已税化妆品生产的化妆品；外购已税珠宝玉石生产的贵重首饰及珠宝玉石；外购已税鞭炮焰火生产的鞭炮焰火；外购已税杆头、杆身和握把为原料生产的高尔夫球杆；外购已税木制一次性筷子为原料生产的木制一次性筷子；外购已税实木地板为原料生产的实木地板；外购已税石脑油、燃料油为原料生产的应税消费品；外购已税润滑油为原料生产的润滑油；外购或委托加工收回的汽油、柴油用于连续生产的甲醇汽油、生物柴油。这里的外购是指从工业企业购进或进口环节已缴纳消费税的应税消费品。

2. 委托加工收回的应税消费品已纳税款的扣除

这里的扣除是指收回的应税消费品连续生产应税消费品的，已纳消费税从应纳消费税额中扣除。连续生产应税消费品的范围包括：委托加工收回的已税烟丝生产的卷烟；委托加工收回的已税化妆品生产的化妆品；委托加工收回的已税珠宝玉石生产的贵重首饰及珠宝玉石；委托加工收回的已税鞭炮焰火生产的鞭炮焰火；委托加工收回的已税汽车轮胎生产的汽车轮胎；委托加工收回的已税摩托车生产的摩托车；委托加工收回的已税杆头、杆身和握把为原料生产的高尔夫球杆；委托加工收回的已税木制一次性筷子为原料生产的木制一次性筷子；委托加工收回的已税实木地板为原料生产的实木地板；委托加工收回的已税石脑油、燃料油为原料生产的应税消费品；委托加工收回的已税润滑油为原料生产的润滑油。这里的外购是指从工业企业购进或进口环节已缴纳消费税的应税消费品。

9.5 消费税的减免税和出口退税

一、消费税的减免税

消费税一般不给予减免税优惠。《消费税暂行条例》只是规定，对纳税人出口的应税消费品免征消费税，但是国务院另有规定限制出口的应税消费品，应分不同情况处理。

(1) 生产企业直接出口应税消费品或通过外贸企业代理出口应税消费品，按规定直接予以免税的，可以不计算应缴消费税。

(2) 通过外贸企业出口应税消费品时，如规定实行先税后退的方法，可以按规定计算缴纳消费税，然后办理退税手续。

二、出口应税消费品退(免)税

出口应税消费品退(免)消费税政策类似于已纳增值税出口货物，退还国内环节应经征收的消费税，按《出口货物退(免)税管理办法》，基本同增值税出口退(免)税情形相同。

1. 属于出口退税的应税消费品条件

(1) 属于消费税征税范围的消费品；

(2) 取得《税收(出口产品专用)缴款书》；

(3) 必须报关离境；

(4) 在财务上做出口退税处理。

2. 出口退税的税率

出口消费品应退消费税的税率(税额),按照消费税的税目税率(税额)表执行。

3. 出口退(免)税政策

(1) 出口免税并退税政策。有出口经营权的外贸企业购进应税消费品直接出口以及外贸企业受其他外贸企业委托代理出口的应税消费品。

(2) 出口免税但不退税政策。有出口经营权的生产性企业自营出口或生产企业委托外贸企业代理出口的应税消费品,依据其实际出口数量免征消费税。

(3) 出口不免征也不退税政策。除生产企业、外贸企业以外的其他企业,具体指一般商贸企业,这类企业委托外贸企业代理出口应税消费品一律不予退(免)税。

4. 出口退税的计算方法

(1) 属于从价定率计征消费税的应税消费品,应依照外贸企业从工厂购进货物时征收消费税的价格计算应退消费税税款,其公式为:应退消费税税款＝出口货物的工厂销售额×税率("出口货物的工厂销售额"不含增值税,含增值税的销售额应先转换为不含增值税的)。

(2) 属于从量定额计征消费税的应税消费品,应依货物购进和报关出口的数量计算应退消费税税款。其公式是:应退消费税税款＝出口数量×单位税额。

三、出口应税消费品退(免)税后的管理

出口的应税消费品办理退税后,发生退关或国外退货,在进口时予以免税的,报关出口者必须及时向其所在地主管税务机关申报补缴已退的消费税税款。

纳税人直接出口的应税消费品办理免税后发生退关或国外退货,进口时予以免税的,经所在地主管税务机关批准,可暂不办理补税,待转为国内销售时,再向主管税务机关申报补缴消费税。

9.6　消费税的征收管理

一、消费税纳税义务发生时间

纳税人生产的应税消费品于销售时纳税,进口应税消费品应当于报关进口环节纳税,但金银首饰、钻石及钻石饰品在零售环节纳税。消费税纳税义务发生的时间,以货款结算方式或行为发生时间分别确定。

二、消费税纳税期限

按照《消费税暂行条例》规定,消费税的纳税期限分别为1日、3日、5日、10日、15日或者一个月。纳税人的具体纳税期限,由主管税务机关根据纳税人应纳税额的大小分别核定;不能按照固定期限纳税的,可以按次纳税。

纳税人以一个月为一期纳税的,应自期满之日起10日内申报纳税;以1日、3日、5日、10日或15日为一期纳税的,应自期满之日起5日内预缴税款,于次月1日起至10日内申报纳税,并缴清上月应缴税款。

纳税人进口应税消费品,应当自海关填发税款缴款书之日起15日内缴纳税款。如果纳税人不能按照规定的纳税期限依法纳税,将按《税收征收管理法》有关规定处理。

三、消费税纳税地点

(1) 纳税人销售应税消费品以及自产自用应税消费品,除了国家另有规定外,应当向纳税人核算地主管税务机关申报纳税。

(2) 委托加工应税消费品,除受托方为个体经营者外,由受托方向所在地主管税务机关代收缴消费税税款。

(3) 进口应税消费品,由进口人或者其代理人向报关地海关申报。

(4) 纳税人到外县市销售或委托外县市代销自产自用应税消费品的,于应税消费品销售后,回纳税人核算地或所在地缴纳消费税。

(5) 纳税人的总机构和分支机构不在同一县市的,应在生产应税消费品的分支机构所在地缴纳消费税。

(6) 纳税人销售的应税消费品,如因质量等原因由购买者退回时,经所在地主管税务部门审核批准后,可退还已征收的消费税税款,但不能自行直接抵减应纳税款。

四、消费税的纳税环节

(1) 生产(销售)环节,进口环节;

(2) 委托加工(收回)环节;

(3) 自产自用(移送使用)环节;

(4) 批发环节,2009年5月1日起,在卷烟批发环节加征一道5%从价税;

(5) 零售环节(仅适用于金银首饰)。

除此之外,在其他环节上涉及的应税消费品均不需要再缴纳消费税。

五、消费税的纳税申报

消费税纳税人应按有关规定及时办理纳税申报,并如实填写《消费税纳税申报表》。

关于消费税的几个问题

一、增值税与消费税的主要区别

(1) 征收范围不同。增值税对所有的货物(除无形资产和不动产)普遍征收而且还对部分劳务征收;消费税只对14类货物征收。所以,增值税的征收范围远远大于消费税。

(2) 两税与价格的关系不同。增值税是价外税,消费税是价内税。同一货物计征增值税和消费税的价格是相同的,含消费税但不含增值税。

(3) 计算方法不同。消费税额=销售额×消费税,或者 消费税额=销售数量×固定税额

增值税的计算则采用增值税专用发票抵扣进项税,即:增值税额=当期销项税-当期进项税。

(4) 纳税环节不同。

二、消费税的自产自用征税应注意以下几点

(1) 自产自用如果是用于连续生产加工应税消费品的,因在下一个环节仍要征税,所以不征税,需注意"用于连续生产加工应税消费品"的定义。

(2) 自产自用征税因没有销售额,所以在确定其计税依据时只能采取比照价格征税或者按照组成价格征税的办法。当然,如果是从量征税的,则只需以其自用数量为计税依据即可。

(3) 在比照价格确定销售额时,优先考虑加权平均价格;特殊情况时(如用于换取生活资料)则应按最高价格。在按组成计税价格时,其成本利润率应根据不同消费品来确定,不像增值税那样全部是10%。

平均成本利润表　　　　　　　　　　　单位:%

货物名称	利润率	货物名称	利润率	货物名称	利润率
甲类卷烟	10	酒精	5	高档手表	20
乙类卷烟	5	化妆品	5	游艇	10
雪茄烟	5	鞭炮烟火	5	木制一次性筷子	5
烟丝	5	贵重首饰及珠宝玉石	6	实木地板	5
粮食白酒	10	汽车轮胎	5	乘用车	8
薯类白酒	5	摩托车	6	中轻型商用车	5
其他酒类	5	高尔夫球及球具	10		

——摘自《税法》2008年度注册会计师全国统一考试辅导教材

税收筹划案例

1. 丰收卷烟实业公司1月8日接到一笔7 000万元甲类卷烟订单。由于年底公司决定对企业的部分设备进行大修理,目前烤烟叶的生产线正在维修过程中,无法进行烟叶生产。所以公司总经理认为,应暂停修理,恢复生产,提高本企业生产业绩;销售总监认为,为了兑现合同,公司与外场合作,请其他企业将烟叶加工成烟丝,然后收回继续生产成卷烟;公司财务总监提出,应该委托振兴烟厂直接生产成品烟,收回直接销售出去。考虑到振兴烟厂规模不大以及交货期限,销售总监担心会延误交货期限而缴纳违约金。他们三人意见不统一,但三个方案只能采取其中一个。

公司法律顾问从税收的角度为大家就三个方案分别算了一笔账(城建税和教育附加、印花税忽略不计,烟丝税率为30%,甲类卷烟税率为45%,定额税为150元/箱以及企业利润不做分析)。

总经理方案:将购入的1 000万元烟叶自行加工成甲类卷烟。加工成本、分摊费用共计1 700万元,售价7 000万元,则:

企业应缴消费税=7 000×45%=3 150(万元)

税后利润=(7 000−1 000−1 700−3150)×(1−25%)=862.5(万元)

销售总监方案:委托振兴烟厂将价值1 000万元的烟丝加工成烟丝,协议规定加工费680万元,收回后继续加工成甲类卷烟,加工成本、分摊费用共计为1 020万元,该批卷烟售价为7 000万元,则:

支付代收代缴的消费税=(1 000+680)÷(1−30%)×30%=720(万元)

销售卷烟应缴消费税=7 000×45%−720=2 430(万元)

税后利润=(7000−1 000−680−720−1 020−2 430)×(1−25%)=862.5(万元)

财务总监方案:委托振兴烟厂将烟叶加工成甲类卷烟,烟叶成本1 000万元不变,分摊费用1 700万元不变,加工完成后,丰收卷烟厂对外销售仍为7 000万元,则:

支付代收代缴的消费税＝(1 000＋1 700)÷(1－45%)×45%＝2 209.09(万元)

委托加工的应税消费品直接对外销售,不必再缴消费税,则：

企业税后利润＝(7 000－1 000－1 700－2 209.09)×(1－25%)＝1 568.18(万元)。

2. 某酒厂生产各种类型的酒,春节来临,公司推出"组合装礼品酒"促进销售,将白酒、白兰地酒和葡萄酒各一瓶组成价值为115元的成套礼品酒进行销售,三种酒的出厂价分别为50元/瓶、40元/瓶、25元/瓶,三种酒的消费税税率分别为0.5元/斤加出厂价的20%、0.5元/斤加出厂价的20%和销售额的10%。假设这三种酒每瓶均为一斤装,该月共销售一万套礼品酒。该企业采取先包装后销售的方式促销。计算该企业应当缴纳的消费税,并提出纳税筹划方案。

分析：

由于该企业采取先包装后销售的方式促销,属于混合销售行为,应当按照较高的税率计算消费税额,应纳消费税税额＝10 000×(3×0.5＋115×20%)＝245 000元。由于三种酒的税率不同,因此采取混合销售方式增加了企业的税收负担,该企业可以采取先销售后包装的方式进行促销,则应纳消费税额＝10 000×(1×0.5＋50×20%)＋10 000×(1×0.5＋40×20%)＋25×10 000×10%＝215 000元。减轻税负245 000－215 000＝30 000元。

练习题

一、单项选择题

1. 金银首饰与其他产品组成成套消费品销售的应按( )征收消费税。
   A. 销售额全额 B. 分别核算销售额
   C. 组成计税价格 D. 同类商品价格

2. 关于委托加工的应税消费品,下列表述正确的是( )。
   A. 由委托方提供原材料,受托方收取加工费和代垫辅助材料加工的应税消费品
   B. 由受托方提供原材料收取加工费加工的应税消费品
   C. 由受托方以委托方名义购进原材料生产的应税消费品
   D. 由受托方卖给委托方的原材料为主要材料生产的应税消费品

3. 按照现行消费税的制度规定,企业下列行为中,不征收消费税的是( )。
   A. 用于广告宣传用的样品白酒 B. 用于本企业招待所卷烟
   C. 委托加工收回后直接销售的人参酒 D. 抵偿债务的汽车轮胎

4. 下列可以扣除外购应税消费品已纳消费税的是( )。
   A. 外购已税汽车轮胎生产并销售的小轿车
   B. 外购已税杆头、杆身为原料生产的高尔夫球杆
   C. 外购酒精生产并销售的白酒
   D. 外购已税珠宝玉石生产并销售的化妆品

5. 下列各项业务应承担消费税纳税义务的是( )。
   A. 在中国境内销售化妆品 B. 在中国境内委托加工化妆品
   C. 出口国内生产的化妆品 D. 将委托加工收回的化妆品在国内销售

6. 某非标准条包装卷烟每包25支,每条12包,不含增值税调拨价每条70元,则该卷烟

每标准箱消费税额有( )。
　　A. 3 500元　　　　　　　　　B. 3 650元
　　C. 5 250元　　　　　　　　　D. 5 400元
　7. 某化工生产企业将本单位生产的香粉,对外赠送客户作为市场推广。该类产品没有同类消费品销售价格,生产成本为10 000元,成本利润率为5%,则应纳的消费税为( )元。
　　A. 1 913.04　　B. 1 917　　C. 4 140　　D. 4 500
　8. 甲企业委托乙企业加工一批应税消费品,甲企业提供原材料实际成本7 000元,支付加工费不含税2 000元,另外取得专用发票支付代垫材料价税合计500元,适用10%的消费税税率,受托方无同类消费税价格,则乙企业代扣代缴消费税税额为( )元。
　　A. 1 047.48　　B. 1 000　　C. 1 050　　D. 1 054.59
　9. 根据消费税的现行规定,下列车辆属于应税小汽车征税范围的是( )。
　　A. 电动汽车
　　B. 用厢式货车改装的商务车
　　C. 用中型商务车底盘改装的中轻型商务车
　　D. 车身12米且有25座的大客车
　10. 依据消费税的有关规定,下列消费品中属于消费税征税范围的是( )。
　　A. 高尔夫球包　　B. 竹制筷子　　C. 护肤护发品　　D. 电动汽车
　11. 下列行为中,既缴纳增值税又缴纳消费税的有( )。
　　A. 酒厂将自产的白酒赠送给协作单位
　　B. 卷烟厂将自产的烟丝移送用于生产卷烟
　　C. 将委托加工收回的应税消费品直接销售
　　D. 百货大楼销售的粮食白酒
　12. 8月,某外贸公司进口卷烟20标准箱,每条完税价格为120元,适用20%的关税税率。则海关代征进口消费税是( )元。
　　A. 390 652.5　　B. 490 909.09　　C. 591 545.45　　D. 594 545.45

二、多项选择题

　1. 下列( )是消费税的应税环节。
　　A. 生产环节　　　　　　　　　B. 委托加工环节
　　C. 进口环节　　　　　　　　　D. 出口环节
　　E. 批发环节
　2. 消费税的纳税人有( )。
　　A. 生产应税消费品的单位和个人　　B. 自产自用应税消费品的单位和个人
　　C. 委托加工应税消费品的单位和个人　　D. 进口和出口应税消费品的单位和个人
　3. 下列情况,应按适用税率中最高税率征税的是( )。
　　A. 兼营不同税率的应税消费品,未分别核算的
　　B. 将适用税率不同的应税消费品组成成套消费品销售的
　　C. 自产自用卷烟,没有同牌号规格卷烟销售价格的
　　D. 卷烟由于改变包装提高销售价格的

4. 纳税人自产自用的下列应税消费品,应同时缴纳消费税和增值税的有( )。
   A. 连续生产非应税消费品　　　　B. 连续生产应税消费品
   C. 非独立核算门市部销售　　　　D. 用于对外投资

5. 关于金银首饰征收消费税的规定中,下列说法正确的是( )。
   A. 带料加工、翻新改制、以旧换新以及修理、清洗业务,都应视同零售业务缴纳消费税
   B. 经营单位兼营生产、加工、批发、零售业务的,应分别核算销售额,未分别核算销售或者划分不清的,一律视同零售征收消费税
   C. 经中国人民银行总行批准经营金银首饰批发业务的单位将金银首饰销售给持有相关单证的经营单位,不征收消费税
   D. 对既销售金银首饰,又销售非金银首饰的生产经营单位,凡划分不清楚或不能分别核算的,一律按金银首饰征收消费税

6. 下列不征、暂缓征收或免征消费税的货物是( )。
   A. 子午线轮胎　　　　　　　　　B. 翻新轮胎
   C. 电动汽车　　　　　　　　　　D. 航空煤油
   E. 润滑油

7. 下列环节既征消费税又征增值税的有( )。
   A. 高尔夫球的生产环节　　　　　B. 金银首饰的生产和零售环节
   C. 高档手表的生产和流通环节　　D. 化妆品的生产环节
   E. 啤酒屋自产啤酒的销售环节

8. 某汽车制造厂生产的小汽车用于以下方面,应缴纳消费税的有( )。
   A. 用于本厂研究所做碰撞试验　　B. 投资给某企业
   C. 移送改装分厂改装加长型豪华小轿车　D. 赠送当地公安机关办案用
   E. 用于本厂车队做拉力赛试验被损毁

9. 下列情形中的应税消费品,以同期应税消费品最高销售价格作为计税依据的有( )。
   A. 用于抵偿债务的应税消费品　　B. 用于馈赠的应税消费品
   C. 换取生产资料的应税消费品　　D. 换取消费资料的应税消费品
   E. 作为广告消耗的自产应税消费品

10. 关于消费税的有关规定,下列陈述正确的有( )。
    A. 单位和个人外购润滑油大包装分装成小包装,应征收消费税
    B. 扣除外购应税消费品已纳消费税时,是按当期生产领用部分扣税
    C. 自产自用应税消费品,为应税消费品的移送使用数量
    D. 酒类生产企业向商业销售单位收取的"品牌使用费"缴纳消费税
    E. 酒类生产企业向商业销售单位收取的"品牌使用费"不缴纳消费税

11. 消费税的征税对象主要是与居民消费相关的最终消费品和消费行为,下列选项属于消费税特点的有( )。
    A. 征税项目具有选择性　　　　　B. 消费税税率差别性
    C. 征税环节具有单一性　　　　　D. 征收方法具有多样性
    E. 消费税具有转嫁性

12. 按照消费税的现行规定，生产企业下列行为不征收消费税的有（　　）。
   A. 白酒生产企业用于广告宣传的样品白酒
   B. 卷烟生产企业用于本企业招待所的卷烟
   C. 委托加工收回后直接销售的高尔夫球
   D. 将自产的汽车轮胎用于抵偿债务
   E. 将自产的烟丝用于连续生产卷烟

三、计算题

1. 某汽车厂委托某橡胶厂加工专用车轮胎 500 套，橡胶由汽车厂提供，共 1 000 公斤，每套轮胎材料成本 160 元，橡胶厂加工一套轮胎的加工费为 60 元，代垫辅料 12.8 元。汽车厂已经提货。橡胶厂没有同类产品销售价格。汽车轮胎消费税税率3%。计算橡胶厂代扣代缴消费税税额。

2. 某化妆品生产企业为增值税一般纳税人，某月 15 日向某大型商场销售化妆品一批，开具增值税专用发票，取得不含增值税销售额 30 万元，增值税税额为 5.1 万元；该月 20 日向某单位销售化妆品一批，开具普通发票，取得含增值税销售额 4.68 万元。计算该化妆品生产企业该月应缴的消费税税额。

3. 某卷烟厂本月外购已税烟丝 80 吨，每吨进价 5 000 元（不含增值税），共计 40 万元。本月实际耗用外购烟丝 40 吨。该厂本月销售卷烟 8 000 箱，每大箱售价（不含增值税税款）7 500元，共计收入 6 000 万元。该卷烟税率为 56%；烟丝税率为 30%。计算该厂本月应纳消费税税额。（为计算简便，假设该厂外购烟丝没有期初库存。）

4. 某企业为增值税一般纳税人，当月发出原材料价值 300 万元，委托另一家企业（一般纳税人）加工汽车轮胎，收回后直接出售，销售额 500 万元。已知支付受托方加工费 60 万元，受托方增值税销项税额 1.7 万元。受托方无同类产品销售价格。计算受托方代收代缴的消费税额。

5. 某酒厂为增值税一般纳税人，10 月份发生下列业务：(1)销售自制白酒 5 000 箱，每箱 10 斤，不含税单价为 80 元/箱，收取包装物押金 70 200 元，装卸费 23 400 元；(2)从 A 酒厂购进粮食酒精 6 吨，用于勾兑 38 度白酒 20 吨，当月全部出售，取得不含税收入 80 000 元；(3)将自产 48 度白酒 10 吨，以成本价每吨 7 000 元分给职工作福利，对外销售不含税单价为每吨 9 500 元；(4)出售特制黄酒 50 吨，每吨售价 2 000 元，消费税单位税额每吨 240 元；(5)委托某个体工商业户小规模纳税人生产 10 吨白酒，本厂提供原材料成本 3.5 万元，支付加工费 1 060 元（不含税），收回后装瓶出售，取得不含税收入 80 000 元，销项税额 13 600 元。
根据上述资料回答下列问题：
(1)收取包装物押金和装卸费应纳的增值税为（　　）元。
   A. 0   B. 3 400   C. 10 200   D. 13 600
(2)企业勾兑的 38 度白酒出售应纳的消费税为（　　）元。
   A. 20 000   B. 19 000   C. 26 000   D. 40 000
(3)将自产 48 度白酒分给职工作福利，应纳增值税为（　　）元。
   A. 11 900   B. 13 090   C. 16 150   D. 23 750
(4)出售特制黄酒应纳的消费税为（　　）元。
   A. 25 000   B. 10 000   C. 15 000   D. 12 000

(5) 委托个体工商户生产的 10 吨白酒,收回后装瓶出售,应纳的消费税为( )元。
   A. 52 020   B. 20 000   C. 0   D. 45 015

6. 江南汽车制造厂为一般纳税人,生产制造和销售应税小汽车,3月发生如下业务:(1) 购进生产用钢材,取得税控防伪增值税专用发票注明价款 600 万元,增值税 102 万元,专用发票通过税务机关的认证。(2) 委托建新加工厂加工汽车轮胎 20 件,委托合同上注明价款为每件 200 元。取得税控防伪增值税专用发票注明支付加工费 3 000 元,税款 510 元(专用发票通过税务机关的认证)。收回后,有 12 件对外销售,每件不含税价格为 300 元,其余 8 件用于本企业小汽车的装配,并已全部销售。(3) 本月制造普通小汽车 150 辆,其中 10 辆转为固定资产自用,20 辆偿还贷款,其余全部销售。(4) 本月还特制 5 辆小汽车用于奖励对企业做出特殊贡献的技术人才。已知:普通小汽车不含税销售价格为每辆 12 万元,特制小汽车生产成本为每辆 7 万元,小汽车的成本利润率为 8%,小汽车的适用消费税税率为 3%,汽车轮胎的消费税税率为 3%。根据上述资料回答下列问题:

(1) 加工厂代收代缴的消费税为( )元。
   A. 444.44   B. 216.49   C. 700   D. 636.36

(2) 本月用于奖励的特制小汽车应缴纳的消费税为( )元。
   A. 10 500   B. 11 340   C. 11 690.72   D. 11 009.71

(3) 销售汽车轮胎应缴纳的消费税为( )元。
   A. 0   B. 360   C. 466.67   D. 600

(4) 纳税人当月应缴纳消费税为( )元。
   A. 540 000   B. 504 000   C. 550 912.94   D. 551 690.72

(5) 纳税人当月应缴纳增值税为( )元。
   A. 2 104 362   B. 2 106 349.42   C. 2 106 859.42   D. 3 126 859.42

四、简述题

1. 消费税的立法原则是什么?
2. 消费税和增值税有何联系和区别?

第十章 营业税

学习目的:通过本章的学习,能够掌握我国营业税的概念,了解其特点和发展;掌握我国营业税的纳税人、征税对象和税率的三要素,以及应纳营业税税额的计算;了解营业税的优惠政策及征收管理。

10.1 营业税概述

一、营业税的概念

营业税(business tax)是以纳税人从事生产经营活动的营业额为课税对象的一种流转税,是世界各国普遍开征的一个税种。

根据我国1993年12月13日颁布的《营业税暂行条例》的规定,我国现行的营业税是对我国境内提供应税劳务、转让无形资产或销售不动产的单位和个人就其营业额征收的一种流转税。

提供应税劳务是指除加工、修理修配两种增值税应税劳务以及交通运输业、邮政业、现代服务业外的其他合法劳务;转让无形资产是指转让无形资产的使用权或所有权的行为;销售不动产是指有偿转让不动产所有权的行为。

我国营业税是指对提供应税劳务、转让无形资产或者销售不动产实现的营业收入征收的一种税。我国建筑业、金融保险业、电信业、文化体育业、娱乐业、服务业、转让无形资产和销售不动产等8个税目征收营业税,电信业也于2014年6月1日起试点营改增。营业税按行业实行有差别的比例税率,最低为3%,最高为20%。营业税的税基是上述行业和项目取得的营业收入。

我国营业税属于地方税,其收入大部分划归地方,是地方财政收入的主要来源。它主要对第三产业征收营业税,目前是我国征收范围最广的税种。

二、营业税的特点

营业税是对除加工、修理修配劳务以及交通运输业、邮政业、现代服务业以外的其他应税劳务和转让无形资产、销售不动产实现的营业额征收的流转税,其特点是:

1. 主要以服务业为征税范围

营业税与增值税和消费税的征收相互协调和补充,避免出现对商品和劳务课征领域的漏洞和真空,保证政府从生产与流通的各环节活动财政收入,加强政府对各行业的宏观调控。

2. 税目税率简化,均衡税负

按行业设计税目、税率,行业性质不同,税率有差异,同一行业税率相同;各行税率相差不大,税负基本均衡。

3. 计征简便,征税效率高

营业税一般按营业收入全额和比例税率征税,不需核算或扣除相应的成本、费用,这样方便纳税人纳税,节省征管费用,提高征税效率。

三、我国营业税的产生和发展

1950年,营业税和所得税合称为工商业税。

1958年,工商税制改革,将工商业税中的营业税部分和货物税、商品流通税、印花税合并为工商统一税。

1973年,试行工商税,将工商统一税及其附加、城市房地产税、车船使用牌照税、屠宰税、盐税合并为工商税。

1984年,利改税,将工商税中的商业和服务业等行业划分出来,单独征收营业税。

1994年,为了适应建立社会主义市场经济体制的要求,我国对流转税制又进行了重大改革和调整,建立了以增值税为主体,消费税、营业税相配套的新的流转税体系。

"营改增"讨论

1. 2011年,经国务院批准,财政部、国家税务总局联合下发营业税改征增值税试点方案。从2012年1月1日起,在上海对交通运输业和部分现代服务业开展营业税改征增值税试点。其中,对交通运输业和建筑业实现11%增值税税率,研发和技术服务、文化创意、物流辅助、鉴证咨询等部分现代服务业实行6%增值税税率,征收增值税。拉开了货物劳务税收制度改革序幕。2012年年底,国务院将扩大"营改增"试点至10省市,到2013年8月1日,"营改增"范围已推广到全国试行。

2. 国务院总理李克强于2013年12月4日主持召开国务院常务会议,决定从2014年1月1日起,将铁路运输和邮政服务业纳入营业税改征增值税试点。2014年1月1日起,"营改增"应税服务包括:陆路运输、水路运输、航空运输、管道运输、研发和技术服务、信息技术服务、文化创意服务、物流辅助服务、有形动产租赁、鉴证咨询、广播影视服务,新增铁路运输、邮政普遍服务、邮政特殊服务、其他邮政服务。

3. "营改增"表面看是两个税种的归并,但实际会倒逼财税体制改革的配套,推进建立新的地方税体系。要稳定地方财源,不能完全依赖于中央财政,而是需要建立一些独立的税种来增强地方财政的自主能力。有专家建议,把消费税从生产环节征收改为从消费环节征收,如此将遏制地方为扩大税源而盲目投资的行为。将转移后的消费税划归地方税的主体税种,有助于解决地方税主体税种问题。也有专家认为,消费环节征收和地方利益挂钩,地方对税收征管会进一步加强。还有的认为,房产税征收要因地制宜,考虑地区差别,能够给地方政府比较大的自主权;另外煤炭从价计征时机成熟,将现行排污收费改为环境保护税。

"营改增"的税制改革,将"牵一发而动全身"。

10.2 营业税的纳税人与征税范围

一、纳税人

（一）营业税纳税人的一般规定

营业税的纳税人是指在中国境内提供应税劳务、转让无形资产或者销售不动产的单位和个人，所以，营业税的纳税人必须具备以下条件：

（1）提供应税劳务、转让无形资产或者销售不动产的行为必须发生在中华人民共和国境内。这里"在中华人民共和国境内"是指税收行政管辖的区域，具体指：所提供的劳务发生在境内、在境内运载旅客或货物出境、在境内组织旅客出游、转让无形资产在境内使用、所销售的不动产在境内、在境内提供保险业务。但境内单位提供的下列劳务，免征营业税：① 标的物在境外的建设工程监理；② 外派海员劳务；③ 以对外合作方式，向境外单位提供的完全发生在境外的人员管理劳务。

（2）必须是有偿或视同有偿提供应税劳务、转让无形资产的所有权或使用权、转让不动产的所有权。有偿是指通过提供、转让或销售行为取得货币、货物或其他经济利益。同时，下列行为视为应税行为：① 单位或个人将不动产或土地使用权无偿赠送给他人或单位；② 单位或个人自己新建建筑物后销售所发生的自建行为。

（二）营业税纳税人的特殊规定

（1）单位以承包、承租、挂靠方式经营的，以承包人、承租人和挂靠人（以下统称承包人）发生应税行为，承包人以发包人、出租人、被挂靠人（以下统称发包人）名义对外经营，并由发包方承担相关法律责任的，以发包人为纳税人；否则以承包人为纳税人。

（2）单位和个体户的员工、雇工在为本单位或雇主提供劳务时，不是营业税的纳税人。

（3）依法不需要办理税务登记的内设机构不是营业税的纳税人。

（三）营业税的扣缴义务人

扣缴义务人是指税法规定负有代扣代缴、代收代缴税款业务的单位和个人。

（1）境外单位或个人在境内发生应税行为而在境内未设有经营机构的，其应纳税款以代理人为扣缴义务人；没有代理人的，以受让者或购买者为扣缴义务人。

（2）非居民企业在中国境内发生营业税应税行为，在境内设立经营机构的，自行申报缴纳营业税；未设立经营机构的，以代理人为扣缴义务人；没有代理人的，以发包方、劳务受让方或购买方为扣缴义务人。

二、营业税的征税范围

（一）营业税征税范围的一般规定

营业税的征税范围包括在中华人民共和国境内有偿提供应税劳务、转让无形资产或销售不动产三个方面。

所谓"应税劳务"，是指属于建筑业、金融保险业、电信业、文化体育业、娱乐业、服务业税目征收范围的劳务。

所谓"有偿"，是指提供应税劳务、转让无形资产、销售不动产时，从受让方取得货币、实物或者其他经济利益。

(二)营业税税目

1. 建筑业

建筑业是指建筑安装工程作业等,包括土木工程建筑业、线路、管道和设备安装业,装修装饰业和其他工程作业。其中,土木工程建筑业包括从事矿山、铁路、公路、隧道、桥梁、堤坝、电站、码头、飞机场、运动场、房屋等建筑活动;安装业包括电力、通信线路、石油、燃气、给水、排水、供热等系统和各类机械设备、装置的安装活动;装修装饰包括对建筑物的内外装修、装饰的施工和安装活动,车、船和飞机等的装修装潢活动也包括在内,另外,还包括对建筑物、构筑物进行修饰,使之美观或具有特定用途的工程作业;管道煤气集资费(初装费)业务应按"建筑业"税目征收营业税。

2. 金融保险业

金融保险业是指经营金融、保险的业务。其中,金融是指经营货币资金融通活动的业务,包括贷款、金融商品转让、信托业和其他金融业务;保险是指通过契约形式集中起来的资金,用以补偿被保险人的经济利益的业务。2013年8月1日起,融资租赁归为"有形动产租赁"项目征收增值税。对社保基金理事会、社保基金投资管理人运用社保基金买卖证券投资基金、股票、债券的差价收入暂免征营业税;人民银行贷款业务免征营业税,人民银行对金融机构的贷款业务不征营业税;金融机构往来业务不征营业税;保险公司开展一年期限以上的返还人身保险业务,免征营业税。

3. 电信业

电信业是指专门办理信息传递业务,包括电信业、电话安装、电信物品销售和其他电信业务等税目。信息传递包括经营电话、电报、移动通信、无线寻呼、数据传输、图文传真、卫星通信等电信业务和电信传输活动。2014年6月1日起,电信业纳入营改增试点范围,税率为两档,基础电信服务征收11%增值税,增值电信服务征收6%的增值税。

4. 文化体育业

文化体育业是指经营文化、体育活动的业务,包括文化业和体育业。其中,文化业包括表演(戏剧、歌舞、时装、健美、杂技、民间艺术、武术、体育等表演活动)和其他相关业务;体育业是指举办各种体育比赛和为体育比赛或体育活动提供场所的业务;以出租文化场所和租赁方式为体育比赛提供场所的业务属于"服务业—租赁业"征税范围;驾校收入按"文化体育业"征收营业税。2013年8月1日起,广播影视播映服务项目,征收增值税。

5. 娱乐业

娱乐业是指为娱乐活动提供场所和服务的业务,包括经营歌厅、舞厅、卡拉OK歌舞厅、音乐茶座、台(桌)球、高尔夫球、保龄球、游艺场、网吧等娱乐场所。

6. 服务业

服务业是指利用设备、工具、场所、信息或技能为社会提供服务的业务,包括代理业、旅店业、饮食业、旅游业、仓储业、租赁业、广告业和其他服务业。对福利彩票机构以外的代销单位销售福利彩票的手续费收入征收营业税;对单位和个人在旅游景点经营索道取得的收入按"服务业—旅游业"税目征收营业税;对无船承运业务按"服务业—代理业"税目征收营业税;金融经纪业按"金融保险业"征收营业税;教育部考试中心与其他教育机构合作开展考试业务,按"服务业—代理业"征收营业税;钻井勘探、爆破勘探属于"建筑业"营业税税目;水利工程单位向用户收取的水利工程水费属于"服务业"营业税税目。

7. 转让无形资产

转让无形资产包括转让土地使用权、转让商标权、转让专利权、转让非专利技术、出租电影拷贝、转让著作权、转让自然资源使用权和转让商誉。2013年8月1日起,转让专利或非专利技术中的所有权或使用权的业务活动,按照"研发和技术服务"征收增值税;转让著作权、商誉、商标的行为按"文化创意服务"征收增值税。以无形资产投资入股,参与利润分成、共同承担投资风险的行为以及投资后转让股权的行为不征营业税。

8. 销售不动产

销售不动产是指销售建筑物或构筑物和销售其他土地附着物。对在销售不动产连同所占土地使用权一并转让的,按销售不动产征营业税;对单位将不动产无偿赠与他人,视同销售不动产;对纳税人自建住房销售给本单位职工,也属于销售不动产;纳税人转让土地使用权或销售不动产的同时一并销售附着于土地或不动产上的固定资产中,凡属于增值税应税货物的,征收增值税。以不动产投资入股,参与利润分成,共同承担投资风险的行为以及投资后转让股权的行为,不征营业税。

10.3 营业税应纳税额的计算

一、营业税税率

(1) 建筑业。统一执行3%的税率。

(2) 金融保险业。统一执行5%的税率。

(3) 电信业。统一执行3%的税率。

(4) 文化体育业。统一执行3%的税率。

(5) 娱乐业。统一执行5%～20%的税率,具体由各地行政管辖区域根据具体实际情况在规定的幅度内决定,但2001年5月1日起,对夜总会、歌厅、舞厅、射击、狩猎、跑马、游戏、高尔夫球、游艺、电子游戏厅等娱乐行为一律按20%税率征收营业税。

(6) 服务业。统一执行5%的税率。

(7) 转让无形资产。统一执行5%的税率。

(8) 销售不动产。统一执行5%的税率。

二、营业税应纳税额的计算

(一) 营业税的计税依据

营业税的计税依据为纳税人提供应税劳务、转让无形资产或者销售不动产的销售额,即营业额。

1. 营业额的一般规定

在一般情况下,营业额为纳税人提供应税劳务、转让无形资产或者销售不动产向对方收取的全部价款和价外费用。

2. 各税目营业额的具体规定

(1) 建筑业营业额

建筑业营业税的营业额包括建筑、修缮、安装、装饰和其他工程作业取得的营业收入额,建筑安装企业向建设单位收取的工程价款(即工程造价)及工程价款之外收取的各种费用。纳税人从事建筑劳务(不含装饰劳务)的,其营业额应当包括工程所用原材料、设备及其他物资和动力的价款在内,但不包括建设方提供设备的价款。其中,工程价款＝直接费＋间接费＋计划利润＋税金。直接费由人工费、材料费、施工机械和其他直接费组成;间接费由施工管理费和其他间接费组成;计划利润暂按工程直接费和间接费之和的百分比(国有企业为7％,集体企业为2.5％)计算。同时:① 对于纳税人提供建筑业劳务的同时,提供销售资产货物的,应分别核算营业额和销售额;未分别核算的,由税务主管机关核定营业额。② 对于纳税人从事装饰劳务的,其营业额为提供装饰劳务取得的全部价款和价外费用。③ 建筑安装企业向建设单位收取的临时设施费、劳动保护费和施工机构迁移费,不得从营业额中扣除。④ 施工企业向建设单位收取的差价款、抢工费、全优工程奖和提前竣工奖,应并入营业额征收营业税。

(2) 金融保险业营业额

确定金融业营业额,一是对一般贷款、典当、金融经纪业等中介服务,以获得的利息收入全额或手续费收入全额为营业额;二是对外汇、证券、期货等金融商品转让,按卖出价减去买入价后的差额为营业额。

证券公司以在交易时向客户收取的佣金作为计征营业税的营业额。准许证券公司代收的下列费用从计征营业税的营业额中扣除:代收的证券交易监管费、代收的证券交易所经手费、股东账户开户费、特别转让股票开户费、过户费、转托管费、B股结算费。

人民银行对金融机构的贷款业务不征收营业税;非金融机构和个人买卖外汇、有价证券或期货,不征收营业税,这里的期货是指非货物期货。

对于保险业,以向投保者收取的全部保费为营业额。已征过营业税的应收未收保费,凡在财务制度规定的核算期内未收回的,允许从营业额中扣除;在会计核算期限以后收回的应收未收保费,再并入当期营业额。开展无赔偿奖励业务的,以向投保人实际收取的保费为营业额。

(3) 服务业营业额

代理业以纳税人从事代理业务向委托方实际收取的报酬为营业额。

从事物业管理的单位,以与物业管理有关的全部收入减去代业主支付的水、电、燃气以及代承租者支付的水、电、燃气、房屋租金的价款后的余额为营业额。

旅游业营业额的规定有:① 旅游企业组织旅游团在中国境内旅游,以收取的旅游费减去替旅游者支付给其他单位的房费、餐费、交通、门票和其他代付费用后的余额为营业额。② 旅游企业组织旅游团到境外旅游,在境外改由其他旅游企业接团的,以全程旅游费减去付给该接团企业的旅游费后的余额为营业额。

(4) 电信业营业额

电信业务的营业额是指提供电报、电话、电传、电话机安装、电信物品销售、其他电信业务的收入。

(5) 文化体育业营业额

文化体育业的营业额是指纳税人经营文化业、体育业取得的全部收入,其中包括演出收入、其他文化收入、经营游览场所收入和体育收入。

(6) 娱乐业营业额

娱乐业的营业额为经营娱乐业向顾客收取的各项费用,包括门票收费、台位费、点歌费、烟酒和饮料收费及经营娱乐业的其他各项收费。

(7) 销售不动产

销售不动产的营业额为纳税人销售不动产时从购买方取得的全部价款和价外费用(含货币、货物或其他经济利益);单位和个人销售或转让其购置的不动产或受让的土地使用权,以其全部收入减去不动产或土地使用权的购置或受让原价后的余额为营业额;单位和个人销售或转让抵债所得的不动产或受让的土地使用权,以其全部收入减去抵债时该项不动产或土地使用权的购置或受让原价后的余额为营业额。

纳税人在资产重组过程中,通过合并、分立、出售、置换等方式,将全部或者部分实物资产以及与其相关联的债权、债务和劳动力一并转让给其他单位和个人的行为,不属于营业税征税范围,其中涉及的不动产、土地使用权转让,不征收营业税。

2006年6月1日起,个人购买不足5年的住房对外销售的全额征收营业税,而超过5年(含5年)的免征营业税,超过5年(含5年)的非普通住房对外销售的按其销售收入减去购房的价款后的余额征收营业税。

房地产开发公司销售商品房时,代政府及有关部门收取的一些资金或费用,不论其财务上如何核算,均应当全部作为销售不动产的营业额计征营业税。

(8) 转让无形资产营业税的规定

土地所有者出让土地使用权和土地使用者将土地使用权归还给土地所有者的行为,不征营业税;土地租赁按"服务业—租赁业"征税;转让已进入建筑物施工阶段的在建项目,按"销售不动产"征税;土地整理储备供应中心(包括土地交易中心)转让土地使用权取得的收入,按"转让土地使用权"项目征税。

转让无形资产的营业额为纳税人转让无形资产取得的货币、货物和其他经济利益;单位和个人转让土地使用权,以全部收入减去土地使用权的购置或受让原价后的余额为计税营业额。

单位和个人转让购置、受让或转让抵债所得的土地使用权,按余额计税。

(9) 对于纳税人提供劳务、转让无形资产或销售不动产价格明显偏低且无正当理由的,由税务机关按下列顺序核定其营业额:

① 按纳税人当月提供的同类应税劳务或销售的同类不动产的平均价格核定;

② 按纳税人最近时期提供的同类应税劳务或销售的同类不动产的平均价格核定;

③ 按成本加一定利润及营业税组成的计税价格核定其营业额,并按下列公式核定计税价格:计税价格=营业成本或工程成本×(1+成本利润率)÷(1-营业税税率)

(二) 几种经营行为的税务处理

1. 兼营不同税目的应税行为

兼营不同税目的应税行为是指纳税人从事两个以上营业税应税项目,都属于营业税的征收范围,只是适用的税率不同。按规定应分别核算,分别按适用的税率纳税;未分别核算的,从高适用税率。

2. 混合销售行为

一项销售行为既涉及增值税的范围,又涉及营业税的范围,为混合销售。

从事货物的生产、批发或零售的企业、企业性单位及个体经营者的混合销售行为,视为销售货物不征营业税,征收增值税;其他单位和个人的混合销售行为,视为提供应税劳务,应当征收营业税。这里的货物是指有形动产,包含电力、热力和气体在内。

3. 兼营应税劳务与货物或非应税劳务

兼营应税劳务与货物或非应税劳务的,应分别核算应税劳务的营业额和货物或非应税劳务的销售额,分别纳税;不分别核算或者不能准确核算的,其应税劳务与货物或者非应税劳务,一并征收增值税,不征营业税;兼营减、免税项目的,应单独核算减、免税项目的营业额,未单独核算营业额的,不得减税、免税。

4. 营业税与增值税的区分

无论增值税还是营业税,发生了混合经营和兼营行为,如何进行税务处理,均需由税务机关确定;如果发生了应缴纳营业税的混合经营,计征营业税时,涉及的货物销售额应为含增值税的销售额。

(三)营业税应纳税额的计算

营业税的计税依据是提供应税劳务的营业额、转让无形资产或销售不动产的销售额,统称为营业额。它是纳税人向对方收取的全部价款和价外费用。价外费用是向对方收取的手续费、服务费、基金、集资费、代垫代收款项及其他各种性质的价外收费,价外费用应并入营业额计算纳税。

例1 某饭店9月取得客房收入200万元,餐厅收入80万元,歌舞厅门票收入4万元,出售饮料、烟、酒收入6万元,收取点歌费5万元。假设当地娱乐业营业税税率为10%,计算该饭店9月份的应纳营业税税额。

分析与计算:因为客房收入、餐厅收入应按服务业计税,税率为5%,歌舞厅提供娱乐服务与出售饮料、烟、酒,构成混合销售,按税法规定应合并征收营业税。

所以,应纳税额=(200+80)×5%+(4+6+5)×10%=15.5(万元)

例2 某市建筑安装公司承建写字楼一幢,该公司将土建工程转包给某工程队,并付给转包费311 000元,其他工程自己施工。该工程竣工验收合格后,取得工程总造价收入1 000 000元。计算该公司应纳营业税。

该公司应纳营业税=(1 000 000−311 000)×3%=20 670(元)

应代扣代缴营业税=311 000×3%=9 330(元)

例3 某银行以年利率5%从某国外银行借入4 000万元,贷出年利率5.5%,营业税税率为5%。计算该笔贷款应纳营业税。

$$年利息收入额 = 4\,000 \times 5.5\% = 220(万元)$$

$$年利息支出额 = 4\,000 \times 5\% = 200(万元)$$

$$应纳营业税 = (220-200) \times 5\% = 1(万元)$$

例4 由经纪人李祥安排,某演出团体到A市租借某剧院进行演出,由该剧院代办售票,共得票价收入15万元,支付场地租金1.5万元,支付给经纪人李祥1.4万元。计算剧院应纳营业税。

$$剧院租金收入应纳营业税 = 15\,000 \times 5\% = 750(元)$$

$$剧院代扣代缴演出团体营业税 = (150\,000-15\,000-14\,000) \times 3\% = 3\,630(元)$$

10.4 营业税的征收管理

一、税收优惠

(一) 营业税的起征点

营业税的起征点仅适用于个人。

根据《营业税暂行条例》的规定,个人纳税人的营业额没有达到财政部门规定的起征点的,可以免征营业税。纳税人营业额达到起征点的,应按照营业额全额计算应纳税额。

各省、自治区、直辖市地方税务局可以在上述规定的范围内,根据实际情况确定本地区适用的起征点,并报国家税务总局备案。

2011年11月1日,月销售额起征点提高到5 000~20 000元,次(日)起征点提高到300~500元。

为了进一步扶持小微企业发展,经国务院批准,自2013年8月1日起,对营业税纳税人中月营业额不超过2万元的企业或非企业性单位,暂免征税营业税。

(二) 营业税的减免税优惠

减免税的规定,是把税法的严肃性和必要的灵活性结合起来的一项重要措施。营业税的免税规定有两类:

1. 下列项目列入"营业税暂行条例"的免税规定

(1) 托儿所、幼儿园、养老院、残疾人福利机构提供的育养服务、婚姻介绍、殡葬服务;

(2) 残疾人员个人为社会提供的劳务;

(3) 学校和其他教育机构提供的教育服务,学生勤工俭学提供的劳务;

(4) 农业机耕、排灌、病虫害防治、植保、农牧保险以及相关技术培训业务,家禽、牲畜、水生动物的配种和疾病防治;

(5) 纪念馆、博物馆、文化馆、美术馆、展览馆、书画院、图书馆、文物保护单位举办文化活动的门票收入,宗教场所举办的文化、宗教活动门票收入。

2. 国务院其他规定的减免营业税项目规定

(1) 保险业务费收入免税项目。保险公司开办一年期以上到期返还本利的普通人寿保险、养老年金保险、健康医疗保险业务的保费收入,免征营业税;

(2) 对学校从事技术转让、技术开发业务和与之相关的技术咨询、技术服务业务所取得的收入,免征营业税;

(3) 个人转让著作权的收入,免征营业税;

(4) 将土地使用权转让给农业生产者用于农业生产的收入,免征营业税;

(5) 医院、诊所、其他医疗机构提供的医疗服务,免征营业税;

(6) 经中央及省级财政批准纳入预算管理或财政专用账户管理的行政事业性收费、基金,不征营业税;

(7) 经国务院、省级人民政府或其所属的财政、物价部门文件允许,收费标准符合文件规定,且由立法机关、司法机关、行政机关自己直接收取的收费,不征营业税;

(8) 经财政部门或民政部门批准规定的标准,社会团体收取的会费,不征营业税;

（9）对高校后勤经济实体经营学生公寓、教师公寓以及为高校教学提供后勤保障服务取得的租金和服务性收入，免征营业税，对设置在校园内的实行社会化管理和独立核算的食堂，向师生提供餐饮服务的收入，按现行规定征收营业税；

（10）对住房公积金管理中心用住房公积金在指定的委托银行发放个人住房贷款取得的收入，免征营业税；

（11）对个人市场按市场价格出租的居民住房，暂按3%的税率基础上，减半征收营业税；

（12）对非营利性医疗机构按照国家规定的价格取得的医疗服务收入，免征营业税；

（13）对单位和个人提供的垃圾处置劳务不属于营业税应税劳务，获得的垃圾处置费，不征营业税；

（14）自2004年1月1日起，对为安置自谋职业的城镇退役士兵就业而新办的服务型企业（除广告业、桑拿、按摩、网吧、氧吧外），当年新安置自谋职业的城镇退役士兵达到职工总数30%以上，并与其签订1年以上期限劳动合同的，经县以上民政部门认定，税务机关审核，3年内免征营业税；

（15）个人自建自用住房销售时免征营业税；

（16）对政府举办的高等、中等和初等学校（不含下属单位）举办进修班、培训班取得的收入，收入全部归学校所有的，免征营业税；

（17）国务院、财政部规定的其他减免税项目。

二、营业税纳税义务的发生时间

营业税的纳税义务发生时间为纳税人收讫营业收入款项或者取得索取营业收入款项凭据的当天。具体规定如下：

（1）纳税人转让土地使用权或者销售不动产，采用预收款方式的，其纳税义务发生时间为收到预收款的当天；

（2）纳税人有自建行为的，其自建行为的纳税义务时间为其销售自建建筑物并收讫营业额或者索取营业额凭据的当天；

（3）纳税人将不动产无偿赠与他人，其纳税义务发生时间为不动产所有权转移的当天；

（4）金融企业的纳税义务发生时间为各项贷款业务合同、协议签订生效之时，或者在劳务已经提供，同时收讫价款或取得收取价款权利的凭证之时。

三、营业税的纳税期限

营业税的纳税期限，由主管税务机关根据纳税人应纳营业税税额的大小，分别核定为5日、10日、15日、1个月或1个季度。纳税人不能按固定期限纳税的，可以按次纳税。

纳税人以1个月或1个季度为一个纳税期的，自期满之日起15日内申报纳税；以5日、10日或者15日为一个纳税期的，自期满之日起5日内预缴税款，于次月1日起15日之内申报纳税，并结清上月应纳税款。

四、营业税的纳税地点

（1）纳税人提供应税劳务，向应税劳务发生地主管税务机关申报纳税；

（2）纳税人从事运输业务，向其机构所在地主管税务机关申报纳税；

(3)纳税人转让土地使用权,向其土地所在地主管税务机关申报纳税;

(4)纳税人转让其他无形资产,向其机构所在地主管税务机关申报纳税;

(5)纳税人销售不动产,向不动产所在地主管税务机关申报纳税;

(6)纳税人提供的应税劳务发生在外县市,应当向劳务发生地主管税务机关申报纳税而未申报纳税的,由其机构所在地或居住地主管税务机关补征税款;

(7)纳税人承包的工程跨省、自治区、直辖市的,向其机构所在地主管税务机关申报纳税;

(8)各航空公司所属分公司,无论是否单独计算盈亏,均作为纳税人向分公司所在地主管税务机关缴纳营业税;

(9)纳税人在本省、自治区、直辖市范围内发生应税行为,其纳税地点需要调整的,由省、自治区、直辖市人民政府所属税务机关确定。

五、纳税申报

纳税人不论当期有无营业额,均应按期填制"营业税纳税申报表",并于次月1日起至15日内向主管税务机关进行纳税申报。纳税申报表一式两联,第一联为申报联;第二联为收执联,纳税人申报时交税务机关签章后收回作申报凭证。

关于营业税的几个问题

1. 个人销售住房不足5年转手交易的,销售时按其取得的售房收入全额征收营业税中购买房屋的时间的规定:

根据国家税务总局相关文件规定,个人购买住房以取得的房屋产权证或契税完税证明上注明的时间作为其购买房屋的时间。纳税人申报时,同时出具的房屋产权证和契税完税证明两者所注明的时间不一致的,按照"孰先"的原则确定购买房屋的时间。即房屋产权证上注明的时间早于契税完税证明上注明的时间的,以房屋产权证注明的时间为购买房屋的时间;契税完税证明上注明的时间早于房屋产权证上注明的时间的,以契税完税证明上注明的时间为购买房屋的时间。

2. 个人将住房出租给公司用于经营的,请问个人缴纳营业税的税率是多少,个人出租房屋行为是否还有优惠?

个人出租住宅,根据《关于调整住房租赁市场税收政策的通知》规定,对个人按市场价格出租的居民住房,承租人用于经营的,其应缴纳的营业税仍按5%的税率征收。出租住宅给公司用于经营,应缴纳的营业税仍按5%的税率征收。

税收优惠:对个人按市场价格出租的居民住房,承租人用于居住的,其应缴纳的营业税按3%的税率减半征收;根据《中华人民共和国营业税暂行条例》第八条规定,纳税人(个人)营业额未达到起征点的,免征营业税。

3. 一项工程,合同规定该工程主要材料由建设单位自购自用,而A单位仅负责施工并收取人工费和管理费,请问A单位应如何缴纳营业税?

《中华人民共和国营业税暂行条例实施细则》第十六条规定:纳税人从事建筑、修缮、装饰工程作业,无论与对方如何结算,其营业额均应包括工程所用原材料及其他物资和动力的价款在内。因此,对单位承揽由建设单位自购自用工程,并收取人工费和管理费的行为,应按工程的全部造价依法缴纳"建筑业"营业税,即:在计算营业税时,其计税依据里应包括建设单位自供材料的价款在内。

纳税筹划案例

1. 某电信公司采取预缴电话费送手机的促销活动,假设预缴两年5 000元话费送价值2 000元的CDMA手机。请计算该公司应当缴纳的营业税,并提出纳税筹划方案。

分析:

该电信公司收取的5 000元话费应该按照3%的税率缴纳营业税=5 000×3%=150(元),对于赠送的手机应该按照混合销售行为按照3%的税率征收营业税=2 000×3%=60(元)。

如果经过纳税筹划,该电信公司采取"CDMA手机+两年花费=5 000元"的方式进行促销活动,则该电信公司仅需就5 000元的混合销售收入按照3%的税率缴纳营业税。

2. 某展览公司在某展览馆举办展览会,该公司向参展客户收取20 000元的参展费,其中8 000元为支付给展览馆的租用费,将共有300个参展单位参加。该展览公司直接向客户收取20 000元费用,然后自己负担8 000元的租用费。请计算该展览公司应当缴纳的营业税,并提出纳税筹划方案。

分析:该展览公司需要缴纳的营业税=20 000×5%×300=300 000(元)。如果该展览公司事先进行纳税筹划,自己向参展客户收取12 000元费用,参展客户直接向展览馆支付8 000元租用费,则该展览公司只需缴纳营业税=12 000×5%×300=180 000(元),这样少缴纳营业税120 000元。对于展览馆来说,仅仅增加收取租用费的手续,并不影响其税收负担。该展览公司只需给展览馆相应的补偿,展览馆也会乐意接受这种支付方式。

3. 金沙旅行社以每人8 000元人民币的价格组织500人赴泰国境外旅行,泰国境内的旅行社则委托我国普利特外贸公司驻泰办事处负责,向普利特公司驻泰办事处支付每人500元的服务费用。则本次组团旅游应纳营业税=(8 000−500)×500×5%=187 500(元)。

进行了税收筹划,金沙旅行社在此活动中增加了一个文化活动,支付泰国尼采学校服务社每人2 000元,扩大费用后实缴营业税=(8 000−500−2 000)×500×5%=137 500(元),节约税负50 000元。据了解,金沙旅行社与尼采学校服务社是互惠合作单位,实际这笔费用根本没有发生。

4. 某安装公司A承包某单位B传动设备的安装工程,原计划安装企业A提供设备并负责安装,工程总造价为300万元,其中设备费250万元,安装费用50万元。安装企业A应当缴纳营业税=300×3%=9(万元),同时需要缴纳城市维护建设税和教育附加=9×10%=0.9(万元),合计纳税9.9万元。请提出纳税筹划方案。

安装企业A经过筹划,决定改为只负责安装业务,收取安装费50万元,设备由B自行采购(A可以帮助提供信息以及给予一定协助)。则A只需缴纳营业税=50×3%=1.5(万元),同时需要缴纳的城市维护建设税和教育附加=1.5×10%=0.15(万元),合计纳税1.65万元。

练习题

一、单项选择题

1. 下列不属于应纳营业税的服务业范围的是（　　）。
   A. 百货商店　　　　　　　　　　　　B. 旅店业
   C. 饮食业　　　　　　　　　　　　　D. 代理业

2. 下列选项中，属于营业税应税项目的是（　　）。
   A. 商品批发零售　　　　　　　　　　B. 单位员工为本单位提供的劳务
   C. 转让土地使用权　　　　　　　　　D. 从事加工业务

3. 下列各项中，可以作为营业税计税依据的是（　　）。
   A. 广告代理企业向委托方收取的全部价款
   B. 融资租赁业务中的租赁费
   C. 无形资产投资入股时的评估价值
   D. 实行分保险业务以外的保险业的全部保费收入

4. 在音乐茶座销售的饮料按（　　）。
   A. 按销售货物缴纳增值税　　　　　　B. 按服务业中饮食业缴纳营业税
   C. 按娱乐业缴纳营业税　　　　　　　D. 按文化体育业缴纳营业税

5. 土地租赁按（　　）税目征收营业税。
   A. 金融业　　　　　　　　　　　　　B. 租赁业
   C. 服务业中的代理业　　　　　　　　D. 转让无形资产

6. 某建筑公司2012年1月承包甲单位的一项建筑工程，根据合同规定，采用包工不包料的方式进行工程价款结算。9月份工程完工并验收合格，该建筑公司取得工程价款2 200万元，同时，甲给予建筑公司提前完工奖3万元，该工程耗费甲单位提供的建筑材料2 875万元。就该项工程建筑公司应纳营业税为（　　）万元。
   A. 66　　　　　　　　　　　　　　　B. 152.34
   C. 66.09　　　　　　　　　　　　　C. 152.25

7. 李先生个人2010年10月15日以20万元购买一套普通住宅，2013年10月以45万元将这套住宅卖掉，则李先生应纳营业税为（　　）万元。
   A. 1.25　　　B. 2.25　　　C. 0.125　　　D. 0

8. 下列营业税的计税依据，说法正确的是（　　）
   A. 个人销售不动产，因买方违约而取得的赔偿金，不征收营业税
   B. 金融业中，一般贷款业务的计税依据为贷款利息收入（不包括各种加息和罚息）
   C. 娱乐业的营业额为经营娱乐业收取的全部价款和价外费用
   D. 福利彩票机构发行销售福利彩票，以取得的收入征收营业税

9. 下列项目中，属于营业税中保险业征税范围的是（　　）
   A. 保险企业开展无赔偿奖励业务向投保人实际收取的保费
   B. 典当业销售死当物品
   C. 保险追偿款
   D. 邮政储蓄

10. 下列不属于营业税免税项目的是（　　）
   A. 社会团体收取的会费　　　　　　　B. 个人出租住房
   C. 学校从事技术开发取得的收入　　　D. 残疾人员个人提供的劳务

二、多项选择题
1. 不征收营业税的情形为（　　）。
   A. 生产企业的混合销售行为
   B. 以无形资产投资入股，与接受方共享利益共担风险的行为
   C. 销售建筑物时连同所占土地使用权一并转让的行为
   D. 以不动产投资入股，与接受方共享利益共担风险的行为
2. 从事货物生产、批发或零售的企业、企业性单位及个体经营者（　　），应当缴纳营业税。
   A. 在境内组织旅客出境旅游
   B. 以不动产投资入股，参与接受投资方利润分配并共同承担投资风险
   C. 转让土地使用权
   D. 销售货物并自备车辆为消费者送货上门
3. 下列项目中，按文化体育业征收营业税的有（　　）。
   A. 戏剧、歌舞　　　　　　　　　　　B. 民间艺术
   C. 电视台播映业务　　　　　　　　　D. 公园销售门票
   E. 出租体育场馆
4. 下列表述中，符合营业税有关扣缴义务人规定的是（　　）。
   A. 在我国未设立经营机构的非居民企业在我国境内发生营业税应税行为，又没有代理人的，以受让方或购买方为扣缴义务人
   B. 建筑安装业务实行分包或转包的，以总承包人为扣缴义务人
   C. 建筑安装业务实行分包或转包的，以分包或转包人为扣缴义务人
   D. 个人进行演出由他人售票的，以售票者为扣缴义务人
   E. 个人进行演出由他人售票的，以演出人为扣缴义务人
5. 下列项目中，属于免征营业税的有（　　）。
   A. 残疾人本人为社会提供的劳务　　　B. 医院为患者提供的医疗服务
   C. 公园的第一道门票收入　　　　　　D. 农业机耕服务
   E. 博物馆第一道门票收入
6. 根据营业税的有关规定，下列说法正确的有（　　）。
   A. 非金融机构转让金融商品按"金融保险业"税目征税
   B. 个人开办"网吧"取得的收入按"娱乐业"税目征税
   C. 邮政业务按营改增政策征收增值税
   D. 煤气公司代有关部门收取的手续费，分别征税营业税和增值税
   E. 出售专题片播映权收入，按"转让无形资产"税目征税。
7. 下列业务属于"建筑业"税目征收营业税的有（　　）。
   A. 代办电信工程　　　　　　　　　　B. 电话机安装
   C. 高速公路建设　　　　　　　　　　D. 房屋的爆破

E. 装移电话机

8. 在营业税中,以营业收入减去一定的支出作为计税依据计征营业税的金融业务包括( )。

A. 转贷外汇业务　　　　　　　　B. 融资租赁业务
C. 金融商品转让业务　　　　　　D. 抵押贷款业务
E. 代售债券业务

9. 关于营业税计税依据,下列说法正确的是( )。

A. 个人销售不动产,因买方违约而取得的赔偿金,征营业税
B. 个人销售不动产,价款与折扣额在同一张发票上注明的,仍按全额征收营业税
C. 单位销售不动产发生退款,允许退还已征税款
D. 单位销售不动产发生退款,不允许退还已征税款
E. 将土地使用权归还给土地所有者的行为,不征营业税

10. 纳税人下列经营行为,需要缴纳营业税的有( )。

A. 房地产开发公司销售商品房时,代市政府收取的市政费
B. 为汽车销售单位提供的汽车按揭和代办服务业务
C. 将自建建筑物投资入股,并共担风险的
D. 以无形资产投资入股后,将股权转让的业务
E. 退役士兵从事网吧经营业务

11. 下列属于营业税免税项目的有( )。

A. 社会团体按规定收取的会费　　　B. 养老院提供的育养服务
C. 科研单位技术转让收入　　　　　D. 财务公司的资金借贷业务收入
E. 土地交易中心转让土地使用权取得的收入

12. 下列关于营业税的政策陈述,正确的是( )。

A. 代理报关业务,按营改增政策应征收增值税
B. 无船承运业务,应按服务业—其他征收营业税
C. 对旅游企业境内改团接待业务,比照境外规定予以扣除费用
D. 存款和购进金融商品不征收营业税
E. 单位和个人处置垃圾收入免征营业税

13. 以下符合营业税有关规定的是( )。

A. 某企业转让一份合同给另一企业,对于其转让收入征收营业税
B. 某企业转让一项股权,对于其转让收入不征营业税
C. 某企业出租房屋取得租金收入,应按"服务业"征收营业税
D. 某境内企业自境外购得一项无形资产的使用权境内使用,该业务不属于我国境内的营业税业务范围
E. 某境内企业自境外购得一项无形资产的使用权境内使用,该业务依法在我国境内缴纳营业税

14. 下述关于营业税减免政策的陈述正确的有( )。

A. 对社保基金理事会、社保基金投资管理人运用社保基金买卖证券投资基金、股票债券的差价收入,暂免征营业税

B. 外商投资企业和外国企业处置债权重置资产和股权重置资产取得的收入,不予征收营业税

C. 对学校从事技术开发、技术转让业务和与之相关的技术咨询、技术服务取得的收入免征营业税

D. 某残疾人协会提供劳务取得的收入,免征营业税

E. 非营利性中小企业信用担保公司的担保收入,免征营业税

15. 下述关于"销售不动产"的营业税政策,正确的是(　　)。

A. 单位将不动产无偿赠与他人的行为,征收营业税

B. 单位销售其购置的办公楼,以全部收入减去购置原价后的余额为营业额

C. 单位全部转让其下属一个完整企业,其中的不动产转让行为,应该按不动产转让征收营业税

D. 个人销售不动产(双方停止执行合同),因买方违约而取得的赔偿金,不征收营业税

E. 对外商投资企业处置债券重置资产,不征收营业税,其中的不动产收入也不征收营业税

16. 某建筑公司自建楼房一栋竣工,建筑安装总成本4 000万元,将其中40%售给另一单位,其余自用,总售价7 000万元,按合同本月预收5 000万元,(当地营业税成本利润率为10%),下述正确的是(　　)。

A. 建筑企业自建不动产自用部分不用缴纳营业税

B. 出售部分的建筑应纳营业税54.43万元

C. 自建不动产出售共缴纳营业税304.43万元

D. 销售不动产缴纳的营业税为350万元

E. 销售不动产缴纳的营业税为343.43万元

三、计算题

1. 某企业销售已使用过的厂房,取得收入1 400万元,该厂房建造后最初入账原值800万元,已计提折旧400万元。求该企业上述业务应纳的营业税税额。

2. 甲建筑工程公司(取得一般人资格,具备建筑行政部门批准的建筑业施工资质)下辖3个施工队、1个金属结构件工厂(均为非独立核算单位),年经营业务如下:

(1)承保某建筑工程项目,并与建设方签订建筑工程施工总承包合同,总承包合同明确工程总造价3 000万元,其中:建筑业劳务费价款1 000万元;甲建筑工程公司提供、并按市场价确定的金属结构件金额500万元(购进金属结构件时取得相关的增值税专用发票,支付价款300万元);建筑方采购建筑材料等1 500万元。工程当年完工并进行了价款结算。

(2)建筑工程公司将其中200万元的建筑工程项目分包给乙建筑工程公司(其只提供建筑业劳务)。

求与甲建筑工程公司相关的营业税。

3. 甲企业为建筑安装公司,发生以下业务:

(1)自建楼房一栋,工程成本2 000万元,建成后该楼房对外销售,取得销售收入5 000万元。

(2)两年前以办公楼投资入股,在投资期内将其股权的80%转让,取得收入1 500万元;

(3)将一栋楼房抵押给某银行使用以取得贷款,当月抵减应付银行利息150万元。已知,建筑业利润率为10%。

上述业务,哪些应缴纳营业税?甲企业共计应缴纳营业税是多少?

4.甲企业提供4 000平方米的土地使用权,乙企业提供3 000万元资金并负责施工。双方协议,房屋建成后甲企业分四成,乙企业分六成,房屋分配完毕后,甲方又将分得的房屋的50%出售,售价为1 000万元,其余留作自用。当地税务机关确定的营业税"建筑业"和"销售不动产"计税价格中的成本利润率分别为6%和8%。请计算甲、乙分别应该缴纳的营业税。

5.王某下岗后自谋职业(持再就业优惠证),开办一家影楼,主要从事照相业务。当年取得如下收入:

(1)照相取得营业收入140 000元,其中包括随同照相一并销售的相册、镜框的收入25 000元。

(2)将一处住房出租给个人居住,承租期间发生维修费600元,由承租人承担,从租金中抵减,王某实际取得租金7 200元。

(3)出租影楼内的柜台取得租金收入8 400元,其中包括水费、电费、卫生费400元。

(4)该年10月,将两年前购买的一处住房出售,取得销售收入150 000元,该住房买价110 000元,购买时发生相关费用12 200元。

(5)受委托代销某品牌胶卷,取得销售收入25 000元。合同规定,按销售收入的10%收取手续费。

根据上述材料回答下列各题:

(1)王某该年照相业务应纳营业税(　　)元。
A. 5 750　　　　　B. 6 080　　　　　C. 7 000　　　　　D. 7 330

(2)王某该年出租业务应纳营业税(　　)元。
A. 634　　　　　B. 654　　　　　C. 780　　　　　D. 810

(3)王某该年销售不动产应纳营业税(　　)元。
A. 0　　　　　B. 1 390　　　　　C. 2 000　　　　　D. 7 500

(4)王某该年合计应纳营业税(　　)元。
A. 7 279　　　　　B. 7 609　　　　　C. 15 279　　　　　D. 15 609

四、简述题

1.营业税的概念和特点是什么?
2.营业税的减免税规定有哪些?

第十一章 关 税

学习目的：通过本章的学习，能够理解关税概念及征收目的，了解关税的特点及其分类；掌握关税的经济影响；了解我国关税税则；掌握我国关税的完税价格及应纳关税税额的计算。

11.1 关税概述

一、关税的概念

关税（tariff）是主权国家根据其政治、经济需要，由设置在边境、沿海口岸或境内的水、陆、空国际交往通道的海关机关依据国家规定，对进出国境（或关境）的货物和物品按其流转额征收的一种税。

国境是一个主权国家全面行使主权的境域，包括领土、领海和领空；关境又称税境或海关境域，是一个主权国家的关税法令完全实施的境域。

在通常情况下，一个国家的关境与其国境是一致的。但是在国境内设置免征关税的自由港或自由贸易区时，关境就小于国境，我国就是如此。当几个国家结成关税同盟，组建一个共同的关境，实施统一的关税法令和统一的对外税则时，这些国家的关境大于国境，如欧盟。

从我国1992年以来关税减让的结果看，总体趋势是关税减让，税基扩大，关税收入增加。但关税减让并不必然导致关税收入下降。按照我国入世承诺，2002年1月1日，我国5 300多个税目的税率降低，一年内我国关税总水平由15.3%降至12%左右，2005年下降至10%以下，兑现承诺加入WTO后，至2005年关税平均水平降至10%以下。

二、关税征收的目的

1. 财政性

以增加国家财政收入为目的而征收的关税称为财政性关税。财政性关税的税率视国家财政收入需要和影响国际贸易数量的大小而制定。税率偏低，达不到增加财政收入的目的；税率过高则抑制进出口，也达不到增加财政收入的目的。

财政性关税在各国历史上曾占有重要地位，在各国财政收入中占有较大比重。在现代经济中，财政性关税的地位大为削弱，关税在财政收入中的比重也大幅度下降。但在发展中国家，关税在财政收入中仍占有很重要的地位。

2. 保护性

以保护国内经济为目的而征收的关税称为保护性关税。对于进口商品征收保护性关税主要是为了限制产成品进口。在发展中国家，通过关税保护国内新兴的幼稚产业，使其免受更先进国家的工业制成品的竞争，从而使这些产业得到平稳发展；在发达国家，通过关税，扩大国内市场和国际市场的占有率,从而保护和增加就业机会,减少失业。对于出口商品征收保护性关税,主要是限制紧缺原材料的出口,保护国内生产。

在现代经济社会,随着财政性关税地位的削弱,保护性关税的地位正在加强,保护性关税成为关税征收的主要目的。保护性关税的税率同保护目的是相关的,保护性关税的税率越高,越能达到保护的目的。但是,现代通过关税壁垒达到保护的目的作用也在不断降低,贸易保护的目的越来越让位于技术壁垒和绿色壁垒等贸易壁垒。

3. 调节产业结构和进出口贸易

通过关税以及其优惠减免,能够合理调节关税,鼓励国内产品积极参与国际市场竞争,防止国内稀有资源外流,支持国内经济发展;通过进口税率的调整,缓解供求矛盾,同时配合国内产业结构调整,选择高新技术设备等,适应市场需求。

三、关税的特点

关税作为独特税种,除具有与其他税种共同的特点以外,还具有如下特点:

1. 统一的关境征税

只对进出关境的货物和物品在边境口岸征一次税,货物或物品进出关境是关税征收的前提,但货物或物品只在国内流通转让时,只涉及增值税、消费税等税种。

2. 由国家专设的海关机关统一征收

由主权国家设置在边境、沿海口岸或境内水、陆、空国际交往同等的海关机关,根据国家制定的关税税法、税则征收。进口货物由海关办理征税手续放行后,就视为国内商品,因此,海关在征收进口关税的同时,一般还要代征国内的有关税费,如增值税等,但这不是关税,征收关税是海关的一个重要职能。

3. 关税具有涉外性

征收关税不仅可以增加税收,更重要的是贯彻国家对外贸易政策、保护民族产业、维护国家主权、维护国家经济利益的手段,也是执行国家经济政策、促进国家经济发展的手段。

4. 关税征收的有形性

关税以通过关境为征税前提,只能对各种有形的货物和物品(电力除外)征税,而对进出关境的无形资产无法征税或只对其载体征税。

四、关税的分类

1. 按征税商品的流向划分

按征税商品的流向划分,可把关税分为进口税、出口税和过境税。

(1) 进口税(import tariff),是对进口商品征收的关税。

进口税是在外国商品进入关境或国境时征收,或者在外国商品由自由港、自由贸易区、海关保税仓库运往进口国国内市场销售时征收。

进口税的税率一般随商品加工程度的深化而提高,税率由原材料、半成品、产成品依次上升。进口税是各国政府限制进口、保护国内市场、增加财政收入的重要工具。

(2) 出口税(export tariff),是对出口商品征收的关税。

目前,西方国家一般不征出口税,因为征收出口税会提高本国商品在国际市场上的销售价格,削弱出口商品的国际竞争力,不利于出口。

一些发展中国家为增加财政收入,保证国内生产所需原材料和国内消费品市场的供应,也征收出口税,出口税的税率一般比较低。

(3) 过境税(transit tariff),是对通过本国境内的外国商品征收的关税。

征收过境税的目的主要是为了增加财政收入。在资本主义初期,过境税在欧洲各国普遍流行。目前,大多数国家已不再征收过境税,仅收取少量的行政费用或提供服务费用。

2. 按计征依据或标准分类

按关税的计征依据或标准分类,可把关税分为从价关税、从量关税、复合关税、选择性关税和滑动关税。

(1) 从价关税是指以货物的价格为标准而计征的关税。从价关税一般按海关审定的完税价为依据计征关税。从价关税具有关税收入和关税负担随商品价格变化而变化的特点。

(2) 从量关税是指以货物的实物量为标准而计征的关税。从量关税的实物量计量单位一般包括重量、数量、长度、体积等。从量关税具有关税收入和关税负担随商品实物量变化而变化、计算比较简单的特点。

(3) 复合关税是指对同一种进口商品同时采用从价和从量两种标准计征的一种关税。具体课征时,或以从价税为主加征从量税,或以从量税为主加征从价税。如广播级摄像机自2006年1月1日起施行进口普通税率:每台完税价格低于或等于2 000美元时,执行单一从价税,税率为36%;每台完税价格高于2 000美元时,每台征收5 480元从量税,加3%的从价税。

(4) 选择性关税是指对同一种进口货物或物品既设计从价税又设计从量税,但实际执行时只选择其中征税数额较多的那种计征标准,目的是避免因物价波动对关税收入造成影响。

(5) 滑动关税也叫滑准关税,是指关税税率随进口货物或物品价格的高低而作相反变动所计征的关税。例如,我国现行对棉花实行这种关税征税方法,曾经也对新闻纸征收过滑动关税。

3. 按征税有无优惠及优惠的程度划分

按征税有无优惠及优惠的程度划分,可把关税分为普通税和最惠国税、特惠税和普惠税以及加重关税。

(1) 普通税和最惠国税是正常进口税的两种形式。最惠国税适用于从没有与该国签订有最惠国待遇原则贸易协定的国家或地区进口的商品。普通税适用于从没有与该国签订这种贸易协定的国家或地区进口的商品。最惠国税比普通税的税率要低,有时差幅很大。第二次世界大战以后,大多数国家都已加入了关税与贸易总协定或签订了双边贸易条约或协定,相互确认最惠国待遇原则,享受最惠国税率。因此,正常进口税通常指最惠国税。

(2) 特惠税是指对特定国家和地区的进口商品,全部或部分地给予低关税或免税待遇的一种优惠税制。

特惠税的优惠对象不受最惠国待遇原则的制约,其他国家或地区不得根据最惠国待遇原则要求享受这种优惠待遇。

特惠税有互惠和非互惠两种。互惠是指一方在提供优惠的同时也要求对方给予优惠作为抵偿,主要适用于宗主国与殖民地附属国之间,现已逐步取消。非互惠是指一方单方面提供这种优惠而不要求对方给予反向优惠,主要适用于《洛美协定》国家之间,是欧洲共同体向参加该协定的非洲、加勒比和太平洋地区的发展中国家单方面提供的特惠税。

(3)普惠税又称普惠制,是发达国家对发展中国家或地区输入的商品,特别是制成品和半制成品,普遍给予优惠的关税待遇。普惠制确立的目标是:扩大发展中国家对发达国家制成品和半制成品出口,增加发展中国家外汇收入,促进发展中国家的工业化,提高发展中国家的经济增长率。

普惠制包括普遍的、非歧视的和非互惠的三项主要原则。普遍的是指发达国家应对发展中国家出口的制成品和半制成品给予普遍的优惠;非歧视的是指应使所有发展中国家都不受歧视,无例外地享受普惠制待遇;非互惠的是指发达国家单方面给予发展中国家以关税优惠,而不要求发展中国家或地区给予反向优惠。

(4)加重关税是指对进口商品采用比普通税率高的税率为计税标准计征关税的制度。目的是通过提高税率,从而限制进口,保护民族产业。加重关税依据不同情况,可分为反倾销关税、反补贴关税、报复性关税和保障性关税。

4. 按征税的依据划分

按征税的依据划分,可把关税分为正税和附加税。

(1)正税是指正常关税,依据公布的税率征收。进口税、出口税、过境税、优惠税均属于正税。

(2)附加税又称为进口附加税,是在正常进口税以外额外征收的关税,是一种临时性的特定措施。征收的主要目的是应付国际收支危机,维持进出口平衡,防止外国商品低价倾销,对某个国家实行歧视或报复等。进口附加税在大多数情况下,是对特定的商品和国家征收,采用较多的形式是反补贴税、反倾销税和报复关税。

① 反补贴税是对直接或间接地接受出口补贴或奖励的外国进口商品征收的一种进口附加税,税额一般按补贴或奖励的金额征收。

② 反倾销税是对进行低价倾销的进口商品征收的一种进口附加税,目的在于抵制国外倾销,保护本国产品和国内市场。

③ 报复关税是在本国出口货物受到歧视时,为了报复所征收的一种进口附加税。

五、关税的经济影响

关税的经济影响可概括为价格影响、贸易条件影响和国内经济影响。

1. 关税的价格影响

在通常的贸易方式下,进口税由进口商缴纳,进口商会把关税计入商品价格,转嫁给消费者,从而提高进口商品价格,由此也会提高国内企业生产的同类商品的价格。

2. 关税的贸易条件影响

(1)贸易小国征收关税的贸易条件影响。假定大国 A 出口 X 商品,进口 Y 商品;而小国 B 进口 X 商品,出口 Y 商品。现小国 B 对进口 X 商品征收进口关税,使国内市场 X 商品价格提高,促使 B 国增加 X 商品生产,减少 X 商品消费,减少 X 商品进口。但由于 B 国是小国,B 国 X 进口商品数量变动不影响 X 进口商品国际市场价格变动,同时 B 国对 A 国出口 Y 商品价格不变。因此,小国征收进口关税,不产生贸易条件影响。

第十一章 关　税

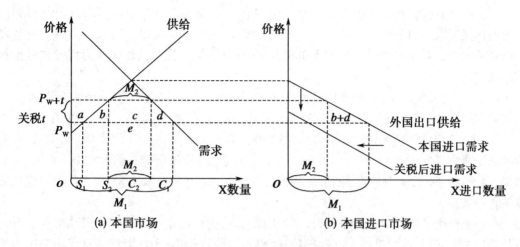

(a) 本国市场　　　　　　　(b) 本国进口市场

图 11-1　贸易小国征收关税效应

(2) 大国关税的贸易条件影响。假定现在贸易大国 A 对进口 Y 商品征收进口关税，将使 A 国国内 Y 进口商品价格提高，促使 A 国增加 Y 商品生产，减少 Y 商品消费，减少 Y 商品进口。但由于 A 国是大国，A 国 Y 进口商品数量减少促使 Y 进口商品国际市场价格下降，同时 A 国对 B 国出口 X 商品价格不变，结果 A 国可以较少的 X 出口商品换取较多的 Y 进口商品。因此，大国征收进口关税，产生有利于征收进口关税大国的贸易条件。

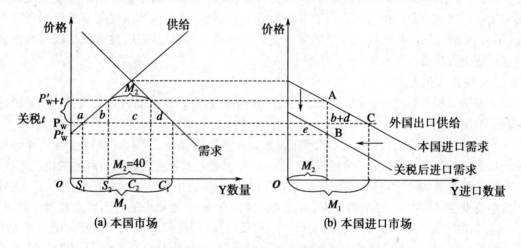

(a) 本国市场　　　　　　　(b) 本国进口市场

图 11-2　贸易小国征收关税效应

3. 关税的国内经济影响

对进口商品征收进口关税，同时对国内经济产生消费、生产、税收、再分配和社会福利等方面的影响。

(1) 消费影响。征收进口关税将使进口商品价格上升，购买同样的商品将支付更高的价格，使消费者利益受到损害。

(2) 生产影响。征收进口关税将使进口商品价格上升，提高国内同类企业生产利润，增加国内生产，对国内同类生产起到保护作用，贸易量减少。

(3) 关税影响。征收进口关税增加政府的关税收入。

(4) 社会福利影响。征收进口关税使消费者利益损失,生产者利益和政府税收增加。一方面产生了收入再分配作用;同时,在一般情况下,消费者利益的减少大于生产者利益和政府利益的增加。由于关税引起消费扭曲和生产扭曲,征收进口关税被认为将导致社会福利净损失。

图 11-1 中,贸易小国的关税引起的福利变化是:征收关税后,生产者的剩余增加 a;消费者剩余损失为 $a+b+c+d$;政府的财政收入增加 c;整个国家的损失(无谓损失)为 $b+d$。

图 11-2 中,贸易大国的关税引起的福利变化是:征收关税后,生产者剩余增加了 a;消费者剩余减少了 $a+b+c+d$;政府的收入为 $c+e$;整个社会经济利益的变动是 $e-(b+d)$,如果 $e>b+d$,那么整个国家可能从征收关税中获益,如果 $e<b+d$,那么整个国家可能从征收关税中受损。

小国征税会造成社会经济净损失,而大国则有可能获益是因为大国在国际市场上有左右价格的能力,通过减少进口,大国可以迫使出口国降低价格,实际上也是迫使出口国承担一部分税赋。

11.2 关税的征税对象、纳税人和关税税则

一、关税的征税对象

根据《中华人民共和国进出口关税条例》规定,关税的征税对象是进出国境或关境的货物和物品。"货物"是指国与国之间的贸易性商品;"物品"是指入境旅客随身携带的行李物品、个人邮递物品、各种运输工具上的服务人员携带进口的自用物品、馈赠物品以及其他方式入境的个人物品。

二、纳税义务人

关税的纳税人为进口货物的收货人、出口货物的发货人、进出境物品的所有人。关税的纳税人分两大类:

一类是贸易性商品的纳税人,即经营进出口货物的收货人、发货人,具体包括:① 外贸进出口公司;② 工贸或农贸结合的进出口公司;③ 其他经批准经营进出口商品的企业。

另一类是非贸易性物品的纳税人,物品所有人和推定为所有人的人,具体包括:① 入境旅客随身携带的行李、物品的持有人,对分离运输的行李,推定相应的进出境旅客为所有人;② 各种运输工具上服务人员入境时携带自用物品的持有人;③ 馈赠物品以及其他方式入境个人物品的所有人;④ 进口个人邮件的收件人,邮递出境的物品,推定寄件人或托运人为所有人。

三、进出口关税税则

进出口税则是一国政府根据国家关税政策和经济政策,通过一定的立法程序制定公布实施的进出口货物和物品应税的关税税率表。我国对贸易商品分类采用国际贸易商品分类体系《商品名称及编码协调制度》(简称 HS),HS 成为国际贸易商品分类的一种"标准语言",现有 120 多个国家采用此制度,我国于 1992 年 1 月 1 日正式实施。

1. HS 总体结构

我国关税税则内容分三部分:一是归类总规则,规定分类原则和方法,保证每一个具体商品能够始终归入一个唯一编码;二是类、章、目和子目注释,界定了相应商品范围,阐述专

用术语的定义或区分某些商品技术标准及界限;三是按顺序编排的目与子目编码及条文,采用六位码,编码前两位代表"章",前四位代表"目",五、六位代表"子目",将所有商品分为 21 类,97 章(其中 77 章留作备用的空章),章下再分目和子目。

2. 类

HS 中的类基本按社会生产部类分类,将属于同一生产部类的产品归在同一类中。

第一类:活动物;动物产品。

第二类:植物产品。

第三类:动、植物油脂及其分解产品;精制的使用油脂;动、植物蜡。

第四类:食品;饮料、酒及醋;烟草及烟草代用品的制品。

第五类:矿产品。

第六类:化学工业及其相关工业的产品。

第七类:塑料及其制品;橡胶及其制品。

第八类:生皮、皮革、毛皮及其制品;鞍具及挽具;旅行用品、手提包及类似容器;动物肠线(蚕胶丝除外)制品。

第九类:木及木制品;木炭;软木及软木制品;稻草、秸秆、针茅或其他编结材料制品;篮筐及柳条编结品。

第十类:木浆及其他纤维状纤维浆;回收(废碎)纸或纸板;纸、纸板及制品。

第十一类:纺织原料及其纺织制品。

第十二类:鞋、帽、伞、杖、鞭及其零件;已加工的羽毛及其制品;人造花;人发制品。

第十三类:石料、石膏、水泥、石棉、云母及类似材料的制品;陶瓷产品;玻璃及其制品。

第十四类:天然或养殖珍珠、宝石或半宝石、贵金属、包贵金属及其制品;仿首饰;硬币。

第十五类:贱金属及其制品。

第十六类:机器、机械器具、电气设备及其零件;录音机及放声机、电视图像、声音的录制和重放设备及其零件、附件。

第十七类:车辆、航空器、船舶及有关运输设备。

第十八类:光学、照相、电影、计量、检验、医疗或外科用仪器及设备、精密仪器及设备;钟表;乐器;上述物品的零件、附件。

第十九类:武器、弹药及零件、附件。

第二十类:杂项制品。

第二十一类:艺术品、收藏品及古物。

3. 我国子目

我国现行税制采用八位编码,前六位等效采用 HS 编码,第七、八位为我国根据中国进出口商品的实际情况,在 HS 基础上延伸的两位编码,也叫增列税目。例如:"87053000、机动救火车、3、8、0"表示税则中代表信息依次是"税则号列、货品名称、进口关税税率(%)——优惠、普通、出口关税税率"。为适应科学技术进步、产业结构调整、贸易结构优化、加强进出口管理的需要,在符合世界海关组织有关原则的前提下,对进出口税则中部分税目不断进行调整,经过不断调整,我国 2010 年进出口税则税目总数为 7 923 个,2013 年则为 8 238 个。

11.3 关税完税价格和应纳税额的计算

所谓关税完税价格(duty paying value),是按从价计税标准征税时计算进出口货物应纳税额的价格。《海关法》规定,进出口货物的完税价格,由海关以该货物的成交价格为基础审查确定。成交价格不能确定时,完税价格由海关依法估定。

一、进口货物的完税价格

（一）一般进口货物的完税价格

《进出口关税条例》规定:"进口货物应以海关审定的成交价格为基础的到岸价格(CIF)作为完税价格。到岸价格包括货价,加上货物运抵中国关境内输入地点起卸前的包装费、运费、保险费和其他劳务费等费用。"货价以成交价格为基础,成交价格指买方为购买该货物,并按《完税价格办法》有关规定调整后的实付或应付价格。

(1) 进口货物发生的下列费用未包括在进口货物的实付或应付价格中,应计入完税价格:

① 由买方负担的费用除购货佣金以外的佣金和经纪费,这里的购货佣金是买方为采购商品向采购代理人支付的劳务费用,购货佣金是买方的代理人在为买方寻找供应商,并将买方要求通知卖方、收集样品、检查货物,有时还安排运输、保险等事宜的活动中提供劳务而取得的报酬,它不同于卖方佣金,而卖方佣金是卖方为销售商品向销售代理人支付的劳务费用;

② 由买方负担的费用与该货物视为一体的容器的费用;

③ 由买方负担的包装材料费用和包装劳务费用;

④ 与该货物的生产和向我国境内销售有关的,由买方以免费或者低于成本的方式提供,并可以按适当比例分摊的料件、工具、模具、消耗材料及类似货物价款以及在境外开发、设计等相关服务的费用;

⑤ 作为该货物向我国境内销售的条件,买方必须支付的、与该货物有关的特许权使用费;

⑥ 卖方直接或间接从买方对该货物进口后转售、处置或使用所得中获得的收益。

(2) 下列费用如能与该货物实付或应付价格区分,不得计入完税价格:

① 厂房、机械、设备等货物进口后的基建、安装、装配、维修和技术援助费用(保修费除外);

② 货物运抵境内输入地点之后的运输费用、保险费用和其他相关费用;

③ 进口关税及其他国内税收;

④ 为在境内复制进口货物而支付的费用;

⑤ 境内外技术培训及境外考察费用。

（二）进口货物完税价格的海关估价方法

进口货物的到岸价格如果经海关审查未能确定的,海关可以依次以下列价格为基础估定完税价格:

(1) 相同货物的成交价格。

(2) 类似货物在国际市场上的成交价格。

(3) 倒扣价格。该项货物或类似货物在国际市场上的批发价格,减去进口关税、进口环节的其他税收,以及进口后的储存、运输、营业费用及利润的价格。

(4) 计算价格。通过计算料件成本、加工费、利润、一般费用、运抵境内输入地点起卸前的运输、保险及相关费用总和。

(5) 海关用其他合理方法估定的价格。

（三）加工贸易内销货物的完税价格

加工贸易进口料件或其制成品应当征税的,海关按照以下规定审查完税价格：

(1) 进料加工进口料件或其制成品（包括残次品）申报内销时,海关以料件的原进口成交价格为基础审定确定完税价格。料件的原进口成交价格不确定的,海关按照接受内销申报的同时或大约同时进口的、与料件相同或类似的货物进口成交价为基础确定完税价格。

(2) 来料加工进口料件或其制成品（包括残次品）申报内销时,海关按照接受内销申报的同时或大约同时进口的、与料件相同或类似的货物进口成交价为基础确定完税价格。

(3) 加工贸易企业加工过程中产生的边角料或副产品申报内销时,海关以其内销价格为基础审查确定完税价格。

(4) 保税区、出口加工区内的加工贸易企业申报内销加工贸易制成品时,海关按照接受内销申报的同时或大约同时进口的、与制成品相同或类似的货物进口成交价为基础确定完税价格。

（四）特殊进口货物的完税价格

(1) 运往境外修理的货物。运往境外修理的机械器皿、运输工具或其他货物,出境时已向海关报明,并在海关规定期限内复运进境的,以海关审定的境外修理费和料件费为基础确定完税价格。

(2) 运往境外加工的货物。运往境外加工的货物,出境时已向海关报明,并在海关规定期限内复运进境的,以海关审定的境外加工费和料件费,以及货物复运进境的运输及其相关费用、保险费估定完税价格。

(3) 暂时进境货物。经海关批准暂时进境的货物,按照一般进口货物的估价方法规定估定完税价格；经海关批准留购的暂时进境货物,以海关审定的留购价格作为完税价格。

(4) 租赁方式进口货物。以租金方式对外支付租赁货物,在租赁期间以海关审定的租金作为完税价格,利息予以计入；留购的租赁货物,以海关审定的留购价格作为完税价格；承租人申请一次性缴纳税款的,经海关同意,按照一般进口货物估价方法规定审定完税价格。

(5) 留购的货样。对于境内留购的进口货样、展览品和广告陈列品,以海关审定的留购价格作为完税价格。

(6) 予以补税的减免税货物。减免税的进口货物需要补税时,以海关审定的该货物原进口时的价格,扣除折旧部分作为完税价格,其计算公式如下：

完税价格 = 原进口时价格 × [1 − 补税时已进口的时间(月) ÷ (监管年限 × 12)]

式中,补税时实际已进口的时间按月计算,不足 1 月但是超过 15 日的,按照 1 个月计算；不足 15 日的,不予计算。

二、出口货物的完税价格

《进出口关税条例》规定："出口货物应当以海关审定的货物售价与境外的离岸价格(FOB),扣除出口关税后,作为完税价格。"计算公式为：完税价格＝离岸价格/(1＋出口税税率)。

出口货物的完税价格中不应该包括销售佣金、境外运输费、保险费、出口税额。

三、关税税额的计算方法

1. 从价税应纳税额的计算

$$关税税额 = 应税进(出)口货物完税价格 \times 关税税率$$

2. 从量税应纳税额的计算

$$关税税额 = 应税进(出)口货物数量 \times 单位货物税额$$

3. 复合税应纳税额的计算

$$关税税额 = 应税进(出)口货物数量 \times 单位货物税额 + 应税进(出)口货物完税价格 \times 关税税率$$

4. 滑准税应纳税额的计算

$$关税税额 = 应税进(出)口货物数量 \times 单位完税价格 \times 滑准税税率$$

例1 某外贸企业从摩托车厂购进摩托车500辆,直接报关离境出口。摩托车出厂价每辆5 000元,离岸价每辆720美元(汇率1∶8.3)。假设出口关税税率为30%,请计算该批摩托车应缴出口关税税额是多少?

分析与计算:

① 完税价格 = 720×500×8.3÷(1+30%) = 2 298 462(元)

② 出口关税 = 229 8462×30% = 689 539(元)

例2 我国某进出口公司从日本进口一批货物,货物以离岸价成交,成交价折合人民币1 410万元(包括单独计价并经海关核实的向境外采购代理人支付的买方佣金10万元,但不包括因使用该货物而向境外支付的软件费50万元、向卖方支付的佣金15万元),另支付货物运抵我国青岛港的运费、保险费等35万元。已知关税税率20%,增值税税率17%,消费税税率10%。请分别计算应纳关税、消费税和增值税。

分析与计算:

① 关税 = 关税完税价格×关税税率 = (离岸价+软件费+卖方佣金−买方佣金+运保费)×税率 = (1 410+50+15−10+35)×20% = 1 500×20% = 300(万元)

② 消费税 = (1 500+300)÷(1−10%)×10% = 200(万元)

③ 增值税 = (1 500+300+200)×17% = 340(万元)

例3 某进出口公司从美国进口一批货物,该批货物的美国口岸离岸价格为500万元,运抵我国关境内输入地点起卸前的包装费、运输费、保险费和其他劳务费用共计50万元;在采购过程中,向境外采购代理人支付买方佣金4万元,向卖方支付佣金5万元,并收到卖方付给的正常回扣2万元;为方便在境内使用,还向境外支付与该批进口货物有关的专有技术和资料费用为5万元和货物安装、调试以及技术指导费用3万元。海关核定该批货物适用的进口关税税率为20%,计算进出口公司应缴纳的进口关税。

分析与计算:进口货物的完税价格包括货物的货价、货物运抵我国境内输入地点起卸前的运输及其相关费用、保险费。货物的货价以成交价格为基础,是指买方为购买该货物,并按《完税价格办法》有关规定调整后的实付或应付价格。应当计入完税价格的费用有:由买方负担的除购货佣金以外的佣金和经纪费;由买方负担的与该货物视为一体的容器费用;由买方负担的包装材料和包装劳务费用;等等。下列费用不得计入完税价格:厂房、设备等货物进口后的基建、安装、装配、维护和技术服务的费用;货物运抵境内输入地点之后的运输费用;进口关税及其他国内税。

根据规定,买方佣金 4 万元、正常回扣 2 万元、货物安装、调试以及技术指导费用 3 万元可以不计入完税价格。所以,应纳关税=(500+50+5+5)×20%=112(万元)。

例 4 某公司因特定用途进口一项设备,到岸价格为 80 万元,该设备适用的进口关税税率为 50%。经公司申请、海关批准,该进口设备进口时免纳进口关税,条件是设备的使用需受海关监管,监管期限为 5 年。公司使用 2 年后经海关批准移作他用。计算公司应补缴的进口关税。

$$应纳进口关税=80×[1-2×12÷(5×12)]×50\%=24(万元)$$

11.4 税收优惠

关税减免分法定减免税、特定减免税和临时减免税三种,根据《海关法》,除法定减免税外其他减免税均由国务院规定。

一、法定减免税

是税法中明确列出的减免或免税,符合规定的纳税人无需申请,海关直接给予减免税,对法定减免税的货物一般不进行后续管理。如关税税额在 50 元以下的一票货物;无商业价值的广告品和货样;外国政府、国际组织无偿赠送的物资;进出境运输工具装载的途中必需的燃料、物料和饮食用品等免征关税;海关放行前损失的货物。

与我国缔结或者参与的国际条约规定减征、免征关税的货物、物品,按照规定予以减免关税,以及其他法律规定减征、免征的其他货物。

二、特定减免税

属于政策性减免税,是国家根据国际通行规则和我国实际情况,制定发布的有关进出口货物减免关税的政策,符合特定减免税的货物一般有地区、企业和用途的限制,海关需进行后续管理,并进行减免税统计。如科教用品,残疾人专用品,扶贫、慈善性捐赠物资,加工贸易产品,边境贸易进口物资,保税区进口货物,出口加工区进出口货物,进口设备以及特定行业或用途、特定地区的其他减免税政策。

三、临时减免税

是由国务院根据《海关法》对某个单位、某类商品、某个项目或某批进出口货物的特殊情况,给予特别照顾,一案一批,专文下达的减免税。我国加入 WTO 后,国家严格控制减免税,一般不办理个案临时减免税。

四、个人邮寄物品的减免税

自 2010 年 9 月 1 日起,个人邮寄物品,应征进口税额在人民币 50 元(含本数)以下的,海关予以免征。

11.5 关税的征收管理

一、关税缴纳

报关期限。进口货物的收货人或代理人应当自运输工具申报进境之日起 14 日内向海关申报。出口货物的发货人应当在运抵海关监管区后装卸的 24 小时以前向海关申报。

我国海关的关税缴纳期限为 15 日，即自海关填发关税款缴款书之日起 15 日内(星期六、星期日和法定节假日除外)向指定银行缴纳税款。因不可抗拒力或在国家政策调整的情形下，经海关总署批准，方可延期缴纳，但最长不超过 6 个月。

二、关税的强制执行

海关有对滞纳关税的纳税义务人强制执行的权利。强制措施有两类：一类是征收关税滞纳金(按滞纳税款万分之五比例按日征收)；另一类是强制征收(缴款期限届满 3 个月，采取强制扣缴、变价抵缴)。

三、关税退还

关税退还是关税纳税义务人按海关核定的税额纳税后，因某种原因，海关将实际征收多于应征收的税额退还给原纳税义务人的一种行政行为。

《海关法》规定，海关多征的，海关发现后应当立即退还；纳税人可以自缴款之日 1 年内，对海关多征的关税，书面陈述理由，连同原纳税收据向海关申请退税并加算银行同期活期存款利息，逾期不予受理。

四、关税的补征和追征

补征和追征是海关在关税纳税义务人按海关核定的税额缴纳关税后，发现实际征收税额少于应当收取的税额时，责令纳税义务人补缴所差税款的一种行政行为。补征是指非因纳税人违反海关规定造成短征关税的；追征是指由于纳税人违反海关规定造成短征关税的。

《海关法》规定，进出境货物和物品放行后，海关发现少征或漏征税款，应当自缴纳税款或货物和物品放行之日起 1 年内，向纳税人补征；而纳税人违反规定而造成少征或漏征的税款，自纳税人应缴纳税款之日起 3 年以内可以追征，并从缴纳税款之日起按日加收少征或漏征税款万分之五的滞纳金。

五、关税纳税争议

纳税义务人对海关确定的进出口货物的征税、减税、补税或者退税等有异议时，有提出申述的权利。在纳税义务人同海关发生纳税争议时，可以向海关申请复议，但同时应当在规定期限内按海关核定的税额缴纳关税。

纳税争议的内容一般为进出境货物和物品的纳税义务人对海关在原产地认定、税则归类、税率或汇率适用、完税价格确定，关税减征、免征、追征、补征和退还等征税行为是否合法适当，是否侵害了纳税义务人的合法权益，而对海关征收关税的行为表示异议。

11.6 关税税额计算案例

1. 某进出口公司进口一批非消费税应税货物，境外口岸离岸价格折算成人民币 2 000 万元，支付运费 50 万元，保险费 40 万元，这批货物适用 17% 的增值税税率，10% 的进口关税税率。货物到达我国口岸后，海关填发了税款缴纳证，但该公司因故自海关填发税款缴纳证的次日起第 18 天才缴纳税款，另滞纳金征收率为 0.5‰。请分别计算该公司应缴：(1) 关税；(2) 增值税；(3) 关税和增值税的滞纳金。

分析与计算：

① 计算完税价格

完税价格＝(FOB＋运费)÷(1－保险费率)＝(2 000＋50)÷(1－2%)
　　　　≈2 091.84(万元)

② 应纳关税＝完税价格×关税税率＝2 091.84×10%≈209.18(万元)

③ 计算应纳进口增值税

组成计税价格 ＝ 关税完税价格＋关税 ＝ 2 091.84＋209.18 ＝ 2 301.02(万元)

应纳税额 ＝ 组成计税价格×税率 ＝ 2 301.02×17% ＝ 391.17(万元)

④ 滞纳金＝应纳税额×1‰×滞纳天数＝(209.18＋391.17)×1‰×3＝1.8(万元)

2. 某进出口公司从日本进口货物 5 000 件，货物到岸价格经海关审查未能确定。已知该货物在国内市场上的批发价格为 66 元/件(不含增值税)，进口关税适用税率为 40%，增值税税率为 17%，消费税税率为 30%，该货物境内销售利润及货物运抵境内输入地点之后的各项费用相当于完税价格的 20%。试运用倒扣价格法计算该批货物的进口关税。

分析与计算：

完税价格 ＝ 66÷[1＋40%＋(1＋40%)÷(1－30%)×30%＋20%] ＝ 66÷2.2 ＝ 30(元)

进口关税＝30×5 000×40%＝60 000(元) 或：

设每件货物的进口完税价格为 Y，有以下等式成立：

$$66 = Y + Y \times 40\% + (Y + Y \times 40\%) \div (1 - 30\%) \times 30\% + Y \times 20\%$$

解得：Y ＝ 30(元)

进口关税 ＝ 30×5 000×40% ＝ 60 000(元)

3. 某具有进出口经营权的企业发生以下进口业务：

(1) 采取进料加工方式，进口免税原材料国外成交价 200 万元，发生运费 2 万元，保险费 0.8 万元，70% 加工出口，30% 加工内销，销售价 100 万元。

(2) 把一项设备运往境外修理，设备价 120 万元，修理费 10 万元，材料费 12 万元，运输费 2 万元，保险费 0.8 万元。

(3) 以租赁方式进口一项设备，设备价 200 万元，支付的租金 20 万元。

(4) 免税进口一项设备，设备价 160 万元，海关监管期 4 年，企业使用 18 个月转售。

(5) 进口一批材料，境外成交价 400 万元，无运输和保险费，按同期公布的同地运费率为价格的 1%。

(6) 进口一批货物 200 万元，发现其中 10% 有严重质量问题退货，出口方同意更换，当期企业取得更换产品，原货物已经退关。

(7) 采取补偿贸易形式进口符合《外商投资企业指导目录》鼓励类自用设备 600 万元，运输费 4 万元，保险费 2 万元。

上述设备、货物的进口关税税率均为 15%。计算各项业务应纳关税税额。

分析与计算：

第一笔业务应纳关税 ＝ (200＋2＋0.8)×30%×15% ＝ 9.126(万元)

第二笔业务应纳关税 ＝ (10＋12)×15% ＝ 3.3(万元)

第三笔业务应纳关税 ＝ 20×15% ＝ 3(万元)

第四笔业务应纳关税 = 160×(1—18÷48)×15% = 15(万元)

第五笔业务应纳关税 = 400×(1+1%)×(1+0.3%)×15% = 60.78(万元)

第六笔业务应纳关税 = 200×15% = 30(万元)

第七笔业务免征关税。

关于关税的几个问题

1. 原产地规定

确定进境货物原产地的主要原因是便于正确应用进口税则的税率,对产自不同国家或地区的进口货物适用不同的关税税率。我国原产地规定基本采用"全部产地生产标准"和"实质性加工标准"两个国际通用的原产地标准。

全部产地生产标准是指进口货物"完全在一个国家内生产或制造",生产或制造国为该货物的原产国。实质性加工标准适用于确定两个或两个以上国家参与生产的产品的原产国标准,是指经过几个国家加工、制造的进口货物,以最后一个对货物进行经济上可以视为实质性加工的国家作为有关货物的原产国。这里"实质性加工"是指产品加工后,在进出口税则中四位数税号一级的税则归类已经有了改变,或者加工增值部分所占新产品总值比例已超过30%及以上。

2. 生活中行李和邮寄品进口税如何?

对准许应税进口旅客行李物品、个人邮寄物品以及其他个人自用物品,均应依据《入境旅客行李物品和个人邮寄物品进口税税率表》征收行邮税。

纳税人是携带应税个人自用物品入境的旅客及运输工具服务人员,进口邮递物品的收件人,以及以其他方式进口应税个人自用物品的收件人。这里个人自用物品不含汽车、摩托车及其配件、附件。

现行税率:烟、酒,税率为50%;纺织品及其制成品、摄像机、摄录一体机、数码相机及其他电器用具、照相机、自行车、手表、钟表、化妆品,税率为20%;属于10%税率的物品有书报、刊物、幻灯片、原版录音带、录像带、金银及其制品、食品、饮料和其他商品。

纳税筹划案例

世纪才华科技研究所经过批准投资3亿元建立一个新能源实验室,其中的核心设备只有西欧某国B公司才能制造,这是一种高新技术产品。由于这种新产品刚刚走出实验室,其确切的市场价格尚未形成,世纪才华科技研究所已确认其未来市场价格将远远高于目前市场上的类似产品。B公司预计此种产品进口到中国市场上的售价为2 000万美元,经过多次友好协商,世纪才华以1 800万美元的价格作为该国技术援助项目购得该设备,而其类似产品的市场价格仅为1 000万美元,关税税率为25%,外汇汇率为1∶7.6。

世纪才华科技研究所不符合关税的优惠条件,在报关环节应该照章征收关税。如果按照交易的实际情况进行申报,则该设备应缴纳关税=1 800×7.6×25%=3 420(万元)。

请税务专家进行纳税筹划,税务专家对业务情况进行了全面调研,提出一个申报方案:以900万美元的价格向海关申报。

当进行申报报关时,海关认为资料不真实,于是立案调查。经调查,海关发现与该设备相近的产品的市场价格为1 000万美元。而该设备是一种刚刚研制出来的新产品,其价格应当高于1 000万美元,于是,海关对该进口新产品比照类似货物成交价格进行估价,确定其价格为1 000万美元,于是,世纪才华应当缴纳关税=1 000×7.6×25%=1 900(万元),这样通过纳税筹划,节税1 520万元。

练习题

一、单项选择题

1. 根据关税法的有关规定,运往境外修理的机械器具、运输工具等,以经过海关审定的( )作为完税价格。
   A. 离境时的价格　　　　　　　　B. 入境时的价格
   C. 修理费和料件费　　　　　　　D. 同类产品市场价格

2. 出口货物以海关审定的成交价格为基础售予境外的离岸价格,扣除出口关税后作为完税价格。其计算公式为( )。
   A. 完税价格=离岸价格÷(1+出口税率)
   B. 完税价格=离岸价格÷(1-出口税率)
   C. 完税价格=离岸价格×(1+出口税率)
   D. 完税价格=离岸价格×(1-出口税率)

3. 甲公司于某年3月8日报关进口一批货物,缴纳进口关税120万元。第二年3月17日,甲公司发现这批货物进口时,由于海关误征,多缴纳关税20万元。甲公司于3月18日持书面声明及有关收据向海关申请退税。海关处理此事的正确方法是( )。
   A. 退还多征的20万元税款　　　　B. 只退还多征税款的一半
   C. 退还全部已征关税120万元　　　D. 不予受理

4. 下列项目中,属于进口完税价格组成部分的有( )。
   A. 进口人向境外自己的采购代理人支付的佣金
   B. 进口人向卖方支付的佣金
   C. 进口设备进口后发生的安装调试费用
   D. 货物运抵境内输入地点起卸之后的运输费用

5. 进口货物的保险费应计入进口完税价格中,但陆、海、空运进口货物的保险费无法确定时,可按"货价加运费"之和的( )计算保险费。
   A. 0.1%　　　　　　　　　　　　B. 3%
   C. 0.3%　　　　　　　　　　　　D. 0.5%

6. 下列进口货物,应该征收关税的是( )。
   A. 无商业价值的广告品　　　　　B. 商业宣传用(超过6个月)的货样
   C. 外国政府无偿赠送的物资　　　D. 关税税额在50元人民币以下的货物

7. 进出口货物,因收发货人或者他们的代理人违反规定而造成少征或漏征关税的,海关可以(　　)追征。
　　A. 在1年内　　　B. 在3年内　　　C. 在5年内　　　D. 无限期
8. 某公司将一台设备运往境外修理,向海关报价780 000元;支付境外修理费6 000美元,材料费2 500美元;支付复运进境的运输费2 000美元和保险费500美元。当期汇率为1美元=6.82人民币,设此设备适用的关税税率为7%,则公司进口关税为(　　)元。
　　A. 6 657.35　　B. 6 345.43　　C. 4 057.9　　D. 5 793.9

二、多项选择题

1. 下列应征进口关税的货物有(　　)。
　A. 运往境外加工复运进境的货物
　B. 正在国内举办展览会的进口汽车展品
　C. 外国政府无偿赠送的物资
　D. 海关核准免验进口的货物

2. 到岸价格除货价外,还包括(　　)。
　A. 包装费　　B. 保险费　　C. 运输费　　D. 其他劳务费

3. 某公司从美国进口一批货物,根据关税法律制度的有关规定,在该公司发生的下列费用中,应计入到岸价格的有(　　)。
　A. 支付的卖方佣金　　　　　　　B. 支付给采购代理人的买方佣金
　C. 进口货物起卸前的保险费　　　D. 支付进口货物的专利费

4. 某公司从法国进口化妆品,进口环节应缴纳的税金及其计税方法是(　　)。
　A. 从价计征的关税　　　　　　　B. 从量计征的关税
　C. 从价计征的消费税　　　　　　D. 从价计征的增值税

5. 下列各项目中,不计入进口完税价格的有(　　)。
　A. 进口关税及其他国内税
　B. 进口设备进口后的维修服务费用
　C. 货物运抵我国境内输入地起卸后的运输装卸费
　D. 进口货物在境内的复制权费

6. 我国现行进口关税的计征办法有(　　)。
　A. 普通税率　　　　　　　　　　B. 协定税率
　C. 优惠税率　　　　　　　　　　D. 最惠国税率

7. 下列费用未包括在进口货物的实付或应付价格中,应计入完税价格的有(　　)。
　A. 由买方负担的代表双方利益的采购代理人的劳务费
　B. 由买方负担的在审查确定完税价格时与该货物视为一体的容器费用
　C. 货物运抵境内输入地点之后的运输费和保险费
　D. 卖方直接或间接从买方对该货物进口后转售、处置或使用所得中获得的收益
　E. 由买方负担的包装材料和包装劳务费

8. 下列项目中,属于进口完税价格组成部分的有(　　)。
　A. 进口人向境外自己的采购代理人支付的购货佣金
　B. 进口人向中介机构支付的经纪费

C. 进口设施的安装调试、技术援助费
D. 境外考察费用(单独列明)
E. 进口后发生的保修费

9. 属于法定减免关税的进口货物的有(　　)。
A. 进口科教用品　　　　　　　　B. 海关放行前损失的货物
C. 无商业价格的广告品和货样　　D. 无代价的抵偿物
E. 在海关放行后损失的货物

10. 下列费用不应包括在进口货物的实付或应付价格中的有(　　)。
A. 买方为购买进口货物向自己的采购代理人支付的劳务费用
B. 进口关税
C. 由买方负担的包装材料费
D. 卖方直接从买方对该货物进口后转售中获得的收益
E. 机械进口后的安装费

11. 进口货物的成交价格不符合规定或者成交价格不能确定的,海关经了解有关情况,并与纳税人进行价格磋商后,可以按顺序采用(　　)方法审查确定该货物的完税价格。
A. 相同货物成交价格估价方法　　B. 类似货物成交价格估价方法
C. 倒扣价格估价方法　　　　　　D. 计算价格估价方法
E. 最大销售总量法

12. 根据海关审定进出口货物完税价格办法规定,出口货物离岸价格可扣除下列(　　)项目,作为出口关税的完税价格。
A. 出口关税和负担的消费税
B. 包含在成交价格中的单独列明的支付给境外的佣金
C. 售价中包含的离境口岸至境外口岸之间的运输费用
D. 出口货物国内段运输、装卸等费用
E. 出口货物国内运输段的路桥费用

三、计算题

1. 某进出口公司从美国进口一批货物,该批货物的美国口岸离岸价格为500万元,运抵我国关境内输入地点起卸前的包装费、运输费、保险费和其他劳务费用共计50万元;支付货物运抵境内输入地点之后的运输费用6万元,技术服务费3万元。海关核定该批货物适用的进口关税税率为20%,计算进出口公司应缴纳的进口关税。

2. 某年9月1日某公司由于承担国家重要工程项目,经批准免税进口一套电子设备。使用2年后项目完工,公司于8月31日将该设备出售给国内另一家企业。该电子设备的到岸价300万元,关税税率为10%,海关规定的监管年限5年,求按规定公司应该补缴的关税税额。

3. 某公司6月进口卷烟30箱(标准箱,下同),每箱成交价格1 000美元,支付境外采购代理商买方佣金每箱40美元,起卸前的运输费每箱110美元,保险费每箱100美元,已知关税税率为20%(外汇牌价是卖出价1美元=8.2人民币,买入价为1美元=7.8人民币)。求该企业进口环节应纳的税金。

4. 有进口经营权的某外贸公司,某月发生如下经营业务:
(1)进口小客车30辆,每辆货价15万元,运抵海关前产生的运输费、保险费无法确定,经海关查实,其他运输公司相同业务的运输费占货价的比例为 2%。已向海关缴纳了相关税款,并取得完税凭证。

(2) 该公司委托运输公司将小客车从海关运回单位并支付运输公司运费 20 万元,取得运输公司开具的普通发票。当月销售 24 辆,每辆销售额 46.8 万元(含税),公司自用 6 辆,作为固定资产。

(3) 月初将上月购进的库存材料价款 400 万元,经海关核准委托境外公司加工一批货物,月末该批货物在海关规定的期限内复运进境销售,支付给境外公司加工费 100 万元,进境前运输费和保险费共 30 万元。已向海关缴纳了相关税款,并取得完税凭证。

已知小客车关税税率为 40%,货物关税税率为 20%,增值税税率为 17%,小客车消费税税率为 5%。(1) 计算小客车在进口环节应缴纳的关税、消费税和增值税;(2) 计算加工货物在进口环节应缴纳的关税、增值税;(3) 计算国内销售环节应缴纳的增值税。

5. 坐落在南京市区的某日化厂为增值税一般纳税人,8 月进口一批香水精,出口地离岸价格 85 万元,境外运费及保险费共计 5 万元,海关于 8 月 15 日开具了完税凭证,日化厂缴纳进口环节税金后海关放行;日化厂将进口的香水精的 80% 用于生产高级化妆品。本月从国内购进材料取得增值税专用发票,注明价款 120 万元,增值税 20.4 万元,销售高级化妆品取得不含税销售额 500 万元。求该企业本月销售应纳税金及附加(本月取得的增值税抵扣凭证在本月认证并抵扣,关税税率为 50%)。

6. 具有进出口经营权的某企业 5 月发生以下进口业务:

① 以租赁方式进口一台设备,设备价款 180 万元,分 3 次支付租金,每次支付 60 万元,该设备适用关税税率为 15%。

② 进口材料一批,进料成交价 100 万元,发生境外运费 3 万,境外保险费 0.4 万元,其他境外相关费用 0.5 万元,材料的关税税率为 20%。

③ 免税进口一台设备,设备价款 60 万元,海关监管期 4 年,设备的关税税率为 15%。

④ 进口一批材料,进口完税价格 50 万元,报关后发现其中 20% 部分由严重质量问题要求追偿,出口方同意再发相同货物价值的 10% 的货物补偿,原货物不再退回,进口方取得无代价抵偿物价值 5 万元,该材料的关税税率为 20%。回答下列问题:

(1) 租赁设备当月缴纳关税(　　)万元。
A. 9　　　　　　B. 18　　　　　　C. 0　　　　　　D. 27

(2) 第②、③笔业务本月应该缴纳关税(　　)万元。
A. 25.29　　　　B. 20.78　　　　C. 26.28　　　　D. 26.38

(3) 第④笔业务应纳关税(　　)万元。
A. 9　　　　　　B. 10　　　　　　C. 11　　　　　　D. 12

(4) 假如免税项目使用 18 个月后国内转售,该企业转售缴纳的进口关税为(　　)万元。
A. 3.375　　　　B. 5　　　　　　C. 5.63　　　　　D. 8

四、简述题

1. 关税有哪些分类?
2. 一般贸易下,进口货物的完税价格如何确定?
3. 简述关税的基本内容。

第十二章　企业所得税

学习目的：通过本章的学习，能够理解我国企业所得税概念，了解我国企业所得税的发展与改革；掌握我国企业所得税的纳税人、征税对象和税率三要素，以及应纳所得税税额的计算；掌握我国企业所得税的税收优惠及其征收管理。

12.1　企业所得税概述

一、企业所得税的概念

企业所得税是对我国境内的企业和其他取得收入的组织的生产经营所得和其他所得征收的一种税。企业分为居民企业和非居民企业，但不包括个人独资企业和合伙企业。它是国家参与企业利润分配的重要手段，所得税税种也是世界范围普遍征收的一个税种。

企业所得税的税基是企业的应税所得额，大体相当于企业实现的利润。企业的赢利状况决定企业缴纳所得税的多少。企业所得税应税所得额，是指企业生产经营取得的总收入扣除法律规定列支的成本费用和相关税金后的余额。

企业所得税税法是指国家制定的用以调整企业所得税征收与缴纳之间权利与义务关系的法律规范。2007年3月16日第十届全国人大第五次全体会议通过《中华人民共和国企业所得税法》，合并内外资企业所得税，2008年1月1日开始实行。2007年11月28日国务院197次常务会议通过《中华人民共和国所得税法实施条例》，2008年1月1日开始实行。

二、企业所得税的特点

1. 企业划分为居民企业和非居民企业

现行企业所得税将企业划分为居民企业和非居民企业两类，与国际接轨，能够有效行使我国税收管辖权。居民企业具有无限纳税义务，即来源于国内、国外的所得都要向中国政府交纳所得税。非居民企业负有有限纳税义务，仅限于来源于中国境内的所得向中国政府缴纳所得税。

2. 征税对象为应纳税所得额

企业所得税以应纳所得额为课税对象，为企业在一个纳税年度内的应税收入扣除各项成本、费用、税金和损失之后的余额，不同于根据会计制度计算出的企业利润总额。

3. 征税以量能负担为原则

企业所得税以企业生产、经营所得和其他所得为征税对象，所得多的多缴，所得少的少缴，没有所得的不缴，充分体现税收的公平税负。

4. 实行按年计征、分期预缴的办法

企业所得税以企业一个纳税年度的应纳税所得额为计税依据，分月或分季预缴，年度终了汇算清缴，多退少补。

三、企业所得税的作用

企业所得税在国家经济管理中起重要作用,体现国家与企业以及其他组织的分配关系;保证国家财政收入的稳定;通过统一税率、统一税前列支范围等公平税负,促进公平竞争;通过税收优惠等规定,引导企业的经营行为和投资方向,促进企业经营机制的转换和完善。

四、我国企业所得税的产生和发展

(1) 1950年公布的《工商业税暂行条例》是我国最早对内资企业所得税做出规定的法规,其征收对象主要是私营企业和城乡个体工商业户,不包括国有企业。1958年随着资本主义工商业社会主义改造基本完成,私营企业消失,工商税制改革,所得税成为独立税种,即"工商所得税"。由于当时国有企业上缴利润,而不缴税,主要是对集体企业征税。

(2) 随着改革开放,大量外资进入中国,为了维护国家权益、保障外国投资者利益,1980年,全国人大常委会颁布实施《中外合资经营企业所得税法》,确定企业所得税税率为30%,另按应纳所得税额附征10%的地方所得税;1982年实施了《外国企业所得税法》,实行20%~40%的5级超额累进税率,另按应纳所得税额附征10%的地方所得税。

1983年和1984年,对国有企业进行利改税,把国有企业上缴的利润改为按国家规定的税种及税率缴税,税后利润自由支配。1984年,公布了《中华人民共和国国营企业所得税条例(草案)》,初步将国家与国营企业的分配关系通过法律固定下来,对独立核算的国营大中型企业实行55%的比例税率,小型企业实行10%~55%的8级超额累进税率,开征国营企业所得税。为了适应集体企业的发展和经济体制改革,1985年国务院发布了《中华人民共和国集体企业所得税暂行条例》,对全国城乡集体企业取得的生产经营所得和其他所得,统一征收集体企业所得税,实行10%~55%的8级超额累进税率。1988年为了加强对私营企业生产经营和收入分配的管理与监督,国务院颁布了《私营企业所得税暂行条例》,开征私营企业所得税,税率为35%。

(3) 为了适应建立社会主义市场经济体制的要求,国务院对企业所得税制进行改革,统一了我国涉外企业所得税制,1991年7月1日实施《中华人民共和国外商投资企业和外国企业所得税法》和《实施细则》。1994年实施了《中华人民共和国企业所得税暂行条例》,统一了内资企业所得税的征管。

(4) 为了适应世界经济一体化的快速发展,理顺国家与企业的分配关系和内外资企业的税负公平,促进我国经济稳定发展,2007年3月16日,第十届全国人民代表大会第五次全体会议通过《中华人民共和国企业所得税法》,合并了内外资企业所得税法,并于2008年1月1日起施行。

12.2 企业所得税纳税义务人和征税对象

一、纳税义务人

税法规定,除个人独资企业、合伙企业不适用企业所得税法外,凡在我国境内,企业和其他取得收入的组织(以后统称企业)为企业所得税的纳税人,依照《中华人民共和国企业所得税法》的规定缴纳企业所得税。

1. 居民企业

居民企业是指依法在中国境内成立(如外商投资企业),或依照外国(地区)法律成立但实际管理机构在中国境内的企业(如在百慕大群岛注册,但实际管理机构在我国境内),包括国有企业、集体企业、私营企业、联营企业、股份制企业、外商投资企业、外国企业,以及有生产、经营所得或其他所得的其他组织。

其中,有生产、经营所得或其他所得的其他组织是指经国家有关部门批准,依法注册、登记的事业单位、社会团体等组织;"实际管理机构"是指对企业的生产经营、人员、账务、财产等实施实质性全面管理和控制的机构。

2. 非居民企业

非居民企业是指依照外国(地区)法律成立且实际管理机构不在中国境内,但在中国境内设立机构、场所的,或在中国境内虽未设立机构、场所,但有来源于中国境内所得的企业。

其中,机构、场所是指在中国境内从事生产经营活动的机构和场所,包括管理机构、营业机构、办事机构;工厂、农场、开采自然资源的场所;提供劳务的场所;从事建筑、安装、装配、修理、勘探等工程作业的场所;其他从事生产经营活动的机构、场所。

当非居民企业委托营业代理人在中国境内从事生产经营活动的,该营业代理人视为非居民企业在中国境内设立的机构、场所。

二、征税对象

企业所得税的征税对象是指企业的生产经营所得、其他所得和清算所得。

1. 居民企业的征税对象

对居民企业征收企业所得税,就来源于中国境内、境外的所得作为征税对象,包括销售货物所得、提供劳务所得、转让财产所得、股息红利等权益性投资所得,以及利息所得、租金所得、特许权使用费所得、接受捐赠所得和其他所得。

2. 非居民企业的征税对象

非居民企业在中国境内设立机构、场所的,应就其机构、场所取得的来源于中国境内的所得,以及发生在中国境外但与其所设机构、场所有实际联系的所得,缴纳企业所得税。

非居民企业在中国境内未设立机构、场所的,或虽设立机构、场所但取得的所得与其所设机构、场所没有实际联系的,应就其来源于中国境内的所得缴纳企业所得税。

3. 所得来源地确定

(1) 销售货物所得,按照交易活动发生地确定;

(2) 提供劳务所得,按照劳务发生地确定;

(3) 转让不动产所得,按照不动产所在地确定;

(4) 转让动产所得,按照转让动产的企业或机构、场所所在地确定;

(5) 权益性投资资产转让所得,按照被投资企业所在地确定;

(6) 股息、红利等权益性投资所得,按照分配所得的企业所在地确定;

(7) 利息、租金、特许权使用费所得,按照负担、支付所得的企业或机构、场所所在地确定,或按照负担、支付所得的个人的住所所在地确定;

(8) 其他所得,由国务院财政、税务主管部门确定。

三、企业所得税税率

企业所得税税率体现国家与企业分配关系的核心要素,设计的税率兼顾国家、企业和职工个人三者利益。实行比例税率,简便易行,透明度高,有利于促进效率的提高。现在实行的"三税合一"既考虑了我国财政承受能力,又考虑了企业的负担水平,同时与国际大多数国家的税率水平相近。

1. 基本税率为25%

适用于居民企业和在中国境内设有机构、场所且所得与机构、场所有关联的非居民企业。

2. 低税率为20%

适用于在中国境内未设立机构、场所的,或虽设立机构、场所但取得的所得与其所设机构、场所没有实际联系的非居民企业,但实际征税时多适用10%的优惠税率。

3. 优惠税率

符合条件的小型微利企业减按20%;国家重点扶持的高新技术企业减按15%。

12.3 应纳税所得额的计算

应纳税所得额计算公式:

应纳税所得额 = 收入总额 － 不征税收入 － 免税收入 － 各项扣除 － 以前年度亏损

一、收入总额

企业收入总额包括以货币形式和非货币形式从各种来源取得的收入,分一般收入和特殊收入。企业的货币收入形式有现金、存款、应收账款、应收票据、准备持有到期的债券投资以及债务的豁免等;非货币收入形式包括固定资产、生物资产、无形资产、股权投资、存货、不准备持有至到期的债权投资、劳务以及有关受益等,非货币性收入一般按照市场价格确定其公允价值作为其收入。

1. 一般收入

(1) 销售货物收入。是指企业销售商品、产品、原材料、包装物、低值易耗品以及其他存货取得的收入。

(2) 提供劳务收入。是指企业从事建筑安装、修理修配、交通运输、仓储租赁、金融保险、邮电通信、咨询经纪、文化体育、科学研究、技术服务、教育培训、餐饮住宿、中介代理、卫生保健、社区服务、旅游、娱乐、加工以及其他劳务活动取得的收入。

(3) 财产转让收入。是指企业转让固定资产、生物资产、无形资产、股权、债权等财产取得的收入。

(4) 股息、红利等权益性投资收益。是指企业因权益性投资从被投资方处取得的收入。

(5) 利息收入。是指企业将资金提供给他人使用但不构成权益性投资,或者因他人占用本企业资金取得的收入,包括存款利息、贷款利息、债券利息、欠款利息等收入。

(6) 租金收入。是指企业提供固定资产、包装物或者其他有形资产的使用权取得的收入。

(7) 特许权使用费收入。是指企业提供专利权、非专利技术、商标权、著作权以及其他特许权的使用权取得的收入。

(8) 接受捐赠收入。是指企业接受的来自其他企业、组织或个人无偿给予的货币性资产、非货币性资产。

(9) 其他收入。是指企业取得的除以上收入的其他收入,包括企业资产溢余收入、逾期未退包装物押金收入、确实无法偿付的应付款项、已做坏账损失处理后又收回的应收款项、债务重组收入、补贴收入、违约金收入、汇兑收益等。

2. 特殊收入

(1) 以分期收款方式销售货物的,按照合同约定的收款日期确认收入的实现。

(2) 企业受托加工制造大型机械设备、船舶、飞机,以及从事建筑、安装、装配工程业务或者提供其他劳务等,持续时间超过 12 个月的,按照纳税年度内完工进度或者完成的工作确认收入的实现。

(3) 采取产品分成方式取得收入的,按照企业分得产品的日期确认收入的实现,其收入额按照产品的公允价值确定。

(4) 企业发生非货币性资产交换,以及将货物、财产、劳务用于捐赠、偿债、赞助、集资、广告、样品、职工福利或者利润分配等用途的,应当视同销售物、转让财产或者提供劳务,但国务院财政、税务主管部门另有规定的除外。

二、不征税收入和免税收入

国家为了扶持和鼓励某些特殊的纳税人和特定的项目,或者避免因征税影响企业的正常经营,对企业取得的某些收入予以不征税或免税的特殊政策,以减轻企业的负担,促进经济的协调发展。国家或准予抵扣其应纳税所得额,或者是对专项用途的资金作为非税收入处理,减轻企业的税负,增加企业可用资金。

1. 不征税收入

(1) 财政拨款。是指各级人民政府对纳税人预算管理的事业单位、社会团体等组织拨付的财政资金。

(2) 依法收取并纳入财政管理的行政事业性收费、政府性基金。行政事业性收费是指依照法律法规等有关规定,按照国务院规定程序批准,在实施社会公共管理,以及在向公民、法人或其他组织提供特定公共服务过程中,向特定对象收取并纳入财政管理的费用。政府性基金是指企业依照法律、行政法规等有关规定,代政府收取的具有专项用途的财政资金。

(3) 国务院规定的其他不征税收入。是指企业取得的,由国务院财政、税务主管部门规定专项用途并经国务院批准的财政性资金。

2. 免税收入

(1) 国债利息收入。

(2) 符合条件的居民企业之间的股息和红利等权益性收益。

(3) 在中国境内设立机构、场所的非居民企业从居民企业取得与该机构、场所有实际联系的股息、红利等权益性投资收益。

居民企业和非居民企业的上述收益不包括连续持有居民企业公开发行并上市流通的股票不足 12 个月取得的投资性收益。

(4) 符合条件的非营利性组织的收入。不包括非营利组织从事营利性活动取得的收入。

三、扣除原则和范围

1. 税前扣除项目原则

(1) 权责发生制原则。企业费用应在发生的所属期扣除,而不是在实际支付时确认扣除。

(2) 配比原则。企业发生的费用应当与收入配比扣除，不得提前或滞后申报扣除。

(3) 相关性原则。企业可扣除的费用从性质和根源上必须与取得应税收入直接相关。

(4) 确定性原则。企业可扣除的费用不论何时支付，其金额必须是确定的。

(5) 合理性原则。符合生产经营活动常规，应当记入当期损益或有关资产成本的必要和正常的支出。

2. 扣除项目范围

企业所得税税法规定，企业实际发生的与取得收入有关的、合理的支出，包括成本、费用、税金、损失和其他支出，准予在计算应纳税所得额时扣除。

(1) 成本。是指企业生产经营活动中发生的销售成本、销货成本、业务支出以及其他耗费。

(2) 费用。是指每一个纳税年度为生产、经营商品和提供劳务等所发生的销售（经营）费用、管理费用和财务费用，已经计入成本的有关费用除外。其中销售费用包括广告费、运输费、装卸费、包装费、展览费、保险费、销售佣金、代销手续费、经营性租赁费以及销售部门发生的相关费用。管理费是指企业的行政管理部门为管理组织经营活动提供各项支援性服务而发生的费用。财务费是指企业筹集经营性资金而发生的费用，包括利息支出、汇总净损失、金融机构手续费以及其他非资本化支出。

(3) 税金。是指企业发生的除企业所得税和允许抵扣的增值税以外的企业缴纳的各项税金及其附加。

(4) 损失。是指企业在生产经营活动中发生的固定资产和存货的盘亏、毁损、报废损失、转让财产损失、呆账损失、坏账损失、自然灾害等不可抗力因素造成的损失以及其他损失。

(5) 没扣除的其他项目。是指成本、费用、税金、损失之外，企业在生产经营活动中发生的与生产经营活动有关的、合理的支出。

注意：收益性支出在发生期扣除，资本性支出分期扣除或计入有关资产成本，不得在当期扣除；不征税收入中形成的费用不得扣除；不得重复扣除。

3. 扣除标准

(1) 工资、薪金支出。合理的工资、薪金支出准予据实扣除。

(2) 职工福利费、工会经费、职工教育经费。按标准扣除，未超标准的据实扣除，超过标准的按标准扣除——职工福利费支出不超过工资薪金总额的14%；工会经费不超过工资薪金的2%；职工教育经费不超过工资薪金的2.5%（有规定的除外，超过部分不准予结转以后年度扣除）。

(3) 社会保险费。在规定范围和标准内企业为职工缴纳的"五险一金"以及其他保险费准予扣除，但企业为投资者和职工支付的商业保险不得扣除。

(4) 利息费用。非金融企业向金融企业借款的利息支出、金融企业的各项存款利息支出和同业拆借利息支出、企业经批准发行债券的利息支出，据实扣除。对于非金融企业向非金融企业借款的利息支出，不超过按照金融企业同期同类贷款利率计算的数额部分，据实扣除，超过部分不得扣除。

(5) 借款费用。企业在生产经营活动中发生的合理的不需要资本化的借款费用，准予扣除;对企业为购置、建造固定资产、无形资产和经过12个月以上的建造才能达到预定可销售状态的存货发生借款的,在有关资产购置、建造期间发生的合理借款费用,应予资本化,作为资本性支出计入有关资产的成本;有关资产交付使用后发生的借款利息,可在发生当期扣除。

(6) 汇兑损失。企业在交易中以及纳税年度终了时将人民币以外的货币性资产、负债按照期末即期人民币汇率中间价折算为人民币时产生的汇兑损失,准予扣除。

(7) 业务招待费。与生产经营有关的业务招待费支出,按发生额的60%扣除,最高不得超过当年销售(营业)收入的0.5%。

(8) 广告费、业务宣传费。除有规定外,不得超过当年销售(营业)收入的15%,超过部分,准予结转以后年度扣除。

(9) 环境保护专项资金。企业按照规定提取的环境保护、生态恢复等方面的专项资金,准予扣除。但上述专项资金提取后改变用途的,不得扣除。

(10) 保险费(财产)。企业参加财产保险,按照规定缴纳的保险费,准予扣除。

(11) 租赁费。企业根据生产经营需要租入固定资产支付的租赁费。以经营租赁方式租入固定资产发生的租赁费支出,按照租赁期限均匀扣除;以融资租赁方式租入固定资产发生的租赁费支出,以提取折旧费方式,分期扣除。

(12) 劳动保护费。合理的劳动保护支出,准予扣除。

(13) 公益性捐赠支出。以不超过年度利润总额的12%部分为限。这里的公益性捐赠是指企业通过公益性社会团体或县级以上人民政府及其部门用于《中华人民共和国公益事业捐赠法》规定的公益性事业捐赠;年度利润是指依照国家会计制度计算的年度会计利润。

(14) 有关资产的费用。企业转让各类固定资产发生的费用以及按规定计算的固定资产折旧费、无形资产和递延资产的摊销费,准予扣除。

(15) 总机构分摊的费用。是指非居民企业就其中国境外总机构发生的与该机构、场所生产经营有关的费用,能够提供总机构出具的费用汇集范围、定额、分配依据和方法等证明文件,并合理分摊的费用,准予扣除。

(16) 资产损失。企业当期发生的固定资产和流动资产盘亏、毁损净损失,由其提供清查盘存资料经主管税务机关审核后,准予扣除。

(17) 其他扣除项目。国家法律、行政法规以及有关税法规定的其他准予扣除的项目,如会员费、合理的会议费、差旅费、违约金、诉讼费等。

4. 不得扣除项目

(1) 向投资者支付的股息、红利等权益性投资收益;
(2) 企业所得税税款;
(3) 税收滞纳金;
(4) 罚金、罚款和没收财物的损失;
(5) 超过规定标准的捐赠支出;
(6) 赞助支出,指企业发生的与生产经营活动无关的各种非广告性支出;
(7) 未经核定的准备金支出;
(8) 企业之间支付的管理费、企业内营业机构之间支付的租金和特许权使用费,以及非银行企业内营业机构之间支付的利息;
(9) 与取得收入无关的其他支出。

5. 亏损弥补

税法规定,企业某一纳税年度发生的亏损可以用下一年度的所得弥补,下一年度的所得不足以弥补的,可以逐年延续弥补,但最长不得超过 5 年,且境外营业机构亏损不得抵减境内营业机构的盈利。

12.4 资产的税务处理

由于纳税人经营活动中使用的固定资产的折旧费、无形资产和长期待摊费用的摊销费用可以扣除,这样就涉及企业资产的税务处理问题。税法规定的属于纳税人税务处理范围的资产有固定资产、生物资产、无形资产、长期待摊费用、投资资产、存货等,均以历史成本为计税基础。

一、固定资产的税务处理

固定资产是指企业为生产产品、提供劳动、出租或者经营管理而持有的、使用时间超过 12 个月的非货币性资产,包括房屋、建筑物、机器、机械、运输工具以及与企业生产经营活动有关的设备、器具和工具等。

1. 固定资产计税基础

(1) 外购的固定资产,以购买价款和支付的相关税费以及直接归属于使该资产达到预定用途发生的其他支付为计税基础。

(2) 自行建造的固定资产,以竣工结算前发生的支出为计税基础。

(3) 融资租入的固定资产,以租赁合同约定的付款总额和承租人在签订租赁合同过程中发生的相关费用为计税基础,租赁合同未约定为付款总额的,以该资产的公允价值和承租人在签订租赁合同过程中发生的相关费用为计税基础。

(4) 盘盈的固定资产,以同类固定资产的重置完成价值为计税基础。

(5) 通过捐赠、投资、非货币性资产交换、债务重组等方式取得的固定资产,以该资产的公允价值和支付的相关税费为计税基础。

(6) 改建的固定资产,除以足额提取折旧的固定资产和租入的固定资产以外的其他固定资产,以改建过程中发生的改建支出增加计税基础。

2. 固定资产折旧的范围

在计算应纳税所得额时,企业按照规定计算的固定资产折旧,准予扣除。

下列固定资产不得计算折旧扣除:

(1) 房屋、建筑物以外未投入使用的固定资产;

(2) 以经营租赁方式租入的固定资产;

(3) 以融资租赁方式租出的固定资产;

(4) 已足额提取折旧但仍继续使用的固定资产;

(5) 与经营活动无关的固定资产;

(6) 单独估价作为固定资产入账的土地;

(7) 其他不得计算折旧扣除的固定资产。

3. 固定资产折旧的计提方法

(1) 企业应当自固定资产投入使用月份的次月起计算折旧。

(2) 停止使用的固定资产,应当自停止使用月份的次月起停止计算折旧。企业应当根据固定资产的性质和使用情况,合理确定固定资产的预计净残值。固定资产的预计净残值一经确定,不得变更。

(3) 固定资产按照直线法计算的折旧,准予扣除。

4. 固定资产折旧的计提年限

除国务院财政、税务主管部门另有规定外,固定资产计算折旧的最低年限如下:房屋、建筑物,为20年;飞机、火车、轮船、机器、机械和其他生产设备,为10年;与生产经营活动有关的器具、工具、家具等,为5年;飞机、火车、轮船以外的运输工具,为4年;电子设备,为3年。

二、生物资产的税务处理

生物资产是指有生命的动物和植物,分为消耗性生物资产、生产型生物资产和公益性生物资产。

1. 生物资产的计税基础

(1) 外购的生产性资产,以购买价款和支付的相关税费为计税基础。

(2) 通过捐赠、投资和非货币性资产交换、债务重组等方式取得的生产性生物资产,以资产的公允价值和支付的相关税费为计税基础。

2. 生物资产的折旧方法和折旧年限

(1) 生产性生物资产按照直线法计算的折旧,准予扣除。

(2) 生产性生物资产计算折旧的年限为:林木类,10年;畜类,3年。

三、无形资产的税务处理

无形资产是指企业长期使用,但没有实物形态的资产,包括专利权、商标权、著作权、土地使用权、非专利技术、商誉等。

1. 无形资产的计税基础

(1) 以购买价款和支付的相关税费以及直接归属于使该资产达到预定用途发生的其他支出为计税基础。

(2) 自行开发的无形资产,以开发过程中该资产符合资本化条件后至达到预定用途前发生的支出为计税基础。

(3) 通过捐赠、投资、非货币性资产交换以及债务重组等方式取得的无形资产,以该资产的公允价值和支付的相关费用为计税基础。

2. 无形资产摊销的范围

下列无形资产不得计算摊销费用扣除:

(1) 自行开发的支出已在计算应纳税所得额时扣除的无形资产;

(2) 自创商誉;

(3) 与经营无关的无形资产;

(4) 其他不得计算摊销费用扣除的无形资产。

3. 无形资产摊销方法及年限

无形资产摊销采取直线法计算,除国家有关规定或合同约定外,摊销年限不得低于10年。外购商誉的支出,在企业整体转让或清算时准予扣除。

四、长期待摊费用的税务处理

长期待摊费用是指企业发生的应在一个纳税年度以上或几个年度进行摊销的费用。下列按照规定摊销的,准予扣除:

(1) 已足额提取折旧的固定资产的改建支出;
(2) 租入固定资产的改建支出;
(3) 固定资产的大修理支出;
(4) 其他应当作为长期待摊费用的支出。

五、存货的税务处理

存货是指企业持有以备出售的产品或商品、处在生产过程中的在产品、在生产或提供劳务过程中耗用的材料和物料等。

1. 存货的计税基础

(1) 通过现金支付方式取得的存货,以购买价款和支付的相关税费为成本;
(2) 通过现金支付以外的方式获得的存货,以该存货的公允价值和支付的相关税费为成本;
(3) 生产性生物资产收获的农产品,以产出或者采收过程中发生的材料费、人工费和分摊的间接费等必要支出为成本。

2. 存货的成本计算方法

企业使用或销售的存货的计算方法可以采用先进先出法、加权平均法、个别计价法中的一种,但一旦选定,不得随意更改。

六、投资资产的税务处理

投资资产是指企业对外进行权益性投资和债权性投资而形成的资产。投资资产的计税基础同存货税务处理类似。

企业在对外投资期间,投资资产的成本在计算应纳税所得额时不得扣除。

七、税法规定与会计规定差异的处理

企业在财务会计核算中与税法规定不一致的,应当依照税法规定予以调整。

12.5 应纳税额的计算

一、居民企业应纳税额的计算

1. 应纳税额的计算公式

居民企业应纳所得税税额 = 应纳税所得额 × 使用税率 − 减免税额 − 抵免税额

2. 应纳税所得额直接计算方法

应纳税所得额 = 收入总额 − 不征税收入 − 免税收入 − 各项扣除金额 − 弥补亏损

3. 应纳税所得额间接计算方法

$$应纳税所得额 = 会计利润总额 \pm 纳税调整项目金额$$

这里的调整项目金额包括:企业财务会计制度规定的项目范围与税收法规规定不一致的应予调整的金额;企业财务会计制度规定的扣除标准与税法规定的扣除标准不一致的应予以调整的金额。

例1 假定某企业为居民企业,年经营业务如下:

(1) 取得销售收入 2 500 万元。
(2) 销售成本 1 100 万元。
(3) 发生销售费用 670 万元(广告费 450 万元);管理费用 480 万元(其中业务招待费 15 万元);财务费用 60 万元。
(4) 销售税金 160 万元(含增值税 120 万元)。
(5) 营业外收入 70 万元,营业外支出 50 万元(含通过公益性社会团体向贫困山区捐款 30 万元,支付税收滞纳金 6 万元)。
(6) 计入成本、费用中的实发工资总额 150 万元,拨缴职工工会经费 3 万元,支付职工福利费和职工教育经费 29 万元。

计算该企业该年实际应纳的企业所得税。

分析与计算:
① 会计利润总额=2 500+70－1100－670－480－60－40－50=170(万元)
② 广告费和业务宣传费 450>2 500×15%
调增所得额=450－2 500×15%=75(万元)
③ 业务招待费= 2 500×0.5%=12.5(万元)>15×60%
调增所得额=15－15×60%=6(万元)
④ 捐赠支出:30>170×12%
调增所得额=30－170×12%=9.6(万元)
⑤ 税收滞纳金:不得扣除项目
调增所得额:6 万元
⑥ "三费"应调增所得额=3+29－150×18.5%=4.25(万元)
⑦ 应纳税所得额=170+75+6+9.6+6+4.25=270.85(万元)
⑧ 该企业年应缴企业所得税=270.852×25%=67.71(万元)

例2 某工业企业为居民企业,假定经营业务如下:产品销售收入为 560 万元,产品销售成本 400 万元;其他业务收入 80 万元,其他业务成本 66 万元;固定资产出租收入 6 万元;非增值税销售税金及附加 32.4 万元;当期发生的管理费用 86 万元,其中新技术的研发费用为 30 万元;财务费用 20 万元;权益性投资收益 34 万元(已在国外投资方所在地按 15%的税率交纳了所得税);营业外收入 10 万元,营业外支出 25 万元(其中含公益性捐赠 18 万元)。计算该企业年应纳的企业所得税。

分析与计算:
① 会计利润总额=560+80+6+34+10－400－32.4－66－86－20－25=60.6(万元)
② 权益性投资调增所得额=34÷(1－15%)－34=6(万元)
③ 技术开发费调减所得额=30×50%=15(万元)(税收优惠)
④ 捐赠扣除标准=60.6×12%=7.27(万元)
实际捐赠额 18>7.27
捐赠额应调增所得额=18－7.27=10.73(万元)
⑤ 应缴纳企业所得税=(60.6+6－15+10.73)×25%－34÷(1－15%)×15%=9.58(万元)

例3 艾伦机械制造有限公司(居民企业)于2012年1月注册成立进行生产经营,系增值税一般纳税人,该企业采用《企业会计制度》进行会计核算。2012年应纳税所得额为-50万元。2013年度生产经营情况如下:

1. 销售产品取得不含税收入9 000万元;从事符合条件的环境保护项目的收入为1 000万元(第一年取得该项目收入)。

2. 2013年利润表反映的内容如下:

(1) 产品销售成本4 500万元;从事符合条件的环境保护项目的成本为500万元。

(2) 销售税金及附加200万元;从事符合条件的环境保护项目的税金及附加50万元。

(3) 销售费用2 000万元(其中广告费200万元);财务费用200万元。

(4) 投资收益50万元(投资非上市公司的股权投资按权益法确认的投资收益40万元,国债持有期间的利息收入10万元)。

(5) 管理费用1 200万元(其中业务招待费85万元;新产品研究开发费30万元)。

(6) 营业外支出800万元(其中通过省教育厅捐赠给某高校100万元,非广告性赞助支出50万元,存货盘亏损失50万元)。

(7) 全年提取并实际支付工资支出共计1 000万元(其中符合条件的环境保护项目工资100万元),职工工会经费、职工教育经费分别按工资总额的2%、2.5%的比例提取。

(8) 全年职工福利性支出120万元,拨缴工会经费20万元,职工教育费支出25万元。

(9) 假设:① 除资料所给内容外,无其他纳税调整事项;② 从事符合条件的环境保护项目的能够单独核算;③ 期间费用按照销售收入在产品生产和环境保护项目之间进行分配。

计算艾伦公司2013年应缴纳的企业所得税。

分析与计算:

① 2013年会计利润总额=(9 000+1 000)-(4 500+500)-(200+50)+50-(2 000+200+1200)-800=600(万元)

② 2013年收入总额=9 000+1 000+10=10 010(万元)

其中:免税收入=10(万元)

③ 2013年各项扣除

a. 成本=4 500+500=5 000(万元)

b. 销售税金及附加=200+50=250(万元)

c. 期间费用=一般项目费用+环保项目费用=3 028.5+336.5=3 365(万元)

其中:销售费用2 000万元(广告费在销售营业收入15%内据实扣除)

财务费用200万元

管理费用=1 200-35=1 165(万元),这里35万元=85-10 000×5‰

业务招待费限额=10 000×5‰=50<85×60%

则,期间费用分配率=(2 000+200+1 165)÷(9 000+1 000)×100%=33.65%

d. 营业外支出=800-(100-72)-50=722(万元)

公益性捐赠支出扣除限额=600×12%=72(万元)

e. 三项经费调增金额=0(万元)

④ 2013年应纳税所得额=10 010-10-(5 000+250+3 365+722)-30×50%(加计扣除)-50(2012年亏损)=598(万元)

⑤ 2013年应纳所得税额=598×25%-[1 000-(500+50+1 000×33.65%)]×25%
=121.125(万元)

二、境外所得抵扣税额的计算

企业取得的下列已经在境外缴纳的所得税额,可以从其当期应纳税额中抵免,抵免限额为该项所得依照本法规定计算的应纳税额;超过抵免限额部分,可以在以后5个年度内,用每年度抵免限额抵免当年应抵税额后的余额进行抵补;① 居民企业来源于中国境外的应税所得;② 非居民企业在中国境内设立机构、场所,取得发生在中国境外但与该机构、场所有实际联系的应税所得。这里5个年度,是指企业来源于中国境外的所得,依照企业所得税法和本条例的规定计算的应纳税额。

除国务院财政、税务主管部门另有规定外,该抵免限额应当分国(地区)不分项计算,公式如下:抵免限额=中国境内、境外所得依照企业所得税法和条例规定计算的应纳税总额×来源于某国(地区)的应纳税所得额/中国境内、境外应纳税所得总额。

例4 某企业年度境内应纳税所得额为100万元,使用25%的企业所得税税率。另外,该企业分别在A、B两国设有分支机构(我国与A、B两国已经缔结避免双重征税协定),在A国分支机构的应纳税所得额为50万元,A国企业所得税税率为20%;在B国的分支机构的应纳税所得额为30万元,B国企业所得税税率为30%。假设该企业在A、B两国所得按我国税法计算的应纳税所得额和按A、B两国税法计算的应纳税所得额一致,两个分支机构在A、B两国分别缴纳了10万元和9万元的企业所得税。计算该企业汇总时在我国应缴纳的企业所得税税额。

分析与计算:

① 该企业按我国税法计算的境内外所得的应纳税额=(100+50+30)×25%=45(万元)

② A、B两国的扣除限额:

A国扣除限额=45×[50÷(100+50+30)]=12.5(万元)

B国扣除限额=45×[30÷(100+50+30)]=7.5(万元)

在A国缴纳的所得税为10万元,低于扣除限额12.5万元,可全额扣除。在B国缴纳的所得税为9万元,高于扣除限额7.5万元,其超过部分1.5万元当年不得扣除。

③ 汇总时在我国应缴纳的所得税=45-10-7.5=27.5(万元)

三、非居民企业应纳税额的计算

计算方法:

(1) 股息、红利等权益性投资收益和利息、租金、特许权使用费所得,以收入全额为应纳税所得额;

(2) 转让财产所得以收入全额减除财产净值后的余额为应纳税所得额;

(3) 其他所得,参照前两项规定的方法计算应纳税所得额。

例5 某外国公司实际管理机构不在中国境内,也未在中国设立机构、场所,2012年从中国境内某企业获得专有技术使用权转让收入200万元,该技术的成本80万元,从外商投资企业取得税后利润300万元,适用税率10%,此外转让其在中国境内的房屋一栋,转让收入3 000万元,原值1 000万元,已提折旧600万元。计算该外国公司应当缴纳的企业所得税。

分析与计算:

自2008年起,外国企业从外商投资企业取得的税后利润不再免征所得税,应当缴纳10%的预提所得税;取得的利息、租金、特许权使用费所得,以收入全额为应纳税所得额;转让财产所得,以收入全额减除财产净值后的余额为应纳税所得额。

$$预提所得税 = [200 + 300 + (3\,000 - 400)] \times 10\% = 310(万元)$$

12.6 税收优惠

税法规定,企业所得税的税收优惠方式包括免税、减税、加计扣除、加速折旧、减计收入、税额抵免等。

一、免征与减征优惠

符合下列项目所得,可以免征、减征企业所得税:

(1) 从事农林牧渔业项目的下列所得免征企业所得税:谷物、蔬菜、薯类、油料、豆类、棉花、麻类、糖料、水果、坚果的种植;农作物新品种的选育;中药材的种植;林木的培育和种植;牲畜、家禽的饲养;林产品的采集;灌溉、农产品初加工、兽医、农技推广、农机作业和维修等农林牧渔服务业项目;远洋捕捞。而从事花卉、茶、其他饮料作物和香料作物的种植以及海水养殖、内陆养殖的所得减半征收企业所得税。

(2) 从事国家重点扶持的公共基础设施项目投资经营的所得,自项目取得第一笔生产经营收入所属纳税年度起,第一年至第三年免征企业所得税,第四年至第六年减半征收企业所得税。但企业承包经营、承包建设和内部自建自用的非本条规定的项目,不享受本规定的优惠。

(3) 从事符合条件的环境保护、节能节水项目所得获得优惠税收待遇同上述第(2)条。

(4) 在一个纳税年度内,居民企业转让技术所有权所得不超过500万元的部分,免征企业所得税;超过500万元的部分,减半征收企业所得税。

二、高新技术企业优惠

国家重点扶持的高新技术企业减按15%的所得税税率征收企业所得税。国家重点扶持的高新技术企业是指拥有核心自主知识产权,由税务主管部门认定符合条件的企业。

三、小型微利企业优惠

小型微利企业减按20%的所得税税率征收企业所得税。小型微利企业是指工业企业年度应纳税所得额不超过30万元,从业人数不超过100人,资产总额不超过3 000万元;或其他企业年度应纳税所得额不超过30万元,从业人数不超过80人,资产总额不超过1 000万元。

四、加计扣除优惠

加计扣除优惠包括以下两项内容:

(1) 研究开发费。企业研究开发费用未形成无形资产计入当期损益的,在按照规定据实扣除的基础上,按照开发费用的50%加计扣除;形成无形资产的,按照无形资产成本的150%摊销。

(2) 企业安置残疾人所支付的工资,按照据实支付残疾人职工工资的100%加计扣除。

五、创投企业优惠

创投企业从事国家需要重点扶持鼓励的创业投资,可以按投资额的一定比例抵扣应纳税所得额。

当创投企业采取股权投资方式投资于未上市的中小高新技术企业2年以上的,可以按照其投资额的70%在股权持有满2年的当年抵扣该创业投资企业的应纳税所得额;当年不足抵扣的,可以在以后纳税年度结转抵扣。

六、加速折旧优惠

折旧的固定资产主要是指由于技术进步,产品更新换代较快的或常年处于强振动、高腐蚀状态的固定资产。但采取缩短折旧年限的,最低折旧年限不得低于规定折旧年限的60%;采用加速折旧的,可采取双倍余额递减或年数综合法。

七、减计收入优惠

减计收入优惠是指企业综合利用资源,生产符合国家产业政策规定的产品所取得的收入,可以在计算应纳税所得额时减计收入。

八、税额抵免优惠

税额抵免是指企业购置并实际使用国家相关规定的环境保护、节能节水、安全生产等专用设备的,该专用设备的投资额的10%可以从企业当年的应纳税额中抵免;当年不足抵免的,可以在以后5个纳税年度结转抵免。

九、民族自治地方的优惠

民族自治地方的优惠是指民族自治地方的自治机关对本民族自治地方的企业应缴纳的企业所得税中属于地方分享的部分,可以决定减征或免征。但属于国家限制和禁止行业的企业,不得减征或免征企业所得税。

十、非居民企业优惠

非居民企业减按10%的所得税税率征收企业所得税。但下列所得免征企业所得税:外国政府向中国政府提供贷款取得的利息所得;国际金融组织向中国政府和居民企业提供优惠贷款取得的利息所得;经国务院批准的其他所得。

12.7 企业所得税的征收管理

一、纳税年度

企业所得税纳税年度,自公历1月1日起至12月31日止。纳税人在一个纳税年度的中间开业,或者由于合并、关闭等原因,使该纳税年度的实际经营期不足12个月的,应当以其实际经营期为一个纳税年度。企业清算时,以清算期间作为一个纳税年度。

二、缴纳方法与纳税期限

企业所得税按年计征,分月或分季预缴,年终汇算清缴,多退少补。

1. 预缴

纳税人应当在月份或者季度终了后15日内,向其所在地主管税务机关报送会计报表和预缴所得税申报表,并在规定的纳税期限内预缴所得税。

2. 汇算清缴

企业所得税的年终汇算清缴,在年终了后5个月内进行。纳税人年度终止经营活动的,应在实际经营终止之日起60日内,向税务机关办理当期企业所得税汇算清缴。

三、纳税地点

除国家另有规定外,企业所得税由纳税人向其所在地主管税务机关缴纳;当企业注册地与实际经营管理地不一致时,以实际经营地为纳税地。

居民企业在国内设立不具有法人资格的营业机构,应当汇总计算并缴纳企业所得税。

非居民企业在中国境内设立机构、场所的,就其应税所得以机构、场所所在地为纳税地点;非居民企业在中国境内未设立机构、场所的,或所得与机构、场所无直接联系的,以扣缴义务人所在地为纳税地点。

除国务院另有规定外,企业之间不得合并缴纳企业所得税。

四、特别纳税调整

1. 调整范围

特别纳税调整范围是指企业与其关联方之间的业务往来,不符合独立交易原则而减少企业或者其关联方应纳税收入或所得额的,税务机关有权按照合理方法调整。

(1) 关联方的认定

关联方是指与企业有下列关联关系之一的企业、其他组织或个人:

① 在资金、经营、购销等方面存在直接或者间接的控制关系;

② 直接或间接地同为第三者控制;

③ 在利益上具有相关联的其他关系。

(2) 关联企业之间的关联业务处理

① 关联双方共同开发、受让无形资产或者共同提供、接受劳务发生的成本,在计算应纳税所得额时应当按照独立交易原则进行分摊。

② 关联双方分摊成本时,按照成本与预期收益相配比的原则进行分摊,并在税务机关规定的期限内,按照税务机关的要求报送有关资料。

③ 关联双方在分摊成本是违反以上①和②规定的,其自行分摊的成本不得在计算应纳税所得额时扣除。

④ 企业可以向税务机关采取提出处理关联业务的定价原则和计算方法,税务机关与企业协商、确认后,达成预约定价安排。

⑤ 企业向税务机关报送年度企业所得税纳税申报表时,应当就其与关联方之间的业务往来,附送年度关联业务往来报告表。

⑥ 由居民企业或由居民企业和中国居民控制的设立在实际税负明显低于25%的税率水平的国家或地区的企业,并非由合理的经营需要而对利润不做分配或者减少分配的,上述利润中应属于该居民企业的部分,应当计入该居民企业的当期收入。"控制"是指直接或单一持有外国企业10%以上有表决权股份,且由其共同持有该外国企业50%以上股份;或虽没有达到规定标准的持股比例,但在股份、资金、经营、购销等方面对该外国企业构成实质控制。"实际税负明显偏低"是指实际税负明显低于企业所得税法规定的25%所得税率的50%。

⑦ 企业从关联方接受的债权性投资与权益性投资的比例超过规定标准而发生的利息支出,不得在计算应纳税所得额时扣除。

2. 调整方法

税法规定对关联企业所得不实的,调整方法有:可比非受控价格法、再销售价格法、成本加成法、交易净利润法、利润分割法、其他符合独立交易原则的方法。

3. 核定征收

企业不提供与其关联方之间业务往来资料,或提供虚假、不完整资料,未能反映其关联业务往来情况的,税务机关有权依法核定其应纳税所得额。核定方法常见的有参照同类或类似企业的利润率水平、企业成本加合理费用及利润的方法,或按企业集团整体利润的合理比例核定。

《企业所得税法》与国际接轨

1. 《中华人民共和国企业所得税法》对"纳税人"的范围的界定

企业所得税法以法人组织为纳税人,改变了以往内资企业所得税以独立核算的三个条件来判定纳税人标准的做法。按此标准,企业设有多个不具有法人资格营业机构的,实行由法人汇总纳税。

实行法人(公司)税制是世界各国所得税制发展的方向,也是企业所得税改革的内在要求,有利于更加规范、科学、合理地确定企业纳税义务。目前,大多数国家对个人(自然人)以外的组织或者实体课征所得税,一般都是以法人作为纳税主体,因此,企业所得税法以法人组织为纳税人符合国际通行做法。

在纳税人范围的确定上,考虑到实践当中从事生产经营的经济主体组织形式多种多样,为充分体现税收公平、中性的原则,企业所得税法将纳税人的范围确定为企业和其他取得收入的组织。在纳税人范围界定上,按照国际通行做法,将取得经营收入的单位和组织都纳入了征收范围,基本上与现行企业所得税纳税人范围的有关规定保持一致。同时,为增强企业所得税与个人所得税的协调,避免重复征税,企业所得税法明确了个人独资企业和合伙企业不作为企业所得税的纳税人。

按照国际上的通行做法,企业所得税法采用了规范的"居民企业"和"非居民企业"概念对纳税人加以区分。居民企业承担全面纳税义务,就其来源于我国境内外的全部所得纳税;非居民企业承担有限纳税义务,一般只就其来源于我国境内的所得纳税。把企业分为居民企业和非居民企业,是为了更好地保障我国税收管辖权的有效行使。税收管辖权是一国政府在征税方面的主权,是国家主权的重要组成部分。根据国际上通行做法,我国选择了地域管辖权和居民管辖权的双重管辖权标准,最大限度地维护我国的税收利益。

2. 《中华人民共和国企业所得税法》在"税率"方面的调整

以前内资企业和外资企业所得税税率均为33%。同时,对一些特殊区域的外资企业实行24%、15%的优惠税率,对内资微利企业分别实行27%、18%的两档照顾税率等。税率档次多,使不同类型企业名义税率和实际税负差距较大,不利于企业的公平竞争,也容易带来税收漏洞,增加税收征管上的难度。因此,有必要统一内资、外资企业所得税税率。

按照十六届三中全会提出的"简税制、宽税基、低税率、严征管"的税制改革基本原则,结合我国财政承受能力、企业负担水平,考虑世界上其他国家和地区特别是周边地区的实际税率水平等因素,新的企业所得税法将企业所得税税率确定为25%。这一税率在国际上属于适中偏低的水平,从而有利于继续保持我国税制的竞争力,进一步促进和吸引外商投资。

3.《中华人民共和国企业所得税法》对"税前扣除"方面规定的调整

由于内资、外资企业所得税在成本费用等税前扣除方面规定不尽一致,如内资企业所得税实行计税工资限额扣除制度,而外资企业所得税对工资支出实行全额据实扣除等。企业所得税法对企业实际发生的各项支出扣除将做出统一规范,并将在与《中华人民共和国企业所得税法》(以下简称"新税法")同步实施的税法实施条例中对具体的扣除办法做出规定。主要内容包括:取消内资企业实行的计税工资制度,对企业真实合理的工资支出实行据实扣除;适当提高内资企业公益捐赠扣除比例;企业研发费用实行加计扣除;合理确定内外资企业广告费扣除比例。由于新税法扩大了税前扣除标准,缩小了税基,新税法实施后,企业的实际税负将明显低于名义税率。

4.《中华人民共和国企业所得税法》在"税收优惠"方面的调整

现在的企业所得税法根据国民经济和社会发展的需要,借鉴国际上的成功经验,按照"简税制、宽税基、低税率、严征管"的要求,对现行税收优惠政策进行适当调整,将现行企业所得税以区域优惠为主的格局,转为以产业优惠为主、区域优惠为辅、兼顾社会进步的新的税收优惠格局。税收优惠主要原则是:促进技术创新和科技进步,鼓励基础设施建设,鼓励农业发展及环境保护与节能,支持安全生产,统筹区域发展,促进公益事业和照顾弱势群体等,进一步促进国民经济全面、协调、可持续发展和社会全面进步,有利于构建和谐社会。

现在的企业所得税法对现行企业所得税优惠政策进行了调整,主要内容包括:一是对符合条件的小型微利企业实行20%的优惠税率,将国家高新技术产业开发区内高新技术企业15%低税率优惠扩大到全国范围;将环保、节水设备投资抵免企业所得税政策扩大到环保、节能节水、安全生产等专用设备;新增了对创业投资机构、非营利公益组织等机构的优惠政策,以及对企业从事环境保护项目所得的优惠政策。二是保留了对国家重点扶持的基础设施投资的税收优惠政策;保留了对技术转让所得的税收优惠政策;保留了对农林牧渔业的税收优惠政策。三是用特定的就业人员工资加计扣除政策替代现行劳服企业直接减免税政策;用残疾职工工资加计扣除政策替代现行福利企业直接减免税政策;用减计综合利用资源经营收入替代现行资源综合利用企业直接减免税政策。

5.《中华人民共和国企业所得税法》在"反避税"方面的界定

反避税制度是完善企业所得税制度的重要内容之一。借鉴国外反避税立法经验,结合我国税收征管工作实践,企业所得税法将反避税界定为"特别纳税调整",进一步完善现行转让定价和预约定价的法律法规。

为更好地防止避税行为,《中华人民共和国企业所得税法》明确了转让定价的核心原则,即"独立交易原则";明确了企业及相关方提供资料的义务;增列了"成本分摊协议"条款。增加这些内容,进一步完善了转让定价和预约定价立法的内容,强化了纳税人及相关方在转让定价调查中的协力义务,对成本分摊协议的认可和规范有利于保护本国居民无形资产收益权,防止滥用成本分摊协议,乱摊成本费用,侵蚀税基。

税收筹划案例

1.某企业职工人数为1 000人,人均月工资为1 300元。该企业某年度向职工集资人均10 000元,年利率为10%,同期同类银行贷款利率为年利率7%。但年度税前会计利润为300 000元(利息支出全部扣除)。企业所得税法规定,向非金融机构借款的利息支出,不高于按照金融机构同类、同期贷款利率计算的数额以内的部分,准予扣除。因此,超过的部分不能扣除,应该调整应税所得额:1 000×10 000×(10%-7%)=300 000(元)。该企业应该缴纳企业所得税:(300 000+300 000)×25%=150 000(元)。应该代扣代缴个人所得税:10 000×10%×20%×1 000=200 000(元)。请提出该企业的纳税筹划方案。

分析:

如果进行纳税筹划,可以考虑集资利率降低到7%,这样,每位职工的利息损失为:10 000×(10%-7%)=300(元)。企业可以通过提高工资待遇的方式来弥补职工利息上受到的损失,即将职工的平均工资提高到1 600元(2011年9月1日以后,可以提高到3 500元而不用缴纳个人所得税)。这样,企业为本次集资所付的利息与纳税筹划前是一样的,职工所实际获得的利息也是一样的。但在这种情况下,企业所支付的集资利息就可以扣除,由于职工个人的月工资没有超过《中华人民共和国个人所得税法》所规定的扣除额,因此,职工也不需要为此缴纳个人所得税。通过计算可以发现,企业所应当缴纳的企业所得税额为:300 000×25%=75 000(元)。节约企业所得税:150 000-75 000=75 000(元)。另外还可以减少企业代扣代缴的个人所得税:10 000×1 000×(10%-7%)×20%=60 000(元)。经过纳税筹划,职工的税后利益也提高了,可谓一举两得,企业和职工都获得了税收利益。

2. 某公司根据《中华人民共和国企业所得税法实施条例》第87条的规定,可以享受自项目取得第一笔生产经营收入的纳税年度起,第一年至第三年免征税,第四年至第六年减半征收企业所得税的优惠政策。该公司原计划于2014年11月份开始生产经营,当年预计会有亏损,从2014年度至2020年度,每年预计应纳税所得额分为100万元、500万元、800万元、1 000万元、1 500万元和2 000万元。请计算从2014年度到2020年度,该公司应当缴纳多少企业所得税并提出纳税筹划方案。

分析:

该企业从2014年度开始生产经营,应当计算享受税收优惠的期限。该公司2014年度至2016年度可以享受免税待遇,不需要缴纳企业所得税。从2017年度至2019年度可以享受减免征税的待遇,因此,需要缴纳企业所得税=(800+1 000+1500)×25%×50%=412.5(万元)。2020年度不享受税收优惠,需要缴纳企业所得税=2 000×25%=500(万元)。因此,该企业从2014年至2020年合计需要缴纳企业所得税=412.5+500=912.5(万元)。

如果该企业将生产经营日期推迟到2015年1月1日,这样,2015年度是该企业享受优惠的第一年,2015年至2017年,可以享受免税待遇,不缴纳企业所得税。从2018年至2020年,该企业可以享受减半征收的优惠,共需缴纳企业所得税=(1 000+1 500+2 000)×25%×50%=562.5(万元)。经过税收筹划,减轻税负350万元。

练习题

一、单项选择题

1. 按照企业所得税法和实施条例规定,下列表述中不正确的是( )。

A. 发生的与生产经营活动有关的业务招待费,不超过销售(营业)收入5‰部分准予扣除

B. 发生的职工福利费支出,不超过工资薪金总额 14% 的部分准予税前扣除
C. 为投资者或者职工支付的补充养老保险费、补充医疗保险费在规定标准内准予扣除
D. 为投资者或者职工支付的商业保险费,不得扣除

2. 按照企业所得税法和实施条例规定,下列固定资产可以提取折旧的是(　　)。
A. 以经营租赁方式出租的固定资产　　　B. 以融资租赁方式出租的固定资产
C. 未使用的机器设备　　　　　　　　　D. 单独估价作为固定资产入账的土地

3. 企业与其关联方之间的业务往来,不符合独立交易原则,或者企业实施其他不具有合理商业目的安排的,税务机关有权在该业务发生的纳税年度起(　　)年内,进行纳税调整。
A. 2　　　　　B. 3　　　　　C. 5　　　　　D. 10

4. 企业与其关联方共同开发、受让无形资产,或者共同提供、接受劳务发生的成本,在计算应纳税所得额时应当按照(　　)进行分摊。
A. 独立交易原则　　　　　　　　　B. 公平交易原则
C. 方便管理原则　　　　　　　　　D. 节约成本原则

5. 按照企业所得税法和实施条例规定,飞机、火车、轮船以外的运输工具计算折旧的最低年限是(　　)。
A. 3 年　　　　　B. 4 年　　　　　C. 5 年　　　　　D. 10 年

6. 根据企业所得税法的规定,下列税金在计算企业应纳税所得额时,不得从收入总额中扣除的是(　　)。
A. 土地增值税　　　B. 增值税　　　C. 消费税　　　D. 营业税

7. 根据企业所得税法,不得提取折旧的固定资产是(　　)。
A. 以经营租赁方式出租的固定资产　　　B. 以经营租赁方式租入的固定资产
C. 为投入使用的房屋、建筑物　　　　　D. 接受捐赠的机器设备

8. 根据企业所得税的规定,下列各项中,不应计入应纳税所得额的是(　　)。
A. 股权转让收入
B. 因债权人缘故确实无法支付的应付款项
C. 依法收取并纳入财政管理的行政事业性收费
D. 接受捐赠收入

9. 某公司为居民企业,年度向其主管税务机关申报应纳税所得额与利润总额相等,均为 10 万元,其中产品销售收入 5 000 万元,业务招待费 26.5 万元。假设不存在其他纳税调整项目,则该公司该年应缴纳企业所得税为(　　)万元。
A. 5.18　　　　　B. 5.99　　　　　C. 5.15　　　　　D. 5.62

10. 下列不属于企业所得税的视同销售收入的有(　　)。
A. 将外购货物用于集体福利　　　　B. 将资产货物用于交际应酬
C. 将企业的资产用于市场推广　　　D. 将半成品用于连续生产成品

二、多项选择题

1. 按照企业所得税法和实施条例规定,下列各项中属于居民企业的有(　　)。
A. 在江苏省工商局登记注册的企业
B. 在日本注册但实际管理机构在南京的日资独资企业

C. 在美国注册的企业设在苏州的办事处

D. 在江苏省注册但在中东开展工程承包的企业

2. 按照企业所得税法和实施条例规定,下面说法正确的有( )。

A. 企业销售存货,按规定计算的存货成本可以在税前扣除

B. 企业纳税年度发生亏损,准予向后年度结转,直到弥补完为止

C. 企业境外营业机构的亏损可以抵减境内营业税机构的盈利进行汇总缴纳企业所得税

D. 外购商誉的支出,在企业整体转让或者清算时,准予扣除

3. 对于企业所得税法规定的税收优惠政策,下面说法正确的有( )。

A. 采取缩短折旧年限方法加速折旧的,最低折旧年限不得低于实施条例规定折旧年限的60%

B. 安置残疾人员的企业,支付给残疾职工的工资在计算应纳税所得额时按100%加计扣除

C. 创业投资企业从事国家鼓励的创业投资,可按投资额的70%在股权持有满2年的当年抵免应纳税额

D. 符合条件的非营利组织从事营利性活动取得的收入,可作为免税收入,不并入应纳税所得额征税

4. 现行"企业所得税"规定的企业所得税的税收优惠方式包括( )。

A. 加计扣除
B. 加速折旧
C. 减计收入
D. 税额抵免
E. 结转扣除

5. 根据企业所得税法的规定,企业的下列所得可以免征企业所得税的有( )。

A. 农作物新品种的选育
B. 林产品的采集
C. 海水养殖
D. 花卉养殖
E. 香料作物种植

6. 下列项目中,属于企业所得税优惠政策的有( )。

A. 企业的固定资产由于技术进步等原因,可以缩短折旧年限

B. 非居民企业减按15%的所得税税率征收企业所得税

C. 企业购置并实际使用环境保护专用设备的投资,可以按照投资额的70%抵扣应纳税所得额

D. 企业为开发新技术、新产品、新工艺发生的研究开发费用,形成无形资产的,按照无形资产成本的150%摊销

E. 民族自治地方的自治机关对本民族自治地方的企业应缴纳的企业所得税中属于地方分享的部分,可以决定减征或免征

7. 按照企业所得税法和实施条例的规定,工业企业要享受企业所得税法中小型微利企业的优惠税率,必须同时符合( )。

A. 从事国家非限制和禁止行业
B. 年度应纳税所得额不超过30万元
C. 从业人数不超过100人
D. 资产总额不超过3 000万元

8. 按照企业所得税法和实施条例的规定,固定资产的大修理支出,是指同时符合下列( )条件的支出。

A. 修理支出达到取得固定资产时的计税基础50%以上

B. 修理支出达到取得固定资产时的计税基础20%以上

C. 修理后固定资产的使用年限延长2年以上

D. 固定资产必须是房屋、建筑物

9. 根据企业所得税法的规定,下列项目在计算企业应纳税所得额时,不准扣除的有（　　）。

A. 企业利润总额的12%以内的公益性捐赠支出

B. 企业所得税税款

C. 未经核定的准备金支出

D. 向投资者支付的股息、红利等权益性投资收益款项

E. 行政罚款

10. 依据企业所得税的相关规定,下列各项中不能扣除的有（　　）。

A. 非公益性、救济性捐赠

B. 开发无形资产未形成资产的部分

C. 税收滞纳金、罚款、罚金

D. 自然灾害损失有赔偿的部分

E. 企业间支付的管理费

11. 下列属于企业所得税前可以扣除的工资薪金的有（　　）。

A. 基本工资　　　　　　　　　　B. 奖金

C. 独生子女补贴　　　　　　　　D. 非现金形式的劳动报酬

E. 福利费支出

12. 根据企业所得税法优惠的规定,企业购置用于（　　）等专用设备的投资额,可以按一定比例实行税额抵免。

A. 环境保护　　　B. 节能节水　　　C. 安全生产　　　D. 特种工艺

E. 矿山开采

三、计算题

1. 某中外合资企业年度取得境内生产、经营应纳税所得额300万元。设在A国的分公司取得所得150万元,已在A国缴纳所得税60万元。计算该企业境外缴纳税款的允许抵免限额和在我国汇总缴纳的所得税税额。

2. 某市生产企业为增值税一般纳税人,年度相关生产、经营资料如下:

(1) 全年实现不含税销售额8 000万元,取得有形动产租赁业务收入70.2万元;购进原材料取得增值税专用发票,注明购货金额3 400万元,进项税额578万元。

(2) 应扣除的销售商品成本5 000万元;生产销售费用1 000万元,其中含广告费用200万元;生产管理费用960万元(不包括税金),其中含业务招待费35万元,新产品开发费用70万元。

(3) 本年度购买国产设备投资200万元。

试计算该企业应缴纳的增值税和企业所得税。

3. 假定某居民企业年度取得主营业务收入3 000万元,国债利息收入20万元,其他业务收入40万元,与之配比的成本2 100万元,全年发生的管理费用、销售费用和财务费用共

计 600 万元,营业外支出 70 万元(其中公益性捐赠 40 万元),该企业适用 25% 企业所得税税率。求该企业该年应纳企业所得税税额。

4. 某居民企业年度财务资料如下:

(1) 产品销售收入 800 万元,接受捐赠收入 40 万元,出租仓库收入 50 万元,国债利息收入 5 万元,取得政府性基金 5 万元;

(2) 该企业全年发生的产品销售成本 430 万元,销售费用 80 万元,管理费用 20 万元(其中新工艺发生的研究开发费用 10 万元),财务费用 10 万元,营业外支出 3 万元(其中缴纳滞纳金 1 万元),按税法规定缴纳增值税 90 万元,消费税及附加 7.2 万元;

(3) 前一年税务机关核定的亏损 30 万元。

计算该企业该年应纳的企业所得税税额。

5. 某工业企业为居民企业,假定年经营业务如下:

(1) 产品销售收入为 560 万元,房屋出租收入 100 万元;

(2) 产品销售成本 400 万元,房屋出租成本 80 万元;

(3) 非增值税销售税金及附加 32.4 万元;

(4) 当期发生的管理费用 86 万元,其中高新技术的研究开发费用为 30 万元,业务招待费为 10 万元;

(5) 财务费用 20 万元;

(6) 权益性投资收益 16.4 万元(被投资方位于深圳,适用所得税税率为 20%);

(7) 营业外收入 10 万元(其中处置固定资产净收益为 6 万元),营业外支出 25 万元(其中含公益性捐赠 18 万元)。根据上述资料和税法规定,回答下列问题:

(1) 计算该年投资收益的纳税调整金额为( )万元。
A. 0   B. -16.4   C. 1.4   D. 20

(2) 计算该年管理费用纳税调整金额为( )万元(包括加计扣除部分)。
A. 12.3   B. -12.3   C. 8.3   D. -8.3

(3) 计算该年营业外支出的纳税调整金额为( )万元。
A. 0   B. 5.16   C. 12.84   D. 8

(4) 计算该年应纳所得税额为( )万元。
A. 5.79   B. 6.79   C. 7.79   D. 8.79

四、简答题

1. 简述将企业所得税纳税人区分为居民企业和非居民企业的意义。
2. 简述你对企业所得税的扣除项目及其扣除标准的理解。

第十三章 个人所得税

学习目的：通过本章的学习，能够熟悉我国个人所得税的分类所得；掌握我国个人所得税的纳税人、征税对象和税率三要素，以及个人所得税应纳税额的计算；了解个人所得税的征收管理。

13.1 个人所得税概述

一、个人所得税的概念

个人所得税是对个人取得的应税所得征收的一种税种。它最早于1799年在英国创立，现在是世界各国普遍开征的一种税种。

个人所得税是对个人收入所得征收的一种税。个人所得税实行分类征收，将个人所得分为工资薪金所得、个体工商户生产经营所得、承包承租经营所得、劳务报酬所得、稿酬所得、特许权使用费所得、利息股息红利所得、财产租赁所得、财产转让所得、偶然所得和其他所得等11个征税项目，并相应规定了每个应税项目的适用税率、费用扣除标准及计税办法。

个人所得税的税基是个人（主要是城镇居民）收入，其中工资收入的纳税比较规范，是个人所得税的主要来源。工资收入分为两类：一类是从国家机关、事业单位获得的工资收入，它的来源就是税收本身，和国家的工资制度直接相关；另一类是从企业获得的工资收入，它的高低是由劳动力市场的供求状况、企业经营状况和国家的最低工资标准决定的。

二、我国个人所得税制的演变

我国个人所得税制的演变，大致经历了20世纪50年代个人所得税税种的设置、80年代个人所得税制的建立和90年代个人所得税制的改革和完善三个阶段。

1. 50年代个人所得税税种的设置

1950年1月公布实施《全国税政实施要则》，其中确定统一开征薪给报酬所得税、存款利息所得税，这是个人所得税种的首次设置，但由于收入分配制度简单，收入来源单一，个人收入差距不大等原因，薪给报酬所得税并未开征，存款利息所得税也只开征很短一段时间，在1959年就停止了。

2. 80年代个人所得税制的建立

1980年9月10日公布并实施《中华人民共和国个人所得税法》，体现适当调节个人收入，贯彻公平税负，实施合理负担原则，采用分项的征收制，对在中国境内居住的个人所得和不在中国境内居住的个人从中国取得的所得都要征税。但主要纳税对象为在我国从事业务的外籍人员。当时采取较高的费用扣除标准，即每月800元。

由于改革开放,我国经济活动长足发展,为了有效调节社会成员收入水平差距,1986年颁布了《城乡个体工商户所得税暂行条例》,对个体工商户开征所得税。1987年颁布《个人收入调节税》,对境内收入过高的一部分公民的收入进行调节。

3. 90年代个人所得税的完善

为了规范和完善对个人所得课征的制度,为了适应建立社会主义市场经济体制的要求,1993年合并个人所得税、个人收入调节税、城乡个体工商户所得税为个人所得税。1994年《个人所得税法实施细则》实施合并税种,扩大征税范围,调整税率结构,改进征收方式,标志着我国个人所得税制度朝着法制化、科学化、规范化的方向迈进一步。

1998年亚洲金融危机后,为扩大消费和促进投资,恢复对个人储蓄存款利息所得征收个人所得税,适用20%的所得税率。随着形势变化,2007年8月15日起将20%的税率调减为5%,到2008年10月9日,国务院决定对储蓄存款利息所得暂免征收个人所得税。

随着经济增长和居民收入水平提高,为照顾中低收入人群和体现税负公平,2006年1月1日起,对工资、薪金所得以每月收入额减除费用1600元余额作为应税所得额;2008年3月1日起又将扣除基数由1 600元/月上调至2 000元/月,同时个人承包、承租经营所得减除费用标准也由1 600元/月调至2 000元/月;2011年9月1日起,再次调整个人所得税扣除标准至3 500元。

三、个人所得税的作用与特点

有利于增加财政收入,调节个人收入差距,具有其他税种无法替代的作用。

1. 个人所得税的作用

(1) 税基广阔。以纳税人的所得为征税对象,几乎囊括纳税人的全部所得。

(2) 稳定经济。实行超额累进税率和比例税率相结合形式,具有"内在稳定器"的作用。

(3) 调节收入。市场经济形成收入分配不公,存在差距。个人所得税通过累进税率的设定,加之宽泛的费用扣除标准,既可以使纳税人税后收入差距缩小,又能充分体现量能负担原则。

2. 个人所得税的特点

(1) 分类分率课征。我国个人所得税将个人应税所得划分为11类,实行按年、按月或按次计征的分类分率课征制:对工资、薪金所得按月计征,实行7级超额累进税率;对个体工商业经营者、承包、承租者的生产经营所得按年计征,实行5级超额累进税率;对其他所得实行20%的比例税率。

(2) 定额定率扣除。纳税人的各项所得,视情况不同分别采用定额扣除和定率扣除、内外有别的办法:对中国居民取得的工资、薪金所得,每月定额扣除3 500元(2011年9月1日起为3 500元);对外国居民和中国非居民每月定额扣除4 800元;对其他所得定额扣除800元或定率20%扣除费用。

(3) 按月按次计算。实行由支付单位扣缴的源泉征收法,即对可以在应税所得的支付环节扣缴的,均规定必须由支付单位实行代扣代缴,只有在没有扣缴义务人或者个人在两处以上取得工资、薪金所得等少数情况下,才采取由个人自行纳税申报的办法。这些规定简化了征收手续,节省了征税成本和纳税费用,既方便纳税人,也有利于税务机关征收管理。

13.2 个人所得税的纳税人和征收范围

一、个人所得税的纳税人

个人所得税的纳税人是指在中国境内(目前指中国大陆地区,不包括港澳台)有住所,或者无住所而在境内住满一年,并从中国境内和境外取得所得的个人,以及无住所,又不居住,或者无住所而在境内居住不满一年但有从中国境内取得所得的个人,包括中国公民、个体工商户、外籍个人、港澳台同胞等自然人个人以及从事生产经营但不具有法人资格的个体工商户、独资合伙企业。按照国际通常的做法,依据住所和居住时间两个标准,可分为居民和非居民,并分别承担不同的纳税义务。

1. 居民

居民是指在中国境内有住所,或者无住所而在境内住满一年的个人。境内有住所是指由于户籍、家庭、经济利益关系,而在中国境内习惯性居住的个人。习惯性居住是指个人因学习、工作、探亲、旅游等原因消除后,没有理由在其他地方继续居留时,所要回到的地方,而不是实际居住或在某一特定时期内的居住地。境内居住满1年,是指一个纳税年度内(即公历1月1日起至12月31日),在中国境内居住满365天,包括临时离境的天数。临时离境是指在一个纳税年度内,一次不超过30天,或多次累计不超过90天的离境。包括定居的中国公民、外国侨民以及外籍人员和港澳台同胞及华侨。

2. 非居民

非居民是指在中国境内无住所又不居住,或者无住所而在境内居住不满一年的个人。一般指外籍人员、华侨或港澳台同胞。

居民纳税人负有无限纳税义务,其所取得的应税所得,无论是来源于中国境内还是中国境外的任何地方,都要在中国境内缴纳个人所得税。而非居民纳税人承担有限的纳税义务,即仅对来源于中国境内的所得,向中国缴纳个人所得税。

二、个人所得税的征税范围

1. 居民纳税人的纳税范围

(1) 工资、薪金所得。是指个人因任职或受雇佣而取得的工资、薪金、奖金、年终加薪、劳动分红、津贴、补贴以及因任职或受雇佣有关的其他所得。一般来说,工资、薪金所得属于非独立劳动所得,奖金、年终加薪、劳动分红、津贴、补贴也被确定为工资、薪金范畴,都要按工资、薪金所得征税。但不属于工资、薪金性质的补贴、津贴不予征税,包括独生子女补贴、执行公务员工资制度未纳入基本工资总额的补贴、津贴差额和家属成员的副食补贴、托儿补助费、差旅费津贴、误餐补助,但单位以误餐补助名义发给职工的补助、津贴不包括在内。

(2) 个体工商户、独资和合伙企业的生产、经营所得。是指从事工业、手工业、建筑业、交通运输业、商业、饮食业、服务业、修理业以及其他行业生产、经营取得的所得;经政府有关部门批准,取得执照,从事办学、医疗、咨询以及其他有偿服务劳动取得的所得;个人因从事彩票代销业务而取得的所得;其他个人独立劳动所得。取得与生产、经营无关的其他各项应税所得,应分别按照其他应税项目的规定,计征个人所得税,如投资取得股息,按"股息、利息、红利"税目征税。

(3) 对企事业单位的承包、承租经营所得。是指个人承包或承租经营以及转包、转租取得的所得,还包括个人按月或者按次取得的工资、薪金性质的所得。承包分生产经营、采购、销售、建筑安装等多种承包形式,转包包括全部或部分转包。

(4) 劳务报酬所得。是指个人独立从事各种非雇佣的劳务所取得的所得。内容有设计、装潢、安装、制图、化验、测试、医疗、法律、会计、咨询、讲学、新闻、广播、翻译、审稿、书面、雕刻、影视、录音、录像、演出、表演、广告、展览、技术服务、介绍服务、经纪服务、代办服务以及其他劳务等取得的所得。

(5) 稿酬所得。是指个人因其作品以图书、报刊形式出版发表而取得的所得。考虑到它是一种依靠较高智力创作的精神产品,具有普遍性以及报酬相对较低的现实情况,而不与审稿、书画等所得归为劳务报酬所得。

(6) 特许权使用费所得。是指个人提供专利权、商标权、著作权、非专利技术以及其他特许权的使用取得的所得(不包括稿酬所得)。

(7) 财产租赁所得。是指个人因出租建筑物、土地使用权、机器设备、车辆以及其他财产取得的所得。个人取得的财产转租收入也属于"财产租赁所得"的征税范围。

(8) 财产转让所得。是指个人转让有价证券、股权、建筑物、土地使用权、机器设备、车船以及其他财产取得的所得(股票转让所得暂不征收个人所得税)。

(9) 利息、股息和红利所得。是指个人因为拥有债权、股权而取得的利息、股息、红利所得。其中,国债和国家发行的金融债券的利息不予缴纳个人所得税,除另有规定外,利息、股息、红利都需交纳个人所得税。

(10) 偶然所得。是指个人得奖、中奖、中彩以及其他偶然性质的所得。个人所得税税款一律由发奖单位或机构代扣代缴。

(11) 其他所得。除上述外,其他由国务院财政部门确定,有必要征税的个人所得,或个人取得难以确定应税项目的,由主管税务机关确定。

2. 非居民纳税人的纳税范围

(1) 在中国境内的公司、企业、事业单位、机关、社会团体、部队、学校等单位或经济组织中任职、受雇而取得的工资、薪金所得;

(2) 在中国境内提供各种劳务而取得的劳务报酬所得;

(3) 在中国境内从事生产、经营活动而取得的所得;

(4) 个人出租的财产,被承租人在中国境内使用而取得的财产租赁所得;

(5) 转让中国境内的房屋、建筑物、土地使用权,以及在中国境内转让其他财产而取得的财产转让所得;

(6) 提供在中国境内使用的专利权、专有技术、商标权、著作权以及其他各种特许权利而取得的特许权使用费所得;

(7) 因持有中国的各种债券、股票、股权,而从中国境内的公司、企业或其他经济组织以及个人取得的利息、股息、红利所得;

(8) 在中国境内参加各种竞赛活动取得名次的奖金所得,参加中国境内有关部门和单位组织的有奖活动而取得的中奖所得,购买中国境内有关部门和单位发行的彩票而取得的中奖所得;

(9) 在中国境内以图书、报刊方式出版、发表作品而取得的稿酬所得。

13.3 个人所得税的税率与所得税额的计算

个人所得税的计税依据是应税个人所得,税率按所得项目不同分别确定。

一、工资、薪金所得

1. 工资、薪金所得税税率

表 13-1 工资、薪金所得个人所得税税率表(2011 年 9 月 1 日起)

级数	全月应纳税所得额	税率(%)	速算扣除数
1	不超过 1 500 元的部分	3	0
2	超过 1 500~4 500 元的部分	10	105
3	超过 4 500~9 000 元的部分	20	555
4	超过 9 000~35 000 元的部分	25	1 005
5	超过 35 000~55 000 元的部分	30	2 755
6	超过 55 000~80 000 元的部分	35	5 505
7	超过 80 000 元的部分	45	13 505

本表所称全月应纳税所得额是指每月收入额减除 3 500 元后的余额或者减除费用后的余额。

2. 应纳税所得额的确定与应纳税额的计算

(1) 工资、薪金所得实行按月计征办法,以个人每月收入额固定减除 3 500 元费用后的余额为应纳税所得额,即:

$$应纳税所得额 =(应发工资 - 社会保障金)- 3\ 500$$

$$应纳个人所得税税额 = 全月应纳税所得额 \times 税率 - 速算扣除数$$

$$实发工资 = 应发工资 - 社会保障金 - 个人所得税$$

(2) 其他扣除费用的规定

① 附加减除费用。对在中国境内无住所而在中国境内取得工资、薪金所得的纳税义务人和在中国境内有住所而在中国境外取得工资、薪金所得的纳税义务人,允许每月再附加减除费用 1 300 元,其个人应纳税所得额的计算公式为:应纳税所得额=月工资、薪金收入-4 800元。

② 境内、境外分别取得工资、薪金所得的费用扣除。纳税人在境内、境外同时取得工资、薪金所得,应首先判断其境内、境外取得的所得是否来源于一国的所得,如果因任职、受雇、履约等而在中国境内提供劳务取得所得,无论支付地点是否在中国境内,均为来源于中国境内的所得。

纳税人能够提供在境内、境外同时任职或者受雇及其工资、薪金标准的有效证明文件,可判定其所得是分别来自境内和境外的,应分别减除费用后计税。如果纳税人不能提供上述证明文件,则应视为来源于一国所得。若其任职或者受雇单位在中国境内,应为来源于中国境内的所得;若其任职或受雇单位在中国境外,应为来源于中国境外的所得,依照有关规定计税。

③ 不满一个月的工资、薪金应纳所得税税额的计算。在中国境内无住所的个人,凡在中国境内不满一个月并仅就不满一个月期间的工资、薪金所得纳税申报,均按全月工资、薪金所得为计税依据计算其实际应纳税额。应纳税额=(当月工资、薪金应纳税所得额×适用税率-速算扣除数)×(当月实际在中国境内的天数/当月天数)。

④ 个人一次取得数月奖金、年终加薪或劳动分红的费用扣除。对取得除全年一次性奖金以外的其他各种名目的奖金,并入当月工资、薪金收入一起计算纳税。

⑤ 对实行年薪制的企业经营者应纳税额的计算。实行按年计税,分月预缴方式计征。即每月按月领的基本收入作为应税所得额计算应纳税额并预缴,年度终了领取效益收入,合计全年基本收入和效益收入,再按12个月平均计算实际应纳税额。

⑥ 对退职人员一次取得较高退职费收入的,符合《国务院关于世世代代退休、退职的暂行办法》规定的,免征个人所得税;若不符规定的,按工资、薪金所得在领取的当月按规定计算缴纳个人所得税。

⑦ 个人取得全年一次性奖金(含税)。单独作为一个月工资、薪金所得计算纳税,计算方法是:第一步,将奖金除以12,得其商数确定适用税率A和速算扣除数B;第二步,代入公式,应纳税额=全年一次性奖金×A-B。

若个人月工资、薪金所得M小于3 500元,则A和B由[一次性奖金-(3 500-M)]÷12的商数确定,应纳税额=[一次性奖金-(3 500-M)]×A-B。

对于不含税全年一次性奖金应纳个人所得税税额的计算,首先将不含税收入转换成含税收入,然后再按上述步骤计算。

例1 李某2013年12月份取得工资收入4 800元,当月取得年终加薪8 000元,求李某应纳个人所得税。

分析与计算:

工资应纳税额 = (4 800 + 8 000 - 3 500) × 25% - 1 005 = 1 320(元)

⑧ 双薪的计税方法。年终双薪就是多发一个月的工资,就机关而言,按年终一次性奖金规定计算个人所得税;就企业而言,与年终一次性奖金合并计算个人所得税,否则并入当月工资,计算个人所得税。

二、个体工商户所得税税率

1. 个体工商户个人所得税税率

表13-2 个体工商户个人所得税税率表(2011年9月1日起)

级数	全年应纳税所得额	税率(%)	速算扣除数
1	不超过15 000元的	5	0
2	超过15 000~30 000元的	10	750
3	超过30 000~60 000元的	20	3 750
4	超过60 000~100 000元的	30	9 750
5	超过100 000元的	35	14 750

全年应纳税所得额是指一个纳税年度的收入总额减去必要项目,再减去全年42 000元费用扣除标准后的余额。

个人独资和合伙企业的生产经营所得和承包、承租所得的个人所得税税率与个体工商户所得税税率相同。

2. 应纳税所得额

(1) 个体工商户的生产、经营所得适用五级超额累进税率,以其纳税所得额按适用税率计算应纳税额。其计算公式为:

$$应纳税额 = 应纳税所得额 \times 适用税率 - 速算扣除数$$

$$应税所得额 = 收入总额 - (成本+费用+损失+准予扣除的税金) - 规定的费用扣除标准$$

① 对于实行查账征收的个体工商户,其生产、经营所得或应纳税所得额是每一纳税年度的收入总额,减去成本、费用、损失及准予扣除的税金后的余额。应纳税所得额=收入总额-(成本+费用+损失+准予扣除的税金)-规定的费用扣除标准,以上各项应当按照权责发生制原则确定。

纳税人的下列支出不能税前扣除:被没收的财物、支付的罚款;纳税的个人所得税和各种税收的滞纳金、罚款和罚金;赞助支出(国家另有规定者除外);自然灾害或者意外事故损失取得赔偿的部分;分配给投资者的股利;用于个人和家庭的支出;与生产、经营无关的其他支出;国家税务总局规定不能扣除的其他支出。

这里需要说明的是:从2011年9月1日起,个体工商户业主的费用扣除标准统一确定为42 000元/年,即3 500元/月;个体工商户的生产经营中从业人员的工资扣除标准,由各省、自治区、直辖市地方税务机关根据当地实际情况确定,并报国家税务总局备案;个体工商户在生产经营中的利息支出,凡有合法证明的,不高于按金融机构同类、同期利率基数的数额部分,准予扣除;个体工商户和从事生产经营的个人,取得与生产、经营活动无关的各项应税所得,应分别适用各应税所得项目规定计征个人所得税。其他扣除项目与标准基本同企业所得税,其中扣除标准不同的是捐赠扣除限额为不超过应纳税所得额的30%部分据实扣除。不得扣除项目基本同企业所得税要求,其中用于家庭和个人的支出和个体工商户业主工资不得税前扣除。

② 个体工商户生产、经营所得的应纳税实行按年计算或分季预缴、年终汇算清缴、多退少补的方法。其计算公式为:

$$本月应预缴税额 = 本月累计应纳税所得额 \times 适用税率 - 速算扣除数 - 上月累计已预缴税额$$

上式中的适用税率是指与计算应纳税额的月份里累计应纳税所得对应的税率,该税率从《五级超额累进所得税税率表》(年换算月)中查找确定。

$$全年应得税额 = 全年应纳税所得额 \times 适用税率 - 速算扣除数$$

$$汇算清缴税额 = 全年应纳税额 - 全年累计已缴税额$$

(2) 对企事业单位承包经营、承租经营所得的计税方法

① 应纳税所得额的确定。对企事业单位承包经营、承租经营所得的以每一纳税年度的收入总额,减除必要费用后的余额,为应纳税所得额。每一纳税年度收入总额指按照承包经营、承租经营合同规定分得的经营利润和工资、薪金性质的所得。个人的承包、承租经营所

得,既有工资、薪金性质,又含生产、经营性质,但考虑到个人按承包、承租经营合同规定分到的经营利润,涉及的生产、经营成本费用已经扣除,所以税法规定,减除必要费用是指按月减除3 500元。

承包人、承租人按照合同(协议)的规定,只向发包人、出租人缴纳一定的费用,企业经营成果归承包人、承租人所有的,按照个体工商户所得缴纳个人所得税。如果承包人、承租人对企业的经营成果没有所得权,只是按照合同(协议)的规定取得一定的收入,则应当按照工资、薪金所得缴纳个人所得税。

② 应缴纳税额的计算

对企事业单位承包经营、承租经营所得适用五级超额累进税率,以其应纳税所得额按适用税率计算应纳税额。应纳所得税额＝应纳税所得额×适用税率－速算扣除数/(纳税年度收入总额－必要费用)×适用税率－速算扣除数。

例2 假定2011年3月1日,李某与事业单位签订承包合同经营招待所,承包期3年。2011年招待所实现承包经营利润150 000元,按合同约定,承包人每年应从承包利润中上缴承包费30 000元。计算李某2011年应纳所得税税额。

分析与计算:

① 2011年应纳税所得额＝承包经营利润－上缴承包费－每月必要费用扣除合计
$$=150\,000-30\,000-2\,000\times6-3\,500\times4=94\,000(元)$$

② 应纳税额＝年应纳税所得额×适用税率－速算扣除数
$$=94\,000\times30\%-9\,750=18\,450(元)$$

(3) 个人独资企业和合伙企业应纳个人所得税的计算

对个人独资企业和合伙企业应纳个人所得税的计算,分以下两种方法:

第一种:查账征收

① 从2011年9月1日起,投资者本人的扣除费用标准统一为42 000元/年,投资者工资不得在税前扣除。

② 个体工商户的生产经营中从业人员的工资扣除标准,由各省、自治区、直辖市地方税务局参照企业所得税计税工资标准确定。

③ 企业生产经营和投资者以及家庭生活共用的固定资产,难以划分的,由主管税务机关根据企业的生产经营类型、规模等具体情况,核定准予在税前扣除的折旧费用的数额或比例。

④ 投资者及其家庭发生的生活费用不允许在税前扣除。

⑤ 企业发生的"三费"分别在其计税工资总额的2%、14%、2.5%的标准内据实扣除。

⑥ 企业每一纳税年度发生的与生产经营业务直接相关的业务招待费,在以下规定范围内,按发生额的60%据实扣除,但最高不超过全年销售(营业)收入的0.5%。

⑦ 企业每一纳税年度发生的广告和业务宣传费不超过当年销售(营业)收入的15%,可据实扣除;超过部分可向以后的纳税年度结转。

⑧ 企业计提的各种准备金不得扣除。

⑨ 投资者兴办两个(以上)独资企业的,应纳税款的计算方法如下:

$$应纳税所得额 = \sum 各个企业的经营所得$$

$$应纳税额 = 应纳税所得额 \times 税率 - 速算扣除数$$

本企业应纳税额 = 应纳税额×本企业的经营所得÷$\sum$各个企业的经营所得

本企业应补缴的税额 = 本企业应纳税额 − 本企业预交的税额

第二种：核定征收

核定征收方式包括定额征收、核定应税所得率征收或其他合理征收方式。

① 定额征收方式：应纳所得税额 = 应纳税所得额×适用税率

应纳税所得额 = 收入总额×应税所得率

或　　 = 成本费用支出额÷(1−应税所得率)×应税所得率

个人应税所得核定征收率执行标准：工业、交通运输业、商业为5%~20%；建筑、房地产开发业为7%~20%；饮食服务业为7%~25%；娱乐业为20%~40%；其他行业为10%~30%。企业经营多业的，均根据主营项目确定其适用的应税所得率。

② 实行核定征收的投资者，不得享受个人所得税的优惠政策。

③ 实行查账征收的改为核定征收方式后，在查账征税方式下认定的年度经营亏损未补完的部分，不得再继续弥补。

三、劳务报酬所得的税率及应纳税额的计算

1. 纳税人的劳务报酬所得，适用20%的比例税率。

表13−3　劳务报酬所得一次收入畸高的税率

级数	全月应纳税所得额	税率(%)	速算扣除数(元)
1	不超过20 000元的	20	0
2	20 000~50 000元的部分	30	2 000
3	50 000元以上的部分	40	7 000

2. 劳务报酬所得个人所得税应纳税额的计算公式：

(1) 每次收入额不足4 000元的，费用扣除一次800元：

应纳税额 = 应纳税所得额×适用税率 = (每次收入额−800)×20%

(2) 每次收入在4 000元以上的，一次所得的20%作为费用扣除：

应纳税额 = 应纳税所得额×适用税率 = 每次收入额×(1−20%)×20%

(3) 每次收入的应纳税所得额超过20 000元的(一次收入畸高)：

应纳税额 = 应纳税所得额×适用税率 − 速算扣除数

= 每次收入额×(1−20%)×适用税率 − 速算扣除数

所谓"劳务报酬所得一次收入畸高的"，是指个人一次取得劳务报酬，其应纳税所得额超过20 000元。劳务报酬所得加成征税采取超额累进办法，对应纳税所得额超过20 000元至50 000元的部分，依照税法规定计算应纳税额后，再按照应纳税额加征五成；对超过50 000元的部分，按应纳税额加征十成，这等于对应纳税所得额超过20 000元和超过50 000元的部分分别适用30%和40%的税率。

一次性收入以取得该项收入为一次，按次确定应纳税所得额；凡属于同一项目连续性收

入的,以一个月内取得的收入为一次,据以确定应纳税所得额;对中介人和相关人员取得的报酬,在定率扣除20%费用后,不再扣除,应分别计征。

例3 李某2006年8月参加营业性演出3次,每次取得收入1 000元,同时从某公司取得咨询费30 000元,计算其应缴纳的所得税。

分析与计算:

咨询费应缴纳的个人所得税 $= 30\ 000 \times (1-20\%) \times 30\% - 2\ 000 = 5\ 200 (元)$

演出费应纳个人所得税 $= (1\ 000 \times 3 - 800) \times 20\% = 440 (元)$

(4) 为纳税人代付税款的计算

如果单位或个人为纳税人代付税款,应将纳税人的不含税支付额换算成应纳税所得额,然后按规定计算应代付的个人所得税款。计算公式为:

① 不含税收入不超过3 360元的:

应纳税所得额 $=$ (不含税收入 $-$ 800) $\div$ (1 $-$ 税率)

应纳税额 $=$ 应纳税所得额 $\times$ 适用税率

② 不含税收入超过3360元的:

应纳税所得额 $=$ [(不含税收入 $-$ 速算扣除数) $\times$ (1 $-$ 20%)] $\div$ [1 $-$ 税率 $\times$ (1 $-$ 20%)]

应纳税额 $=$ 应纳税所得额 $\times$ 适用税率

四、稿酬所得的税率及计税方法

1. 稿酬所得费用扣除方法与劳务报酬相同

每次收入不超过4 000元的,费用扣除一次800元;每次收入超过4 000元的,所得的20%作为费用扣除,余额为应纳税所得额。属于同一项目的连续性收入,不能划分次数的,可将一个月内取得的收入合并为一次收入,然后扣除费用,得到应纳税所得额。

2. 每次收入的确定

所谓"每次取得的收入",是指以每次出版、发表作品取得的收入为一次,据以确定应纳所得额:① 个人每次以图书、报刊方式出版、发表同一作品,不论出版单位是预付还是分笔支付稿酬,或者加印该作品后再付稿酬,均应合并为一次征税。② 在两处或两处以上出版、发表或再版同一作品而取得的稿酬,则各处取得的所得或再版所得可以分别征税。③ 个人的同一作品在报刊上连载,应合并其因连载而取得的所得为一次。连载之后又出书取得稿酬的,或先出书后连载取得稿酬的,应视同再版稿酬分次征税。④ 同一作品出版、发表后,因添加印数而追加稿酬的,应与以前出版、发表时取得的稿酬合并计算为一次,计征个人所得税。⑤ 作者去世后,对取得其遗作稿酬的个人,按稿酬所得征税。

3. 应纳税额的计算方法

稿酬所得适用20%的比例税率,并按规定对应纳税额减征30%,即实际缴纳税额是应纳税额的70%,其计算公式为:应纳税额=应纳税所得额×适用税率

实际缴纳税额 $=$ 应纳税额 $\times$ (1 $-$ 30%)

例4 国内某作家的一篇小说先在某晚报上连载三月,每月取得稿酬3 600元,然后送

交出版社出版,一次取得稿酬 20 000 元,该作家因此需缴多少个人所得税?

分析与计算:

① 同一作品在报刊上连载取得收入应纳个人所得税为:

$$3600 \times 3 \times (1-20\%) \times 20\% \times (1-30\%) = 1\,209.6(元)$$

② 同一作品先报刊连载,再出版(或相反)视为两次稿酬所得,应纳个人所得税为:

$$20\,000 \times (1-20\%) \times 20\% \times (1-30\%) = 2\,240(元)$$

③ 共要缴纳个人所得税 $= 1\,209.6 + 2\,240 = 3\,449.6(元)$

五、特许权使用费所得的税率及所得税的计算

特许权使用费所得费用扣除计算方法与劳务报酬所得相同。其中,每次收入是指一项特许权的一次许可证许可使用所取得的收入。对个人从事技术转让中所支付的中介费,若能提供有效合法凭证,允许从其所得中扣除。

特许权使用费所得适用 20% 的比例税率,其应纳税额的计算公式为:

(1) 每次收入不足 4 000 元的,费用扣除一次 800 元:

$$应纳税额 = 应纳税所得额 \times 适用税率 = (每次收入额 - 800) \times 20\%$$

(2) 每次收入额在 4 000 元以上的,所得的 20% 作为费用扣除:

$$应纳税额 = 应纳税所得额 \times 适用税率 = 每次收入额 \times (1-20\%) \times 20\%$$

例 5 某人在 2000 年取得特许权使用费两次,一次收入 3 000 元,另一次收入 8 000 元,其应纳个人所得税共计为多少?

分析与计算:

① 特许权使用费所得以转让一次为一次收入。

② 应纳税额 $= (3\,000 - 800) \times 20\% + 8\,000 \times (1-20\%) \times 20\% = 1\,720(元)$

六、利息、股息、红利所得的税率及计税方法

利息、股息、红利所得以个人每次取得的收入额为应纳税所得额,不得从收入额中扣除任何费用。其中,每次收入是指支付单位或个人每次支付利息、股息、红利时,个人所取得的收入。对于股份制企业在分配股息、红利时,以股票形式向股东个人支付应得的股息、红利(即派发红股),应以派发红股的股票票面金额为收入额,计算征收个人所得税。

利息、股息、红利所得适用 20%(或 5%)的比例税率。其应纳税额的计算公式为:

$$应纳税额 = 应纳税所得额(每次收入额) \times 适用税率$$

这里储蓄利息适用税率,2007 年 8 月 15 日以前为 20%,8 月 15 日开始为 5%,2008 年 10 月 9 日开始储蓄利息所得免征个人所得税。

七、财产租赁所得的税率及所得税的计算

财产租赁所得适用 20% 的比例税率。但对个人按市场价格出租的居民住房取得的所得,自 2001 年 1 月 1 日起暂按 10% 税率征收个人所得税。

1. 费用的扣除规定

财产租赁所得一般以个人每次取得的收入,定额或定率减除规定费用后的余额为应纳税所得额。每次收入不超过 4 000 元,定额减除费用 800 元;每次收入在 4 000 元以上,定率

减除20%的费用。财产租赁所得以一个月内取得的收入为一次。

在确定财产租赁的应纳税所得额时,纳税人在出租财产过程中缴纳的税金和教育费附加,可持完税(缴款)凭证,从其财产租赁收入中扣除。准予扣除的项目除了规定费用和有关税费外,还准予扣除能够提供有效准确凭证,证明由纳税人负担的该出租财产实际开支的修缮费用。允许扣除的修缮费用,以每次800元为限。一次扣除不完的,准予在下一次继续扣除,直到扣完为止。

个人出租财产取得的财产租赁收入,在计算缴纳个人所得税时,应依次扣除以下费用:
① 财产租赁过程中的税费;
② 由纳税人负担的该出租财产实际开支的修缮费用;
③ 税法规定的费用扣除数。

2. 应纳税所得额的计算

财产租赁所得适用20%的比例税率。其应纳税额的计算公式为:
① 每次(月)收入不超过4 000元的:应纳税所得额=每次(月)收入额－准予扣除项目－修缮费用(800元为限)－800元
② 每次(月)收入超过4 000元的:应纳税所得额=[每次(月)收入额－准予扣除项目－修缮费用(800元为限)]×(1－20%)

$$应纳税额 = 应纳税所得额 \times 适用税率$$

在实际征税过程中,有时会出现财产租赁所得的纳税人不明确的情况。对此,在确定财产租赁所得纳税人时,应以产权凭证为依据。无产权凭证的,由主管税务机关根据实际情况确定纳税人。如果产权所有人死亡,在未办理产权继承手续期间,该财产出租且有租金收入的,以领取租金的个人为纳税人。

例6 张某将私房出租,月租金2 000元,年租金24 000元,其全年应纳个人所得税为多少?

分析与计算:
① 财产租赁所得以一个月取得的所得为一次计税。
② 全年应纳个人所得税为:(2 000－800)×10%×12=1 440(元)

若本例中,除租金还负担了全年营业税、城市维护建设税、房产税、教育费附加等共计3 600元,则全年应纳个人所得税为:(2 000－300－800)×10%×12=1 080(元)

若本例中2月份发生修理费用300元,有维修部门的正式发票,则全年应纳所得税税额为:2月份应纳所得税税额=(2 000－300－800)×10%=90(元)

全年应纳税额=(2 000－800)×10%×11+90=1 410(元)

八、财产转让所得的税率及所得税的计算

1. 一般情况财产转让所得

财产转让所得以个人每次转让财产取得的收入额减除财产原值和合理费用后的余额为应纳税所得额。财产转让所得税税率采用比例税率为20%,财产转让所得应纳所得税的计算公式为:

$$应纳税所得额 = 每次收入额 － 财产原值 － 合理费用$$

$$应纳税额 = 应纳税所得额 \times 20\%$$

财产转让所得中允许减除的规定：

① 有价证券。其原值为买入价以及买入时按规定交纳的有关费用。一般来说，转让债权采用"加权平均法"确定其应予减除的财产原值和合理费用，计算公式如下：

每次卖出债券应纳个人所得税额＝

（该次卖出该类债券收入－该次卖出该类债券允许扣除的买价和费用）×20%

② 建筑物。其原值为建造费或者购进价格以及其他有关费用。

③ 土地使用权。其原值为取得土地使用权所支付的金额、开发土地的费用以及其他有关费用。

④ 机器设备、车船。其原值为购进价格、运输费、安装费以及其他有关费用。

⑤ 其他财产。其原值参照以上方法确定。如果纳税人未提供完整、准确的财产原值凭证，不能正确计算财产原值的，由主管税务机关核定其财产原值。

财产转让所得中允许减除的合理费用，是指卖出财产时按照规定支付的有关费用。

例7 李某造一座房子，造价36 000元，支付费用2 000元。他以60 000元价格转让这座房子，在卖房过程中按规定支付交易费等有关费用2 500元，计算李某个人应纳所得税。

分析与计算：

$$应纳税所得额 = 60\,000 - (36\,000 + 2\,000) - 2\,500 = 19\,500(元)$$

$$应纳税额 = 19\,500 \times 20\% = 3\,900(元)$$

2. 个人住房转让所得应纳税额的计算

国税发〔2006〕108号文对个人住房转让征收管理进一步明确规定，自2006年8月1日起，个人住房转让应纳税额的计算具体规定是：

① 以实际成交价格为转让收入，无正当理由明显低于市场价格的，征收机关在保证各种计税价格一致的基础上，依法有权根据有关信息核定其转让收入；

② 纳税人可凭原购房合同、发票等有关凭证，经有关税务机关审核后，允许从其转让收入中减除房屋原值、转让过程中缴纳的税金及有关合理费用；

③ 纳税人未提供完整、准确地房屋原值凭证，不能正确计算房屋原值和应纳税额的，税务机关可按纳税人住房转让收入的一定比例核定应纳个人所得税。

3. 个人销售无偿受赠不动产应纳税额的计算

国税发〔2006〕144号文，规定个人将受赠不动产对外销售应征个人所得税，具体规定如下：

① 按财产转让所得征收；

② 按财产转让收入减除受赠、转让住房过程中缴纳的税金及有关合理费用后的余额为应纳税所得额，按20%的适用税率计算缴纳个人所得税；

③ 税务机关不得核定征收。

九、偶然所得的所得税计算

偶然所得以个人每次取得的收入额为应纳税所得额，不扣除任何费用。除有特殊规定外，每次收入额就是应纳税所得额，以每次取得的该项收入为一次。

偶然所得适用20%的比例税率。其应纳税额的计算公式为：

应纳税额 = 应纳税所得额(每次收入额)×20%

十、个人所得税的特殊计税方法

(1) 扣除捐赠款的计税方法

个人将其所得向教育事业和其他公益事业捐赠的部分,允许从应纳税所得额中扣除。上述捐赠是指个人将其所得通过中国境内的社会团体、国家机关向教育和其他社会公益事业以及遭受严重自然灾害地区、贫困地区的捐赠。

捐赠额的扣除以不超过纳税人申报应纳税所得额的30%为限。计算公式为:

捐赠扣除限额 = 应纳税所得额×30%

允许扣除的捐赠额 = 实际捐赠额≤捐赠限额的部分

如果实际捐赠额大于捐赠限额时,只能按捐赠限额扣除。

应纳税额 =（应纳税所得额－允许扣除的捐赠额）×适用税率－速算扣除数

目前,个人通过非营利性的社会团体和政府部门的下列公益性捐赠,允许税前全额扣除:对红十字事业的捐赠;对福利性、非营利性老年服务机构的捐赠;对公益性青少年活动场所的捐赠;对农村义务教育的捐赠;对教育事业的捐赠等。

(2) 对中国境内无住所的个人一次取得数月奖金或年终加薪、劳动分红的计税方法

对中国境内无住所的个人一次取得数月奖金或年终加薪、劳动分红的,对以上取得的收入,可单独作为1个月的工资、薪金所得计算纳税,但不再减除费用,全额作为应税所得额直接按适用税率计算应纳税额,并且不按居住天数进行划分计算。但该人在担任境外企业职务的同时,兼任该外国企业在华机构的职务,但并不实际或不经常在华履行该在华机构职务,对其一次取得的数月奖金中属于全月未在华的月份奖金,依照劳务发生地原则,可不作为来源于中国境内的奖金收入计算。

(3) 在外商投资企业、外国企业和外国驻华机构工作的中方人员取得的工资、薪金所得征税的计算

在外商投资企业、外国企业和外国驻华机构工作的中方人员取得的工资、薪金收入,凡是由雇佣单位和派遣单位分别支付的,支付单位应按税法规定代扣代缴个人所得税。同时,按税法规定,纳税人应以每月全部工资、薪金收入减除规定费用后的余额作为应税所得额。为了有利于征管,雇佣单位和派遣单位分别支付工资、薪金的,采取一方（雇佣方）减除费用,另一方以支付总额直接确定使用税率,计征所得税。但纳税人应持两方支付单位提供的原始明细工资、薪金单（书）和完税凭证原件,选择到固定一地税务机关申报每月工资、薪金收入,汇算清缴其工资、薪金收入的个人所得税,多退少补。

在外商投资企业、外国企业和外国驻华机构工作的中方人员取得的工资、薪金收入,应全额征税。但能够提供有效证明,其所得的一部分按照有关规定上缴派遣（介绍）单位的,可扣除其实际上缴的部分,按其余额计征个人所得税。

例8 李某为一外资企业雇佣的中方人员,假定某月,该外商投资企业支付李某薪金9 000元,同月,李某还收到其所在的派遣单位发给的工资4 000元。问:该外商投资企业应如何扣缴李某个人所得税? 李某实际的个人所得税为多少?

分析与计算:

① 外商投资企业应为李某扣缴的个人所得税为：

$$扣缴税额 = （每月收入额 - 3\,500）\times 适用税率 - 速算扣除数$$
$$= (9\,000 - 3\,500) \times 20\% - 555 = 545(元)$$

② 派遣单位应为李某扣缴个人所得税为：

$$扣缴税额 = 每月收入额 \times 适用税率 - 速算扣除数$$
$$= 4\,000 \times 10\% - 105 = 295(元)$$

③ 李某实际应缴个人所得税为：

$$应纳税额 = （每月收入额 - 3500）\times 适用税率 - 速算扣除数$$
$$= (9\,000 + 4\,000 - 3\,500) \times 25\% - 1\,005 = 1\,370(元)$$

因此，李某在某税务机关申报时，还应补缴 $1\,370 - 545 - 295 = 530$（元）。

13.4 个人所得税征收管理

一、税收优惠

1. 免征个人所得税的优惠

(1) 各级人民政府、国务院部委和中国人民解放军以上单位，以及外国组织颁发的科学、教育、技术、文化、卫生、体育、环境保护等方面的奖金；

(2) 国债和国家发行的金融债券利息；

(3) 按照国家统一规定发给的补贴、津贴（国务院颁发的）；

(4) 福利费、抚恤金、救济金；

(5) 保险赔偿；

(6) 军人的转业费、复员费；

(7) 按照国家统一规定发给干部、职工的安家费、退职费、退休工资、离休工资、离休生活补助费；

(8) 依照我国有关法律规定应予免税的各国驻华使馆、领事馆的外交代表、领事官员和其他人员所得；

(9) 中国政府参加的国际公约以及签订的协议中规定免税的所得；

(10) 企业和个人按照省级以上人民政府规定的比例提取并缴付的住房公积金、医疗保险金、基本养老保险金、失业保险金，不计入个人当期工资、薪金收入，免征个人所得税，但超过规定比例缴付的部分计征个人所得税；

(11) 个人取得的教育储蓄存款利息；

(12) 其他经国务院财政部门批准的免税所得。

2. 减征个人所得税的优惠

(1) 残疾、孤老人员和烈属的所得；

(2) 因严重自然灾害造成重大损失的；

(3) 其他经国务院财政部门批准减免的。

3. 暂免征收个人所得税的优惠

(1) 个人举报协查各种违法、犯罪行为而获得的奖金;

(2) 个人办理代扣代缴税款手续费,按规定取得的扣缴手续费;

(3) 个人转让自用5年以上并且是唯一的家庭居住用房取得的所得;

(4) 对被拆迁人按照国家有关城镇房屋拆迁管理办法规定的标准取得的拆迁补偿款;

(5) 个人取得单张有奖发票奖金所得不超过10 000元(含10 000元)的,免征个人所得税;

(6) 外籍个人按合理标准取得的境内、境外出差补贴;

(7) 外籍个人以非现金形式或实报实销形式取得的住房补贴、伙食补贴、搬迁费、洗衣费;

(8) 外籍个人从外商投资企业取得的股息、红利所得;

(9) 如下外籍专家的工资、薪金暂免:根据世界银行专项贷款协议,世界银行直接派往我国工作的;联合国组织直接派往我国工作的;为联合国援助项目来华工作的;通过民间科研协定来华工作的,其工资和薪金由该国政府负担的等。

(10) 其他经国务院财政部门批准的暂免征个人所得税。

4. 对在中国境内无住所,且在一个纳税年度中在中国境内居住不超过90日的纳税人的减免税优惠

《个人所得税法实施条例》规定:在中国境内无住所,且在一个纳税年度中在中国境内连续或累计居住不超过90日的个人,其来源于中国境内的所得,由境外雇主支付并且不由该雇主在中国境内的机构、场所负担的部分,免予缴纳个人所得税。

5. 对在中国境内无住所,但在一个纳税年度内连续或累计居住超过90天,但不超过183天的纳税人的减免税优惠

《个人所得税法实施条例》规定:在中国境内无住所,且在一个纳税年度中在中国境内连续或累计居住不超过90日的个人,其来源于中国境内的所得,由中国境外雇主支付并且不是由该雇主设在中国境内机构负担的工资、薪金所得,免予缴纳个人所得税,仅就其实际在中国境内工作期间由中国境内企业或个人雇主支付或者由中国境内机构负担的工资、薪金所得纳税。

6. 对在中国境内无住所,但在境内居住1年以上5年以下的纳税人的减免税优惠

《个人所得税法实施条例》规定:在中国境内无住所,但在境内居住1年以上5年以下的个人,其来源于中国境外的所得,经主管税务机关批准,可以只就中国境内公司、企业以及其他经济组织或者个人支付的部分缴纳个人所得税;居住超过5年的个人,从第6年起,应就其来源于中国境内外的全部所得缴纳个人所得税。

二、自行申报纳税

自行申报纳税是指由纳税人自行在税法规定的纳税期限内,向税务机关申报取得的应税所得项目和数额,如实填写个人所得税纳税申报表,并按照税法规定计算应纳税额,据此缴纳个人所得税的一种方法。

1. 自行申报纳税的纳税义务人

凡有下列情形之一的,纳税人必须自行向税务机关申报所得并缴纳税款:

(1) 在两处或两处以上取得工资、薪金所得的;

(2) 取得应纳税所得,没有扣缴义务人的,如个体工商户从事生产、经营的所得;

(3) 从中国境外取得所得的;

(4) 自2006年1月1日起,年所得12万元以上的;

(5) 国务院规定的其他情形。

2. 自行申报纳税的纳税期限

(1) 年所得12万元以上的纳税人,在纳税年度终了后3个月内向主管税务机关办理纳税申报。

(2) 个体工商户、个人独资、合伙企业投资者取得生产、经营所得应纳税款,分月预缴的,纳税人在每月终了后7日内办理纳税申报;分季预缴的,在每个季度终了后7日内办理纳税申报;纳税年度终了后,纳税人在3个月内进行汇算清缴。

(3) 纳税人年终一次性取得对企事业的承包、承租经营所得的,自取得所得之日起30日内办理纳税申报;在1个纳税年度内分次取得承包经营、承租经营所得的,在每次取得所得的次月7日内申报预缴;纳税年度终了后3个月内汇算清缴。

(4) 从中国境外取得所得的纳税人,在纳税年度终了后30日内向中国境内主管税务机关办理纳税申报。

(5) 除以上情况外,纳税人应在取得应纳税所得的次月7日内向主管税务机关申报所得并缴纳税款。

3. 自行申报纳税的申报方式

纳税人可以由本人或委托他人采取数据电文、邮寄方式或直接到主管税务机关办公地点,在规定的申报期限内申报纳税。

4. 自行申报纳税的申报地点

(1) 申报地点一般应为收入来源地的主管税务机关。

(2) 纳税人从两处或两处以上取得工资、薪金的,可选择并固定在其中一地税务机关申报纳税。

(3) 从境外取得的所得,应向境内户籍所在地或经常居住地税务机关申报纳税。

(4) 纳税人要求变更申报纳税地点的,须经原主管税务机关批准。

三、代扣代缴

1. 扣缴义务人

税法规定,个人所得税以取得应税所得的个人为纳税义务人,以支付所得的单位或者个人为扣缴义务人。扣缴义务人在向个人支付下列所得时,应代扣代缴个人所得税:扣缴义务人在向个人支付应纳税所得(包括现金支付、汇拨支付、转账支付和以有价证券、实物以及其他形式支付)时,不论纳税人是否属于本单位人员,均应代扣代缴其应纳的个人所得税税款。扣缴义务人依法履行代扣代缴税款义务,纳税人不得拒绝。如果纳税人拒绝履行纳税义务,扣缴义务人应当及时报告税务机关处理,并暂时停止支付其应纳税所得;否则,纳税人应缴纳的税款由扣缴义务人补缴,同时,扣缴义务人还要就应扣未扣、应收未收的税款缴纳滞纳金或罚款。

2. 代扣代缴的范围

(1) 工资、薪金所得;

(2) 对企事业单位的承包经营、承租经营所得;

(3) 劳务报酬所得；

(4) 稿酬所得；

(5) 特许权使用费所得；

(6) 利息、股息、红利所得；

(7) 财产租赁所得；

(8) 财产转让所得；

(9) 偶然所得；

(10) 经国务院财政部门确定征税的其他所得。

3. 代扣代缴期限

扣缴义务人每月所扣的税款，应当在次月 7 日内缴入国库，并向主管税务机关报送《扣缴个人所得税报告表》。

13.5　个人所得税税额计算案例

例9　李大爷 2005 年已退休，在 2006 年转让其自用四年的、唯一的住房一套，得款 25 万元(已扣除销售时支付的有关流转税及附加等税费 6 000 元)，原购进时成本费用合计为 12 万元(其中房价 11.5 万元)。一个月后，他又在市郊购买了总价为 15 万元的住房一套。求其共计应缴纳个人所得税税额。

分析与计算：

根据规定，个人出售现住房后 1 年内重新购房的，按照购房金额大小相应退还纳税保证金。

$$应纳税额 = (25-12) \times 20\% \times (1-15\div 25) = 1.04(万元)$$

例10　位于某市的李某个人承揽一项房屋装修工程，计划三个月完工，按照进度房主第一个月支付 12 000 元，第二个月支付 19 600 元，第三个月支付 28 400 元，按规定缴纳了营业税、城建税以及教育费附加。求李某取得的装修收入应缴纳个人所得税。

分析与计算：

李某承揽的房屋装修工程，虽然分三次收款，但仍然属于一次性劳务报酬所得。

李某取得的装修收入应缴纳个人所得税额＝[(12 000＋19 600＋28 400)－(12 000＋19 600＋28 400)×3％×(1＋7％＋3％)]×(1－20％)×30％－2000＝11 924.80(元)。

例11　某企业雇员李某 12 月 29 日与企业解除劳动合同关系，李某在本企业工作年限 9 年，领取经济补偿金 87 500 元，领取 12 月工资 5 400 元。假定当地上年度职工年平均工资为 10 000 元，求李某应缴纳的个人所得税。

分析与计算：

超过上年平均工资三倍以上的部分＝87 500－10 000×3＝57 500(元)

折合月工资收入：57 500÷9＝6 388.89(元)

解除劳动合同一次性经济补偿收入应缴纳的个人所得税＝[(6 388.89－3 500)×10％－105]×9＝1 655(元)

领取工资收入应缴纳的个人所得税＝(5 400－3 500)×10％－105＝85(元)

合计应缴纳的个人所得税＝1 655＋85＝1 740(元)

例12 假设某单位为每个员工发放不含税全年一次性奖金24 000元,求因为该一次性奖金单位为每个人支付的个人所得税。

分析与计算：

第一步,按照不含税的全年一次性奖金收入除以12的商数,查找相应适用税率A和速算扣除数A,即24 000÷12＝2 000(元),对应适用税率A为10%,速算扣除数A为105；

第二步,按第一步确定的税率和速算扣除数,将不含税年终奖换算成含税的年终奖,即含税的年终奖收入＝(不含税的年终奖收入－速算扣除数A)÷(1－适用税率A)＝(24 000－105)÷(1－10%)＝26 550(元)；

第三步,按含税的年终奖收入除以12的商数,重新查找适用税率B和速算扣除数B,即26 550÷12＝2 212.5(元),对应适用税率B为10%,速算扣除数B为105；

第四步,按确定的税率和速算扣除数,计算应纳税额,应纳税额＝含税的年终奖收入×适用税率B－速算扣除数B。

应纳税额 ＝ 26 550×10% － 105 ＝ 2 550(元)

如果纳税人取得的当月工资薪金所得低于税法规定的费用扣除额3 500元,应先将不含税年终奖减去当月工资薪金所得低于税法规定费用扣除额的差额部分后,再按照上述方式处理。

特别提示：根据(国税函〔2005〕715号)规定,企业为个人支付的个人所得税款,不得在企业所得税前扣除。

如：某员工2012年月工资3 000元。2013年1月12日,该单位再向该员工发放年终一次性奖金5 000元,由于该员工当月工资薪金所得低于3 500元,因此,应将年终一次性奖金减除当月工资与费用扣除额之间的差额后,余额按照《国家税务总局关于调整个人取得全年一次性奖金等计算征收个人所得税方法问题的通知》(国税发〔2005〕9号)规定的方法,计算缴纳个人所得税。据此,单位在发放这笔年终一次性奖金时,应扣缴个人所得税135元。

计算过程为：

应纳税所得额 ＝ 5 000－(3 500－3 000) ＝ 4 500(元)

确定适用税率和速算扣除数：应纳税所得额4 500元除以12后为375元,适用税率为3%,速算扣除数为0。

应纳税额：4 500×3% ＝ 135(元)

专题⑭

关于个人所得税的几个问题

1. 如何区分工资薪金所得和劳务报酬所得

如果个人与单位之间存在连续的任职或雇佣关系,那么个人从单位取得的所得应作为工资薪金所得。是否具有"连续的任职或雇佣关系"可参考劳动合同、社会保险待遇等。劳务报酬所得属于非独立个人劳务,但是独立个人劳务的独立程度具有弹性,实践中应当具体情况具体分析。

国税函〔2006〕526号文件规定："《国家税务总局关于个人兼职和退休人员再任职取

得收入如何计算征收个人所得税问题的批复》(国税函〔2005〕382号)所称的'退休人员再任职',应同时符合下列条件:① 受雇人员与用人单位签订一年以上(含一年)劳动合同(协议),存在长期或连续的雇用与被雇用关系;② 受雇人员因事假、病假、休假等原因不能正常出勤时,仍享受固定或基本工资收入;③ 受雇人员与单位其他正式职工享受同等福利、社保、培训及其他待遇;④ 受雇人员的职务晋升、职称评定等工作由用人单位负责组织。"在区分工资薪金所得和劳务报酬所得时,可参考以上四个指标。

2. 关于住房公积金的扣除问题

财税〔2006〕10号文件规定:根据《住房公积金管理条例》、《建设部 财政部 中国人民银行关于住房公积金管理若干具体问题的指导意见》(建金管〔2005〕5号)等规定精神,单位和个人分别在不超过职工本人上一年度月平均工资12%的幅度内,其实际缴存的住房公积金,允许在个人应纳税所得额中扣除。单位和职工个人缴存住房公积金的月平均工资不得超过职工工作地所在设区城市上一年度职工月平均工资的3倍,具体标准按照各地有关规定执行。同时,财税〔2006〕10号文件对住房公积金的税前扣除标准实行的是"双向控制",而不是"总量控制",即只要缴存基数和缴存比例有一项超标,就必须进行纳税调整。

例如,某市某年职工月平均工资为2 000元,该地区职工每月税前扣除住房公积金的最高限额为1 440元(2 000×3×12%×2)。张某该年月平均工资为7 500元,单位和个人的缴存比例分别为6%,则该年每月实际缴存金额为900元(7 500×6%×2);陈某该年月平均工资为1 500元,单位和个人的缴存比例分别为15%,则该年每月实际缴存金额为450元(1 500×15%×2)。

从表面上看,张某和陈某每月缴存的住房公积金都没有超过720元的最高标准,但是,因为张某上年月平均工资超过当地职工月平均工资的3倍,所以每月税前扣除住房公积金的最高限额应为720元(2 000×3×6%×2),多缴存的180元(900−720)应当并入工资薪金所得征税。因为陈某的缴存比例超过12%,所以每月税前扣除住房公积金的最高限额应为360元(1 500×12%×2),多缴存的90元(450−360)应当并入工资薪金所得征税。

3. 关于职工福利费的有关规定

《个人所得税法》规定:个人取得的福利费、抚恤金、救济金免征个人所得税。

《个人所得税法实施条例》规定:税法所说的福利费,是指根据国家有关规定,从企事业单位、国家机关、社会团体提留的福利费或者工会经费中支付给个人的生活补助费;所说的救济金,是指国家民政部门支付给个人的生活困难补助费。

国税发〔1998〕155号文件规定,下列收入不属于免税的福利费范围,应当并入纳税人的工资薪金收入计征个人所得税:① 从超出国家规定的比例或基数计提的福利费、工会经费中支付给个人的各种补贴、补助;② 从福利费和工会经费中支付给本单位职工的人人有份的补贴、补助;③ 单位为个人购买汽车、住房、电子计算机等不属于临时性生活困难补助性质的支出。企业应当根据以上规定,确定支付的职工福利费是否属于工资薪金所得,并正确计算应代扣代缴的个人所得税。

4. 因解除与职工的劳动关系的补偿

财税〔2001〕157号文件规定:"个人因与用人单位解除劳动关系而取得的一次性补偿收入(包括用人单位发放的经济补偿金、生活补助费和其他补助费用),其收入在当地上年职工平均工资 3 倍数额以内的部分,免征个人所得税;超过的部分按照国税发〔1999〕178 号的有关规定,计算征收个人所得税。企业依照国家有关法律规定宣告破产,企业职工从该破产企业取得的一次性安置费收入,免征个人所得税。"

国税发〔2000〕77 号文件规定:"对国有企业职工,因企业依照《中华人民共和国企业破产法(试行)》宣告破产,从破产企业取得的一次性安置费收入,免予征收个人所得税。"

国税发〔1999〕178 号文件规定:"对于个人因解除劳动合同而取得一次性经济补偿收入,应按工资薪金所得项目计征个人所得税。考虑到个人取得的一次性经济补偿收入数额较大,而且被解聘的人员可能在一段时间内没有固定收入,因此,对于个人取得的一次性经济补偿收入,可视为一次取得数月的工资薪金收入,允许在一定期限内进行平均。具体平均办法为:以个人取得的一次性经济补偿收入,除以个人在本企业的工作年限数,以其商数作为个人的月工资薪金收入,按照税法规定计算缴纳个人所得税。个人在本企业的工作年限数按实际工作年限数计算,超过 12 年的按 12 计算。个人在解除劳动合同后又再次任职、受雇的,对个人已缴纳个人所得税的一次性经济补偿收入,不再与再次任职、受雇的工资薪金所得合并计算补缴个人所得税。"

需要注意的是,在对一次性补偿征收个人所得税时,仍然应当减除法定扣除费用。

税收筹划案例

1. 某有限责任公司有 5 位股东,分别占 20% 的股份。年度该责任公司的应税所得额为 100 万元,应当缴纳企业所得税为 25 万元。假设税后利润全部分配,计算每位股东所获得的税后利润,并提出纳税筹划方案。

分析:公司税后利润为 75 万元,每位股东分得税后利润为 15 万元,每位股东应缴纳个人所得税 3 万元(15×20%),每位股东税后利润 12 万元,整个分配过程共缴纳所得税 40 万元。

纳税筹划:将公司性质转变为合伙企业,如果近似认为该合伙企业应纳税所得额为 100 万元,则每位合伙人应分得利润 20 万元,5 位合伙人共应纳个人所得税=(200 000×35%−14 750)×5=276 250(元),这样减轻税负=400 000−276 250=123 750(元)。

2. 某公司员工张某预计 2014 年度的每月工资为 8 400 元(不包括税前扣除的五险一金),全年工资 100 800 元。按照税法规定每月应纳个人所得税=(8 400−3 500)×20%−555=425(元)。全年应纳个人所得税=425×12=5 100(元)。请为张某设计一个理想纳税方案。

分析:张某的最佳纳税方案是每月发放工资 6 900 元,年终一次发放奖金 18 000 元,这样工资总额没有变化,但是,工资全年应纳个人所得税=[(6 900−3 500)×10%−105]×12=2 820(元),年终奖金应纳个人所得税=18 000×3%−0=540(元),合计纳税 3 360 元,经过筹划减轻税负 1 740 元。

3. 某大学教授应邀去外地讲学。邀请单位支付讲学报酬 50 000 元,路费、住宿费和餐饮费由该教授自理。该教授花费路费、住宿费和餐饮费共计 10 000 元。请计算邀请单位应当代扣代缴的个人所得税,并提出纳税筹划方案。

4. 赵先生承包一个具有法人资格的集体企业,承包合同约定:承包以后,该企业性质不变,赵先生每年向集体上缴承包费 100 000 元,其余利润归赵先生。该企业年度获得税前收益 200 000 元。请计算赵先生应纳个人所得税额,并提出纳税筹划方案。

练习题

一、单项选择题

1. 个体工商户与企业联营而分得的利润,应按( )征收个人所得税。
   A. 个体工商业户生产、经营所得　　B. 利息、股息、红利所得
   C. 财产转让所得　　D. 承包经营、承租经营所得

2. 计算个体工商户生产经营所得的应纳税所得额时,不允许扣除的项目是( )。
   A. 以经营租赁方式租入固定资产的费用　　B. 按规定缴纳的工商管理费
   C. 发生的与生产经营有关的财产保险费　　D. 非广告性赞助支出

3. 下列各项所得在计算应纳税所得额时不允许扣减任何费用的有( )。
   A. 偶然所得　　B. 特许权使用费所得
   C. 劳务报酬所得　　D. 财产租赁所得

4. 在商品营销活动中,企业和单位对营销业绩突出的非雇员以培训班、研讨会、工作考察等名义组织旅游活动,通过免收差旅费、旅游费对个人实行的营销业绩奖励(包括实物、有价证券等),所发生的费用( )。
   A. 不缴纳个人所得税
   B. 按工资、薪金所得缴纳个人所得税
   C. 按劳务报酬所得缴纳个人所得税
   D. 按偶然所得缴纳个人所得税

5. 按照现行个人所得税的规定,下列各项表述中正确的是( )。
   A. 个人因从事彩票代销业务而取得的所得,应按照"劳务报酬所得"缴纳个人所得税
   B. 外商投资企业采取发包、出租经营且经营人为个人的,对经营人应按"个体工商户的生产经营所得"项目征收个人所得税
   C. 个人对企事业单位承包、承租经营,一律按"对企事业单位的承包经营、承租经营所得"项目征收个人所得税
   D. 个人经政府有关部门批准,取得执照从事办学、医疗等活动,应按"个体工商户的生产经营所得"项目征收个人所得税

6. 甲乙两人合作出版一部专著,一次取得稿酬36 000元,甲分得32 000元稿酬,乙分得稿酬4 000元,则甲乙合计应纳个人所得税税额为( )元。
   A. 4 240　　B. 4 032
   C. 4 160　　D. 4 200

7. 中国公民张某从A国取得特许权使用收入20 000元(税前,下同),已纳税额3 000元;还取得股息收入10 000元,已纳税额2 200元。从B国取得股息收入18 000元,已纳税额2 780元。张某就来自A、B两国所得应补缴个人所得税( )元。
   A. 720　　B. 820　　C. 680　　D. 960

8. 出租汽车经营单位对出租车驾驶员采取单车承包运营,出租车驾驶员从事客货营运取得的收入,应按( )项目征收个人所得税。
   A. 个体工商户的生产、经营所得　　B. 对企事业单位的承包、承租经营所得
   C. 财产租赁所得　　D. 工资、薪金所得

二、多项选择题

1. 个人所得税纳税人对企事业单位进行承包、承租经营,取得的所得包括(　　)。
   A. 个人承包、承租经营所得
   B. 个人经政府有关部门批准,取得执照,从事咨询服务取得的所得
   C. 个人按次取得的工薪性质的所得
   D. 外商投资企业采取发包、出租经营且经营人为个人的,经营人从外商投资企业分享的收益
   E. 个人转包、转租取得的所得

2. 下列各项中,属于个人所得税的居民纳税人有(　　)。
   A. 在中国境内无住所,但一个纳税年度中在中国境内居住满一年的个人
   B. 在中国境内无住所且不居住的个人
   C. 在中国境内无住所,而在境内居住超过90天(或183天)不满一年的个人
   D. 在中国境内有住所的个人
   E. 在中国境内有住所,并在境内居住满183天不满一年的个人

3. 在中国境内无住所,但在一个纳税年度中在中国境内居住超过90天或183天但不超过一年的外籍高层管理人员,其来源于中国境内、境外所得,下列说法正确的是(　　)。
   A. 境内所得境内企业支付的纳税
   B. 境内所得境外企业支付的部分不纳税
   C. 境内所得境外支付的部分纳税
   D. 境外所得境内企业支付的部分纳税
   E. 境外所得境外企业支付的部分纳税

4. 以下各项所得中适用20%个人所得税税率的有(　　)。
   A. 劳务报酬所得
   B. 对企事业单位的承包经营、承租经营所得
   C. 特许权使用费所得
   D. 财产转让所得
   E. 利息、股息、红利所得

5. 计算个体工商户的生产经营所得时,不得在个人所得税前扣除的项目有(　　)。
   A. 被没收的财物　　　　　　　　B. 分配给投资者的股利
   C. 经营租赁费用　　　　　　　　D. 缴纳的城市维护建设税
   E. 缴纳的个人所得税

6. 以下对于个人独资企业和合伙企业个人所得税征收的表述中,正确的是(　　)。
   A. 个人独资企业和合伙企业的投资者的工资按"工资、薪金所得"征收
   B. 个人独资企业和合伙企业的投资者及其家庭发生的生活费用与企业生产经营费用难以划分的,由主管税务机关确定分摊比例,据此计算确定属于生产经营过程中发生的费用,准予扣除
   C. 个人独资企业和合伙企业的投资者兴办两个或两个以上企业的,企业的年度经营亏损可以跨企业弥补
   D. 实行核定征税的投资者,不得享受个人所得税的税收优惠

E. 实行查账征税方式的个人独资企业和合伙企业改为核定征税方式后,在查账方式下认定的年度经营亏损未弥补完的部分,不得再继续弥补

7. 下列项目中,经批准可减征个人所得税的有( )。

   A. 通过民间科研协定来华工作的专家,取得的工资、薪金所得

   B. 烈属的所得

   C. 残疾人员取得的所得

   D. 因自然灾害遭受重大损失

   E. 达到离、退休年龄,但确因工作需要,适当延长离休、退休年龄的高级专家,延长离休、退休期间的工资薪金所得

8. 下列利息收入中,应缴纳个人所得税的有( )。

   A. 国债利息

   B. 国家发行的金融债券利息

   C. 参加企业集资取得的利息

   D. 自然人之间借款的利息

   E. 公司债券利息

9. 个人取得下列各项所得,必须自行申报纳税的有( )。

   A. 从两处或两处以上取得工资所得

   B. 取得应税所得,没有扣缴义务人的

   C. 一次性取得稿酬所得的人

   D. 年所得 15 万元的

   E. 从中国境外取得的所得

10. 个人取得下列所得,可以免征个人所得税的有( )。

    A. 第二届全国职工技术创新技术成果获奖者所得的奖金

    B. 军人的转业安置费

    C. 国有企业职工从依法破产的企业中取得的一次性安置费收入

    D. 参加有奖销售获得的奖品

    E. 财产转租收入

11. 依据个人所得税的有关规定,下列各项公益性、救济性捐赠支出准予税前全额扣除的有( )。

    A. 通过非营利性的社会团体向红十字事业的捐赠

    B. 通过国家机关向农村义务教育的捐赠

    C. 通过非营利性的社会团体对新建公益性青少年活动场所的捐赠

    D. 通过非营利性的社会团体向重点文物保护单位的捐赠

    E. 通过非营利性的社会团体向贫困山区生产企业的捐赠

12. 对高收入者必须进行严格的征收管理,以下属于税法重点监控的高收入领域或个人的有( )。

    A. 供销人员　　　　　　　　B. 体育活动的经纪人

    C. 执业的税务师　　　　　　D. 大学教师

    E. 建筑业

三、计算题

1. 某外籍专家9月11日来华某公司进行技术指导,中方支付月薪折合人民币30 000元。在中国工作期间境外的母公司每月支付薪金1万美元(1美元＝6.25元人民币)。该专家一直工作到11月25日离境,求其11月份应纳个人所得税税额。

2. 某服装公司为个体经营,经营方式为前店后厂。5月份取得销售额126 000元,本月耗用原材料成本70 000元,支付6名员工工资共计5 000元(符合当地税务机关的规定),缴纳房租、水电费2 000元,生产业务招待费4 000元,捐赠当地希望工程2 000元。1～4月份累计应纳税所得额134 000元,已按规定预缴个人所得税40 250元。求该个体户5月份应预缴个人所得税税额。

3. 张某为自由职业者,4月取得如下所得:从A上市公司取得股息所得16 000元,从非上市公司取得股息所得7 000元,兑现4月14日到期的一年期银行储蓄存款利息所得1 500元,转让国库券的净所得5 000元。求张某上述所得应纳的个人所得税税额。

4. 中国公民李某年收入情况如下:

(1) 3月份出版一本书,取得稿酬5 000元。该书6至8月被某晚报连载,6月份取得稿酬1 000元,7月份取得稿酬1 000元,8月份取得稿酬1 500元。因该书畅销,9月份出版社增加印数,又取得追加报酬3 000元。

(2) 6月份,购买福利彩票中奖20万元,通过非营利性社会团体向农村义务教育捐赠8万元。

(3) 6月1日,李某转让一份字画,该字画经文物部门认定是海外回流文物,转让收入是50 000元,但是李某无法提供准确的财产原值凭证。

(4) 10月与某房地产企业签订合同,购买某商业房,市场价为250万元,合同约定成交价200万元,但自11月份开始的未来两年内,商业房无偿提供给房地产企业对外出租。

根据以上资料和税法相关规定,回答下列问题:

(1) 李某当年稿酬收入应纳的个人所得税为(　　)元。
A. 1 256　　　　　　　　B. 1 289
C. 1 269　　　　　　　　D. 1 274

(2) 李某当年社会福利彩票中奖收入应纳的个人所得税为(　　)元。
A. 24 000　　　　　　　B. 0
C. 40 000　　　　　　　D. 32 000

(3) 李某转让字画应纳的个人所得税为(　　)元。
A. 10 000　　　　　　　B. 1 500
C. 500　　　　　　　　D. 1 000

(4) 李某当年应纳个人所得税合计为(　　)元。
A. 32 940.67　　　　　　B. 35 000
C. 24 670　　　　　　　D. 25 704.66

5. 李某为某公司雇员,每月工资4 000元。该公司开始实施雇员持股激励,实行股票期权计划。今年6月28日,该公司授予李某股票期权50 000股,授予价2.5元/股;该期权无公开市场价格,并约定12月28日起李某才可以行权,行权前不得转让。12月28日李某以授予价买股票50 000股,当日股票在上证交易所的公开价格为6元/股,第二年3月份因拥有股票而分得股息5 000元;第二年4月份,李某转让股票,取得转让净收入45万元,同月转让其他境外上市公司股票,取得转让净所得30万元,在境外未缴税款;第二年12月底取得全年一次性奖金30 000元。此外,李某还担任某有限公司董事,第二年从该公司取得董事费收入15万元,李某将其中的5万元通过国家机关捐赠红十字事业。根据以上资料和税法相关规定,回答以下问题:

(1) 下列所得应该缴纳个人所得税的有(　　)。
A. 接受公司授予的股票期权
B. 股票期权的行权所得
C. 转让境外上市公司股票的净所得
D. 因拥有股权而获得的股息
E. 境内股票的转让所得

(2) 李某股票期权行权所得应纳个人所得税(　　)元。
A. 0　　　　　　B. 28 000　　　　　　C. 37 000　　　　　　D. 37 720

(3) 李某股票转让所得应纳个人所得税(　　)元。
A. 0　　　　　　B. 3 000　　　　　　C. 60 000　　　　　　D. 150 000

(4) 李某股息所得应该缴纳的个人所得税(　　)元。
A. 0　　　　　　B. 250　　　　　　C. 500　　　　　　D. 1 000

(5) 李某董事费收入应纳个人所得税(　　)元。
A. 20 000　　　　B. 21 000　　　　C. 25 000　　　　D. 29 625

(6) 李某12月份全年一次性奖金应纳个人所得税(　　)元。
A. 2 895　　　　B. 3 000　　　　C. 4 375　　　　D. 5 200

四、简答题

1. 国家征收个人所得税的作用是什么?
2. 个人所得税中工资、薪金费用扣除标准是什么?

第十四章 我国其他税制

学习目的：通过本章的学习，了解我国辅助税种，掌握我国其他税制的纳税人、征税对象，理解设置辅助税制的作用。

14.1 资源税

一、纳税人

资源税的纳税义务人是指在中华人民共和国境内开采应税矿产品或者生产盐的单位和个人。

"单位"是指国有企业、集体企业、私有企业、股份制企业、其他企业和行政单位、事业单位、军事单位、社会团体及其他单位（包括外商投资企业和外国企业）。

"个人"是指个体经营者和其他个人（包括外籍人员）。独立矿山、联合企业和其他收购未税矿产品的单位为资源税的扣缴义务人。

二、税目、税额

我国资源税的税目有七个，实行从量计征，实施"普遍征收，级差调节"原则，根据资源税应税产品和纳税人开采资源的行业特点设置税目和税率。

（1）原油：指开采的天然原油，不包括人造石油。税率为销售额的5%～10%。

（2）天然气：包括专门开采的天然气和与石油同时开采的天然气，不包括煤矿生产的天然气。税率为销售额的5%～10%。

（3）煤炭：只对原煤征税，洗煤、选煤和其他煤炭制品不征税。焦煤税额为8～20元/吨；其他煤炭税额为0.3～5元/吨。

（4）其他非金属原矿：是指原油、天然气、煤炭和井矿盐以外的非金属原矿。普通非金属原矿税额为0.5～20元/吨（或者立方米）；贵重非金属矿原矿税额为0.5～20元/千克（或者克拉）。

（5）黑色金属矿原矿：是指开采后自用、销售的，用于直接入炉冶炼或作为产品先入选精矿、人造人工矿，再最终入炉冶炼的黑色金属矿石原矿，包括铁矿石、锰矿石和铬矿石。税额为2～30元/吨。

（6）有色金属矿原矿：包括铜、铅锌、铝土、钨、锡、锑、铝、镍、黄金、钒等矿石。稀土矿税额为0.4～60元/吨；其他有色金属矿原矿税额为0.4～30元/吨。

（7）盐：一是固体盐，包括海盐原盐、湖盐原盐和井矿盐，税额为10～60元/吨；二是液体盐，氯化钠含量达到一定浓度的溶液，是用于生产碱和其他产品的原料，税额为2～10元/吨。

三、计税依据

1. 课税数量的计税依据

(1) 纳税人开采或生产应税产品销售的,以销售数量为课税数量。

(2) 纳税人开采或生产应税产品自用的,以自用数量为课税数量。

2. 销售额的计税依据

销售额为纳税人销售应税产品向购买者收取的全部价款和价外费用,但不包括收取的增值税销项税,价外费用确定同增值税要求。

四、应纳税额的计算

1. 一般计税方法

(1) 资源税的应纳税额,按照应税资源产品的课税数量和规定的单位税额计算。其计税公式如下:应纳税额=课税数量×适用的单位税额,或应纳税额=销售额×税率

(2) 扣缴义务人代扣代缴资源税应纳税额的计算公式为:

代扣代缴税额=收购的未税矿产品数量×适用的单位税额

例1 某铜矿山 10 月销售铜矿石 30 000 吨,移送入选精矿 4 000 吨,选矿比为 20%。按规定该矿使用 1.2 元/吨的税额,对有色金属矿按规定税额的 70% 征收。计算该矿山本月应纳资源税的税额。

分析与计算:

① 外销铜矿石原矿的应纳税额=30 000×1.2×70%=25 200(元)

② 因无法准确掌握入选精矿石的原矿数量,按选矿比计算原矿,再计算应纳税额。

精矿应纳税额=4 000÷20%×1.2×70%=16 800(元)

③ 合计应纳税额=25 200+16 800=42 000(元)

2. 应纳税计算的特殊规定

(1) 未分别核算或不能准确提供不同税目产品数量的,从高适用税额计税。

(2) 不能准确提供应税产品销售数量或移送使用数量的,以应税产品的产量或主管税务机关确定的折算比换算成的数量为课税数量。

(3) 销售额明显偏低且无正当理由的,参照增值税视同销售中的销售额确定方法。

五、减税免税

(1) 开采原油过程中用于加热、修井的原油,免税。

(2) 纳税人开采或者生产应税产品过程中,因意外事故或者自然灾害等原因遭受重大损失的,由省、自治区、直辖市人民政府酌情决定减税或者免税。

(3) 纳税人开采或生产应税产品,自用于连续生产应税产品的,不缴纳资源税;自用于其他方面的,视同销售,依法缴纳资源税。

(4) 纳税人的减、免项目,应当单独核算销售额或销售数量;未单独核算或者不能准确提供课税数量的,不予减税或免税。

(5) 国务院规定的其他减免税项目。

14.2 土地增值税

土地增值税征收目的:完善税制,增强国家对房地产开发和房地产市场调控力度的客

观需要;抑制炒买炒卖土地投机获取暴利的行为;规范国家参与土地增值收益的分配方式,增加财政收入。《土地增值税暂行条例》于 1994 年 1 月 1 日开始实施,其实施细则从 1995 年 1 月 27 日起施行。

一、纳税义务人

土地增值税是对有偿转让国有土地使用权及地上建筑物和其他附着物产权并取得增值性收入的单位和个人所征收的一种税。

"单位"包括各类企事业单位、国家机关、社会团体及其他组织;"个人"包括个体经营者。凡是各种单位与个人有偿转让房地产的,均应缴纳土地增值税;不论经济性质如何,企业和个人只要有偿转让房地产的,就是土地增值税的纳税义务人。

二、征税范围

1. 土地增值税的征税范围界定方法

(1) 对转让国有土地使用权行为征税,转让非国有土地和出让国有土地的行为不征税。

(2) 既对转让国有土地使用权征税,也对转让地上的建筑物和附着物的转让行为征税。

(3) 只对有偿转让的房地产征税,对继承、赠与等方式无偿转让的房地产不征税。

2. 具体判定方法

(1) 以出售方式转让国有土地使用权,及其地上建筑物和附着物,包括:出售国有土地使用权的;取得国有土地使用权后进行房屋开发建造然后出售的;存量房地产的买卖,都要征土地增值税。

(2) 以继承、赠与方式转让房地产的:因没有取得相应收入,不纳入土地增值税范围。

(3) 房地产的抵押:由于房地产的产权和土地使用权在抵押期间没有发生变更,不纳入土地增值税范围;发生房地产产权转让的,属于土地增值税征收范围。

(4) 房地产出租:由于房地产的产权和土地使用权没有发生转让,不纳入土地增值税范围。

(5) 以房地产投资或联营:企业将房地产作价入股进行投资或联营条件的,暂免征土地增值税;但对以房地产作价入股,凡所投资、联营的企业从事房地产开发的,或房地产开发企业以其建造的商品房进行投资和联营的,或投资、联营企业将上述房地产再转让的,则纳入土地增值税范围。

(6) 合作建房后转让的:一方出资,一方出地,建成后按比例分房自用的,暂免征土地增值税;而建成后转让的,则征土地增值税。

(7) 企业兼并转让房地产的:在企业兼并中,对被兼并企业将房地产转让到兼并企业中的,暂免征收土地增值税。

例 2 下列房地产转移或转让行为中,应当征收土地增值税的是(　　)。

A. 直系亲属继承的房屋　　　　　　B. 有偿转让的合作建房
C. 房地产评估增值　　　　　　　　D. 无偿赠与直系亲属的房屋

答案:B

例 3 下列项目中,属于土地增值税征收范围的有(　　)。

A. 抵押期满以国有土地使用权清偿到期债务
B. 农村居民转让宅基地使用权

C. 房产所有人通过当地教育局向当地小学捐赠的房屋
D. 以房地产作价入股投资后将房地产再转让
E. 房地产评估增值

答案：AD

三、税率

表 14-1　土地增值税四级超率累进税率表

级数	增值额与扣除项目金额的比率	税率(%)	速算扣除系数(%)
1	不超过50%的部分	30	0
2	超过50%至100%的部分	40	5
3	超过100%至200%的部分	50	15
4	超过200%的部分	60	35

四、应税收入和扣除项目的确定

1. 收入额的确定

纳税人转让房地产取得的收入,包括货币收入、实物收入和其他收入在内的全部价款及有关的经济利益。

2. 扣除项目及其金额

允许从房地产转让收入总额中扣除的项目及其金额包括:

(1) 取得土地使用权所支付的金额,指取得土地使用权所支付的地价款和有关费用。

(2) 开发土地和新建房及配套设施的成本(简称房地产开发成本)允许按实际发生数扣除,主要包括:土地征用及拆迁补偿费、前期工程费、建筑安装工程费、基础设施费、公共配套设施费、开发间接费用等。

(3) 开发土地和新建房及配套设施的费用(简称房地产开发费用),指与房地产开发项目有关的销售费用、管理费用、财务费用。根据新会计制度的规定,与房地产开发有关的费用直接计入当年损益,不按成本核算进行分摊。故房地产开发费用不按房地产开发项目实际发生的费用进行扣除,而是按《实施细则》标准进行扣除。

(4) 对于利息支出以外的其他房地产开发费用,按取得土地使用权支付的金额和房地产开发成本金额之和,在5%以内计算扣除。

(5) 对于利息支出,分两种情况确定扣除:

① 凡能按转让房地产项目计算分摊利息并提供金融机构证明的,允许据实扣除,但最高不能超过按商业银行同期贷款利率计算的金额,其允许扣除的房地产开发费用为:利息＋(取得土地使用权所支付的金额＋房地产开发成本)×5%以内(注:利息最高不能超过按商业银行同类同期贷款利率计算的金额)。

② 凡不能按转让房地产项目计算分摊利息支出或不能提供金融机构证明的,利息支出不得单独计算,而应并入房地产开发费用中一并计算扣除。在这种情况下,"房地产开发费用"的计算方法中,其允许扣除的房地产开发费用上限为:(取得土地使用权所支付的金额＋房地产开发成本)×10%以内。

(6) 与转让房地产有关的税金(营业税、城市维护建设税、印花税)可以扣除,同时因转让房地产缴纳的教育附加,视同税金予以扣除。

(7) 其他项目的扣除:对从事房地产开发的纳税人,可按《实施细则》第七条(1)和(2)项规定计算的金额之和加计20%扣除。

五、应纳税额的计算

1. 转让土地使用权和出售新建房及配套设施应纳税额的计算方法

(1) 计算增值额

$$增值额 = 收入额 - 扣除项目金额$$

(2) 计算增值率

$$增值率 = 增值额 \div 扣除项目金额$$

(3) 确定适用税率

依据计算的增值率,按其税率表确定适用税率。

(4) 依据适用税率计算应纳税额

$$应纳税额 = 增值额 \times 适用税率 - 扣除项目金额 \times 速算扣除系数$$

2. 出售旧房应纳税额的计算方法

计算步骤:

(1) 计算评估价格,其公式为:评估价格=重置成本价×成新度折扣率;

(2) 汇集扣除项目金额;

(3) 计算增值率;

(4) 依据增值率确定适用税率;

(5) 依据适用税率计算应纳税额。

例4 A房地产开发公司建造并出售一写字楼,取得收入1 200万元(营业税税率5%,城建税税率7%,教育费附加征收率3%)。A为建造该楼支付的地价款为140万元,开发成本为180万元(注:A因同时建造其他商品房,不能按该楼计算分摊银行贷款利息支出)。A所在地确定的房地产开发费用扣除比例为10%。计算A转让该楼需缴纳的土地增值税。

分析与计算:

① 转让收入=1 200(万元)

② 转让的扣除项目金额:

$$取得土地使用权所支付的金额 = 140(万元)$$
$$开发成本 = 180(万元)$$
$$有关开发费用 = (140 + 180) \times 10\% = 32(万元)$$
$$与转让有关的税金 = 1\,200 \times 5\% \times (1 + 7\% + 3\%) = 66(万元)$$
$$其他扣除项目 = (140 + 180) \times 20\% = 64(万元)$$
$$扣除项目金额 = 140 + 180 + 32 + 66 + 64 = 482(万元)$$

③ 转让房地产的增值额=1 200-482=718(万元)

④ 增值额与扣除项目金额的比率=718÷482×100%=148.96%

⑤ 应纳土地增值税=718×50%-482×15%=286.7(万元)

六、税收优惠

减免税的规定,包括:

(1) 建造普通标准住宅出售,其增值额未超过上述扣除项目中第(1)、(2)、(3)、(5)、(6)项金额之和20%的,予以免税;增值额超过上述扣除项目金额之和20%的,应就其全部增值额按规定计税。对纳税人既建普通标准住宅,又搞其他房地产开发的,应分别核算增值额;不分别核算增值额或不能准确核算增值额的,其建造的普通标准住宅不适应该免税规定。

(2) 因国家建设需要而被政府征用、收回的房地产,免税。

(3) 个人因工作调动或改善居住条件而转让原自用住房,经向税务机关申报核准,凡居住满5年或5年以上的,免予征收土地增值税;居住满3年未满5年的,减半征收土地增值税;居住未满3年的,按规定计征土地增值税。

(4) 自2007年8月1日起,企事业单位、社会团体以及其他组织转让旧房作为廉租住房、经济适用房房源且增值额未超过扣除项目金额20%的,免征土地增值税。

14.3　房产税

房产税是以房屋为征税对象,按照房屋的计税余值或租金收入为计税依据,向房屋产权所有人征收的一种税。

房产税征收目的是运用税收杠杆,加强对房产的管理,提高房产使用效率,控制固定资产投资规模和配合国家房产政策的调整,合理调节房产所有人和经营人的收入。房产税暂行条例于1986年9月15日颁布,2009年1月1日起,外商投资企业、外国企业和组织以及外籍个人依照《房产税暂行条例》缴纳房产税,在全国范围内实行统一的房产税。

一、纳税人和征税范围

1. 房产税的纳税人是房屋的产权所有人

(1)《房产税暂行条例》规定,房产税在城市、县城、建制镇和工矿区征收。

注意:城市的征税范围为市区、郊区和市辖县县城,不包括农村;建制镇的征税范围为镇人民政府所在地,不包括所辖的行政村;开征房产税的工矿区须经省、自治区、直辖市人民政府批准。

(2) 房产税以在征税范围内的房屋产权所有人为纳税人。

其中:产权属国家所有的,由经营管理单位纳税,产权属集体单位和个人所有的,由集体单位和个人纳税;产权出典的,由承典人纳税;产权所有人、承典人不在房屋所在地的,由房产代管人或者使用人纳税;产权未确定及租典纠纷未解决的,亦由房产代管人或者使用人纳税;无租赁使用房产管理部门、免税单位及纳税单位的房产,由使用人代为缴纳房产税。

2. 房产税征税对象为房产

房产是指有屋面和围护结构,能够遮风避雨,可供人在其中生产、学习、工作、娱乐、居住或储藏物资的场所。

二、计税依据

房产税采用从价计征。计税办法分为按计税余值计税和按租金收入计税两种情况。

(1) 对经营自用的房屋,以房产的计税余值作为计税依据。计税余值通常是指依照税法规定按房产原值一次减除10%~30%的损耗价值以后的余额。其中:房产原值是指纳税人按照会计制度规定,在账簿"固定资产"科目中记载的房屋原价;房产原值应包括与房屋不可分割的各种附属设备或一般不单独计算价值的配套设施;纳税人对原有房屋进行改建、扩建的,要相应增加房屋的原值;对更换房屋附属设备和配套设施的,在将其价值计入房产原值时,可扣减原来相应设备和设施的价值;对附属设备和配套设施中易损坏,需要经常更换的零配件,更新后不再计入房产原值,零配件的原值也不扣除。在确定计税余值时,房产原值的具体减除比例,由省、自治区、直辖市人民政府在税法规定的减除幅度内自行确定。

(2) 对于出租的房屋,以租金收入为计税依据。

(3) 对于以房产投资联营,投资者参与投资利润分红,共担风险的,按房产的余值作为计税依据计征房产税;对以房产投资,收取固定收入,不承担联营风险的,实际是以联营名义取得房产租金,应根据暂行条例的有关规定由出租方按租金收入计算缴纳房产税。对融资租赁房屋的,在计征房产税时以房产余值计算征收。至于租赁期内房产税的纳税人,由当地税务机关根据实际情况确定。

例5 下列属于房产税所指的房产有(   )。
A. 仓库　　　　　B. 水塔　　　　　C. 室内游泳池
D. 包含中央空调在内的生产车间　　E. 露天停车场
答案:ACD

例6 根据房产税暂行条例及其实施细则的规定,以下可以作为房产税计税依据的有(   )。
A. 房产原值　　B. 房产余值　　C. 房产租金　　D. 房产净值
E. 共担风险分红
答案:BC

三、房产税税率

房产税采用比例税率,根据房产税的计税依据分为两种:依据房产计税余值计征的,税率为1.2%;依据房产租金收入计征的,税率为12%。从2001年1月1日起,对个人按市场价格出租的居民住房,用于居住的,可暂减按4%的税率征收房产税;从2008年3月1日起,对个人出租住房,不区分用途,可暂减按4%的税率征收房产税。

四、应纳税额的计算

(1) 地上建筑物房产税应纳税额的计算公式为:

$$应纳税额 = 房产计税余值(或租金收入) \times 适用税率$$

其中:房产计税余值=房产原值×(1-原值减除比例)

(2) 独立地下建筑物房产税应纳税额的计算公式为:

① 工业用途房产,以房屋原价的50%~60%作为应税房产原值。

$$应纳税额 = 应税房产原值 \times (1-原值减除比例) \times 1.2\%$$

② 商业和其他用途房产,以房屋原价的70%~80%作为应税房产原值。

$$应纳税额 = 应税房产原值 \times (1-原值减除比例) \times 1.2\%$$

例7 某企业经营用房原值10 000万元,按当地规定减除30%后计税,其应纳房产税=10 000×(1-30%)×1.2%=84(万元)。

例8 某市一居民出租房屋,年租金收入为6万元,其年应纳房产税＝60 000×12%＝7 200(元)。

五、税收优惠

(1) 国家机关、人民团体、军队自用的房产,免征房产税。
(2) 国家财政部门拨付事业经费的单位自用的房产,免征房产税。
(3) 宗教寺庙、公园、名胜古迹自用的房产。注意:这些单位中附设的营业单位(非自用的)房产,应按照规定征收房产税。
(4) 个人拥有的非营业用的房产,免征房产税。
(5) 经财政部批准免税的其他房产。

14.4 契税

契税是以所有权发生转移的不动产为征税对象,向产权承受人征收的一种财产税。1997年7月7日颁布《契税暂行条例》,10月1日起施行。

一、纳税人

在中华人民共和国境内转移土地、房屋权属,承受的单位和个人为契税的纳税人。单位指企事业单位、国家机关、军事单位和社会团体及其他组织,包括国有经济单位。个人指个体经营者及其他个人,包括中国公民和外籍人员。

二、征税范围

契税的征税范围为发生土地使用权和房屋所有权权属转移的土地和房屋。具体征税范围包括以下六项内容:

(1) 国有土地使用权出让。
(2) 土地使用权转让,包括出售、赠与和交换。
(3) 房屋买卖。注意视同买卖的几种特殊情况:以房产抵债或实物交换房屋,由产权承受人按房屋现值缴纳契税;以房产作投资或作股权转让,由产权承受方按投资房产价值或房产买价缴纳契税;买房拆料或翻建新房,应照章征收契税。
(4) 房屋赠与的受赠人要按规定缴纳契税。
(5) 房屋使用权交换的,交换的房屋价值相等的不征收契税。房屋产权相互交换,双方交换价值相等的,免纳契税,办理免征契税手续;其价值不相等的,按超出部分由支付差价方缴纳契税。
(6) 承受国有土地使用权支付的土地出让金。

三、税率

契税实行幅度比例税率,税率幅度为3%～5%。具体执行税率,由省、自治区、直辖市人民政府在规定的幅度内,根据本地区的实际情况确定。自2010年10月1日起,对个人购买90平方米及以下且属家庭唯一住房的普通住房,减按1%税率征收契税。

四、计税依据

契税的计税依据为不动产的价格,由于土地、房屋权属转移方式不同,定价方法不同,因而具体计税依据视不同而定。

(1) 国有土地使用权出让、土地使用权出售、房屋买卖时,成交价格为计税依据;

(2) 土地使用权赠与、房屋赠与时,由征收机关参照相应的市场价格核定计税依据;

(3) 土地使用权交换、房屋交换时,以交换的差额为计税依据;

(4) 以划拨方式取得土地使用权,经批准转让房地产时,由房地产转让者补交契税,补交的契税以土地使用权出让费用或土地收益为计税依据。

对于成交价格和交换差价明显不合理又无正当理由的,由征收机关参照市场价格核定。

五、税额计算

应纳税额＝计税依据×适用税率

计税依据为发生上述不同计税行为时的成交价格、市场价格和交换差价。

例9 居民甲有两套住房,将一套出售给居民乙,成交价格为200 000元;将另一套两室住房与居民丙交换成两处一室住房,并支付给丙换房差价60 000元。试计算甲、乙、丙的相关行为应纳的契税(假定税率为4%)。

分析与计算:

① 甲应纳契税＝60 000×4%＝2 400(元)

② 乙应纳契税＝200 000×4%＝8 000(元)

③ 丙不缴纳契税。

六、减税、免税

(1) 国家机关、事业单位、社会团体、军事单位承受土地、房屋用于办公、教学、医疗、科研和军事设施的,免征契税;

(2) 城镇职工按规定第一次购买公有住房的,免征契税;

(3) 因不可抗力灭失住房而重新购买住房的,酌情准予减征或者免征契税;

(4) 财政部规定的其他减征、免征项目。

经批准减免契税的纳税人,改变有关土地房屋的用途,不再属于减免范围的,应当补缴已经减征、免征的契税款。

七、纳税办法

征收机关可以委托有关单位代征契税。具体代征单位由省(市、自治区)政府决定。承受土地、房屋权属的纳税人,按下列程序办理纳税手续:

(1) 纳税人在签订土地、房屋权属转移合同或者取得其他具有土地、房屋权属转移合同性质凭证后10日内,到土地、房屋所在地的契税征收机关办理纳税申报,并向税务机关提供与转移土地、房屋权属有关的资料。

(2) 征收机关对纳税人的申报进行必要的审查后,核定应纳税额、纳税期限等,并及时通知纳税人。

(3) 纳税人按征收机关核定的税额及规定的期限纳税后,由征收机关开具完税凭证。

14.5 车船税

车船税是对在中华人民共和国境内属于《中华人民共和国车船税法》中《车船税税目税额表》所规定的车辆、船舶的所有人或管理人征收的一种税。2012年1月1日起施行《车船税法》。

一、纳税人

车船税的纳税人是在我国境内车船的所有人或管理人。

凡在中华人民共和国境内拥有并且使用车船的单位和个人,为车船使用税的纳税义务人。通常情况下,拥有并且使用车船的单位和个人同属一人,纳税义务人既是车船使用人,又是车船的拥有人。如果发生车船租赁关系,拥有人与使用人不一致的,则应由租赁双方商定由何方为纳税义务人;租赁双方未商定的,由使用人纳税;未商定和无租赁使用的车船,也以车船使用人为纳税人;如无租赁关系,以拥有人为纳税人。

二、征税范围

征税范围为是指在中华人民共和国境内属于《车船税法》所附《车船税税目税额表》中规定的车辆、船舶。

三、适用税额

车船使用税计税标准有辆、整备质量吨位、净吨位等,并对应税车辆多采用幅度定额税率。见下表14-2:

表14-2 车船税税目税额表

税 目		计税单位	年基准税额(元)	备 注
乘用车（按排气量分档）	1.0升(含)以下的	每辆	60~360	核定载客人数9人(含)以下
	1.0升以上至1.6升(含)的		300~540	
	1.6升以上至2.0升(含)的		360~660	
	2.0升以上至2.5升(含)的		660~1 200	
	2.5升以上至3.0升(含)的		1 200~2 400	
	3.0升以上至4.0升(含)的		2 400~3 600	
	4.0升以上的		3 600~5 400	
商用车	客车	每辆	480~1 440	核定载客人数9人(含)以上
	货车	整备质量每吨	16~120	包括半挂牵引车、三轮汽车和低速载货汽车
挂车		整备质量每吨	按货车税额的50%计算	
其他车辆	专用作业车	整备质量每吨	16~120	不包括拖拉机
	轮式专用机械车	整备质量每吨	16~120	
摩托车		每辆	36~180	
船舶	机动船舶	按净吨位每吨	3~6	拖船和非机动驳船分别按船舶税额的50%计算
	游艇	艇身长度每米	600~2 000	

四、应纳税额的计算

纳税人按照纳税地点所在的省、自治区、直辖市人民政府确定的具体适用税率缴纳车船税,购置的新车船,购置当年的应纳税额自纳税义务发生的当月起按月计算。计算公式为:

$$应纳税额 = (年应纳税额 \div 12) \times 应纳税月份数$$

例 10 某航运公司拥有机动船 30 艘(其中:净吨位为 600 吨的 12 艘,2 000 吨的 8 艘,5 000 吨的 10 艘),600 吨的单位税额为 3 元,2 000 吨的单位税额为 4 元,5 000 吨的单位税额为 5 元。计算该航运公司年应纳车船税税额。

分析与计算:

该公司年应纳车船税税额 $= 12 \times 600 \times 3 + 8 \times 2\,000 \times 4 + 10 \times 5\,000 \times 5 = 335\,600$(元)

五、申报缴纳

(1) 车船税实行按年征收、分期缴纳。具体纳税期限由各省、自治区、直辖市人民政府确定。一般原则规定为按季或半年征收。

(2) 车船税的纳税人应根据税法要求,据实向当地税务机关办理纳税申报登记,经审核后办理纳税手续。到交通管理部门或海事部门、船舶检验机构办理车辆(或船舶)相关登记和定期检验手续时,对未提交自上次检验后各年度依法纳税或者免税证明的,不予登记,不予发放检验合格标志。

(3) 车船税由纳税人所在地税务机关负责征收。纳税人所在地,是指单位的经营所在地或机构所在地,以及个人住所所在地。

六、税收优惠

(1) 捕捞、养殖渔船获得法定减免优惠;领取军队、警用牌照的军队、武警、警用的专用车船也享受法定减免税收优惠;其他享受法定减免税收优惠的车船。

(2) 省、自治区、直辖市人民政府可以根据当地实际情况,对公共交通车船、农民居民拥有并主要在农村地区使用的摩托车、三轮汽车和低速载货汽车定期减税、免税。

14.6 城镇土地使用税

城镇土地使用税是以城镇土地为征税对象,对拥有土地使用权的单位和个人征收的一种税。2007 年 1 月 1 日起对企业、单位和个人开征城镇土地使用税。

一、纳税人

在城市、县城、建制镇、工矿区范围内使用土地的单位和个人为城镇土地使用税的纳税人。通常包括以下几类:

(1) 拥有土地使用权的单位和个人;

(2) 拥有土地使用权的单位和个人不在土地所在地的,其土地的实际使用人和代管人为纳税人;

(3) 土地使用权未确定的或权属纠纷未解决的,其实际使用人为纳税人;

(4) 土地使用权共有的,共有的各方都是纳税人,共有各方分别纳税。

二、征税范围和计税依据

1. 征税范围

在城市、县城、建制镇和工矿区内的国家所有和集体所有的土地。其中,城市土地包括市区和郊区;县城土地指县人民政府所在地的城镇土地;建制镇的土地指镇人民政府所在地的土地。

例 11 下列土地应计征城镇土地使用税的有( )。
A. 校办企业的经营用地
B. 盐矿的矿井用地
C. 集体企业的养殖场的办公用地
D. 房地产开发公司建造商品房的用地
E. 港口的码头用地

答案:ACD

2. 计税依据

城镇土地使用税以纳税人实际占用的土地面积(平方米)为计税依据。

由省、自治区、直辖市人民政府组织测定土地面积的,以测定的面积为准;尚未组织测量,但纳税人持有政府部门核发的土地使用证书的,以证书确认的土地面积为准;尚未核发土地使用证书的,应由纳税人据实申报土地面积,据以纳税,待核发土地使用证以后再做调整。

三、适用税额

城镇土地使用税实行分级幅度税额。每平方米土地年税额规定如下:
(1) 大城市 1.5 元至 30 元;
(2) 中等城市 1.2 元至 24 元;
(3) 小城市 0.9 元至 18 元;
(4) 县城、建制镇、工矿区 0.6 元至 12 元。

四、应纳税额的计算

城镇土地使用税的应纳税额,依据纳税人实际占用的土地面积和适用单位税额计算。计算公式如下:

$$年应纳税额 = 计税土地面积(平方米) \times 适用税额$$

若分季或月缴纳时:

$$季度应纳税额 = 年应纳税额 \div 4$$

$$或月应纳税额 = 年应纳税额 \div 12$$

如果土地使用权由几方共有的,由共有各方按照各自实际使用的土地面积占总面积的比例,分别计算缴纳土地使用税。

例 12 某市甲乙两公司共同拥有一块面积为 1 500 平方米的土地使用权,甲实际使用 1/3,其余为乙所使用。经税务机关审核,该土地为应税土地,假设该市每平方米纳税额为 4 元,计算两公司全年应纳土地使用税税额。

分析与计算:

甲公司需缴纳:$1\,500 \times 1/3 \times 4 = 2\,000$(元)

乙公司需缴纳:$1\,500 \times 2/3 \times 4 = 4\,000$(元)

14.7 城市维护建设税与教育费附加

城市维护建设税是国家对从事工商经营,缴纳增值税、消费税和营业税的单位和个人就其已经缴纳的"三税"税额为计税依据而征收的一种特定目的税。是国家为加强城市的维护和建设、扩大和稳定城市建设(公用事业和公共设施)资金的来源而采取的一项税收措施。

一、纳税人

凡缴纳增值税、消费税和营业税这"三税"的单位和个人,均为城建税及教育费附加的纳税人。

城市维护建设税具有附加税的性质,其本身并无特定和独立的征税对象。除另有规定外,代扣(收)代缴增值税、消费税和营业税的单位,同时代扣(收)代缴城建税和教育费附加。对由受托方代收、代扣"三税"的、流动经营等无固定纳税地点的单位和个人,可按缴纳"三税"所在地的规定税率就地缴纳城市维护建设税和教育费附加。

从 2010 年 12 月 1 日起,我国开始对外商投资企业、外国企业及外籍个人征收城市维护建设税和教育费附加。

二、税目、税率

城建税实行差别比例税率,按照纳税人所在地的不同,实行三档比例税率。具体适用范围是:纳税人所在地在城市市区的,税率为 7%;纳税人所在地在县城、建制镇的,税率为 5%;纳税人所在地不在城市市区、县城、建制镇的,税率为 1%。教育费附加统一征收税率为 3%。

三、计税依据

城市维护建设税的计税依据是纳税人实际缴纳的消费税、增值税、营业税应纳税额,不包括加收的滞纳金和罚款。

四、应纳税额的计算

(1) 城建税的应纳税额=纳税人实际缴纳的"三税"×适用税率

(2) 城建税以"三税"税额为计税依据并同时征收,如要减免征收"三税",即同时减免征收城建税。但对出口产品退还增值税或消费税的,不退还已缴纳的城建税。

(3) 如纳税人缴纳了"三税"之后,却不按规定缴纳城建税,税务机关可对其单独加收滞纳金,也可单处罚款。

例 13 根据有关规定,某纳税人所在地为市区的,其某月应纳增值税额和消费税额分别为 10 万元和 20 万元,其应缴纳城建税税额=(10+20)×7% = 2.1(万元)。

五、减税、免税

(1) 海关对进口产品代征增值税、消费税的,不征收城市维护建设税。

(2) 对出口产品先征后返、先征后退、即征即退增值税、消费税的,除另有规定的,不退还已缴纳的城市维护建设税。

(3) 对于因减免税而需要进行"三税"退库的,城市维护建设税也可同时退库。

(4) 对新办的商贸企业(从事批发、零售兼营以及其他非零售业务的商贸企业除外),当年新招用下岗失业人员达到职工总数 30%以上(含 30%),并与其签订 1 年以上期限劳动合同的,经劳动保障部门认定,税务机关审核,3 年内免征城市维护建设税、教育费附加。

(5) 对下岗失业人员从事个体经营(除建筑业、娱乐业以及广告业、桑拿、按摩、网吧、氧吧外)的,自领取税务登记之日起,3年内免征城市维护建设税、教育费附加。

(6) 自2004年1月1日起,对为安置自谋职业的城镇退役士兵就业而新办的服务型企业(除广告业、桑拿、按摩、网吧、氧吧外)当年新安置自谋职业的城镇退役士兵达到职工总数的30%以上,并与其签订1年以上期限劳务合同的,经县以上民政部认定,税务机关审核,3年内免征城市维护建设税、教育费附加。

六、教育费附加

教育费附加是国家对缴纳增值税、消费税和营业税的单位和个人就其已经缴纳的"三税"税额为计税依据而征收的一种附加费,是为地方教育事业筹集资金的一种附加,实质上具有税的性质。其征收依据是以纳税人实际缴纳的增值税、消费税和营业税的税额,分别与"三税"同时缴纳。现行教育费附加征收比率为3%,减免优惠同城市维护建设税。

例14 下列行为中,需要缴纳城建税和教育费附加的有(　　)。
A. 政府机关出租房屋行为　　　　B. 企业购买房屋行为
C. 油田开采天然原油并销售的行为　D. 外商投资企业销售货物的行为
E. 企业整体出售行为
答案:ACD

14.8 印花税

印花税是对经济活动和经济交往中书立、使用、领受具有法律效力凭证的单位和个人征收的一种税。它是具有行为税性质的凭证税。1988年8月6日颁布《印花税暂行条例》,10月1日起施行。

一、纳税人

根据《印花税暂行条例》规定:在中华人民共和国境内书立、领受、使用属于征税范围内所列举凭证的单位和个人,都是印花税的纳税义务人。

"单位和个人",包括中国的企事业单位和个人,也包括涉外企业、机构和外国公民。对于外商投资企业、外国企业和其他经济组织及其在华机构等,1994年1月1日前适用工商统一税时,不交印花税;1994年1月1日后,取消了工商统一税,改征增值税、消费税、营业税,同时也开征印花税。按照书立、使用、领受应税凭证的不同,可以分别确定为立合同人、立据人、立账簿人、领受人和使用人。

(1) 立合同人。是指合同的当事人,不包括保人、证人、鉴定人。如果一份合同由两方及两方以上的当事人共同签订,那么签订合同的各方都是纳税人。

(2) 立账簿人。是指开立并使用营业账簿的单位和个人。

(3) 立据人。是指书立产权转移书据的单位和个人。如果书据是由两方或两方以上的当事人共同书立的,则各方都是纳税人。

(4) 领受人。是指领取并持有权利许可证照的单位和个人,如领取营业执照的人。

(5) 使用人。在国外书立、领受,但在国内使用的应税凭证,其纳税人为使用人。

(6) 各类电子应税凭证的签订人。

二、税目

在我国印花税的应税凭证有五大类共十三个税目。第一类,经济合同,具体税目有10个:① 购销合同;② 加工承揽合同;③ 建设工程勘察设计合同;④ 建筑安装工程承包合同;⑤ 财产租赁合同;⑥ 货物运输合同;⑦ 仓储保管合同;⑧ 借款合同;⑨ 财产保险合同;⑩ 技术合同。第二至四类,税目均为一个,第二类:⑪ 产权转移书据。第三类:⑫ 营业账簿。第四类:⑬ 权利、许可证照。第五类:财政部确定征税的其他凭证(无具体税目)。

例15 以下合同不征印花税的是( )。
A. 电网与用户之间签订的供用电合同
B. 个人出租门店签订的合同
C. 出版单位与发行单位订立的图书征订凭证
D. 信用保险合同
答案:A

例16 产权转移书据是在产权的买卖、交换、继承、赠与、分割等产权主体变更过程中,由产权出让人与受让人所订立的民事法律文书。下列项目中属于我国印花税产权转移书据征税范围的有( )。
A. 财产所有权   B. 公民诉讼权
C. 商标专用权   D. 民事纠纷权
E. 专有技术使用权
答案:ACE

三、税率

印花税的税率有两种形式:比例税率和定额税率。

比例税率适用于记载有金额的应税凭证,13个税目中有11个税目采用比例税率:各类合同以及具有合同性质的凭证(含以电子形式签订的各类应税凭证)、产权转移书据、营业账簿中记载资金的账簿使用。其中,"借款合同"为0.05‰;"购销合同"、"建筑安装工程承包合同"、"技术合同"为0.3‰;"加工承揽合同"、"建筑工程勘察设计合同"、"货物运输合同"、"产权转移书据"、"营业账簿"税目中记载资金的账簿为0.5‰;"财产租赁合同"、"仓库保管合同"、"财产保险合同"为1‰;"股权转让书据"为1‰,单边收取(包括A股和B股)。

定额税率也称固定税额,适用于无法记载金额或者虽载有金额,但作为计税依据明显不合适的凭证。13个税目中只有2个税目采用这种形式,即"权利、许可证照"和营业账簿中的其他账簿。采用这种定额税率,按件贴花,每件应税凭证缴纳固定数额(5元)的税款。

四、应纳税额计算的一般方法

(1) 适用比例税率的应税凭证,计税依据为凭证上所记载的金额,不得作任何扣除。计税公式为:

$$应纳税额 = 计税金额 \times 比例税率$$

(2) 适用定额税率的应税凭证,计税依据为凭证件数,计税公式为:

$$应纳税额 = 凭证件数 \times 固定税额(5元)$$

例17 某企业某年2月开业,当年发生以下有关业务事项:领受房屋产权证、工商营业执照、土地使用证各1件;与其他企业订立转移技术使用权书据1份,所载金额为100万元;

订立产品购销合同1份,所载金额为200万元;订立借款合同1份,所载金额为400万元;企业记载资金账簿,"实收资本"、"资本公积"为800万元;其他营业账簿10本。试计算该企业当年应纳的印花税税额。

分析与计算:
① 企业领受权利、许可证照应纳税额=3×5=15(元)
② 企业订立技术合同应纳税额=1 000 000×0.000 3=300(元)
③ 企业订立购销合同应纳税额=2 000 000×0.000 3=600(元)
④ 企业订立借款合同应纳税额=4 000 000×0.000 05=200(元)
⑤ 企业记载资金的账簿应纳税额=8 000 000×0.000 5=4 000(元)
⑥ 企业其他营业账簿应纳税额=10×5=50(元)
⑦ 该企业当年应纳印花税税额=15+300+600+200+4 000+50=5 165(元)

五、免税项目

(1) 已缴纳印花税的凭证副本或者抄本。
(2) 财产所有人将财产赠给政府、社会福利单位、学校所立的书据。
(3) 国家指定的收购部门与村民委员会、农民个人书立的农副产品收购合同。
(4) 无息、贴息贷款合同。
(5) 外国政府或者国际金融组织向我国政府及国家金融机构提供优惠贷款所书立的合同。
(6) 其他规定的免税凭证。

六、纳税办法

印花税采取贴花纳税,其具体纳税办法有三种:

(1) 自行贴花。此办法由纳税人自行计算应纳税额,自行向税务机关购买印花税票,自行在应税凭证上一次贴足印花,并自行划红或盖章加注销。这是使用范围较广泛的纳税办法,一般适于应税凭证较少或贴花次数较少的纳税人。

(2) 汇贴或汇缴。这是应纳税额较大或贴花次数频繁的纳税人适用的办法。在税务机关批准前提下,由纳税人在限期内(1个月)汇贴或汇缴印花税;或者是对应纳印花税税额超过500元的一份凭证,经税务机关批准,纳税人可用填完税证或缴款书的办法纳税,不再贴花。

(3) 委托代征。税务机关委托国家有关部门代征印花税,有关部门发放、鉴证、公证或仲裁相应的应税凭证。税务机关应发给代征单位代征委托书。这种办法是实行印花税源泉控管的有效手段。

练习题

一、单项选择题

1. 城市维护建设税及教育费附加的计算基数包括( )。
   A. 某生产企业出口货物确认的免抵退税额
   B. 查补的"三税"
   C. 享受税收优惠而减免的"三税"
   D. 查补"三税"缴纳的滞纳金和罚款

2. 下列占用土地行为中,应征收城镇土地使用税的是( )。
   A. 企业内绿化占用的土地   B. 国家机关自用的土地
   C. 军队办公占用的土地   D. 公园自用的土地

3. 纳税人经营自用的房屋的计税依据是( )。
   A. 房屋原值   B. 房屋净值
   C. 市场价格   D. 计税余值

4. 载货汽车按( )确定税额。
   A. 载重吨位   B. 辆
   C. 整备质量吨位   D. 体积

5. 房地产开发企业在确定土地增值税的扣除项目时,允许单独扣除的税金是( )。
   A. 营业税、印花税   B. 房产税、城市维护建设税
   C. 营业税、城市维护建设税 D. 印花税、城市维护建设税

6. 下列行为,不征契税的有( )。
   A. 国有土地使用权出让   B. 土地使用权转让、出售
   C. 出租房屋   D. 房屋产权买卖

7. 某市房地产开发公司转让一幢写字楼取得收入 1 000 万元。已知该公司为取得土地使用权所支付的金额为 50 万元,房地产开发成本为 200 万元,房地产开发费用为 40 万元,利息费用不能按房地产项目分摊,当地规定的房地产开发费用扣除比例为 9%。该公司应缴纳的土地增值税为( )万元。(营业税税率 5%,城建税税率 7%,教育费附加征收率 3%,其他扣除项目扣除率为 20%)
   A. 180   B. 240   C. 254.63   D. 265

8. 某建筑公司与甲企业签订一份建筑承包合同,合同金额 6 000 万元。该建筑公司又将其中价值 2 000 万元的安装工程转包给乙企业,并签订转包合同。该建筑公司共应缴纳印花税( )万元。
   A. 2.40   B. 1.80   C. 0.6   D. 0

9. 依据资源税的有关规定,下列说法中正确的是( )。
   A. 自产自用应税资源不缴纳资源税
   B. 销售应税资源,应以实际销售数量为资源税的课税数量
   C. 收购未税矿产品的单位,代扣代缴资源税的依据是销售数量
   D. 纳税人不能准确提供应税产品销售或移送使用数量的,不缴纳资源税

10. 甲乙双方发生房屋交换行为,当交换价格相等时,契税由( )。
    A. 甲方缴纳   B. 乙方缴纳
    C. 甲乙双方各缴纳一半   D. 甲乙双方都不缴纳

二、多项选择题

1. 城市维护建设税的计税依据为( )。
   A. 增值税   B. 消费税
   C. 海关对进口产品代征的增值税和消费税   D. 营业税

2. 城市维护建设税适用的税率有( )。
   A. 1%   B. 3%   C. 5%   D. 7%

3. 某日用化工厂生产销售化妆品和护肤护发品,取得的销售收入应纳( )。
   A. 增值税   B. 消费税
   C. 城市维护建设税   D. 教育费附加
4. 印花税应税凭证有( )。
   A. 经济合同   B. 产权转移书据
   C. 营业账簿   D. 权利、许可证照
5. 下列选项中,属于资源税应税产品的有( )。
   A. 铁矿石   B. 井矿盐   C. 进口原油   D. 煤炭制品
6. 下列房产属于免征或不征房产税的是( )。
   A. 向居民供热并向居民收取采暖费的供热企业的生产用房
   B. 房地产开发企业开发待售的商品房
   C. 纳税单位与免税单位共同使用的房屋,纳税单位使用的部分
   D. 个人所有的营业用房
   E. 国家外汇管理局所属分支机构自用的房产
7. 下列各项中,属于土地增值税免征或不征的有( )。
   A. 国家依法征用、收回的房地产
   B. 房地产开发公司将开发产品转为自用,且产权没有发生转移
   C. 房地产开发公司将开发产品对外投资
   D. 合作建房建成后自用的
   E. 企业出租给个人用于经营的房屋
8. 在土地增值税计算过程中,准予按实际发生额扣除的项目有( )。
   A. 与转让房屋有关的土地出让金
   B. 与转让房屋有关的建筑安装工程费
   C. 房地产开发费用
   D. 转让房产缴纳的营业税
   E. 与转让房屋有关的"三通一平"支出
9. 下列应税凭证中,可以免纳印花税的有( )。
   A. 房地产管理部门与个人订立的用于生活居住的房租合同
   B. 合同的正本或抄本
   C. 个人买卖封闭式债券投资基金签订的书据
   D. 外国政府向我国金融机构提供的优惠贷款所书立的合同
   E. 企业与村民委员会签订的农业产品收购合同
10. 下列位于某市各项房产中,应当征收房产税的有( )。
    A. 中国公民出租的房产   B. 中国公民投资联营的房产
    C. 中国公民自有的居住用房   D. 中国公民拥有的营业用房
    E. 外国人的营业用房
11. 下列土地使用权或房屋产权的承受者,可酌情减免契税的有( )。
    A. 因自然灾害丧失住房而重新购买住房的
    B. 购买住房的残疾人组织

C. 承受荒山、荒沟、荒丘、荒滩土地使用权,并用于开发房地产的
D. 土地、房屋被县级以上人民政府征用、占用后,重新承受土地、房屋权属的
E. 城镇职工按规定第一次购买公有住房的

12. 以协议方式出让国有土地使用权的,其契税计税价格包括下列各项中的(　　)。
A. 土地出让金　　　　　　　　B. 安置补助费、拆迁补偿费
C. 竞价的成交价格　　　　　　D. 市政建设配套费
E. 土地补偿费

三、计算题

1. 6月李某因改善居住条件,经向税务机关申报核准转让其已居住两年的非普通住宅一套,取得转让房款24万元。经评估,该住房的重置成本为20万元,成新度为70%。住房转让时,李某已按国家统一规定缴纳手续费0.18万元、评估费0.5万元、税金1.32万元。求李某应缴纳的土地增值税。

2. 吴某11月首次购买90平方米的普通住房一处,价款50万元(未含装修费10万元),采用分期付款方式,分20年支付,假定当年支付7.5万元。求吴某购房应缴纳的契税。

3. 某企业拥有A、B、C、D四栋房产,四栋房产在年初的原值分别为2 000万元、1 500万元、1 000万元、800万元。当年4月1日起将B栋房产出租,租期到10月31日,每月租金为25万元。当年4月1日起对C栋房产进行大修,当年10月31日完工。当年1月1日起,将D栋房产投资联营,不承担联营风险,至年底收取固定收入60万元。地方政府确定房产原值减除20%后的余值计税。求该企业当年应缴纳的房产税。

4. 某企业与银行签订借款合同,借款金额为500万元,因该借款用于企业技术改造项目,为无息贷款;受甲公司委托加工一批产品,总金额为200万元,签订的加工承揽合同中注明原材料由甲公司提供,金额为180万元,该企业提供加工劳务和辅助材料,金额为20万元;向某公司租赁设备一台,租金为10万元,租期三年。求该企业上述事项应缴纳的印花税。

第十五章 税收管理

学习目的：通过本章的学习，了解我国税收征管的基本法规。

15.1 我国税收管理体制

一、税收管理体制的概念

税收管理体制是指在各级国家机构之间划分税权的制度或制度体系。税权的划分有纵向和横向划分之分，纵向划分是指税权在中央与地方国家机构之间的划分；横向划分是指税权在同级立法、司法、行政等国家机构之间的划分。

税收管理权包括税收立法权、税收法律法规的解释权、税种的开征或停征权、税目和税率的调整权、税收的加征和减免权等。税收管理权可以按权限划分为税收立法权和税收执法权两类。

二、税收立法权

税收立法权是制定、修改、解释和废止税收法律、法规、规章和规范性文件的权力。它包含两个方面的内容：一是什么机关有税收立法权；二是各级机关的税收立法权是如何划分的。

1. 立法权的划分

(1) 按照税种类型的不同划分，如流转税类、所得税类、地方税类。

(2) 按照税种的基本要素划分，将税种的某一要素如税基的立法权，授予某级政府，这种分法在实践中不多见。

(3) 按照税收执法的级次划分，不同级次政府制定不同级次的法律。我国的税收立法权的划分就是属于这种类型。

2. 我国税收立法权划分的现状

由于我国地域辽阔，地区间经济差距大，适当地下放税收立法权，可以使地方实事求是地根据自己特有的税源开征税种，促进地方经济发展。

(1) 全国性税种的立法权，即包括全部中央、中央与地方共享和全国范围内征收的地方税税法的制定、公布和税种的开征、停征权，属于全国人民代表大会及其常务委员会。

(2) 经全国人大及其常委会授权，全国性税种可先由国务院以"条例"或"暂行条例"的形式发布施行，经过一段时期后，再行修订并通过立法程序，由全国人大及其常委会正式立法。

(3) 经全国人大及其常委会授权，国务院有制定税法实施细则、增减税目和调整税率的权力。

(4) 经全国人大及其常委会授权，国务院有税法解释权；经国务院授权，国家税务主管部门(财政部和国家税务总局)有税收条例的解释权和制定税收条例实施细则的权力。

(5) 省级人大及其常委会有根据本地区经济发展的具体情况和实际需要,在不违背国家统一税法,不影响中央的财政收入,不妨碍我国统一市场的前提下,开征全国性税种以外的地方税种的税收立法权,所立税法在公布实施前报全国人大常委会备案。

目前我国现行税法立法权的划分问题,迄今为止,尚无一部法律对之加以完整规定,只是散见于若干财政和税收法律和法规中。

三、税收执法权的划分

根据国务院《关于实行财政分税制有关问题的通知》等有关法律、法规的规定,我国现行税制下税收执法管理权限的划分大致如下:

将维护国家权益,实施宏观调控所必需的税种划分为中央税,其税收管理权由国务院及其税务主管掌握,中央税务机构负责征收;将同国民经济发展直接相关的主要税种划分为中央和地方共享,原则上中央税务机构负责征收,共享税种地方分享的部分,由中央税务机构直接划入地方金库;将适用地方征管的税种划为地方税,充实地方税税种,增加地方税收收入,其管理权由地方人民政府及其税务主管部门掌握,地方税务机构负责征收。

四、税务机构设置和税收征管范围划分

1. 税务机构设置

根据我国经济和社会发展以及实行分税制财政管理体制的需要,现行税务机构设置是中央政府设立国家税务总局,省及省级以下税务机构分为国家税务局和地方税务局两个系统。

国家税务总局对国家税务局系统实行机构、编制、干部、经费的垂直管理,协同省级人民政府对省级地方税务局实行双重领导。

2. 税收征收管理范围划分

目前,我国税收分别由财政、税务和海关等系统负责征收管理。

(1) 国家税务局系统负责征收和管理的项目:增值税,消费税,车辆购置税,铁道部、各银行总行、各保险总公司集中缴纳的营业税、所得税、城市维护建设税,中央企业缴纳的所得税,中央与地方所属企业、事业单位组成的联营企业、股份制企业缴纳的所得税,地方银行、非金融企业缴纳的所得税,海洋石油企业缴纳的所得税、资源税,证券交易税,个人所得税中对储蓄存款利息所得征收的部分,中央税的滞纳金、补税和罚款。

(2) 地方税务系统负责征收和管理的项目:营业税,城市维护建设税,地方国有企业、集体企业、私营企业缴纳的所得税,个人所得税,资源税,城镇土地使用税,耕地占用税,土地增值税,房产税,车船税,印花税,契税及其地方附加,地方税的滞纳金、补税和罚款。

15.2 税收征收管理

税务管理与税款征收、税务检查共同构成税收征收管理的重要内容。税务管理是整个税收征管工作的基础环节,是税务机关在征收管理中对征纳过程实施的基础性的管理制度和管理行为。

一、税务登记管理

税务登记是税务机关对纳税人的生产经营活动进行登记并据此对纳税人实施税务管理

的一系列法定制度的总称。

税务登记分为开业税务登记、变更税务登记、注销税务登记和停业、复业登记。

(一) 开业税务登记

开业税务登记是指从事生产、经营的纳税人,经国家工商行政管理部门批准开业后申报办理的纳税登记。

1. 登记的对象

开业税务登记的对象可以分为两类:

一是领取营业执照从事生产经营活动的纳税人,包括企业、企业在外地设立的分支机构和从事生产经营的场所、个体工商户、从事生产经营的事业单位。

二是其他纳税人。除临时取得应税收入或发生应税行为以及只缴纳个人所得税、车船税外的其他不从事生产、经营,但负有纳税义务的单位和个人。

2. 登记的要求

(1) 提出办理税务登记的书面报告。

(2) 在法定的时间内办理税务登记。凡从事生产经营,实行独立核算,并经工商行政管理机关批准开业和发给营业执照的,应在领取营业执照之日起 30 日内,向当地税务机关申请办理税务登记。纳税人所属跨地区的非独立核算的分支机构,除由其总机构申报办理税务登记外,也应自设立之日起 30 日内在当地税务机关申报办理注册税务登记。

(3) 携带全部有关证件或资料。携带营业执照和其他核准的执业证件;有关合同、章程、协议书;银行账号证明;居民身份证、护照或其他证明身份的合法证件;组织机构统一代码证书;以及其他需要提供的有关证件。

(4) 如实填写税务登记表。包括单位名称、法定代表人或业主姓名及其身份证、护照或其他合法证件;住所、经营地点;经济性质;企业形式、生产方式;生产经营范围、经营方式;注册资本(注册资金);生产经营期限、从业人数、营业执照号码;财务负责人、办税人;以及其他事项。

3. 开业税务登记的审批

税务机关对申请登记者提供的《税务登记表》、提供的证件、材料,应当在收到之日起 30 日内审核完毕,符合规定的,予以登记,发给税务登记证件;不符合规定的不予登记,并予以答复。

(二) 变更与注销税务登记

1. 变更税务登记

纳税人在办理税务登记生效后,有改变单位名称或法定代表人,改变所有制性质、隶属关系或经营地址,改变经营方式、经营范围、经营期限、开户银行及账号,改变工商证照等登记内容时,应向税务机关申报办理变更税务登记手续。

纳税人应当自工商部门行政管理机关办理变更登记,自有关机关批准或者是发布变更之日起 30 日内,持有关证件向原税务申报机关申报办理变更税务登记。

2. 注销税务登记

纳税人发生停业、解散、破产、撤销等情形,依法应当终止纳税义务的,应当在申报办理注销工商登记前,先向原税务登记机关申报办理注销登记,自有关机关批准或宣告之日起 15 日内申报办理注销税务登记。

对被吊销营业执照的纳税人,应当自营业执照被吊销之日起15日内,向原税务登记机关申报办理注销税务登记。

纳税人在办理注销税务登记前,应当向税务机关结清应纳税款、滞纳金、罚款,缴销发票、税务登记证件和其他税务证件。

(三) 停业、复业登记

实行定期定额征收方式的纳税人在营业执照核准的经营期限内需要停业的,应当向税务机关提出停业登记,说明停业理由、时间、停业前的纳税情况和发票的领、用、存情况,并如实填写申请停业登记表。

纳税人停业期间发生纳税义务,应当及时向主管税务机关申报,依法补缴应纳税款。

二、账簿、凭证管理

1. 账簿、凭证概念的界定

账簿是纳税人用于连续登记和反映其各种经济业务的账册或簿籍,是编制报表的依据,也是保存会计数据资料的工具和载体。账簿按作用可以分为总账、明细账、日记账及其他辅助性账簿。

凭证是纳税人用来记录经济业务,明确经济责任,并据以登记账簿的书面声明。凭证可按填制程序和用途分为两大类:一类是原始凭证;另一类是记账凭证。

2. 设置账簿的范围

根据《征管法》的规定,从事生产、经营的纳税人、扣缴义务人应自领取营业执照起15日内,按照国务院财政、税务主管部门的规定设置账簿,合法、有效使用凭证记账,进行核算。

我国国有企事业单位和涉外企业的财务、会计制度由财政部主管;从事生产、经营的扣缴义务人应自领取营业执照起10日内,按照代扣、代收的税种,分别设置代扣代缴、代收代缴税款账簿。

城镇集体企业和私营企业财务、会计制度由国家税务总局主管;个体工商户的财务处理规定及会计制度由各省、自治区、直辖市税务机关具体确定;个体工商户确实不能设置账簿的,经税务机关核准,可以不设置账簿,但可聘请注册会计师或经税务机关认可的财务人员代为建账和办理账务。按上述办法有困难的,可报经县以上税务机关批准,按税务机关的规定,建立收支凭证粘贴簿、进货销货登记等账簿。

3. 对纳税人的财务会计制度及其处理办法的管理

(1) 备案制度。从事生产、经营的纳税人应当自领取税务登记证之日起15日内,将其财务、会计制度或财会、会计处理办法报送税务和机关备案。

(2) 财会制度。从事生产、经营的纳税人的财务、会计制度或财会、会计处理办法与国务院或国务院财政、税务主管部门有关税收的规定相抵触的,依照国务院或国务院财政、税务主管部门有关税收的规定计算纳税。

4. 账簿、凭证的保存和管理

除法律、行政法规另有规定的外,账簿、会计凭证、报表、完税凭证及其有关资料应当保存10年。

5. 发票管理

《征管法》第二十一条规定:"税务机关是发票的主管机关,负责发票的印制、领购、开具、取得、报告、缴销的管理和监督。"

三、纳税申报

1. 纳税申报的概念

纳税申报是指纳税人在发生法定纳税义务后,按照税务机关规定的期限和内容,向主管税务机关提交有关纳税书面报告的法律行为。

2. 办理纳税申报的对象

办理纳税申报的对象包括:

(1) 负有纳税义务的单位和个人;

(2) 临时取得应税收入或发生应税行为的纳税人;

(3) 扣缴义务人;

(4) 享受减税、免税待遇的纳税人。

3. 纳税申报的要求

(1) 纳税申报的时间要求。申报期限有两种,两种期限具有同等的法律效力:一是法律、行政法规明确规定的;二是税务机关按照法律、行政法规的原则规定,结合纳税人生产经营的实际情况及其所应缴纳的税种等相关问题予以确定的。

(2) 纳税申报的内容要求。纳税人办理纳税申报时,应当如实填写纳税申报表,并根据不同情况相应报送下列有关证件、资料:① 财务、会计报表及其说明材料;② 与纳税有关的合同、协议书;③ 外出经营活动税收管理证明;④ 境内或境外公证机构出具的有关证明文件;⑤ 税务机关规定应当报送的其他有关证件、资料。

(3) 纳税申报的方法要求。纳税人、扣缴义务人应当在法律、行政法规所确定的申报期限内,到税务机关办理纳税申报或代扣代缴、代收代缴税款报告。

纳税人到税务机关办理纳税申报有困难的,经税务机关批准,可以邮寄申报。邮寄申报以寄出地邮戳日期为实际申报日期。纳税人还可以采取数据电文申报,即经税务机关确定的电话语音、电子数据交换和网络传输等电子方式。

四、发票的使用和管理

1. 发票的概念

发票是指在购销商品、提供或接受劳务和其他经营活动中,开具、收取的收付款凭证。

2. 发票的印制

税务机关对发票的印制实行统一管理,增值税专用发票由国家税务总局指定的企业统一印制,其他发票由省级税务机关指定的企业印刷。

3. 发票的领购

申请领购发票的单位和个人应当提出购票申请,提供经办人身份证明、税务登记证件或其他有关证明,以及财务印章和发票专用章的印模,经主管税务机关审核后,发给发票领购簿。

临时到外省(自治区、直辖市)从事经营活动的单位和个人,可以凭本地税务机关证明,向经营地主管税务机关申请领购经营地的发票。

对外省来本地从事临时经营活动的单位和个人,可以要求其提供担保人或根据所领购发票的票面限额及数量缴纳 10 000 元以下的保证金,并限期缴销发票。

4. 发票的开具、使用和取得

销售商品、提供服务以及从事其他经营活动的单位和个人,对外发生经营业务收取款项,收款方应向付款方开具发票;发票要全联一次填写;发票不得跨省、直辖市、自治区使用;开具发票要加盖财务印章或发票专用章;开具后收回的,须在原票上注明"作废"字样或取得对方有效证明;特殊情况下由付款方向收款方开具发票。

5. 发票的保管

开具发票的单位和个人应当建立发票使用登记制度;应当按照税务机关的规定存放和保管发票;已开具的发票存根和发票登记簿应当保存5年。

6. 发票的检查

税务机关在发票检查中享有以下职权:

(1) 检查印制、领购、开具、取得和保管发票的情况;

(2) 提出发票查验;

(3) 查阅、复制与发票有关的凭证、资料;

(4) 向当事人各方询问与发票有关的问题和情况;

(5) 在查处发票案件时,对与案件有关的情况和资料,可以记录、录音、录像、照相和复制;

(6) 对被查人从境外取得的与纳税有关的发票或者凭证有疑义的,可以要求其提供境外公证机关或者注册会计师的确认证明;

(7) 在发票检查中需要核对发票存根联与发票填写情况时,可以向持有发票或者发票存根联的单位发出发票填写情况核对卡,有关单位应当如实填写,按期报回;

(8) 发票真伪的鉴定权属于税务机关。

税务人员在进行发票检查时,应当出示税务检查证,否则,被检查人可以拒绝。需要将已开具的发票调出检查时,应当向被检查人开具发票换票证;需要调出空白发票查验的,应当开付收据。

五、税款的征收制度

(一) 税款征收的方式

税款征收的方式主要有以下几种:

(1) 查账征收。是指税务机关按照纳税人提供的账表所反映的经营情况,依照适用税率计算缴纳税款的方式。

(2) 核定征收。是指税务机关根据纳税人的从业人员、生产设备、采用原材料等因素,对其产制的应税产品查实核定产量、销售额并据以征收税款的方式,具体包括查定征收、查验征收、定期定额征收。

除上述几种主要征收方式外,还有委托征收、邮寄申报纳税、代扣代缴、代收代缴征收等方式。

(二) 税收保全措施和强制执行

1. 税收保全措施

税收保全措施有两种主要形式:一是书面通知纳税人开户银行或其他金融机构暂停支付纳税人相当于应纳税款的存款;二是扣押、查封纳税人的价值相当于应纳税款的商品、货物或其他财产。

2. 适用税收保全措施的条件

(1) 税收保全措施只适用于从事生产、经营的纳税人。对非从事生产、经营的纳税人,或对扣缴义务人和纳税担保人,不能适用该措施。

(2) 必须是有根据认为纳税人有明显的转移、隐匿其应纳税的商品、货物以及其他财产或应纳税收入等行为或迹象。

(3) 必须是在规定的纳税期之前和责令期缴纳的期限之内。对有逃避纳税义务行为的纳税人,税务机关首先责令限期缴纳,在纳税期之后或在责令期缴纳期限之后,税务机关强制纳税人履行纳税义务的行为是强制执行措施而不是税收保全措施。

(4) 必须是在纳税人不肯或不能提供纳税担保的情况下。对在责令期限缴纳之前有逃避纳税义务的纳税人,税务机关应首先要求纳税人提供纳税依据,而不是直接采取税收保全措施。

(5) 实施税收保全措施,必须经县以上税务局(分局)局长批准。

3. 税收强制执行形式

一是书面通知其开户银行或其他金融机构从其存款中扣缴税款;二是扣押、查封、拍卖其价值相当于应纳税款的商品、货物或其他财产,以拍卖所得抵缴税款。

4. 税收强制执行的实施

(1) 税收强制执行措施与税收保全措施不同,不仅可以适用于从事生产经营的纳税人,而且可适用于扣缴义务人和纳税担保人。

(2) 对逾期不履行法定纳税义务的纳税人等管理相对人必须告诫在先,执行在后。

(3) 税收强制执行措施必须发生在责令期满之后。责令期限内有不履行义务迹象,税务机关采取的是税收保全措施。

(4) 税收强制执行措施以保障义务的全面、实际履行为目的。

(5) 采取税收强制执行前,应当报经县以上税务局(分局)局长批准。

(三) 纳税期限与延期纳税

纳税人因有特殊困难,不能按期缴纳税款的,经县以上税务局(分局)批准,可以延期缴纳税款,但最长不得超过3个月。

延期纳税应注意以下问题:

(1) 延期纳税申请必须以书面形式提出;

(2) 纳税人客观上确有特殊困难;

(3) 必须经县以上税务局(分局)批准;

(4) 期限最长不得超过3个月;

(5) 在批准的延长期限内不加收滞纳金。

(四) 滞纳金

纳税人、扣缴义务人未按照法律、行政法规规定或税务机关依照法律、行政法规规定确定的期限缴纳或者解缴税款的,税务机关除责令限期缴纳外,从滞纳税款之日起,按日加收滞纳税款 0.5‰的滞纳金。

(五) 税款的多退少补

纳税人超过应纳税额缴纳的税款,税务机关发现后应当立即退还;纳税人自结算缴纳税款之日起3年内发现的,可以向税务机关要求退还。

因税务机关的责任,致使纳税人、扣缴义务人未缴或少缴税款的,税务机关在3年内可以要求纳税人、扣缴义务人补缴税款,但是不得加收滞纳金。

因纳税人、扣缴义务人计算错误等失误,未缴或少缴税款的,税务机关在 3 年内可以追征;有特殊情况的,追征期可延长到 5 年。"特殊情况"是指纳税人或扣缴义务人因计算错误等失误,未缴或少缴、未扣或少扣、未收或少收税款,数额在 10 万元以上的。

(六)税务检查

1. 税务检查的形式和方法

税务检查的形式有重点检查、分类计划检查、集中性检查、临时性检查和专项检查等多种方法。税务检查的方法有全查法、抽查法、顺查法、逆查法、现场检查法、比较检查法、控制计算法、审阅法、核对法、观察法、外调法、盘存法以及交叉稽查法等多种检查方法。

2. 税务机关在检查中的权利和义务

(1)税务检查权:包括查账权、场地检查权、责成提供资料权、询问权、在交通要道和邮政企业的查证权、查核存款户账户权。

(2)税务机关在税务检查中的义务:

① 税务机关派出人员在实施检查时,必须出示有效证件。

② 检查所查阅的资料或所询问的话题,必须与纳税有关。

③ 特殊检查行为必须征得县税务局(分局)局长的批准,或征得有关部门的核准。

④ 税务机关在检查时应为纳税人保守秘密。

15.3 税务行政管理

一、法律责任

1. 对违反税务管理基本规定行为的处罚

(1)纳税人有下列行为之一的,由税务机关责令限期改正,逾期不改正的,可以处以 2 000 元以下的罚款;情节严重的,处以 2 000 元以上 1 万元以下的罚款:

① 未按规定的期限申报办理税务登记、变更或者注销登记的;

② 未按规定设置、保管账簿或者保管记账凭证和有关资料的;

③ 未按规定将财务、会计制度或者财务、会计处理办法和会计核算软件报送税务机关备查的;

④ 未按规定将其全部银行账号向税务机关报告的;

⑤ 未按规定安装、使用税控装置,或损毁或擅自改动税控装置的;

⑥ 未按规定办理税务登记证件验证或换证手续的。

(2)纳税人不办理税务登记的,由税务机关责令限期改正,逾期不改的,由工商行政管理机关吊销其营业执照。

(3)未按规定使用税务登记证件或转借、涂改、损毁、买卖、伪造税务登记证件的,处以 2 000 元以上 1 万元以下的罚款;情节严重的,处 1 万元以上 5 万元以下的罚款。

2. 对违反账簿、凭证管理的处罚

扣缴义务人未按规定设置、保管代扣代缴、代收代缴税款账簿、记账凭证及有关资料的,由税务机关责令限期改正,逾期不改的,可以处以 2 000 元以下的罚款;情节严重的,处以 2 000 元以上 5 000 元以下的罚款。

3. 对未按规定办理纳税申报的处罚

纳税人未按规定的期限办理纳税申报的,或者扣缴义务人未按规定的期限向税务机关报送代扣代缴、代收代缴税款报告表的,由税务机关责令限期改正,可以处以2 000元以下的罚款;情节严重的,可以处以2 000元以上1万元以下的罚款。

4. 对偷税行为的处罚

纳税人采取伪造、变造、隐匿、擅自销毁账簿、记账凭证,在账簿上多列支出或者不列、少列收入,或者进行虚假的纳税申报,不缴或者少缴税款的,是偷税。对偷税的纳税人,由税务机关追缴其偷税款、滞纳金,并处以偷税数额50%以上5倍以下的罚款;构成犯罪的,依法追究刑事责任。对偷税数额在1万元以上的且偷税数额占应纳税额10%以上的,依据刑法处罚。

扣缴义务人采取上述手段,也给予同样的处罚。

5. 对逃避追缴欠税行为的处罚

纳税人欠缴应纳税款,采取转移或者隐匿财产的手段,致使税务机关无法追缴欠缴的税款,由税务机关追缴欠缴的税款、滞纳金,并处以欠缴税款50%以上5倍以下的罚款;构成犯罪的,依法追究其刑事责任。

6. 对骗税行为的处罚

企事业单位以及其他单位和个人采取对所生产或者经营的商品假报出口等欺骗手段,骗取国家出口退税款,由税务机关追缴其骗取的退税款,并处以骗取税款1倍以上5倍以下的罚款;构成犯罪的,依据刑法追究其责任。

7. 对抗税行为的处罚

以暴力、威胁方法拒不缴纳税款的,是抗税,除由税务机关追缴其拒缴的税款外,由司法机关追究刑事责任;情节轻微,未构成犯罪的,由税务机关追缴其拒缴的税款、滞纳金并处以拒缴税款1倍以上5倍以下的罚款。

8. 对其他违法行为的处罚

二、税务行政复议

税务行政复议是指当事人(纳税人、扣缴义务人、纳税担保人)不服从税务机关及其工作人员做出的税务具体行政行为,依法向上一级税务机关(复议机关)提出申请,复议机关经审理对原税务机关具体行政行为依法做出维持、变更、撤销等决定的活动。

行政复议是行政诉讼的前置程序,当事人对行政复议决定不服的,还可以向法院提起行政诉讼。对于因征税及滞纳金问题引起的争议,税务行政复议是税务行政诉讼的必经前置程序,经复议仍不服的,才能起诉;对于因处罚、保全措施及强制执行引起的争议,当事人可以选择使用复议或诉讼程序,如选择复议程序,对复议决定仍不服的,可以向法院起诉。

1. 税务行政复议的受案范围

(1) 税务机关做出的征税行为,包括:征收税款行为;加收滞纳金行为;审批减免税和出口退税行为;税务机关委托扣缴义务人做出的代扣代缴税款的行为。

(2) 税务机关做出的责令纳税人提供纳税保证金或纳税担保行为。

(3) 税务机关做出的税收保全措施。

(4) 税务机关未及时解除保全措施,使纳税人等合法权益遭受损失的行为。

(5) 税务机关做出的税收强制执行措施。

(6) 税务机关做出的行政处罚行为。包括：罚款(含逾期缴纳罚款的加罚行为)；销毁非法印刷的发票，没收非法所得；对为纳税人、扣缴义务人非法提供银行账号、发票、证明或其他方便，导致未缴、少缴税款或骗取国家出口退税款的，没收非法所得；停止出口退税权。

(7) 税务机关不予依法办理或答复的行为。

(8) 税务机关做出的取消增值税一般纳税人资格的行为。

(9) 税务机关做出的通知出境管理机关阻止出境行为。

(10) 税务机关做出的其他税务具体行政行为。

2. 税务行政复议的管辖

我国税务行政复议管辖的基本制度是实行一级税务机关管辖的一级复议制度。

3. 税务行政复议的申请

当事人不服税务机关的征税行为，必须先经过税务机关复议，对复议决定仍不服的，可以在收到复议决定书之日起 15 日内向人民法院起诉；未经复议的，法院不予受理。当事人不服征税以外的行为的，可以在知道行为之日起 15 日内申请复议或直接向法院起诉；已选择复议的，不得同时向法院起诉，但经复议仍不服的可以起诉。

对征税不服的，应当在收到税务机关填发的缴税凭证之日起 60 日内提出复议申请；对征税之外的其他事项不服的，可以在收到税务机关通知之日起，或在税务机关采取强制执行措施、税收保全措施之日起，或自知道税务机关具体行政行为之日起 15 日内提出复议申请。

4. 税务行政复议的审理与决定

(1) 审理。复议机关应当自受理之日起 7 日内将复议申请书副本发送被申请人。被申请人应自收到复议申请书副本之日起 10 日内，向复议机关提交做出具体行政行为的有关材料或证据，并做出答辩；逾期不答辩的，不影响复议。

(2) 决定。复议机关应当在自收到复议申请书之日起 60 日内，根据审理的情况，做出复议决定。

5. 税务行政复议决定的执行

复议决定书一经送达即发生法律效力，申请人和被申请人应当履行，但申请人如对复议决定不服的，可在接到复议决定书之日起 15 日内向法院起诉。

三、税务行政诉讼

税务行政诉讼是指公民、法人和其他组织认为税务机关及其工作人员的具体税务行政行为违法或不当，侵犯了其合法权益，依法向人民法院提起行政诉讼，由人民法院对具体税务行政行为的合法性和适当性进行审理并做出裁决的司法活动。

15.4 税收征管案例

案例 1 某公司 8 月份开业并办理了税务登记。两个月后，当地税务机关发来一份税务处理通知，通知称该公司未按规定期限办理纳税申报，并给予处罚。公司负责人到税务机关要求取消对该公司的处罚，理由是公司开业以来没有收入，根本就无法申报。依据《税收征收管理法》的规定，分析并指出该公司的做法是否正确，如不正确，应如何处理。

分析：

该公司的做法是错误的。根据《征管法》的规定，纳税人不论有无收入，只要进行了税务登记就应该按期办理税务登记。对该公司的行为,税务机关可责令其限期改正,并可处以2 000元以下的罚款。

案例2 某公司于8月5日在工商行政管理机关领取了营业执照,开业经营并有收入,9月18日税务机关发现该公司既未办理税务登记也未申报纳税。请问税务机关应当如何处理?

分析:

根据《征管法》规定,凡从事生产、经营,实行独立核算的、并经工商行政管理机关批准开业和发给营业执照的,应当自领取营业执照之日起30日内,向当地税务机关办理税务登记。未按规定的期限办理税务登记的,由税务机关责令限期改正,逾期不改的,可以处以2 000元以下的罚款;未按规定的期限办理纳税申报的,由税务机关责令限期改正,逾期不改的,可以处以2 000元以下的罚款。

案例3 某家具厂系小规模纳税人,3月1日下午,该厂厂长到主管税务机关递交了一份当日上午丢失一本普通发票的报告,并在该市报纸上公开声明作废。对此,主管税务机关未发表任何意见,也未做任何处理。同年5月初,主管税务机关对另一纳税单位进行检查时,发现有一张购货发票是该厂开出的,对照发票号码,正是该厂声明作废的。经主管税务机关反复核对证实,该厂3月至5月做出的多笔生意都是用"丢失"发票开出的,开出的总金额为100 000元,均未申报缴纳增值税。请依据《税收征管法》等法规分析该厂的上述行为属于什么行为?应如何处理?并请你指出主管税务机关的做法有无错误,如有错误,错在哪里?对纳税人怎样处理才是正确的?

(1) 该厂的行为属于偷税行为。

(2) 偷税数额=100 000÷(1+3%)×3%=2 912(元)

根据《税收征管法》的规定,对于偷税数额不满10 000元的,应由税务机关追缴其偷税税款,处5倍以下的罚款。

(3) 主管税务机关的做法有错误。当该厂丢失发票后,主管税务机关未发表任何意见,未做任何处理是不对的。

(4) 根据《发票管理办法》,对未按照规定保管发票的,应由税务机关责令限期改正,可以并处10 000元以下的罚款。

纳税人采取伪造、隐匿、擅自销毁账簿、记账凭证,在账簿上多列支出或者不列、少列收入,或者进行虚假的纳税申报,不缴或者少缴应纳税额的,是偷税。偷税数额不满10 000元或者偷税数额占应纳税额不到10%的,由税务机关追缴其偷税款,处以偷税数额5倍以下的罚款。税务机关的职权范围有向当事人各方询问与发票有关的问题和情况。所以,税务机关也有错误。

练习题参考答案

第一章

一、单项选择题

1—5：B、A、D、A、C 6—10：C、C、C、B、A 11—15：B、B、B、D、D 16—20：B、B、B、D、A

二、多项选择题

1—5：BC、CD、AB、ABCD、AB 6—10：ABCD、ABCD、BC、ABCDE、ABDE 11—15：CDE、ABC、ABCD、ACD、ABCD

第二章

一、单项选择题

1—5：B、C、B、D、C 6—10：B、A、D、B、B 11—15：D、A、C、B、B

二、多项选择题

1—5：AB、ABD、AC、ABCDE、AB 6—10：ABE、ABCE、ACE、ABCD、ACDE 11—15：BE、BCD、ABCD、BD、AE

第三章

一、单项选择题

1—5：D、B、A、C、B 6—10：D、C、B、B、A 11—15：A、C、A、A、B

二、多项选择题

1—5：ABC、DE、ABCE、ABCD、ADE 6—10：ABC、ACD、ABC、ABCD、ACD 11—17：ABC、ABC、ABCE、BDE、ABCD、ACD、ABC

第四章

一、单项选择题

1—5：C、A、C、C、C 6—10：B、B、A、B、C 11—16：A、C、C、B、D、B

二、多项选择题

1—5：ABD、BD、AE、ABCD、ABD 6—10：ABCDE、ABCDE、ABCE、ABCD、BCDE 11—14：AB、CD、BD、CD

第五章

一、单项选择题

1—5：D、C、B、D、D 6—10：A、A、D、D、A

二、多项选择题

1—6：AC、BC、ABCD、AC、ABCD、BCDE 7—12：ABDE、BDE、ABCD、ABCD、ACD、BDE

第六章

一、单项选择题

1—5：C、B、B、C、B 6—10：B、A、B、D、C 11—16：B、A、B、D、B、D

二、多项选择题

1—5：DE、AD、BCD、ABC、ABCDE 6—10：ABCD、AD、BD、ABCD、ABCD 11—16：CE、DE、BC、AB、ABC、BCD

第七章

一、单项选择题

1—5：B、A、C、B、D 6—10：B、B、D、B、C

二、多项选择题

1—5：ABC、AD、ABDE、ABC、BCD 6—11：AD、ABC、ABD、AD、CD、ABCD

第八章

一、单项选择题

1—6：A、C、D、C、B、A 7—12：B、A、C、C、A、A

二、多项选择题

1—5：ABCE、BCD、ACD、BD、AD 6—10：AB、AC、ABDE、ACDE、BCDE 11—15：BD、ABCD、ACDE、CE、ACE

三、计算题

1. 74.57万元 2. 910元 3. (1) 16.66万元 (2) 29.54万元 4. 留抵37.08万元 5. 4.17万元 6. 14.90万元 7. 6 203.5元 8. 291 900元。

第九章

一、单项选择题

1—6：A、A、C、B、B、B 7—12：D、A、C、A、A、D

二、多项选择题

1—6：ABCE、AC、ABC、CD、BC、ABCD 7—12：AD、BD、ACD、ABCD、ABCDE、CE

三、计算题

1. 3 600元 2. 10.2万元 3. 3 474万元 4. 11.44万元 5. (1) D (2) C (3) C (4) D (5) D 6. (1) B (2) C (3) A (4) D (5) B

第十章

一、单项选择题

1—5：A、C、D、C、B 6—10：B、B、C、A、B

二、多项选择题

1—5：ABD、AC、ABD、ABD、ABDE 6—10：BCE、ACD、AC、ACE、ABE 11—16：ABC、ACDE、BCE、ABC、AB、ABC

三、计算题

1. 70万元 2. (1) 69万元营业税 (2) 代扣代缴6万元 3. 合计应纳营业税325.54万元 4. 乙应纳建筑业营业税39.34万元；乙应纳不动产营业税74.54万元；甲应纳营业税124.54万元 5. (1) C (2) B (3) D (4) A

第十一章

一、单项选择题

1—5：C、A、D、B、C 6—8：B、B、C

二、多项选择题

1—6：AD、ABCD、ACD、ACD、ABCD、ABCD 7—12：ABDE、BE、BCD、ABD、ABCD、BC

三、计算题

1. 110 万元 2. 18 万元 3. 关税 58 080 元，消费税 453 747.27 元，增值税 136 378.64 元，进口环节税金合计 648 205.91 元 4.（1）关税 184.15 万元，消费税 33.92 万元，增值税 115.34 万元 （2）关税 26 万元，增值税 26.52 万元 （3）增值税 4.36 万元 5. 149.08 万元 6.（1）A （2）B （3）C （4）C

第十二章

一、单项选择题

1—5：A、A、D、A、B 6—10：B、B、C、C、D

二、多项选择题

1—6：ABD、AD、AB、ABCD、AB、ADE 7—12：ABCD、AC、BCDE、ACDE、ABCD、ABC

三、计算题

1. 允许抵免税额 37.5 万元，汇总缴纳 75 万元 2. 企业所得税 222.3 万元，增值税 758.2 万元 3. 68.8 万元 4. 76.5 万元 5.（1）B （2）D （3）C （4）C

第十三章

一、单项选择题

1—5：B、D、A、C、C 6—8：B、B、D

二、多项选择题

1—6：ACDE、ADE、ACD、ACDE、ABE、DE 7—12：BCD、CDE、ABDE、ABC、ABC、ABCD

三、计算题

1. 7 016.22 元 2. 13 358.52 元 3. 4 000 元 4.（1）D （2）A （3）D （4）A 5.（1）BCD （2）D （3）C （4）C （5）B （6）A

第十四章

一、单项选择题

1—5：B、A、D、C、C 6—10：C、C、A、B、D

二、多项选择题

1—6：ABD、ACD、ABCD、ABCD、AB、ABE 7—12：ABDE、ABDE、AD、ABDE、AD、ABDE

三、计算题

1. 2.4 万元 2. 0.6 万元 3. 57.4 万元 4. 400 元

参 考 文 献

[1] 陈共. 财政学[M]. 北京：中国人民大学出版社,2007.
[2] 张馨. 财政学[M]. 北京：科学出版社,2006.
[3] 邓子基. 财政学[M]. 北京：清华大学出版社,2005.
[4] 宋凤轩. 财政与税收[M]. 北京：人民邮电出版社,2007.
[5] 姜竹,李支元,马乃云,等. 税收学[M]. 北京：机械工业出版社,2007.
[6] 宋瑞敏. 财政与税收[M]. 北京：机械工业出版社,2007.
[7] 倪翔南,孙晓娟. 税收理论与实务[M]. 北京：清华大学出版社,2006.
[8] 中国注册会计师协会. 税法：2008年度注册会计师全国统一考试辅导教材[M]. 北京：经济科学出版社,2008.
[9] 叶青. 税法(Ⅰ、Ⅱ)应试指南：2009年全国注册税务师执业资格考试[M]. 北京：人民出版社,2009.
[10] 中国注册税务师执业资格考试编写组. 税法(Ⅰ、Ⅱ)：2011年全国注册税务师执行资格考试辅导用书[M]. 北京：中国税务出版社,2011.
[11] 王素荣. 税务会计与税收筹划[M]. 北京：机械工业出版社,2008.
[12] 翟继光,张晓冬. 新税法下企业纳税筹划[M]. 北京：电子工业出版社,2008.
[13] 中华人民共和国财政部网站. http://www.mof.gov.cn/index.htm
[14] 国家税务总局网站. http://www.chinatax.gov.cn/
[15] 中国会计网. http://www.canet.com.cn/
[16] 高剑鸣. 美国加利福尼亚州预算编制[J]. 财会研究,2004(02).
[17] 朱柏铭. 论财政职能的内涵与概括[J]. 中央财经大学学报,1997(05).
[18] 曾康华. 试述财政职能的演变和转轨时期的财政职能[J]. 中央财经大学学报,1998(01).
[19] 程蓉. 公共财政：渊源、内涵与属性[J]. 开封大学学报,2008(03).
[20] 吕炜,管永昊. 公共财政构建中路径依赖与体制创新[J]. 财经科学,2008(04).
[21] 陈文涓. 试论政府收支分类改革和财政资源配置效率的提高[J]. 经济问题探索,2007(03).
[22] 赵蕊. 加强预算外资金管理[J]. 合作经济与科技,2006(09).
[23] 曹冰. 论预算外资金的支出管理[J]. 中国科技信息,2006(04).
[24] 靳黎民. 财政收入与经济增长相关性实证分析[J]. 财会研究,2007(10).
[25] 李志伟. 对我国国债规模现状的思考[J]. 现代商贸工业,2008(01).
[26] 徐博. 解析公共财政的市场经济内涵[J]. 内蒙古财经学院学报,2005(01).
[27] 李森. 关于财政职能理论的反思[J]. 云南财经大学学报,2007(03).

[28] 苏罡,杨朝军,刘可新.国债品种动态变化对流动性的影响[J].东华大学学报:自然科学版,2008(10).

[29] 李俊霖.宏观税负、财政支出与经济增长[J].经济科学,2007(04).

[30] 肖文圣.我国财政职能探析[J].财经界,2010(01).

[31] 肖文圣.我国财政支出质量问题探讨[J].财会月刊,2011(01).

[32] 哈维·S·罗森.财政学[M].郭庆旺,赵志耘,译.北京:中国人民大学出版社,2005.

[33] 全国经济专业技术资格考试命题趋势研究组.财政税收专业知识与实务(中级):历年真题及押题精选试卷[M].北京:中国经济出版社,2013.

[34] 全国注册税务师执业资格考试教材编写组.税法(Ⅰ)[M].北京:中国税务出版社,2014.

[35] 全国注册税务师执业资格考试教材编写组.税法(Ⅱ)[M].北京:中国税务出版社,2014.